廃墟の零年1945

YEAR ZERO | A History of 1945

Ian Buruma イアン・ブルマ

訳 | 三浦元博・軍司泰史

白水社

ユトレヒトでの父S・I・ブルマ（左端）と学友たち。

ベルリンで踊るソ連兵。

カナダ兵と勝利を祝うオランダ女性たち。

対独戦勝日の英国水兵とガールフレンドたち、ロンドン。

東京の公園で
日本女性と交際する
米兵。

オランダで群衆に野次られる
「水平的(性的)協力者」。

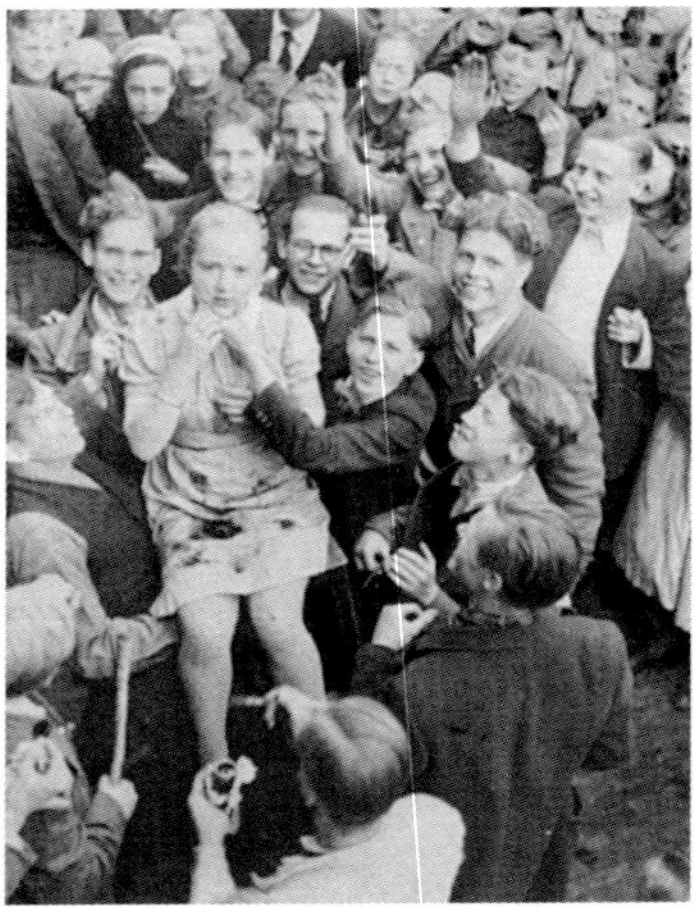

1945年5月、食料を投下する爆撃機に
歓声を上げるオランダ市民。

連合国の支援物資を受け取るギリシア人。

対独協力のためにタールをかけられる女性、アムステルダム。

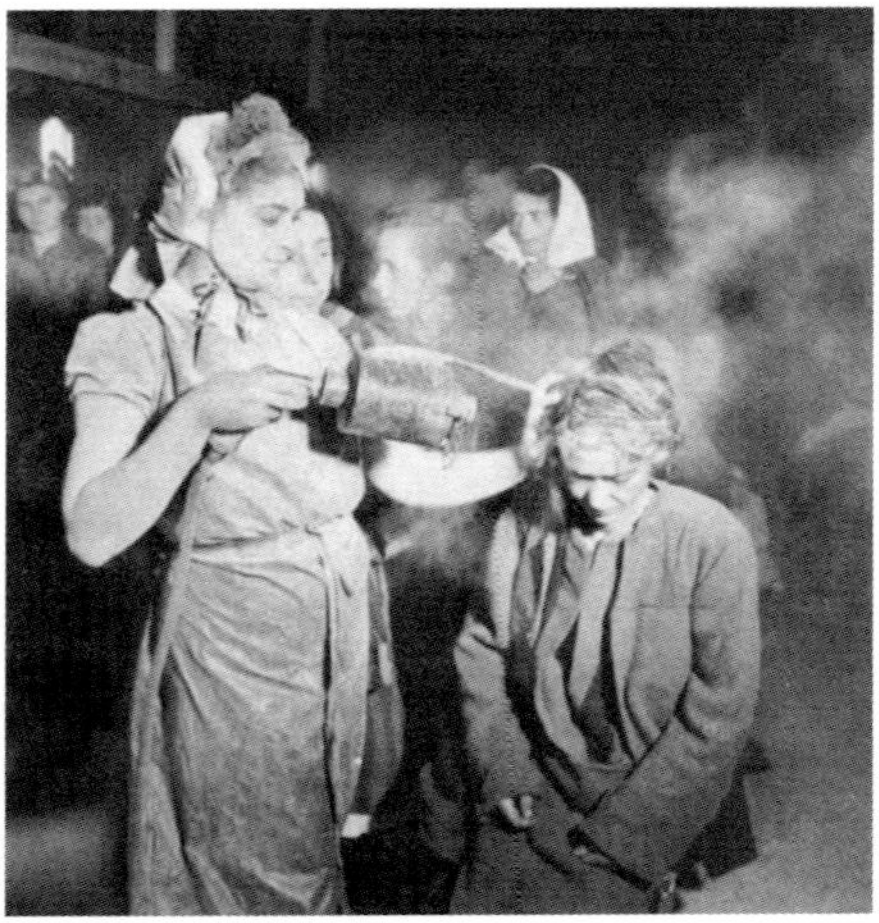

ベルゲン-ベルゼンでの
囚人のシラミ駆除。

マラヤの
日本軍の収容所で
飢える捕虜たち。

ベルゲン-ベルゼンで最後の小屋に火を放つ英国陸軍。

瓦礫撤去作業を一休み、ベルリン。

難民の子どもたち、ベルリン。

横浜の自宅廃墟の中の日本人男性。

死者を悼むギリシアの女性たち。

イタリアで処刑前に縛られるドイツ軍将校。

によって数万、もしかすると数十万の中国人が虐殺され、強姦された場所だ。「レイプ・オブ・ナンキン」は今なお、第二次大戦最悪の残虐行為の一つとされる。将軍、岡村寧次は虐殺に直接関わったわけではないが、身の毛のよだつような同様の戦争犯罪に責任があった。一九三八年、彼が指揮する部隊は化学兵器で無数の民間人を虐殺している。一九四二年には、中国人の間で「三光作戦」（殺し尽くし、焼き尽くし、奪い尽くす）として知られる彼の焦土戦術で二〇〇万人以上が死んだ。一五歳から六〇歳の男性全員が、反日容疑による殺害の標的となった。さらに、日本軍の慰安所で性奴隷として奉仕させるため、若い女性（大半は朝鮮半島出身）の組織的な誘拐が起きたのも、岡村の監督下でのことだった。

だが、一九四五年九月九日、その岡村が南京で、何応欽大将に降伏した際、何応欽はこの日本人将軍に頭を下げ、この屈辱的な式典で恥をかかせたことを詫びた。何応欽は東京の陸軍士官学校で岡村から教育を受け、岡村のことを「先生」と呼んでいたのだ。[34] それゆえ、岡村は何事もなかったかのように、南京の外務省の建物を占有し続けた。三年後、ついに彼が南京軍事法廷に起訴された後は、総統自身が岡村をこれ以上の屈辱から守り、彼を国民党の軍事顧問の地位に据えた。岡村寧次は一九六六年、自分の寝床で安らかに一生を終えた。

中国の内戦の鍵は、満州にあった。日本人によって築かれ運営された重工業と鉱業の中心地帯を最初に奪取すれば、ほぼ難攻不落の立場を占めることになる。すでに見たとおり、ソ連軍が最初にこの地に到達し、自国まで輸送可能なすべての産業・金融資産をはぎ取ってしまった。ソ連軍と中国共産党との最初の出会いは、必ずしも心のこもったものではなかった。髪が伸び放題の中国人兵士は、ソ連の赤軍将校から軽蔑の眼差しで見られ、通訳がいなかったため意思の疎通はほとんど不可能だった。おまけに、スターリンは「大国」の安定のために、当面は蔣介石を中国の正当な指導者と認める腹だった。
だが、ますます多くの八路軍の共産勢力が満州に流れ込み、いくつかの地域では親近感を抱いたソ連軍指揮官たちの手助けで、地方行政を掌握した。大方の共産党幹部は、多くの中国人が遊牧民と野蛮人の居住地、「北大荒《ワイルド・ノース》」とみなす地域に知識もルーツも持っていなかったので、これは容易な仕事ではなかった。ソ連との緊張関係や、流浪する傀儡軍残党の不吉な存在は別にしても、八路軍は地方のさまざまな地下ゲリラ集団にも対処しなければならなかった。ある集団はソ連軍に付随しており、ある集団は地方の軍閥に属し、またある集団は国民党陣営とつながりがあった。ちょうど国民党が共産党との戦いに日本や米国の支援を望んだように、共産党は「反ソ匪賊」を鎮圧するためにソ連の支援を求めた。[35]

一方、蔣介石は共産勢力の満州進撃に狼狽し、国民党軍部隊の北部への輸送を米国に懇願した。米国はこれに応じたが、本腰を入れたわけではなかった。「同胞相食む紛争」には関与しないというのが、公式な政策だったからだ。国民党軍の北東部到着はしばしば時機を逸し、規模も不十分で、時として場所も誤っていた。

状況はさらに悪化する。一九四八年には、共産党軍に包囲された長春で、飢餓と疫病のために最大三〇万人の民間人が死亡した。だが、満州という修羅場の興味深い性格をもっともよく表しているのは、北朝鮮国境の安東〔現在の丹東〕にあった有名な売春宿にまつわる物語だろう。

安東は一九四五年秋、北東アジアのカサブランカとも言うべきコスモポリタンな場所になっていた。満州人だけでなく、朝鮮半島の人びと、ロシア人、それに約七万人の日本人、そして現地在住の兵士や民間人だけでなく旧傀儡国家の各地から押し寄せた難民がひしめき合っていた。ソ連軍部隊の接近に伴い、彼らが特に女性に何をしでかすかと恐怖に駆られた日本の民間指導者は、「キャバレー」の設営を決断する。実態は、日本女性に対するロシア人の歓迎されざる関心をそらすための慰安所だった。「安寧飯店」と名付けられたこの施設の運営には、四〇代前半の女性が当たった。名前をお町という。日本の温泉宿の芸者だった彼女は日本女性の愛国心に訴え、慰安婦をかき集めた。大半はこの種の仕事に経験のない女性たちだった。彼女たちは、日本のために犠牲となるよう求められた。安東の女性版カミカゼ特攻隊だった[36]。

日本のお町の故郷には、今も彼女の記念石碑がある。彼女のおかげで生き延びられたことに恩義を感じた日本人が建立した。お町は自分が「非政治的」であることを誇り、地位の高低にかかわらず、ロシア人も日本人も中国人もすべての男たちを平等に扱った。施設は当初、ロシア人の慰安を目的としたものだったが、お町の「キャバレー」は他の顧客も魅了した。日本人の元将校や日本人社会の有力者、かつての対日協力者で現在は国民党側についた中国人、中国や日本の共産主義者さえもが通った。安寧飯店では、日本酒やウォッカ、中国製ワインに酔った男たちの間で、ありとあらゆる情報が交換された。

お町は、ソ連人から聞いた部隊移動や摘発計画に関する情報を日本人に流した。こうして警告を得た多くの日本人が、時を見計らって何とか逃亡することができた。スパイがおり、二重スパイがいた。「赤大根」（共産主義者を装う反共主義者）〔赤い皮をむくと、中は白いことからこう呼ばれた〕がおり、反共主義者を装う共産党の潜入者「青大根」もいた。いくつもの陰謀が生まれ、その対抗策も講じられた。安寧飯店では、日本人従業員と中国人の共産党スパイ（赤大根だった可能性もある）の結婚話もまとめられた。このおかげで、日本人は共産党が何を画策しているかを知り得た。日本人元将校と中国の国民党員が右翼軍事クーデター計画を練ったのも、安寧飯店だった。元将校は、安東北方の丘に大砲を隠していた。だが、来るはずの国民党部隊が到着しなかったため、計画は頓挫した。

代わりにまもなく、共産党の八路軍がやって来て、ソ連赤軍と入れ替わった。最初は、何も変わらないかのようだった。共産党員たちは安寧飯店での中華式宴会を供された。もっとも、女性との交遊は抜きだった。共産党幹部がこれを認めなかった。日本人らはおそらく、八路軍の手助けもしたのではないか。日本の満州電業の元社員は、社会主義的な「人民の演劇」を上演しようと「赤い劇団」を創設した。

だが、蜜月は続かなかった。共産党は、国際色豊かな売春宿は新体制が求めるものではないと決定した。また、失敗に終わった国民党のクーデターに日本人が関与していたことを疑い、お町と日本人社会の指導者数人を国民党のスパイとして逮捕した。拘束された人びとに何が起きたのかは、よく分かっていない。お町は約一年間収監され、一九四六年九月、鴨緑江の川岸で処刑された。彼女がスパイだったのかどうか、誰のために働いたのか、は未だに謎のままである。

フランスは継続と正統の自覚を切実に必要としていた。一七八九年のフランス革命以来、内戦の熾《おき》火《び》が消えたことはなかった。王党派とカトリック復古主義者は共和国が発足した当初から、それと戦ってきた。ドイツの占領とヴィシー政権は、彼らに一時的な勝利をもたらした。ドゴール将軍はとても左派とは言えず、複数政党制の民主主義というやっかいな仕事に関与した経験が豊富なわけでもなかった。だが、継続性を維持するために、彼は敢えて自分の意に沿わない共和国の遺産相続者になった。国民議会は一九四〇年、ペタン元帥に憲法制定権を与えていたが、ヴィシー政権は戦争終結後、直ちに合法性なしと宣言された。一九四四〜四五年におけるドゴールの仕事は、ばらばらになったフランスを元通りに縫い合わせることだった。

内戦の恐れは現実に迫っていた。レジスタンスで主要な役割を果たした共産党員らは一九四一年にまでさかのぼって、粛清すべき敵のリストを準備していた。彼らは親ナチ民兵《ミリス》の卑劣な殺し屋と並んで、産業家たちをも追及したがっていた。すべての元レジスタンス闘士にとって重要なのは、親玉が自由の身になる一方で、街灯柱《ランプポスト》に吊される手下たち、いわゆる「下っ端《ランピスト》」だけではなく[37]、エリート層、指導者たちを処罰することだった。正義が行われるところを見せる必要はあるけれども、すでに疲弊しきった社会に耐え難い緊張をもたらすような大規模な粛清を行う余裕など、フランスにはない。そのことを自覚していたドゴールは、このプロセスを可及的速やかに、望むらくは数カ月以内に終わりにしたいと思った。最終期限は一九四五年二月とされたが、もちろん実現不可能だった。

ところがその時までに、法によらない裁きは大方実行されてしまっていた。服役囚らはリンチを受け、四〇〇〇人以上が即決裁判で処刑された。一部は激高した暴徒によって吊された。特にフランス南部では、いくつかの地域がほぼ無政府状態に陥っていた。ドゴールは、この種のことを容認しなかった。処罰の権限は、国家だけが保有しなければならない。対独協力容疑者の処刑に行きすぎた熱意を示したとして、多くの元レジスタンス闘士が逮捕された。だが、ドゴールには、本当に彼らを非難する資格があるだろうか。ジャーナリストで南部のレジスタンス指導者でもあったパスカル・コポは一九四五年一月に書いている。

> 四年間に及ぶ恐怖の歳月に、フランスの最良の人びとは殺しや暗殺、破壊工作、列車脱線の方法を、また時に略奪を行い、そして法律とされるものにことごとく逆らうことを覚えました。……これらのフランス人を教育し、彼らに暗殺指令を出したのは誰ですか？　あなたでないとするなら誰ですか、将軍閣下《モン・ジェネラル》[38]？

国家が武力の独占権を回復するため、ドゴールが最初に取り組まなければならなかったのは、レジスタンスの武装解除だった。だが、フランスのレジスタンス運動で地下に潜った戦士、「マキザール」たちは、戦争中に大変な危険を冒して武器を調達していた。その間、ドゴールは英国首都の安全圏にいた。従って、武装解除は細心の注意を要する仕事だった。共産党のレジスタンス闘士は依然として、第二のフランス革命を夢見ており、そのためにも銃を必要としていた。だが、その可能性には水が差された。彼らの急進的、冒険的企てはフランス国内で十分な支持を受けられなかっただけでなく、スターリンが米国の影響圏での革命は支援しないと明言したからである。スターリンには他に目標があった。そこで、彼はフランスの共産党に譲歩を促し、ドゴールは彼らと取引した。一九三九年にフランス軍を脱走しモスクワに逃れた彼らの指導者モーリス・トレーズが、反逆罪で訴追されることなく帰国できる許可を共産党が望むなら、武装部隊の解散に同意しなければならない、という取引だ。多くの武器が依然、人里離れた農場や床下、倉庫に用心深く隠されていた。だが、共産党員らはドゴールの要求に応じ、国家は少しずつ統制を取り戻していった。

占領期間中、悪質だったり目立ったりした象徴的人物は訴追された。ペタン自身も裁判にかけられたが、あまりに高齢かつ大物だったため、国家反逆罪で有罪となった後も死刑執行は不可能とみなされた。そこで、彼は大西洋岸沖合いの小さな島に流刑となった。軍の勲章を剝奪された認知症老人として、その島で死去し、埋葬された。忠実な支持者の一部を激怒させる不名誉な運命である。一九七三年、忠臣らはペタンの汚名をすすぐため、彼の骨を墓から掘り出し、フランス本土に運んで戦没者墓地にもっと名誉ある埋葬をしようと企てた。元帥の骨が彼の弁護士ジャック・イゾルニの車庫で発見されると、速やかに島へと運び戻され、世間に知られている限りでは、今もそこにある。

戦争中、ペタン政権の最有力閣僚でありながら、感じが悪くひどく嫌われていたピエール・ラヴァルはさらに不運で、死刑判決が執行された。彼は青酸化合物を服用して自殺を企てたが、毒物が古すぎて失敗。その後、一九四五年一〇月に銃殺刑になった

戦犯裁判は、他にも開かれた。だが、こうした裁判がいやしくも説得力あると見られるには、裁判官を公職追放する必要があった。大戦中のフランスで、ペタン元帥への忠誠の宣誓書に署名することを拒否した判事はわずか一人で、これが問題であった。司法関係者と元レジスタンス運動参加者で構成する公職追放委員会は、裁判官が誠実なフランス人として行動していたかどうかを判断する必要があった。この実に曖昧な定義に従い、二六六人が不適格の判定を受けた。同じ基準は公務員にも適用された。制裁措置は一時的な減給五割から解職、市民権の完全剝奪にまで及んだ。ざっと一〇〇万人の公務員のうち、一万一三四三人が何らかの制裁を受け、五〇〇〇人が職を失った。他の国でもそうだったように、実業界や産業界エリートは大半が無傷のまま残った。香水製造業ロレアルの創業者のような、悪名高いナチスのシンパに手を触れることはなかった。

ルノー自動車の創業者、ルイ・ルノーは一般に知られたナチス支持者というわけではなかった。彼自身の説明によると、ドイツ人が彼に恐怖の選択を迫ったのだ。ダイムラー・ベンツが彼の会社を乗っ取り、従業員がドイツに移送されるのを座視するか、ドイツ軍のために車両を製造するかの二者択一だった。ルノーは後者を選択した。共産党のレジスタンスの間では、ルノーは産業界の最悪の裏切り者、階級の敵の最たる者とみなされた。共産党機関紙ユマニテは一九四四年八月、こう書いている。「ルノー工場の経営陣は、敵の軍備を整えるという彼らの熱意の結果、殺された連合軍兵士の命に対して償わなければならない(39)」。産業界では他に粛清された者がほとんどいなかったので、ルノーがスケープゴートにされた可能性がある。左派をなだめるためにドゴール陣営から投げ与えられた生け贄というわけだ。ルノーは裁判の場で弁明する機会を得る前に、頭部に負った傷のため刑務所で死亡し

た。

解任された裁判官や公務員は多くの場合、まもなく古巣のポストか、民間部門での高い職に返り咲いた。戦争犯罪を問われた最後のフランス人であるモーリス・パポンの例は、その結末を別にすればあらゆる意味で典型的だ。パポンはボルドーの警察幹部として、ユダヤ人一〇〇〇人以上の強制収容所送りに責任があったが、一九四五年に訴追されることはなかった。逆に、彼はさまざまな政権で、官僚の枢要ポストを駆け上がっていった。ドゴール政権での閣外相、コルシカ県知事。アルジェリアで県知事を務めた際は反植民地主義者の抵抗運動を押しつぶした。さらに、再びドゴールの下でパリ警視庁の総監を務め、ドゴールはフランス国家への奉仕をたたえてパポンにレジオン・ドヌール勲章を授与した。最後はヴァレリー・ジスカールデスタン大統領の政権で予算相を務めた。パポンの輝かしい経歴が尋常でないのは、腐臭を放つ過去が露見するまでに長い時間を要したという点だ。彼の予審は一九九五年に始まった。九九年に服役したが、二〇〇二年には釈放された。剝奪処分を受けたレジオン・ドヌール勲章を不法に着用したという罪で、三〇〇〇ドル相当の罰金を支払った。

ドゴールは、日本やイタリア、ベルギー、さらにドイツが「修復された」のと同じやり方で、フランスを修復した。すなわち、戦前のエリート層が負う傷を最小限に抑えることによってである。彼には、自分の国をこれ以上分極化させる余裕はなかった。実業家や資本家、法律家、大学教授、医師、官僚たちの専門知識が必要だった。彼らは適切な人的つながりを持っていた。

レジスタンスに参加した男女は、他の人びとが息を潜めて沈黙を守っていた際に、命を懸けて勇敢な独自路線を貫き、それなりの役割を果たした。彼らの行動の動機は、実にさまざまであった。信仰や政治イデオロギー、倦怠感、憤激、冒険への渇望感、あるいは単なる礼節。だが、自分で行ったその選択において、彼らは日和見主義者やごますり屋に比べると、大多数の人々を代表してはいなかったのである。
悪事に対する懲罰は、ほかの国とほぼ変わらずフランスでも、いずれにせよしばしば象徴的であり、バランスも公正とは言い難かった。支配者層が比較的無処罰で残る一方、マルト・リシャールという元娼婦でおそらくスパイだった女性が一九四五年一二月、パリの売春宿を閉鎖するよう陳情を行った。一年後「マルト・リシャール法」が制定され、フランスの全売春宿が閉鎖された。この何とも反フランス的な熱意に付けられた理由は、ドイツに占領されていた間、売春宿は「対独協力」の主要拠点だったというものだった。

原注
★一九八八年、長崎市長でキリスト教徒でもあった本島等氏は、裕仁天皇が大戦のいく分かの責任を負うべきだったと発言した。彼は極右の標的となり、二年後に背後から銃撃を受けた。

第6章 法の支配

一九四五年の晩秋に共産党第八路軍が満州に到達し、所によって日本人に取って代わっていた国民党から、場所によってはソ連赤軍から、都市をひとつひとつ奪取し始めると、間を置かずにいわゆる人民裁判が始まった。裁判は即決方式で、法手続きは原始的とは言わないまでも、未発達なものであった。

一部の事例では、中国紙が日本の傀儡政権である満州国の元官僚を告訴する者は誰でも名乗り出よ、と証人を募った。北朝鮮国境の町、安東では、小学校が「人民法廷」に仕立てられた。告発の多くは些末な事件であり、中には長年抑圧された恨みの残滓が動機となったものもあった。ある人力車の車夫は、自分のランタンを日本人の実業家に粉々にされたが、補償がなかったと訴えた。ある若者は、自分の父親が日本企業の苦力としてこき使われ、精根尽き果てて死んだことを記憶していた。被告人は多くの場合、悪事に心当たりがなかったのだが、法外な罰金の支払いで済めば幸運な方だった。

はるかに重大な告発もあった。人民裁判はそうした訴訟でも、同様に迅速であった。一二月には、安東省の日本人と中国人の公務員計三〇〇人が鴨緑江の川岸の土手で処刑された。全員、満州国の行政府で働いていた男たちだった。そのうち二人、安東の前省長である中国人の曹と、日本人の前省次長渡辺の身に何が起きたかについては目撃証言がある。

二人の頭に黒頭巾がかぶせられ、胸には満州国の勲章が付けられた——名誉の記章が、不名誉の記章になったのだ。荷馬車に乗せられ、悔悟の念を示すため頭を深く垂れて安東の幹線道路を引き回された。手には、誰もが見えるように朱色文字を書き付けた木製の看板を掲げさせられていた。群衆から「反動」「傀儡」の声が上がった。人民法廷は野外で開かれ、被告人を一目見ようと大群衆が集まっていた。人民裁判官が叫ぶ。「彼らをどうしようか？」「殺せ！ 殺せ！」と群衆が叫び返す。そして、そう判決が下された。二人は川岸の土手に連行され、ひざまずかされた後、背後から撃たれた。（最初に渡辺の耳がそぎ落とされたと言われているが、異論もある。）[1]

この目撃証言の興味深い点は、そうした即決裁判のまったく茶番的な性質ではなく、その必要性にある。中国共産党はそもそもなぜ、こうした裁判にこだわらなければならなかったのか？ なぜ、悪党たちをさっさと射殺してしまわないのか？ 明らかに、彼らは処刑に合法性の装いを与えたかったのだ。合法性の形式を整えることは、独裁制の下でさえ、いやおそらく独裁制だからこそ、正当性の必要条件なのである。だが、見せ物裁判における法概念は、完全に政治的だ。裁判は共産党の権威を誇示するための儀式なのである。安東の被告人たちは、日本の傀儡国家の道具だったということだけでなく、解放後に、「反動的な」中国国民党に協力したとの罪状を問われた。それは、国民党が共産党の到来前に安東を掌握したとき、彼らとしてはほとんど避けようのないことだった。共産党は建前上、人民の権力を代表しているため、この儀式的催しでの人民の役割は、期待されたとおりの評決を叫ぶことだった。

中国はこの点で、特に風変わりでも異例でもなかった。共産主義者が支配権を握ったところはどこでも、同様の人民法廷が次々と現れた。ソ連赤軍に任命されたハンガリーの「反ファシスト」が一九四五年に政権を掌握した際、ハンガリーの作家マーライ・シャーンドルは首都ブダペストにいた。まだ、共産主義政権ではなかった。スターリンは、権力を徐々に乗っ取っていく方が得策と判断していた。西側連合国を早々と驚かせたくはなかったのだ。一一月に選挙が実施されたが、共産党は芳しい結果を得られなかった。だが、どっちみちソ連は政府に誰を送り込むかを決めており、共産党は、彼らの指導者ラーコシ・マーチャーシュの言葉によれば、「サラミの薄切りのように」ライバルたちを少しずつ排除していき、一九四九年に至って「ハンガリー人民共和国」が成立する。

一九四五年のブダペストは、数カ月に及んだソ連軍とルーマニア軍による包囲戦で、ひどく破壊されていた。王宮はがれきとなり、電気は途絶え、電話も通じず、橋という橋は手負いの鋼鉄の怪物さながらドナウ川の中に崩落していた。食料は欠乏していた。人びとの家には、よそ者が入り込んで、腹を満たすか、あるいは単に面倒を引き起こそう(「憎しみ」を表すためだ、とマーライは書いている)としていた。富裕層の家は、大衆の怒りの格好の標的だった。新たな当局は、ファシスト政党、「矢十字党」の古い拷問室を接収していた。ギャングたちは輸入した米国車で、でこぼこ道を走り抜けた。マーライは、街中の奇妙に熱狂した動きを書き留めているが、その熱狂は後に、陰鬱な倦怠感に変わっていく。マーライは回顧録の中で「不正行為が腺ペストのようにはびこっている」と書いた。法と正義は「どこにも存在しない。なのに、人民法廷が既に活動を始めており、政治的な処刑が、失業中の大衆に日々の娯楽を提供している。カリギュラ皇帝時代のローマのように」(2)。

一九二〇年以来ハンガリーは王の空位が続き、ホルティ・ミクローシュ提督、正式には「ハンガリー王国執政殿下」の統治下にあった。一九一九年に一年あまり続いたクーン・ベラによる共産党支配の後を、この奇妙な体制が引き継いだ。白色テロが、赤色テロに続いた。ホルティは厳密にはファシストではなかったが、非常に反動的な人物であり、生涯にわたり共産主義に恐れを抱いていた。他の多くの人びとと同じように、ホルティは共産主義をユダヤ人と結びつける傾向があった。彼はユダヤ人を嫌っていたが、その絶滅までは望んでいなかった。ホルティは一九三〇年代後半、愚かにもナチス・ドイツと同盟関係を結んだ。だが、ヒトラーがホロコーストへの協力を求めると二の足を踏んだ。ハンガリーのユダヤ人は嫌がらせを受けていたものの、ドイツが直接事態を掌握することを決めてハンガリーに侵攻する一九四四年まで、集団殺戮は免れていた。ドイツ軍は、ソ連国内で壊滅的な打撃を受けつつあり、補給線は伸び切り、物資は不足し、輸送路は敵軍に寸断されていた。だが、ナチスの真の優先課題が奈辺にあるか見せつける形で、四〇万人以上のユダヤ系ハンガリー人が非情な手際良さで国外追放された。ほとんどは、アウシュヴィッツ・ビルケナウで殺害された。ホルティは退位を強要され、熱烈な反ユダヤ主義の矢十字党指導者サーラシ・フェレンツが一六三日にわたり、情け容赦なくハンガリーを支配。ブダペストにおけるユダヤ人問題の「最終解決」の公式責任者アドルフ・アイヒマンに対し、必要なあらゆる支援を提供した。

一九四五年の反ファシスト政権は、矢十字党政権総体が裁きを受けなければならないとの姿勢を明確にし、死刑執行は既定路線であった。人民裁判に共通する要素は、審理結果に疑問が呈されることが滅多にないという点だ。これは人民法廷そのものの問題だけにとどまらなかった。報道もそれなりの役割を果たさなければならなかった。イムレーディ・ベーラは一九三八年に、ユダヤ人狩りの首相に転じた元銀行家だが、審理の間、著名ジャーナリストに、「恐怖に駆られておどおどする、虚弱な小人」「哀れなほど卑劣な人物」「証拠の重みに耐えかね、灰色のトカゲのようにじたばたしている」と書き立てられた(3)。西側の新聞も、ナチス訴追となると往々にして、同様にどぎつくなったことは指摘しておかなければならない。

人民裁判の真の目的について、あるハンガリーの法律専門家が明快に述べている。それは、戦犯を

「単なる法令違反で」訴追し罰することではなく、「彼らの犯した政治的誤りに対し、彼らに復讐すること……」だった[4]。法廷は党員や労働組合員で構成され、これを職業裁判官が統轄していた。時として職業裁判官は、特に人民法廷国家評議会と呼ばれた高等裁判所の場合、寛大すぎるとの批判を受けた。共産党機関紙サバド・ネープ〔自由人民〕はこう指弾している。「評議会の職業裁判官たちは、自分が人民の判事であることを完全に忘れている。人民は書証をもてあそんだりはしない。人民は、戦犯を裁くのに酌量すべき情状を探すのではなく、自分たちの悲惨、苦痛、屈辱に責任を負う者に対する無慈悲な復讐を要求するのだ[5]」。

過去もまた、新体制の厳格な管理下に置かれた。繰り返すが、その新体制はソ連に支配されてはいるが、未だ共産主義体制ではない。法廷は、一九四一年に首相を務めたバールドッシ・ラースローら被告の何人かについて、一九一九年の「民主主義」の粉砕に責任があると認定した。実際に粉砕されたのは、独自の暴力装置と即決裁判を備えた、クーン・ベラの共産党が率いるプロレタリア独裁体制なのである。しかしながら、裁かれるのは人だけではなく、その人が代表する体制そのものだった。矢十字党政府で司法相を務めたブンディンスキ・ラースローが死刑判決を受けたのは、国家評議会によれば、「二五年にわたる抑圧的支配体制」が「国家を崩壊の瀬戸際まで導いた[6]」からだった。

数値の点では、ハンガリーは実際には最も厳しい断罪を行った国の中には入らない。ベルギーでは五万七〇〇〇人以上が対独協力を問われて訴追された[7]。オランダでは五万人の対独協力者が有罪判決を受けている[8]。ハンガリーでは二万七〇〇〇人弱である。ギリシアでは一九四五年末までに、四万八九五六人が投獄されたが、全員が左派の人びとだった。

ギリシアは、共産主義者と反共産主義者の双方が、時には同時に、裁判を政治目的のために乱用した好個の例だ。早くも一九四三年には、左翼の人民解放軍——共産党が支配する国民解放戦線の軍事部門——が制圧した地域で、人民法廷が開設された。法廷は、占領支配下のギリシアに社会主義国家を建設しようとする努力の一環だった。ギリシア人民解放軍（ＥＬＡＳ）の戦士と、農民やトラック運転手といった「同志たち」で構成される人民法廷は、一般犯罪者と戦争犯罪者、対敵協力者を扱った。[9] 判決は厳しくなる傾向があった。多くの人びとが、即決裁判の後、時には裁判すら抜きにして、ゲリラに処刑された。

当時、ギリシアの農村地域で最も一般的な犯罪は、牛泥棒だったようだ。だが、ギリシア中部デスカティの村では、ゲリラたちはあまりに多忙過ぎて、牛の盗難事件に対応することができなかった。そこで、彼らは村人に牛泥棒はやめなければならない、とただ布告した。「われわれには、泥棒を捕まえても拘留する刑務所も流刑地もない。もし諸君の誰かが泥棒をして捕まったら、どこを切断してほしいか言ってくれ。頭か足か。決めるのは諸君だ」。[10] どうやら、これは効果的だったようだ。いずれにせよデスカティ村では、牛泥棒が収まった。人民法廷は、ある若い男の面白い事件も扱っていて、彼はある女性に愛の告白をしたものの、その後で別の女性に求婚した。法廷は彼に、厳しい選択を迫った。最初の女性と結婚するか、それとも死刑になるか。若者は逡巡した揚げ句、ついには生きる方に決めたのだった。

人民法廷は対敵協力者には容赦なかった。協力者とは、ドイツ人のために働いた警察官や憲兵であり、ファシズムの称揚者であり、ギリシアの領土を削り取ろうとするブルガリアの企てに協力したマケドニアのスラブ語話者であり、革命の行く手に立ちはだかる階級敵のことだった。ギリシアがドイツ支配から解放された一九四四年春、つかの間だったが、挙国一致内閣が国を統治した期間があった。だが、対敵協力者を裁くため、この政府が公式法廷を設置した後も、ある地域では人民法廷が一九四五年に入っても機能し続けた。片や公式ながら権威に限りのある法廷、片や非公式ながらより広大な地域を支配下に置く法廷。ギリシアが二つの異なる司法制度を持った事実は、政治的正当性をめぐっていかに国民合意がなかったかを示している。共産主義者と保守派、王党派とリベラルの間を取り持つギリシア版のシャルル・ドゴールは存在しなかった。戦争の傷跡はあまりになまなましく、亀裂はあまりに深かった。

政府の公式法廷は、ドイツ支配時のギリシア首相ら戦時の大物協力者を裁こうと努めた。だが、審理は遅々として進まず、たびたび機能不全に陥った。売国行為を働いた首相たちは、国を売った者が常にそうするように、職務にとどまった理由として、愛国主義だと主張した。本当に、と彼らはいくつかの証拠を示して言った。惨憺たる状況で精いっぱいやるため、ポストにとどまるよう亡命ギリシア政府から要請されたのだ、と。亡命政府の首班はほかでもない、国土解放後の初代首相になるゲオルギオス・パパンドレウであり、その息子と孫も後にギリシア首相となる。

凶暴で鳴らした「治安大隊」のような、より暴力的な対敵協力者たちは、まったく訴追されなかった。実際には、いわゆるヴァルキザ合意が一九四五年二月に調印され、将来の政体に関する国民投票を見込んで、左翼に武装解除を強いると、ギリシアは大混乱に陥る。武器の引き渡しを拒んでいた右翼の元対敵協力者たちは、左翼シンパと疑う人びとに相手構わずテロを加えた。人民法廷にかかわったという理由だけで、人びとは逮捕され、時には射殺された。今度は、政府の支配権を超えて、右翼民兵が国家内国家を牛耳った。警察はほとんどが右翼の側に付いたため、法廷は元対敵協力者の逮捕で、彼らを当てにできなくなった。それどころか、元パルチザンやその支持者は、かつてドイツ人に協力した武装集団から殴打を受け、拷問され、投獄された。一九四五年の刑務所収監者数は、元対敵協力者一人に対しELAS支持者一〇人の比率であった。

パナイオティスという名の元パルチザンは、一九四五年二月に武装解除に応じた。数週間後、彼は治安大隊の元メンバーらに捕らえられ、近くの学校に連行された。そこで逆さ吊りにされて、銃床で殴られた。元パルチザンは素足が元の形をとどめないほど打たれたため、自分の家まではって帰るほかなかった。だが、彼は後に移り住んだオーストラリアの自宅で考え込んでいる。自分は「ファシストによる報復の第一波の犠牲者となっただけで」まだ幸運だった。というのは「ファシストが自分たちの法廷で数千人に死刑判決を言い渡した第二波の報復を免れたからだ」と。[11] ギリシア解放は、内戦と、見たところ延々と続く報復の連鎖の終わりではなく、来るべきはるかにひどい事態の始まりだったのである。

約二五〇〇年前、アテネはアイスキュロスの偉大な悲劇『エウメニデス（慈しみの女神たち）』の舞台だった。全編が一つの殺人事件をめぐる物語だ。オレステスは、かつて父を殺した母への復讐として、母を殺害した。この粗暴な行為が復讐の霊、目には目をの正義を行わせようとする使者を呼び覚ましてしまう。知恵の女神でありアテネの守護者でもあるアテナ神は、裁判に服するようオレステスを説得する。法廷における理性的な議論だけが、復讐の霊を宥めることができる、と彼女は言う。だが、法廷の冷静な議論といえども、必ずしも明快な結論には行き着かない。陪審員の意見は半々に割れた。そこでオレステスの放免は、アテナ神の神聖な判断によった。だが、復讐の霊は確かに宥められた。

さまざまな禍いにも　倦くことのない
ひどい党派の抗争が　この都には
けして燃え立つことのないよう、

また市民らの　黒血を飲んだ
塵泥が、復讐を求める怒りに、
仕返しの殺戮をもて　この都をば
破滅に陥れなどせぬよう。(12)〔『慈しみの女神たち』呉茂一訳、ちくま文庫〕

アテナ神がこの偉大な都市を守護した時代から、あまり多くは変わっていない。報復の連鎖を断ち切ることが今なお、裁判を実施する最大の理由である。だが、一つの戦争が終わった後、あるいは独裁体制が倒壊した後の裁判に伴う一つの問題は、潜在的な被告人の数が多すぎることである。一九四三年のテヘラン会談で、チャーチルに向かって、五万人のドイツ将校を直ちに銃殺すべきだと言い放ったとき、スターリンはおそらくお得意のちょっとしたブラックジョークに酔っていたのだろう。チャーチルは面白くなかったようで、激怒して足を踏みならしながら部屋を出て行ってしまった。だが、スターリンは核心を突いていた。たとえ集団的罪というようなものが存在しないとしても、罪ある人間の数は、何とか裁ける数をはるかに上回っている。それでもなお、正義が行われたことを見せる必要があるのだ。これは、数千人が犯した――そして数百万人があおり立てた――犯罪のために裁かれる個人が、スケープゴートだという意味ではない。だが、人びとがいわば象徴として裁かれるケースがあるものだ。数が多すぎるとか、あるいは手が届かない、政治的に保護されているという理由で、そのほかの人びとを裁判にかけることができないためである。

日本で最悪の戦争犯罪者の一人は、石井四郎という名の医師だった。傲岸不遜な一匹狼で、最初に名を成したのは水ろ過装置の発明者としてだった。彼はかつて、装置の実演で日本の天皇をびっくりさせたことがある。ろ過する水の中に小便をして、一口するよう陛下に勧めたのだ。天皇は丁重に

ノルマンディーのオマハビーチで米兵の墓の世話をするドイツ人捕虜。

学校にやってきたドイツの子どもたち、アーヘン。

マニラの軍事裁判で
宣誓する山下将軍。

連合国の爆撃で破壊された独軍Uボート基地があったフランスの町、
ロリアンに来たドゴール将軍。

ペタン元帥
（背後右側の
座っている人物）の
裁判で証言する
ラヴァル。

ハーグでオランダのレジスタンスに逮捕されたオランダ国家社会主義運動指導者、
アントン・ミュッセルト。

日本軍がサイゴンで英国空軍に降伏。

インドネシアの
独立運動戦士。

再選を目指し
選挙運動中の
ウィンストン・
チャーチル。

選挙勝利を決めたクレメント・アトリー。

廃墟の零年 1945

YEAR ZERO by IAN BURUMA

Japanese edition published by arrangement through the Sakai Agency

カバー写真 :Popperfoto/Getty Images

わが父S・L・ブルマと
ブライアン・アーカートへ

廃墟の零年1945◆目次

プロローグ◆7

第1部 解放コンプレックス◆19

第1章 歓喜◆21

第2章 飢餓◆67

第3章 報復◆90

第2部 瓦礫を片付けて◆151

第4章 帰郷◆153

第5章 毒を抜く◆198

第6章 法の支配◆236

第3部 二度と再び◆277
第7章 明るく確信に満ちた朝◆279
第8章 蛮人を文明化する◆316
第9章 一つの世界◆353
エピローグ◆385
訳者あとがき◆389
図版クレジット◆26
原注◆6
主要人名索引◆1

『新しい天使《アンゲルス・ノヴス》』と題するクレーの絵がある。

一人の天使が、いまにも自分が凝視している何かから遠ざかろうとしているかのように描かれている。

目は見開かれ、口は開いたままで、両翼は広げられている。

歴史の天使はかくのごとく見えるにちがいない。

彼は顔を過去に向けている。

われわれには事件の連鎖と見えるところに、彼にはただ一つの破局が見えていて、
その破局は絶え間なく廃墟に廃墟を積み上げ、それを彼の足もとへ投げつけている。

どうやら、彼はとどまって死者を起こし、壊れたものを接ぎ合わせたがっているのだ。

ところが一陣の嵐が楽園から吹き来たって、彼の翼にはらまれ、
それがあまりに強いものだから天使はもはや翼を閉じることができない。

この嵐は彼が背を向けている未来へと彼をとどめようもなく押しやり、
一方では彼の前の廃墟の山は天まで成長していく。

われらが進歩と呼んでいるのは、まさにこの嵐なのである。


ヴァルター・ベンヤミン『歴史哲学に関する第九テーゼ』

プロローグ

父の体験談には、わたしを長年困惑させてきたものがある。彼の第二次世界大戦体験は、同じ年ごろと生い立ちの人には特段変わったものではない。もっと苛酷な話は多々ある。とはいえ彼の話は惨憺たるものであった。

ごく若いころに、わたしは父の戦争体験を初めて聞いた。いくつかの記憶は思い出すのもつらかったにちがいないけれど、父はある人びとと違って戦争について寡黙ではなかった。だからわたしはその思い出を聞くのが楽しみだった。小判の複数枚のモノクロ写真が与えてくれる一種の絵解きもあって、これはわたしが父の書斎の引き出しから取り出して密かに楽しんでいたアルバムに差し挟まれていたものだ。劇的な図柄はなかったが、とても奇異であり、わたしは不思議に思った。ベルリン東部の粗製の労働キャンプ、公式写真を妨害するために顔をグロテスクに歪める父、ナチスの記章の付いたスーツを着た横柄な表情のドイツ人たち、郊外の湖への日曜ピクニック、カメラマンに向かってほほ笑む金髪のウクライナ人女性たち——そうした写真である。

これらは比較的良き時代だった。ウクライナ人女性と親しくすることは多分、禁じられていたのだが、こうした女性たちの思い出は今なお父の目に何か物言いたげな表情を浮かばせる。空腹と疲労困態で今にも死にそうであったり、害虫に悩まされたり、共同トイレや唯一利用できる風呂として、水浸しになった爆弾クレーターを使ったりする父の写真はない。しかし、わたしを当惑させたのはこうした苦難ではない。それは後に、父の帰郷後に起きた事柄なのである。

郷里はカトリックが大半を占める町ナイメーヘン、一九四四年にアルンヘムの戦いがあったオランダ東部の地である。激戦の後、ナイメーヘンは連合軍に奪取されたが、アルンヘムは遠すぎた橋だった〔『遠すぎた橋』は連合軍によるオランダのライン川橋梁奪取作戦を描いた英米合作映画。アルンヘムの橋は奪取に失敗している〕。わたしの祖父は一九二〇年代にプロテスタント牧師として同地に配属になり、比較的小さなメノナイト〔平和・非暴力を信条とする再洗礼派教会員〕信徒衆をあずかった。★ナイメーヘンは国境の町。父の家から徒歩でドイツへ行ける。ドイツは比較的物価が安かったので、ナチスの存在が旅行者にも耐えがたくなる一九三七年ごろまでは、家族一緒の休日は国境の向こう側で過ごすことが多かった。一家がヒトラー青年団《ユーゲント》のキャンプを通りかかったある日のこと、少年たちが制服を着た青年らに手ひどく殴られているのを目撃した。ライン川の船旅をした際、祖父はラインの乙女に捧げたハインリッヒ・ハイネの頌歌『ローレライ』を朗誦し、(多分、わざと)ドイツ人乗客の間に狼狽を引き起こした(ハイネはユダヤ人だった)。祖母はもうたくさんだと思った。三年後、ドイツ軍が国境を越えてなだれ込んできた。

ドイツ占領下でも生活は流れていった。少なくとも最初の一、二年は自分がユダヤ人でない限り、オランダ国民にとって生活はまだ不思議と正常だった。父は一九四一年にユトレヒト大学に入り、法律を学んだ。法律家としての前途のためには、排他的で金のかかる、いわゆる「学生団」という学生友愛会のメンバーになることが必須であった(ある程度は今もそうである)。プロテスタント牧師であることは、社会的には尊敬されるけれども、父の諸掛かりを払うほどの収入はない。そこで、一族の中では裕福な母方のおじが、父の生活費全般を援助することになった。

ところが父が加入するころには、学生団はレジスタンスの潜在的な巣として、ドイツ当局からすでに活動を禁じられていた。これはユダヤ人教授たちが大学から追放されて間もないころのことである。ライデン大学では、法学部長ルドルフ・クレーベリンハが有名な講演でこの措置に抗議した。逮捕に備えて歯ブラシと着替えをバッグに詰め込んだうえでのことだったが、実際そのとおりになった。学生団メンバーも多く混じった学生たちはストライキを決行。ライデン大学は閉鎖された。アムステルダム大学の学生団は、ドイツがユダヤ人学生を締め出したあと、すでに自主解散していた。

だがユトレヒト大学は開かれたままで、学生団は地下活動ではあるが機能し続けた。これは、新入会員に対するいささか野蛮な儀式を秘密裏に行わざるを得なかったことを意味する。学生団では「胎児」として知られる一年生は、もう頭髪を剃らされることはなかった。というのは、そんなことをすれば彼らの身元をドイツ側に明かすことになってしまったからなのだが、胎児たちをカエルのように跳ね回らせたり、眠らせなかったり、奴隷のように扱ったりと、一般にたまたま上級生が気に入ったさまざまな嗜虐的なゲームで彼らに屈辱を与えることが、依然として習わしになっていた。父は同じ階層と教育のほかの学生と同様、文句を言わずにこの苦行に服した。そういう流儀だった（そして今もそうなのだ）。彼らがいささか衒学的にラテン語で呼ぶところでは、それが習わし《モス》だったのである。

一九四三年初め、若者たちはもう一つの、さらに深刻な試練にさらされた。占領ドイツ軍は全学生に対し、忠誠の誓いに署名し、第三帝国に対するいかなる反対行動も慎むことを誓うよう命じた。拒む者はドイツへ強制連行され、ナチス軍事産業で強制労働させられるのだ。父は八五パーセントの学友と同様、これを拒否し、姿をくらました。

父はその年のうちに、ユトレヒトの学生レジスタンス組織から帰郷せよとの召喚指示を受け取った。この理由はいまだはっきりしない。多分、恐慌をきたして犯された愚かな過ちか、あるいは単に無能のなせる業だったのかもしれない——なんと言っても学生であり、筋金入りのゲリラ戦士ではないのだ。父は自分の父親と一緒に駅に着いた。不運にもナチスはまさにこの時、ドイツでの強制労働に送るため若者たちを一網打尽にしようと構えていた。プラットホームはドイツ警察によって両側を封鎖された。いかなる逃亡の企ても両親がその責任を負うことになる、と脅された。父は両親をトラブルに巻き込むのを恐れ、これに応じた。それは思いやりからではあれ、取り立てて英雄的な行動というわけではなく、今も折にふれて父を思い煩わせている。彼はほかの人びとと一緒に不潔な小規模強制収容所に送られ、そこではオランダ人の悪党たちがナチス親衛隊（ＳＳ）の手で彼らお得意の野蛮な技術を仕込まれていた。そこで短期間過ごすと、父は戦争の残りの期間をベルリンの列車ブレーキ製造工場で働いたのであった。

これは少なくとも当初は、悲喜こもごもの経験だった。ドイツ人に積極的に抵抗しない限り、オランダ人学生労働者は強制収容所に入れられることはない。工場労働の退屈さと敵のために働くという恥辱、そして凍てつき不潔な宿舎の肉体的不快にさえも、その埋め合わせはあったのだ。父はヴィルヘルム・フルトヴェングラー指揮のベルリンフィル演奏会に行ったことを覚えている。

クノル・ブレーキ社での事情も見た目ほどではなかったかもしれない。エリゾーン氏という無口な黒髪の男は、オランダ人学生労働者が近寄るとそっと立ち去る癖があり、そのほかにも過度の接触を避ける人びとがいた。ローゼンタールなどといった名前を持つ人びとだ。その工場がユダヤ人をかくまっていたとしても不思議ではなかった、と父はずっと後になって推測した。

一九四三年一一月、英国空軍がドイツ首都への長距離爆撃を開始すると、状況ははるかに悪化した。一九四四年には英空軍ランカスター爆撃機に米軍Ｂ－17爆撃機が加わった。だが、ベルリンおよびその住民の全面的破壊が本当に始まったのは一九四五年の初頭で、爆撃と火事嵐が事実上、日常時となった。米軍は昼間に、英軍は夜間に攻撃を加え、そのうえ四月にはソ連の「スターリンのオルガン」〔カチューシャ多連装砲のこと〕が東部から同市への砲撃を始めた。

学生たちは防空壕や地下鉄駅になんとか潜り込める時もあったが、これは強制収容所の囚人には許されていない特権であった。にわかづくりの塹壕だけが空襲に対する守りという時もあって、父の記憶では学生たちは空襲を歓迎もし、恐れてもいた。最悪の苦痛の一つは睡眠不足だ。爆撃と砲撃が止むことは決してなかったのだから。空襲警報と爆発音、人間の叫び声、石材・ガラスの崩落音が混じった騒音がひっきりなしに続いた。とはいえ学生らは、いとも簡単に自分たちを殺しかねず、実際命を落とすケースもあった米英軍の爆撃機に喝采を送った。

一九四五年四月、労働者キャンプはすでに居住不能になっていた。屋根と壁が爆風と火炎で吹き飛ばされてしまったのだ。おそらくは比較的ナチ化されていないプロテスタント教会の一つを通じた連絡によって、父は郊外の屋敷に避難した。大家のレーンハルト夫人はすでにベルリン中心部の廃墟から数人の避難民を受け入れていた。その中に弁護士のリュメリン博士とユダヤ人妻のドイツ人夫婦がいた。夫は常に逮捕を恐れて、いざとなったら共に死ねるようにと屋敷内に回転式拳銃を保管していた。レーンハルト夫人はドイツ歌曲を歌うのが好きだった。わたしの父がピアノで伴奏した。それは父に言わせると、終局のベルリン攻防戦の騒乱下では「稀有な文明の名残」であった。

ベルリン東部の仕事場への途次、父は独ソ両軍が市街戦を展開する瓦礫に埋まった街路を通った。ポツダム広場では、不吉な金切り声を上げてヒトラー官邸を砲撃する「スターリンのオルガン」の背後に立った。それは大爆音と花火に対する終生の恐怖心を父に植えつけることになる。

一九四五年四月の終わりか、五月初めのある日、ソ連兵がレーンハルト夫人の家に着いた。そうした来訪は通常、老若にかかわらず女性への集団レイプを意味した。それは起きなかった。だが、リュメリン博士の拳銃が見つかると、わたしの父はすんでのところで命を落としかけた。兵士のだれ一人、英語もドイツ語も話さず、拳銃の存在についての説明は無駄だった。家の中にいた二人の男、リュメリン博士と父は処刑のため壁を背にして立たされた。父は観念したことを覚えている。それまであまりに多くの死を見てきたものだから、自らの終末が差し迫ったことは大した驚きではなかったのだ。ところがその時、生死を分ける運命のきまぐれによって、英語の話せるロシア人士官が現れた。彼はリュメリン博士の話を信用することにした。処刑は中止された。

父ともう一人別のソ連軍士官――レニングラード出身の学校教師――の間に、一定の親近感が生まれた。共通の言語を持たない二人は、ベートーヴェンとシューベルトの一節を口ずさむことで意思疎通した。ワレンティンというこの士官は父を、かつては労働者住宅街だったベルリン西部の、どこか瓦礫に埋もれた集合地点へ連れて行ってくれた。そこから先は、同市東部のDP（難民）キャンプまで苦労して行かなければならない。廃墟の中を進む途中、父はもう一人のオランダ人――おそらくナチス協力者か元SS隊員――と一緒になった。まともな食事と睡眠を取らなくなって数週間になるため、父はほとんど歩くことができなかった。

二人がさほど先へ進まないうちに、父は倒れた。怪しい同伴者は父をとある建物へ引きずって行き、そこにはその男のガールフレンド――ドイツ人売春婦――が階段を数段上がった部屋に住んでいた。次に起きたことを父は思い出せない。おそらく、大半の時間は意識を失っていたのだ。しかしその売春婦は、難民キャンプまで歩ける状態になるまで父を介抱してくれた。キャンプでは強制収容所からの生還者を含め、一〇〇〇人を超すあらゆる国籍の人びとが、一つの水道蛇口で間に合わせなければならないのであった。

六カ月以上経ってオランダで撮った父の写真を見ると、飢餓による浮腫のためにまだむくんだように見える。いささか寸法の合わないスーツを着ている。米国のメノナイト慈善団体から受け取ったものといえば納得がいくようなスーツであり、ズボンに小便の汚れが付いている。あるいは、ひょっとすると祖父からのお下がりだったろうか。だが、ずんぐりして顔色が若干悪いものの、この写真の父は十分元気があり、同年配のほかの人びとに囲まれて、ビアマグを持ち上げ、口を大きく開けて乾杯しているか、何か学生歌を歌っている。

彼はユトレヒト大学の学生友愛会に戻った。そうすると、これは一九四五年九月のことだっただろう。父は二二歳。戦時の学生団への入会儀式は秘密裏に行われたので、いじめの儀式はそっくりやり直すべきことが、学生団の上級生によって決定されていた。父は自分がカエルのように飛び跳ねさせられたり、こっぴどく虐待されたりしたことは覚えていない。この種の扱いは大学に着いたばかりの下級生——おそらく中には父よりもっとひどいキャンプから戻ったばかりの者もいた——に向けられたものだった。中には、危険を冒す覚悟のある勇敢なキリスト教徒の家の床下に何年も隠れていたユダヤ人学生がいたかもしれない。だが父には、誰かがそんなことを特段気にしていた記憶がない。ユダヤ人であろうとほかの何人であろうと、個人の身の上話には誰も関心がなかった。往々にして不快な身の上話は、彼ら全員にあったのだ。学生団への入会儀式の一部として、新しい「胎児」たちは金切り声を浴びせられ、辱められ、小部屋に詰め込まれさえした（友愛会サークルでは後に「ダッハウ収容所ごっこ」として知られたゲームだ）。

そして、わたしを困惑させたのはこのことなのである。あのような体験をした後だというのに、父はどうしてそんなグロテスクな行為に耐えられたのだろうか？　控え目に言って、誰もこれを奇矯に思わなかったのだろうか？

思わなかったよ、と父は何度も言った。いや、それは当たり前に思えたんだ。それが当時のやり方だった。習わし《モス》だったのだ。誰もそれを疑問に思わなかったよ、と。父はのちに、ユダヤ人生存者をいじめたのなら下劣だと思っただろうけれど、ほかの人びとがどう考えていたのかは分からない、と述べて、言い方を弱めた。

　わたしはそのことに困惑したが、徐々に分かってきたように思う。これが当たり前だったとする発想は、わたしには一つの手がかりを提供しているように思える。人びとはナチスによる占領以前、爆撃と収容所と殺戮の以前に知っていた世界に戻ろうと必死だったため、「胎児」いじめは当たり前に思われたのだ。それはかつての物事のあり方へ回帰する一つの道、いわば帰郷の道だったのである。

　別の可能性もある。由々しい暴虐を目にしてきた男たちには、ひょっとすると学生のゲームは比較的無害なもの、若者の健全なばか騒ぎに思えたのかもしれない。だが、一番熱心にいじめに没頭する男たちは、たいした体験をしてこなかった人びとであったということの方があり得る話だ。ここに、乱暴に振る舞う契機があった。儀式の生贄がはるかに大きな苦難を体験してきた人びとであるほど、なおいっそう疼くような喜びがあったのだ。

　わたしの父のこの体験談――述べたとおり、ほかの多くの人ほど苛酷ではないが、惨憺たるもの――によって、わたしは人類史上もっとも破壊的な戦争の直後に何が起きたのかについて、好奇心をいだくことになった。世界はあの廃墟からどのように立ち直ったのか？　数百万人が飢え、あるいは血の復讐に夢中になっているとき、何が起きるのか？　社会は、あるいは「文明」（当時の流行語）は、いかにして再構築されるのか？　平常感を回復しようとする欲求は、破局に対する極めて人間的な反応である。つまり、人間的かつ空想的なのだ。というのは、一九三九年〔第二次大戦勃発の年〕よりずっと前に始まった殺戮の十年間を、まるで忌まわしい記憶の如く捨て去ることができるとでもいうかのように、戦前の世界がそのまま復興され得ると考えるのは、たしかに一つの幻想にちがいないのだから。

しかしながら、それは個々人と同じく諸国政府が抱く幻想でもあった。フランス、オランダ両政府は日本による東南アジア侵略以前のままに自国植民地が回復され、生活が旧に復すると考えた。だが、それは空しい幻想であった。世界はとても同じではあり得なかったのだ。あまりに多くのことが起き、多くが変わり、多くの人びと、時に社会集団総体が根絶されてしまった。それに、いくつかの政府を含め多くの人びとは、世界が旧態に復することを望んではいなかった。英国労働者は国王と国のために命を賭してきたのだが、古い階級システムの下で生きることにもはや満足せず、ヒトラー敗北のわずか二カ月後、ウィンストン・チャーチルを選挙で政権の座から追い出してしまった。ヨシフ・スターリンはポーランドやハンガリー、チェコスロヴァキアにどのような自由民主主義も復活させるつもりはなかった。西ヨーロッパにおいてさえ、多くの知識人たちが道徳的に心地よい「反ファシズム」の衣をまとった共産主義を、旧秩序に対する有望な選択肢として見ていた。

アジアでは、初期の変化はそれどころか一段と劇的だった。同じアジアの一国〔日本〕が西洋の帝国主義支配者に屈辱を味わわせることができた。インドネシア人、ベトナム人、マレー人、中国人、ビルマ人、インド人その他諸民族がいったんそれを目の当たりにしてしまうと、西洋万能の考え方は粉々に砕け、諸関係は再び同じではあり得なかった。同時に、日本人はドイツ人と同じく、指導者たちの虚栄の夢が灰燼に帰するのを見て、戦勝連合国の占領軍が時に奨励し、時に強制する変革に対し受容的であった。

英米両国の女性は、戦時環境によって労働力になることを強いられてきたが、もはや経済的自立を家庭内の従属と取り換えることに満足してはいなかった。無論、植民地が完全独立を勝ち取るのに時間を要したように、多くの女性はまだそうし続けた。「平常」に復したいとの保守的欲求は、変化への願望、再び一からやり直し、破滅的な戦争が二度と起きることのないより良き世界をつくるという願望と対抗しているのが常だった。そうした希望は真正の理想主義によって鼓舞された。国際連盟が（二つ目の）世界大戦を防げなかったという事実も、国際連合が永久平和を保つことを一九四五年に期待した人びとの理想主義を妨げることはなかった。そうした理想は時計の針を元に戻そうと考えるのと同じく、幻想的であることがやがて分かっても、そのことがその理想の力を削いだり、その目的の価値を必ずしも減じたりすることはないのである。

終戦後の一九四五年の物語はある意味で、大変古い物語である。古代ギリシア人は人間の復讐への飢えが持つ破壊力をよく知っており、悲劇作者たちは血の抗争を法の支配によって克服する道――復讐ではなく裁き――を作品化している。そして西洋に劣らず東洋でも、歴史は新たに出発しようという夢、戦争の廃墟を新たな理想――往々にして思ったほど新しくはなかったのだが――に基づく社会建設の更地として扱おうという夢に満ちている。

終戦直後の時期に対するわたしの関心は、部分的には現下の情勢によってかき立てられた。私たちは近年、独裁者を打倒し新たな民主国家をつくる革命的戦争に大きな期待がかけられる例をふんだんに見てきた。しかし主として、わたしは父とその世代の世界を理解するために、時をさかのぼって振り返りたいと思う。これは多分、両親の体験について子どもがいだく自然な好奇心、その子どもが当時の両親より歳をとったときに強まる好奇心が一つの理由だろう。父親がその子には想像することしかできない苦難の試練を受けていると、そうした好奇心は特に烈々たるものである。

だが、それだけではない。というのは、あやうく命を落としかけたあの戦争の廃墟の中から、わたしの父が創造に与った世界は、わたしたちが育った世界なのである。わたしの世代は父親たちの夢――ヨーロッパ型福祉国家、国際連合、米国型民主主義、日本の平和主義、ヨーロッパの統合――によって育まれた。それから、一九四五年に創造された世界の陰の側面――ロシアと東ヨーロッパの共産党独裁、中国内戦における毛沢東の台頭、冷戦――がある。

わたしたちの父親のこの世界の多くは、すでに解体されてしまったか、あるいは急速にほころびつつある。たしかに、先の世界大戦の影響を受けた地のどこでもおおむね、今日の生活は物質的条件では間違いなく一九四五年よりもはるかにいい。人びとがもっとも恐れたことのいくつかは、これまで起きていない。ソ連帝国は崩壊した。冷戦の最後の戦地は朝鮮半島か、もしかすると台湾海峡にある。とはいえ、わたしが本書を執筆中にも人びとはいたる所で西洋の没落、ヨーロッパと同じく米国の没落について語っている。終戦直後の時期の恐怖のいくつかが薄れたとすれば、多くの夢もまた薄れたのである。恒久平和が一種の世界政府によって実現するとか、あるいは世界が国連によって紛争から守られ得るとさえ、いまだ信じている人はほとんどいない。社会民主主義と福祉国家への期待は、一九四五年にチャーチルが敗北したまさにその理由なのだが、その期待はイデオロギーと経済的制約のために、打ち砕かれないまでも、ひどく毀損されてしまった。少なくとも、過去の愚行を知ることで将来の同様の過ちを防げるという意味では、われわれが歴史から多くを学べるという考えにわたしは懐疑的である。歴史はすべて解釈の問題だ。過去についての誤った解釈はたいてい無知よりも危険である。古傷と憎悪の記憶は新たな闘争に火をつける。それでも過去に何が起きたかを知り、その理解に努めることが大切だ。でなければ、わたしたちは自分の時代を理解できはしない。わたしは父が体験したことを知りたかった、それは過去に生起した物事の長く暗い陰の中で自分自身を、そして実際われわれの生活総体を理解する助けになるからなのである。

原注

★混同を避けるために言っておかなければならないが、オランダのメノナイト信徒は米国の信徒仲間とは大変異なっている。オランダのメノナイト信徒は傾向としてどちらかといえば進歩的、他の信仰に寛容で、閉鎖的なところはまったくない。米国やドイツのメノナイト信徒には逆の傾向があり、あごひげをたくわえて流行遅れの黒のスーツを着た人びとが、ナイメーヘンの祖父への公式訪問に姿を現したときは、ちょっと気まずい雰囲気になった。

第1部

解放コンプレックス

第1章

歓喜

倒壊したヒトラー帝国の虜囚——強制収容所と奴隷労働キャンプ、戦争捕虜収容所の虜囚——を解放したとき、ドイツにあった連合国軍は彼らが従順で、当然の感謝の念をいだき、進んで解放者に最大限協力するものと期待していた。たしかに、そういうこともあった。しかしながら、連合国軍は「解放コンプレックス〔感情複合〕」として知られるようになる現象にしばしば遭遇することになった。ある目撃者のいささか官僚的な表現によれば、「これには遺恨と飢餓と歓喜が交っており、三つの特性が合わさると、新たに解放されたとき難民たちを、行動と振る舞いに関して、また介護と給食、消毒、送還にとって一つの問題たらしめるのである[1]」。

解放コンプレックスはＤＰ（難民）キャンプの収容者だけに限られなかった。それは新たに解放された国々全体、さらにいくつかの点では敗戦諸国民を説明するのにも使えただろう。

わたしはとても繁栄した国に、ずっと遅く生まれてきたため、いかなる飢餓の影響にも気づくことはなかった。だが、まだ遺恨と歓喜のかすかな残響はあった。敵と協力したり、もっと悪い場合は敵と寝たりした人びとに対する報復は、大方は極めて低いレベルにおいて、表に出ないほとんど内密のやり方で実行され続けていた。ある特定の店では雑貨類を、ある店ではたばこを買わないのである。

というのは、店主は戦時中「悪」だったことを「誰もが」知っているからだ。

一方、歓喜の方は、オランダではそれを毎年恒例の儀式「五月五日　解放記念日」とすることによって制度化された。

わたしの少年時代の記憶では、五月五日はいつも太陽が輝き、教会の鐘が鳴り渡り、赤・白・青の旗が軽やかな春の微風にはためいていた。一二月五日の聖ニコラス祭の方が家族行事としては大きいかもしれないが、解放記念日は愛国的歓喜の一大ショーなのだ。少なくともわたしが育った一九五〇〜六〇年代はそうであった。オランダ人は一九四五年五月五日に自力で自らを解放したのではなく、カナダ兵と米英兵、それにポーランド兵によってドイツによる占領から自由になったので、例年の愛国的誇りの激発はいささか奇妙ではある。だがそれでも、オランダ人は米国人や英国人と同様、自由が国民のアイデンティティを決定づけていると信じたがるため、ドイツの敗戦が十六世紀から十七世紀にまたがる八十年戦争でスペイン国王を破った集団的記憶と、国民意識の中で溶け合ったのはうなずけるのである。

スコットランドのバグパイプ奏者がノルマンディー海岸で機関銃掃射の中を歩いたり、フランス市民が国歌『ラ・マルセイエーズ』を歌う映像を前にすると——無論、自分自身の記憶によってではなく、ハリウッド映画を通してだが——、終戦からわずか六年後に生まれたわたしたちの世代の者は容易に感傷の涙を浮かべる。しかし、わたしは一九四五年五月五日からちょうど五〇年後、記念日を祝うためにアムステルダムのカナダ兵進駐が再現されたとき、あの時代の歓喜を垣間見た。連合国軍は実際には五月八日までアムステルダムに到着しなかったという事実は、今やどうでもよいのだ。その当時の本物の出来事は尋常でなかったにちがいない。現場に居合わせた英国の戦争特派員が伝えている。「われわれはキスされ、大声を掛けられ、抱きつかれ、体をぶつけられ、叫び声を浴びせられ、しまいには痣《あざ》ができ、困憊した。オランダ人は花畑をかっさらったので、連合軍の車両に降り注ぐ花の雨は止むことがない」(2)。

五〇年後、高齢のカナダ人たちは窮屈な色あせた戦闘服に勲章をぶら下げて、旧式のジープと装甲車でいま一度市内に乗り込み、目に涙をためて群衆に敬礼し、自分が立役者だった日々を回想した。孫たちがとうに聞き飽きた日々、戦争の英雄たちがカルガリーやウィニペグに落ち着き、歯医者や会計士になる前の、歓喜の日々である。

最良の日々を追体験している老人たち以上に、わたしが打たれたのは、明らかにそれと分かる立派な既婚婦人らしい身なりをしたオランダ人老女たちの行動だ。この婦人たちは狂乱状態、一種の十代の精神的高揚状態にあって、ロックコンサートでの少女のように叫び、ジープの男たちに腕を伸ばし、彼らの制服に触ろうとしていた。「ありがとう！　ありがとう！　ありがとう！」彼女らは自制できなかった。彼女らもまた、歓喜の時を追体験していたのだ。それはわたしがかつて目にしたもっとも異様にエロチックな光景であった。

実はすでに記したとおり、カナダ兵は五月五日にはアムステルダムに来なかったし、戦争は公式にはその日に終わってもいない。確かに、五月四日にはハンス＝ゲオルク・フォン・フリーデブルク海軍大将とエーベルハルト・キンツェル陸軍大将がリューネブルク平原のバーナード・モントゴメリー元帥（「モンティ」）のテントにやってきて、北西ドイツとオランダ、デンマークの全ドイツ軍が降服した。ブライアン・アーカートという若い英軍士官は、ドイツ人らがメルセデス・ベンツでモンティの司令部へ田舎道を疾駆するのを目撃している。それよりしばらく前、彼は近くのベルゲン－ベルゼン強制収容所に入った最初の連合軍将校の一人であり、解放された大方の囚人は「たとえわれわれが共通の言語を見つけていても、はっきり口がきけないほど驚いた様子だった」。遠目には丸太に見えていたのは「見渡す限りの(3)死体の山だった。いまだ豪華な厚手の皮コートを着たフォン・フリーデブルク海軍大将は数日後、ドイツの残虐行為を伝える米国のニュース報道に接し、これを自国に対する侮辱と受け止め、激高した。

五月六日には、ヴァーヘニンゲン近くの壊れかけた農家でもう一つ別のセレモニーが行われ、ヨハネス・ブラスコヴィッツ陸軍大将麾下の軍が、カナダ軍のチャールズ・フォークス中将に降服した。「マーケット・ガーデン作戦」として知られる軍事的大失敗で米英軍とポーランド軍がオランダを強行突破しようとした一九四四年九月、アルンヘム自体は砲撃で瓦礫と化し、ほとんど形をとどめていなかった。この惨事の到来を予測していた人物の一人がブライアン・アーカートで、彼は当時、両手をたっぷり血に染めた荒武者である同作戦の主要立案者の一人、F・A・M・「ボーイ」ことブラウニング大将付きの情報士官だった。ドイツ軍戦車旅団が連合軍を粉砕しようとアルンヘム周辺で待ち構えていることを示す証拠写真を部隊長に見せたところ、アーカートは病気休暇を命じられた。「モンティ」のパーティーを邪魔することは、下級情報士官は言うに及ばず誰にも許されなかったのだ。★

だが、オランダの地でさえ戦争はまだ終わっていなかった。五月七日、アムステルダム中心部にある王宮前のダム広場に群衆が集まって歓声を上げ、踊り、歌い、オランダ王室のオレンジ旗を振っていた。到着が目前に迫った戦勝の英加両軍を期待してのことだ。広場に面したある紳士クラブの窓から浮かれた群衆を眺めていて、ドイツ海軍士官らは土壇場の腹立ち紛れに、屋根に据え付けた一台の機関銃を群衆の中に撃ち込むことに決めた。二二人が死亡、一〇〇人以上が重傷を負った。

それでさえ、文字どおりの最後の戦時暴力ではなかった。「解放の日」から一週間以上経った五月一三日、二人の男が処刑される。反ナチ派のドイツ人で、ドイツ軍から脱走し、オランダ人に紛れて潜伏していたのだった。一人は母親がユダヤ人だった。二人は五月五日、潜伏場所から表に出て、オランダ人レジスタンス組織に身を寄せたところ、レジスタンス組織は彼らをカナダ軍に渡した。二人はそこで典型的な戦時の混乱の犠牲になったのだ。モントゴメリーがドイツの降伏を受諾した五月四日の時点では、オランダ国内にはドイツ軍の武装解除や戦争捕虜の給食を担当する連合軍兵士の数が不足していた。当面はドイツ軍将校が配下の兵の指揮を維持することが認められた。その不運な二人のドイツ人脱走兵は、アムステルダム郊外にあるフォード社の閉鎖された組立工場で、ほかのドイツ兵と一緒にされた。最後の最後まで権限をふるおうとするドイツ軍将校らによって、即席の軍法会議が急きょ開設され、二人は死刑を宣告された。ドイツ軍はカナダ軍に「謀反人」を処刑するための銃を要求した。カナダ軍はそうした規則のことがよく分からないうえ、暫定取り決めを紛糾させるのは気が進まず、これに同意してしまった。そこで二人は即座に処刑されたのだ。カナダ軍が遅まきながらそのような習わしを制止するまで、同じような運命に遭った人びとがほかにもいたのは明らかである。(4)

ヨーロッパにおける公式の終戦日、VEデーは実際には五月八日である。ドイツ全軍の無条件降伏は五月六日夜にライムスの学校校舎で調印されたとはいえ、祝賀はまだ始めることができなかった。アイゼンハワー将軍が西部戦線と同様、東部戦線でのドイツ降伏も受諾したように振る舞っていることに、スターリンは激怒していた。その特権はベルリンで、唯一ソ連のみが享受すべきである、と。スターリンはVEデーを五月九日まで延期したかった。このことが、今度はチャーチルを悩ませた。

英国全土の国民がもうお祝い用サンドイッチのパンを焼き始めている。旗や垂れ幕の準備はできていた。教会の鐘がつかれるのを待っている。大方が困惑したことに、フレンスブルクからのラジオ放送で最初に終戦を発表したのはドイツだった。同市はデーニッツ提督が、破綻したドイツ帝国を今も名目的に統治している本拠地である。これを英国BBC放送が傍受した。たちまちフランスと英米の新聞号外が出回った。ロンドンでは大群衆がピカデリーサーカスとトラファルガー広場周辺に詰めかけ、ついに史上最大のパーティーを始めるべくチャーチルの勝利演説を待った。ニューヨークの街路に紙吹雪が舞った。だが、対独戦争が終わったという連合国首脳の公式発表はまだなかった。

五月八日の午前零時前、わたしの父が以前いた労働収容所に近いカールスホルストのソ連軍司令部で、非情の軍事的天才ゲオルギー・ジューコフ元帥はついにドイツの降服を受諾した。フォン・フリーデブルク海軍大将はもう一度、ドイツ降服文書に署名した。峻厳、無表情で正真正銘のプロシア軍人であるヴィルヘルム・カイテル陸軍元帥は、ドイツ首都に加えられた破壊の度合いにおののいている、とロシア側に告げた。するとすかさず、一人のロシア人士官が聞いた。貴官は、自分の命令によってソ連の数千の都市・村落が破壊され、多数の子どもを含む数百万の人間が瓦礫の下敷きになったとき、同じように恐れおののいたか、と。カイテルは肩をすくめ、無言だった。(5)

次いでジューコフはドイツ人たちに退去するよう告げ、ロシア将校は米英仏の連合国将校とともに、涙交じりのスピーチと大量のワイン、コニャック、ウォッカで盛大に祝った。翌日、その同じ部屋で晩餐会が催され、ジューコフは、稀代の名将の一人としてアイゼンハワーのために乾杯した。乾杯は際限なく続き、ロシアの将軍たちはジューコフも含めて踊り、これに加わらない者はほとんどいなかった。

五月八日、ニューヨークでは群衆がもう狂喜乱舞していた。ロンドンでも群衆が街頭に繰り出していた。が、英国の群衆は祝賀の開始を告げるチャーチルの声を待っているかのように、彼らの間にはまだ奇妙な静寂がただよっていた。チャーチルはVEデーを九日まで延期したいとするスターリンの希望を無視することに決めており、午後三時に演説することになっていた。トルーマン大統領はすでに演説を終えていた。シャルル・ドゴール将軍はチャーチルにお株を奪われるのを拒み、フランス国民への発表をぴったり同じ時間に行うことに執着した。

ＢＢＣ放送のチャーチル演説は世界中のラジオで聴取された。ウェストミンスターの外の議会広場は立錐の余地もなく、そこには拡声器が据え付けられていた。人びとはバッキンガム宮殿の門扉に体を押しつけられた。ウェストエンド〔高級住宅街であるロンドン中西部地区〕では、車はもう群衆の間を通過できなかった。ビッグベンが三度打った。群衆は静まり、ついにチャーチルの声が拡声器からとどろいた。「対独戦争はこれにより終わりました……。ほぼ全世界がその邪悪なるものに対して力を合わせ、彼らは今、われらの前にひれ伏しているのであります……。われわれは今、国内でも国外でも、われわれの仕事の完遂にすべての力と資源を捧げなければならないのであります……」。ここで彼の声音が変わった。「進めブリタニア！　自由の大義よ、永遠なれ！　神よ、国王を護り給え」。しばらく後、チャーチルは保健省のバルコニーで勝利のＶサインをして見せた。「みなさんに神の祝福を。これはあなた方の勝利であります！」そこで群衆は叫び返した。「いやあなたの勝利だ！」

デイリー・ヘラルド紙はこう報じている。「市中心部では異様な『お祭り騒ぎ』の光景が現出。さんざめき、踊り、笑い、抑えの利かなくなった群衆がバスに押し寄せ、車の屋根に飛び乗り、舗道上で焚火をするために板塀を引き倒し、警官にキスを浴びせて彼らを踊りの輪の中に引きこんでいった……。ドライバーたちはクラクションで勝利のサインを鳴らした。かなたのテムズ川では、引き船や船舶が勝利のサイレンを鳴らして夜気を震わせた」。

その群衆のどこかに、寄宿学校から休暇をもらっていた一八歳のわが母と、彼女の弟がいた。ドイツ系ユダヤ人移民の娘である祖母、ウィニフレッド・シュレジンジャーが大喜びしたのはもっともで、彼女のチャーチル崇拝は際限がなかった。だが、子どもたちが「興奮し酔っ払った群衆、特に米兵たち」の中で迷子になってしまうのではないか、と祖母は気が気でなかった。

ニューヨークでは五〇万人が街頭で祝賀。夜間外出禁止令は解除された。コパカバーナ、ヴェルサイユ、ラテン・クォーター、ダイアモンド・ホースシュー、エル・モロッコといった酒場は満席になり、夜中まで営業した。ライオネル・ハンプトンがザンジバルで、エディ・ストーンはホテル「ルーズヴェルト・グリル」で演奏し、ジャック・デンプシーでは「特盛り」の食べ物が供された。

パリの共和国広場では、リベラシオン紙の記者が見ている。「連合国の国旗を抱えて移動する群衆。一人の米兵が、二本のコニャックの瓶――一本は空でもう一本はまだ満杯――を軍服のポケットから突き出し、写真を撮ろうとして体を奇妙に傾けて、長い足でよろめいていた」。一人の米軍爆撃機パイロットが、B-25ミッチェル爆撃機でエッフェル塔下部の隙間を飛びぬけ、群衆をハラハラさせた。イタリア通りでは、「大柄な米海兵と華麗な黒人兵」が競争しようと決めた。女性を片っ端から自分の「分厚い胸」に押しつけ、ほおに残った口紅マークの数を数えるのだ。二人のライバルに賭け金がはられた。凱旋門では、かつて見たことのない大群衆が、ドゴール将軍に感謝を表し、将軍はめったに見せない笑顔をちらりと見せた。人びとは国歌『ラ・マルセイエーズ』と、第一次世界大戦時に流行った『マデロン』を歌った。

休憩の時間が、軍隊の楽しみ
森からすぐのところに
壁全体が蔦で覆われた店
キャバレーの名前は「真の兵隊」
女給は若くて親切

蝶のように軽やか
ワインのように目がきらめく
名前はマデロン
夜は夢に見て、昼も頭から離れない
マデロンだけ、われらの恋人〔フランス語歌詞からの翻訳〕

それでも、パリのVEデーをいささか期待外れと受け止めた人びとがいる。畢竟、フランスはすでに一九四四年に解放されていたのだ。シモーヌ・ド・ボーヴォワール〔作家。一九〇八〜八六年〕が書いているところでは、当夜の彼女の記憶は「かつてのお祭り騒ぎよりもずっとぼやけている。それは私の気持ちが整理されていなかったためだろう。この勝利は私たちから遥か遠く離れたところで獲得されたものだった。私たちはかつて解放を待ち望んだように、熱にうかされ不安に戦《おのの》きながらそれを待ったのではなかった。それはずっと前から予期されていたから、そのために新しい希望が開けることもなかった。それは単に戦争に終止符を打っただけだった。ある意味でこの終戦は死に似ていた[6]」。

これとは対照的に、モスクワ市民は九日未明にVEデーが発表されるや、どっと街頭に繰り出した。ナイトガウンやパジャマのままの人びとも多く混じった群衆は、「勝利だ！　勝利だ！」と叫び、一晩中踊り、歓声を上げた。スターリンの通訳の一人、ワレンティン・ベレシコーフが英国人歴史家マーティン・ギルバートに宛てた手紙で回想している。「危険で邪悪な敵に対し、勝利がついに勝ち取られたという誇り。斃《たお》れし人びとへの哀惜（しかも当時、われわれは三〇〇〇万人近くが戦死したことを知らなかったのです）。恒久平和および戦時連合国との継続協力への期待——これらすべてが、特別な安堵感と期待感を生み出したのです[7]」。

五月八日付リベラシンオン紙がおそらく正しかった。これは別して若者たちのパーティーだったのだ。「熱狂を感じたのは若者だけだった。若者だけがジープに飛び乗り――その光景はロンシャン競馬場の観覧席に似ていた――頭に旗を巻きつけ、歌を口ずさみながらシャンゼリゼ大通りを走り抜けた。それも当然だ。若者にとって危険は去ったのだ」。

英国にいた祖母は、まだインド駐留英国陸軍で軍役に就いている夫を恋しがり、子どもたちの熱狂を共有できなかった。彼女の気持ちは、遠く離れた夫や息子を気遣ったり、失ったものが多すぎて喜べなかったりする多くの人びとにも、間違いなく共有されていた。この移民の娘の反応は特殊英国的でもあった。「あなたがいないのがとても寂しくて、祝うことができなかったのです」と彼女は私の祖父宛てに書いている。「だから少々余計に庭仕事をして、時間を有効に使いました」。

わたしの父は戦争が公式に終わった日のことを思い出すことすらできない。お祝いに発射されるロシア兵の銃の音をぼんやりと覚えている。ジューコフ元帥は回想録でこのことに触れている。「われわれはあらゆる種類の兵器の祝砲に送られて［五月九日に］祝賀会ホールを去り……祝砲はベルリンとその周辺地区で撃たれた(8)」。だが、父は銃声に慣れており、それを特段気に留めることはなかった。ドイツ北部で動きが取れなくなったあの英国情報将校、ブライアン・アーカートもまた、ベルゼンを目撃した衝撃が冷めやらず、満身の喜びを感じることができなかった。「そうした抗いがたい機会に、わたしがその時実感したことを再現するのは困難である。絶望から勝利に至る約六年、多くの友人の死、空前絶後の消耗と破壊……わたしは戦時写真の中の無名の顔ども、難民、囚人、爆撃にさらされる民間人、母国の雪と瓦礫の中のロシア人たち、沈んでいく輸送船の乗組員らに思いをはせた――彼らのうち何人が家族と再会することだろう(9)」。

だが、そうした思いがニューヨークやパリ、ロンドンで浮かれ騒ぐ人びとの気持ちを湿らせることはなかった。それは若者だけでなく、光の祭典でもあった。まったく文字通りに。「街が輝く！」は五月九日付ニューヨーク・ヘラルド・トリビューン紙の見出しだ。ロンドンの五月八日付デイリー・ヘラルド紙は「ロンドンの夜空は再び輝いた」と書いた。パリでは、一九三九年九月以来初めてオペラ座のライトが赤・白・ブルーに点灯した。凱旋門、マドレーヌ寺院、コンコルド広場と次々に照明が戻った。そしてヘラルド・トリビューン紙は「投光照明を受けた巨大な星条旗と英国旗、フランス三色旗」がベリ通りのビルの前に翻っている、と誇らしげに伝えている。

ニューヨーク市は一九四二年四月の「減灯」、さらに一九四三年一〇月からの「灯火管制」以降、漸次暗くなってきていた。自由の女神像の松明にだけ薄明りが灯っていた。だが、ニューヨーク・デイリー・ニュース紙によると、五月八日午後八時ともなると「ブロードウェイという王冠のすべての宝石が目いっぱい輝き、人間の巨大な集団が光の中を泳いでいるようであり、彼らの気分は光によって温められていた」。

ロンドンのトラファルガー広場にあるネルソン記念塔は探照灯で照らし出された。セントポール寺院は空襲を受けた金融街の真ん中にぽつんと立って、投光照明に包まれた。レスター広場の映画館はけばけばしい色の光に輝いた。そして、ロンドン中とさらに遠くスコットランドに至るまで、数万のかがり火の柔らかな赤い炎が見られた。

爆弾と「バズ爆弾」（ドイツの飛行爆弾）をもはや恐れることがなくなり、明かりが再び点灯できる、という安堵感だけではなかった。明かりの復活には象徴的に感動させるものがあるのだ。これらの記事を読んで、わたしはかつてモスクワでロシア人学者から聞かされた話を思い出した。フランス文学が彼女の研究テーマで傾倒の対象。彼女はフランスとそのほか西ヨーロッパ各地を見ることを、生涯夢見てきていた。書籍からしか知らない場所である。ついに一九九〇年、ベルリンの壁の崩壊後、夢がかなった。列車でのパリ行きが認められたのだ。もっとも印象を受けたのは何か、とわたしは彼女に尋ねた。それは列車が夜中に東ベルリンから西ベルリンへ入って、突然、明かりが見えた時だと彼女は答えた。

「光の祝祭」、それは万国共通で、人間によって点火された最初の松明と同じように古いのだが、しばしば季節と新生活の始まりに関連する神秘的起源を持っている。解放当初の日々に関するいくつかの記憶は、明白な宗教的歓喜の雰囲気を帯びている。これはとりわけ、女性の住民が連合国兵士を熱狂的に受け入れたことについて言える。ハーグの若い女性マリア・ハーイェンは、兵士が砲塔から頭を出したカナダ軍の最初の戦車が自分の方へガラガラと近づいてきたのを覚えている。「体からすっかり血の気が引いてしまい、わたしは思ったわ、解放の時が来たと。そして戦車がさらに近づくにつれ、わたしは息が切れ、その兵士は立ち上がった――彼は聖人のようだった[10]」。

この感覚は多分、若い女性の間でいっそうよく見られたのだが、男性もそれを共有していた。あるオランダ人男性が記憶しているところでは、「カナダ兵の制服の袖に触るだけでも一つの特権だった。どのカナダ人兵卒もキリスト、救世主だった[11]……」。

一つの重要な点で、一九四五年夏に連合国軍兵士が解放諸国で経験したことは、約二〇年後にビートルズがやって来たときに起きたことと比較できるかもしれない。あの時も、解放はとりわけエロチックな熱狂という形で表現された。一九四五年には、オランダ、ベルギー、フランスといった国では――敗戦国ドイツと日本ではなおさらのこと――男は不在か、捕虜になっているか、もしくは困窮し栄養不良で意気阻喪しているかであった。外国による占領と敗北は、程度の差こそあれ男の権威を少なくとも一時的には失墜させていた。当時のオランダ人歴史家はそれをこう表現している。「オランダの男は一九四〇年には軍事的に、一九四五年には性的に打ちのめされた」(12)。同じことはフランスやベルギー、あるいは占領を経験したどの国についても言えた。戦争の帰結の一つは、多くの婦人が女性の従属性を大方なくしてしまったことだ。彼女らは仕事に就き、抵抗運動のために働き、家族の扶養を一身に担った。強い非難のこもった当時のフランス語の表現では、彼女らは「男まさり《オミニゼ》」だった。男のように振る舞い始めていたのである。

　汚れ、みすぼらしい服を着た痩せこけたオランダ人やフランス人、あるいはドイツ人に比べると、身なりの整ったカナダ人や長身のアメリカ人は栄養状態が行き届いて給料も良く、戦勝者のセクシーな制服がびしっと決まっていて、本当に神のように見えたに違いない。カナダ人との結婚にこぎ着けた多くのオランダ女性の一人が言っている。「正直に認めましょう、わたしたちの蒙った体験のあとでは、カナダ人は極上に見えたわ」。

　連合国軍に付随した音楽ほど解放のエロティシズムをよく表現したものはない。ナチスによって禁じられていた音楽、すなわちスイング・ミュージック、ジャズ、グレン・ミラーの『イン・ザ・ムード』、トミー・ドーシー、スタン・ケントン、ベニー・グッドマン、ライオネル・ハンプトン、『ヘイ！ババリバップ』だ。パリでは若者たちが「戦勝レコード盤」——米軍部隊に配給されたジャズ・レコード——に合わせて踊った。そしてフランスのシャンソンにも仏米混交の気分が入り込んだ。ジャック・ピルの一九四五年のヒット曲はこう歌った。

オー！　ラ、ラ！
ボンジュール　マドモワゼル
オー！　ラ、ラ！

ハロー、彼女も言い返す
オー！　ラ、ラ！
ユーはとても美しい
オー！　ラ、ラ！
ユーもすてきよ、兵隊さん

一九四五年には、西側連合国軍がドイツ人と男女交際することは、公式にはまだ禁止されていた。オランダとフランスでは交際が積極的に奨励された。「交際作戦」と名付けられたものまであった。特に一〇万人を超えるカナダ兵に英語の話せる女性集団をあてがうために、七月には「オランダ娯楽委員会」がユリアナ王女とベルンハルト王子の後援の下に設立された。これらの若い女性が兵士を絵画展や博物館、映画館、そして適正に管理されたダンス会に案内するという発想だった。

希望を込め高潔に表明された期待は、女性たちが「わが国民の名誉を守る」というものであった。わたしのオランダ人の祖母はプロテスタント牧師の妻として、ダンス会を取り仕切り、カナダ兵とオランダ女性たちの間に国の名誉を傷つけかねないことが起きないようにしてほしいと要請された。この仕事での彼女の同僚はオグトロプ神父というカトリック聖職者で、踊り手たちは「ヘイ！　ババリバップ」の曲に合わせて彼の名前を叫んだ。そうしたダンス会で何が起きたか、わたしには定かではない。だが、あるカナダ兵の表現によれば、彼は「オランダほど、その気がある女性集団に会った」ことはなかった。(13)

これは連合国軍の観点からは好都合だった。というのは、連合国軍指揮官たちは売春を快く思わなかったのだ。ドイツ占領下で娼館《メゾン・ド・トレランス》が栄えたフランスでさえ、赤線地帯は「立ち入り禁止」だった。第一次世界大戦後の一九一八年のパリでの楽しい思い出をまだ持っている年配の古参米兵もいた。「ピガール（豚横丁《ピッグ・アリー》）」の売春宿が米軍歩兵たちを温かく歓迎したのだ。第二次世界大戦の後でも、買春禁止は必ずしも守られなかった。少なくとも記録に残る一つのケースとして、シェルブールでは数件の売春宿が、間接的に米軍当局によって運営されていた[14]。いくつかは黒人GI専用、いくつかは白人専用で、米軍憲兵が売春宿の入口の行列の秩序を維持していた。しかしこの度は、組織売春の不在により、もっともな理由で性病の蔓延を心配する人びとには大変残念なことながら、交際は大方、厳格に自由契約ベースだった。

　けれども軍と地元女性の関係は対等であったわけではない。男たちは金と贅沢品、たばこ、絹ストッキング、そしてさらに重要なことには、住民が生存のために是が非でも必要としている食料を持っている。さらに、解放軍に対する多くの崇拝の表明は、潜在的には屈辱的なバランス欠如を意味していた。だが、交際に熱心な女性を単純な英雄崇拝者、あるいは無力な犠牲者とみるなら、それは必ずしも正確ということにはならない。シモーヌ・ド・ボーヴォワールは回想記で、「主たる気晴らし」が「米国人ハント《ラ・シャス・ア・ラメリカン》」だという若いパリジェンヌに触れている。

　ブノワット・グルーは後に人気小説家になるのだが、妹フローラとともにアメリカ人ハントの成果報告を書いている。二人は『連弾日記《ジュルナル・ア・キャトル・マン》』を小説と呼んでいるが、それはわずかにフィクション化された日記だ。グルーは英語を話し、米国赤十字を通じ進んで交際したフランス人女性の一人だった。だが、彼女の本当のたまり場は、もっと健康に良くない場所だった。ほとんどの夜をパリのクラブで過ごすのだが、それは連合国軍兵士に料理を提供し、フランス人女性は歓迎だがフランス人男性はお断りという、カナディアン・クラブとかインディペンデンスとかレインボー・コーナーといった当たりさわりのない名前をつけたクラブである。

グルーによる米兵とカナダ兵の詳細な身体描写は、聖人を見つめていると思っている人びとのそれのように、愛情がこもっている。描写が驚くほど現世的で、男たちが聖人とはほど遠いことを別にすればだが。彼女は一部の男が女の子のナンパを自慢するようなやり方で、自分が征服した相手について書く。彼女がよく通うクラブは「奴隷市場」として描かれている。だがこの場合、奴隷は占領側の英雄たちである。

米国の戦闘機パイロット、カートについてブノワット・グルーはこう書いている。「鼻はちょっぴり短い、というより少々上を向いていて、すべてのアメリカ人に共通する子供っぽい雰囲気を与えている。肌は成層圏で日焼け。力強い手、オランウータンのような肩……完璧な臀部、形よし、身体のいささかのばかでかさを矯正している……」。カートはまったく本を読まず、興味があるのは食事と航空機だけ。だが、何を気にすることがある？　現に「わたしは白痴の腕が、白痴のキスが欲しいのだ。彼は魅力的な笑みを持っており、口の両端があのアメリカ人の完璧な歯の上を巻き上がるのだ[15]」。

要するに、グルーはフランスの男からはひどく「男まさり《オミニゼ》」と見られたはずの人なのだ。結婚したが、戦時中に夫を亡くした。一九四四年夏の解放は、二度と会うことのない男の腕の中に喜びを見出す自由と欲求を彼女に与えた。これは貴重な自由であった。事実、もっと真剣な関係を望んで、彼女に両親の写真を見せ、彼女を戦争花嫁として米国に連れ帰りたがったのはカートの方だった。文学志向を持ったパリの若い知識人グルーにすれば、これは当然、問題外である。

ブノワット・グルーは多分、並外れて無情であるか、あるいはそのふりをしていたのだ。だが、彼女の報告はあるフランス人歴史家がドイツによる占領について述べた見解を例示している。パトリック・ビュイソンによれば、戦時中、多数の若いドイツ人男性がいたことは多くの女性に反抗の機会を提供した。不幸な結婚もしくは抑圧的なブルジョア家族にがんじがらめになった女性、雇い主にいじめられる女中、見捨てられたハイミス、つまりは要するに、一時的にではあれ保守的な男性優位社会の制約から逃れたいあらゆる階層の女性たちに、である。占領軍とのパイプが物質的利益ももたらし、ある場合にはかつての主人を含めた他人より豊かな生活をそうした多くの女性に可能にしたという事実は、報復感情を心地よいものにしたのである。[16]

　しかも女性に限られたことではない。あらゆる類の少数派が、多数派を苦しめるために強力な部外者と同盟関係を結ぶ。これはあらゆる植民地社会に通じる一面である。だが、ドイツ軍と協力したり、または戦時のパリを性的遊び場として使ったりしたフランス人同性愛者の数が不釣合いに多いことは、社会的地位のある市民階層に対する共通の怒りとも関係があったかもしれない。ナチとヴィシー政権のプロパガンダ自体は同性愛を嫌悪しているという事実が、障害になることはなかった。占領が必ずしも承認されたわけではない。一つの好機だったのである。

　連合国の解放軍と「ねんごろ」になることは、いずれにせよ、ドイツ人との協力より気持ちをそそるものがあった。裏切りの汚辱にまみれることはないのだ。同性愛者と兵士の親交がどこまで進んだかを知るのは難しい。これはどうみても、人びとができれば口外したくない事柄だからである。一つの事例がオランダ国立バレエの振付師兼ダンサーで作家のルディ・ヴァン・ダンツィヒによって活写されている。一九四四〜四五年の「飢餓の冬」の間、アムステルダムから北方の村へ疎開したあとの実体験に基づき、彼は小説 *For a Lost Soldier*〔『失われた兵士のために』〕を書いた。カナダ軍がその村へ到達したとき、彼はまだ一二歳だったが、自分でもほとんど理解していない憧憬があった。田舎道で一台のジープが止まる。手が差しだされる。彼は車上に引き上げられる。その少年イェルンがカナダ兵ウォルトに出会うのはこの時で、ウォルトは彼を誘惑する。しかし、この本は小児性愛に対する批判ではまったくない。逆に、一つの哀歌として書かれているのである。「わたしに回された腕は温かくて快適、まるで椅子に抱かれているようだ。わたしはほとんど喜ばんばかりに、すべて起きるがままにする。そしてこう思う『これが解放なんだ。これは当然のことなんだ、ほかの日々とは違うんだ。これはパーティーなんだ[17]』。

ブノワット・グルーはアメリカ兵とのセックスがもたらす物質的利得をはっきり意識している。性的飢えと食物への飢えの関連性を実に明確にしているのだ。ベッドでカートの体の下になるのは、全大陸と寝るのに似ていると彼女は言う。「そして、大陸を拒絶することはできないのだ」。そのあと、彼らは食べた。「四年間の占領と二三年間の純潔のために、わたしの食欲は旺盛になっていた、ほとんど。二日前にワシントンで生まれた卵をむさぼった。シカゴで缶詰にされたスパム〔豚肉のランチョンミートで作った缶詰の商品名〕。四〇〇〇マイルの彼方で実ったトウモロコシ……。大変なものだ、戦争って！」

スパム、卵、ハーシー社の棒菓子はすぐに食べられる。ストッキングは穿《は》くことができる。だが、ラッキーストライクやキャメル、チェスターフィールド、パコラルのたばこは闇市でさらに多くの食料と交換できた。GIたちは大量に支給されていた。これは彼らの広い肩幅や優しい笑み、形の良い臀部、立派な制服と同じく、この上ない魅力だった。たばこが簡単に入手できるということだけで、彼らは極貧の国々にあって富者になった。そうなると、彼らと寝る女は実のところ娼婦と変わらないと決めつけるのは容易であった。

実際、これは多くの人が思ったことだ。とりわけ、その日暮らしをしている女たちや、解放軍とそのガールフレンドの専用になったダンスホールや映画館、保養施設から締め出された男たちがそうだった。連合国軍人をつかまえた女性の一部が、最近頭髪を剃った証拠を隠すためにまだヘッドスカーフをかぶっているという事実が、その疑念を強めた。それは、しばらく前にドイツ軍人の愛人をつくった女性たちへの懲罰のしるしだったのだ。

女性たちの一部は疑いなくフリーの娼婦だった。とりわけ、セックスの提供が自分あるいは子どもたちを養う唯一の道である敗戦国ではそうである。だが、おそらく見苦しくもそそくさとドイツ軍人の愛人から連合国軍人のそれに乗り換えた女性たちの場合ですら、その理由は必ずしも単純でも、欲得ずくでもなかった。フランスのある小さな町の、頭髪を剃ったばかりの「性的対独協力者」は、「不道徳」な行為を理由に追加懲罰を加えるぞと脅す自称粛清委員会にこう言った。「あんたたちがわたしの髪を剃ったってかまやしない。夫［元戦争捕虜］とはもう連絡がないの。だからって、そのことでアメリカ人と楽しむのを邪魔させやしない、わたしの勝手でしょ[18]」。

当時の報道や論評を新聞で読むと、一九四五年の夏は外国軍人と地元女性が物欲、あるいは性欲、あるいは寂寥感から耽溺した長い乱痴気騒ぎだったという印象を受けるかもしれない。この印象は統計によって裏付けられるようにも見える。すなわち、一九四五年に性行為感染病（別名ＶＤ）のためパリで入院した女性は、一九三九年の五倍に上った。オランダでは一九四六年に生まれた私生児は七〇〇〇人を超えたが、これは一九三九年の三倍である。性行為感染病の高い率は、医療管理体制ないし避妊具の不備、貧困地域の劣悪な衛生、そのほかいくつもの理由で説明できる。事実は、多くの男女がただ温もりと交際、愛、さらには結婚を求めていたのである。解放の初期の月日が自由奔放の機会を提供したのと同じくらいに、人びとはまた平常への回帰を切望した。一九四六年にオランダで生まれた嫡出子二七万七〇〇〇人は、記録が残る同国史上では最高値になったことを忘れてはならない。

ベルゲン-ベルゼンは四月一五日に解放された。デリック・シントン中尉指揮下の英軍部隊は、可及的速やかに現地に到達するよう命じられた。戦争はまだ終わっていないが、収容所の状態は凄惨なもので、地元住民は発疹チフス——わずか数週間前にアンネ・フランクの命を奪った伝染病——が自分たちのところへ広がるのを恐れていた。ドイツ当局はチフス流行のリスクに対処する能力も意思もないため、まだ戦争が続いていたにもかかわらず、英軍部隊のベルゼン入りに同意した。

死体の山と、糞尿と腐肉臭のするバラックを車で通り過ぎながら、兵士たちはわが目で目撃しつつあることがまるで信じられなかった。ベルゼンの写真は欧米の新聞で真っ先に報じられ、英国ではベルゼンはナチスによる集団殺戮の主たるシンボルとなった。ブライアン・アーカートはナチスの反ユダヤ主義のことは知っていた、と回想する。「そうであっても、数百万の人間を実際に絶滅する『最終解決』はまるで想像できなかった。われわれはベルゼンへの備えがまったくできていなかった」[19]。彼もほかの英軍兵士も気づかなかったのは、ベルゼンは絶滅収容所ですらないということであった。そうした収容所はポーランドにあり、ほとんどはドイツ軍が西方へ撤退する前にすでに破壊されてしまっていた。

シントン中尉は生存者らに拡声器で、彼らが解放されたことを告げながら車両で進んだ。大方は半死の状態であり、どっちみち反応しなかった。次いで彼は拡声器を手にしたまま、女性収容所の本舎に着いた。

数秒のうちに車は数百人の女性に囲まれた。彼女らは叫び、抑えきれずにヒステリックに泣いており、拡声器の言葉はまったく耳に入らなかった。収容所の構内には樺の若木が植えてあり、女性たちは葉の茂った小枝や枝を摘み取り、それを車の上に投げるのだった[20]。

この女性たちは幸運な部類だ。まだ歩くことができた。救援ボランティアを志願したある英国人医学生は、バラックの一つで次のような光景を目にしている。

わたしは死体安置所と下水、汗、鼻につく膿の入り混じった臭いに慣れようと努めながら、この汚物の真ん中に立っていたが、そのとき、床をひっかく音が聞こえた。薄明りの中で下を見ると、一人の女性がわたしの足元にしゃがんでいた。彼女はびっしり生えたもじゃもじゃの黒髪をして、あばら骨は間に何もないかのように飛び出していた……。彼女は排便中だったが、弱り切っていたため床から尻を上げることができず、さらに、下痢を起こしていたので液化した黄色の排せつ物が両腿の上に泡立っていた。(21)

医師と医療ボランティアらはもっと多くの食料と医薬品、医療機器を喉から手が出るほど欲しがった。かつて経験したことのない規模、いや、想像を絶する規模の疾病と飢餓に直面していた。依然として毎日数百人が死んでいる。それは時には、彼らの萎縮してしまった腸には濃厚すぎる軍用配給を食べたことが原因だ。だが、軍隊とは必ずしも効率的な組織ではなく、ドイツの状況は混乱の極みだったのだ。四月下旬のある日、大量の口紅の入った奇妙な荷物が届いた。

それは神の恵みと分かった。英国救護隊の指揮官、ゴーニン中佐が回想している。

「それらの囚人に口紅ほど影響を与えたものはないと思う。女性たちはシーツもネグリジェもないけれども、緋色の唇をしてベッドに横たわっていた。肩にかけた毛布以外は何もなく、ただ緋色の唇をしてぶらつくのが見られた……。やっと誰かがなんとか彼女らを再び個人にしたのだ、彼女らは何者かであって、もはや腕に入れ墨された数字ではないのだ。彼女らはやっと自らの外見に関心を持つことができた。あの口紅は彼女らに人間性を回復し始めていた」[22]。

のちに英国の高名な哲学者になるリチャード・ウォルハイムは情報将校だった。アーカートと同じく、五月に短期間ベルゼンに派遣されたが、当時、状況は相変わらずひどかったものの、以前ほど破局的ではなかった。ベルゼンの生存者と兵士のためにダンスパーティーを組織するのがよろしかろう、と軍上層部のどこかで決定されていた。ウォルハイムがその催しを準備するよう指示された。悲しいことに、それは大失敗だった。収容所のハンガリー人守衛たち（彼らは残忍さで知られていた）から成る楽団が民族衣装に身を包み、コンサーティーナで舞踊曲を奏ではじめたとき、誤解があったのだ。共通の言語がないため、女性たちは腕まくりをして収容所の入れ墨を見せた。男性側は文字どおり言葉に窮して、ダンスをしようと彼女らの腕をつかんだ。女性たちは恐怖して、男らをぶち始め、一方でハンガリー人たちはますます演奏を速めるのだった[23]。

これはしかし、まれな不運だった。同じころ、バラックの間の広場でもう一つのパーティーがあり、英空軍の楽隊が音楽を伴奏した。ある英軍兵士の報告では、それは大成功だった。もっとも、ある女性たちは「ほとんど歩くことができず」、別の女性たちは「二つに折れ曲がるばかりに見えた」のだが。とても背の高いカナダ人将校が小柄の女性を抱えると、その頭は彼の腰にとどくばかりだった。二人はワルツを踊った。「彼女はとてもうれしそうで、彼女を見た人びとは微笑んだり、涙を流したりせずにはいられなかった[24]」。

これは多分、ウォルハイムのそれよりもっと典型的な話である。というのは、米国のラビから連合国難民救援要員に至るまで収容所で働いた多くの人が、生存者の間で性的関心が速やかに回復したことについて、さまざまな度合いの承認もしくは非難を込めて語っているのだ。口紅と同様、性欲は孤立させられていた人びとに人間らしい感覚を取り戻したのである。
一九四六年のオランダの出生率が高かったとすれば、難民キャンプの出生率はさらに高かった。米国占領地域だけで、難民キャンプで毎月七五〇人の新生児が生まれた。同地域内の一八歳から四五歳までのユダヤ人女性のうち、三分の一近くがすでに出産したか、妊娠しているかであった。[25] ベルゲン-ベルゼンを含む元の収容所では、これ以上ない悪条件の下で数千人が死んでいたのだが、そこは熱心な性行為の場となっていた。まるで生存者たちは自らと世界に向け、自分がまだ生きていること、そればかりか新たな命を生むことができることを示すのを待ちかねたかのようだった。
難民救援要員たちは時としてショックを受け、たいていはユダヤ人である難民について「節度のない酒色に身を」まかせている、と語っている。それを退屈のせいにする見方もあった。酒とセックス以外、そこに何があるというのか？　もっと道徳重視の見方もあった。慈善組織で働いているフランス人医師は、明らかな非難を込めてこう書いている。「これら強制収容所の多くの生存者の道徳レベルはきわめて低く……性的不品行は驚くべき割合に達している」。だが、彼は情状酌量の事由があることも認めている。地獄を生き延びてきて、「今や愛と忘却への抗いがたい欲求にとらわれ、それを手近な手段で充足させようとする」若い女性を、それほど責めることはできない、と。[26]
さらに仔細な説明をする観察者もいた。強制収容所の犠牲者は、自らの苦悩の終わりが完全無欠な世界の幕開けにつながることを夢見ていた、とポーランド人難民救援員マルタ・コルヴィンは考えた。「過去の艱難はすべて忘れられ、自由が自分たちを何一つ凶事の起きなかった世界へ連れ戻してくれる……」と。ところがそうではなく、愛する者を失い、希望もなく難民収容所で窮乏生活をしているわが身を見て、彼らは酒とセックスに逃避したのだ。[27]
これらの説明はどれも、まったく妥当である。だが、生物学的側面もあった。厳しい危機にさらされた民族は、生き延びるために自らを再生産しなければならない。難民キャンプにいる多くのユダヤ人は死の収容所の生き残りではなく、それはほとんどいなかった。多くはナチスからの避難先であるソ連各地から来ていた。だが、大方のユダヤ人は子どもや両親、兄弟姉妹、その他の親族を亡くしていた。年配の人びとは亡霊とともに生きるしかない。しかし、若い人びとは新たな家族の絆、自分がその人のために生きる他者を切望した。最初の出会いから数週間後に、それどころか数日後に、婚姻が成立した。そして生物学的再生産はシオニスト、その他のユダヤ人組織によって公式に奨励された。ユダヤ人難民キャンプでは避妊具は顰蹙《ひんしゅく》を買った。人びとはできる限り多くの子をなす義務があると感じていた。セックスは単なる快楽ではなかった。絶滅に対する抵抗だったのである。

一九四五年にドイツ人ないし日本人であることは、ユダヤ人は言うに及ばずフランス人やオランダ人、もしくは中国人であることとは明らかにいささか異なる経験であった。これは外国軍との出会いについてもいえる。アーミス（ドイツ語でアメリカ人を指す俗語）あるいはアメ公（同じく日本語）は、カナダ人やオーストラリア人、イギリス人やソ連人もそうだが、解放軍ではなく征服軍としてやってきた。同様のことは、多くのイタリア人にとってもある程度当てはまる。とりわけ、連合国軍の進攻によってすでに生活が一段と困窮していた南部はそうである。都市は爆撃で粉々にされ、経済状態は劣悪になっている。多くの場合、売春は必然であった。

ベルリンでは、彼女らは「廃墟ネズミ《ルイーネンモイシェン》」として知られた。わずかの金かいくらかの食べ物、ないしたばこを求めて兵士をつかまえようと都市の廃墟をうろつく少女や婦人たちである。中には思春期に入ったばかりの少女が、闇商人が経営する廃墟の中の即製の売春宿で商売に励む例もあった。少年たちは独自の廃墟売春宿《トリュンマーボルデレン》を持っていて、米兵に体を売っており、「アンナおばさん《タンテ》」として知られる米兵の一人は、フランクフルトの暗黒街では名を知られる人物になった。

生存競争はしばしば階級差を解消した。ノーマン・ルイスはナポリ駐留の若き英軍将校だった。優れた報告『ナポリ一九四四年』で、彼は南部のどこかに宮殿を所有するイタリアのある上流貴族が司令部を訪れたときのことを書いている。この貴族は女きょうだいを同道していた。

「二人は驚くほど容貌が似ている。痩せていて、肌色はあくまで白く、厳粛さに似た冷たくて高貴な表情。訪問の目的は、われわれがその女きょうだいの軍慰安所入りの面倒を見ることができないか尋ねることにあった。英軍にはそうした施設はない、とわれわれは説明した。『残念です』と大公は言った。二人とも英国人女性家庭教師から学んだすばらしい英語を話す。『ああ、ルイサ、無理らしいね、無理らしいね』。彼らは上品に落着きはらって礼を述べ、立ち去った[28]」。

日本では、売春は当初から組織化されていた。日本政府当局にはそれだけの理由があった。日本軍が中国人、その他のアジア人に加えた行為を、連合国軍兵士が日本人に加えるのではないか。当局はそのことを恐れたのだ。一九三七年に南京が略奪され、マニラが一九四五年の土壇場の防衛戦で事実上破壊されたとき、数万人の女性が強姦され、切り刻まれ、この試練でまだ死ななかった者は多くが殺害された。これらは特にひどい二つの例だ。さらに多くの例があった。中国では、日本帝国軍人による強姦があまりに大々的に実行されたため、中国人の一層激しい抵抗を招き、軍事上の問題になった。この難事に対応するため、女性たちが集められたが、特に朝鮮と日本支配下の諸国では多くの場合、拉致され、彼女らは性奴隷を意味するいわゆる「慰安婦」として日本軍の売春所で働いた。

敗戦になれば日本女性は外国兵に犯され、拷問され、殺される。こんな予測を伴った政府と軍の執拗な政治宣伝が、日本国民を震え上がらせた。この恐ろしく、不名誉な運命を避けるため、日本人は死ぬまで戦うか、自殺するよう命令された。太平洋諸島と沖縄の女性たちは手榴弾で自爆するか、崖から身を投げるよう命じられた。多くの女性がそうしたのである。

そこで、日本降伏から三日後の八月一八日、内務省は地方の警察当局に対し、占領軍兵士のための「慰安施設」を開設するよう指令した。女性たちが愛国的義務として「肉体を犠牲にすべく」、特殊慰安施設協会（ＲＡＡ）に集められた。元首相、近衛文麿公は太平洋戦争の開戦に大きな責任を負っていたが、彼は警視総監に「日本の娘を守ってくれ[29]」と伝えた。たぶん、侵入してくる外国人はこの措置によって宥められるであろうから、堅気の女性は隠れ場所から出て、心配なく通りを歩けるだろうというのである。

それはさぞ不潔なビジネスだったに違いない。ＲＡＡ施設は急造されたため、兵士と人身御供の女性に供するベッドがなかった。性行為は空いた場所なら所かまわず行われた。多くは貧相な売春宿の床上、あるいは廊下やホールで。日本人は数ヵ月かかって、もっと効率的なやり方を考え出した。東京郊外の船橋に国際パレス、ＩＰとして知られる格納庫のような巨大な売春施設が建造された。ＩＰは戦時中にフォードが建造した爆撃機製造工場にならい「ウィロー・ラン」として知られる一種の組み立てラインでセックスを提供した。男たちは長いビルの入り口で靴を脱ぎ、反対側の端でピカピカに磨き上げられたものを受け取るのである。

東京の「ノムラ・ホテル」〔進駐軍が接収した日本橋の野村証券ビル〕など軍宿舎は、事務員あるいは清掃婦として登録された女性が群がり、彼女らは通常はそこで一夜を明かした。冬の寒さをしのぐため家族を連れて来る者もあった。東京のど真ん中にある巨大なダンスホールには日本語でこんな看板が掲げられていた。「愛国の乙女よ、舞姫として日本再建に参加せよ[30]」。米軍ＰＸ（占領軍隊員に食物、衣類、その他の物資を売る特別店）ではコンドームが売られていた。

ドイツの場合とは対照的に、日本では当初、「現地人員との交際」は厳禁されていなかった。連合国軍最高司令官（ＳＣＡＰ）ダグラス・マッカーサー将軍は、この規則の無益さを認識していた。彼は側近の一人にこう語っている。「彼らは私にこの『蝶々夫人』ごっこをやめさせようとし続けている。私はそうはしない。天地がひっくり返っても交際禁止令は出さない[31]」。

占領の初期、日本にはオーストラリア兵と英国兵、少数のその他の国籍者と約六〇万人の米兵がいた。大変な数の交際があった。米海軍士官で、のちに著名な中国・日本学者になるウィリアム・セオドア・ドベリーが書いた手紙が、九州にある大型海軍基地、佐世保の一九四五年一〇月当時の様子を描写している。


「交際とは何かというのがまず問題さ。司令部近くの大きな橋の袂にいってみたまえ。いっぱい寄ってたかるＧＩを追っ払うのにＭＰは汗だくさ。ＧＩたちは、ニコニコして親愛を示してくれる日本人と、手ぶり身ぶりで話すのに大変な騒ぎなんだよ。上陸した当時からそうなんだがね[32]」。


本国では極めて人種主義的な宣伝が一部に見られたにもかかわらず、これは続いた。例えば、サタデー・イヴニング・ポスト紙の日本占領に関する記事にこうある。「ぺしゃんこの胸で、団子花で偏平足の日本の女は、大方のアメリカ人にとっては千年の古さの石の人形程度の魅力だ。実際、それ以下だ。彼らは人形の写真を撮るのが好きなのだ[33]」。

大目に見ても、この記事の筆者は何も分かっていない。ＳＣＡＰの大方の将校はすでに一九四五年に日本人の愛人を確保していたのである。最初は欧米人の女性がほとんどいなかったため、これは予想できたことだった。状況がやっと変わったのは、新手の軍将校たちが到着したときだ。多くは直接戦闘経験のない、寛容さに劣る男たちだ。ドイツでは制限が解除されたあとでも、彼らは日本では一段の規律を課すことにし、地元のレストラン、温泉地、映画館、軍ホテルといった大方の公共の場を「立ち入り禁止」にした。

その結果、交際はもっと隠然と、そしてますますフリーの娼婦を相手に相変わらず続き、性病罹患率の抑制にはさっぱり寄与しなかった。娼婦は空襲で焼け出された街頭や公園に「島《シマ》」と呼ばれる縄張りを持っていた。わずか一ドルで買える女性もいて、これは闇市でざっとたばこ半箱の値段。とりわけ連合国当局が一九四六年、日本側の助言にまったく反して組織売春の禁止を決定すると、このタイプの商売は繁盛した。

日本人は物事をきっちり区分けするのを好む。パンパンとして知られたフリーの売春婦は、相手によって白人兵専門、黒人兵専門、そして日本人専門とに分かれた。もっとも、もっと積極的な娼婦はそんなきっちりした区別をしなかったが。いわゆるオンリー（オンリー・ワンの意味）と呼ばれる一部の娼婦は、うまく一人の客をつかまえていた。とくに相手を選ばない娼婦はバタフライ（蝶々）だった。マッカーサー将軍の総司令部の向かい側にある日比谷公園や、近くの有楽町駅など東京のど真ん中の特定の場所は、典型的なパンパンのたまり場だった[34]。

濃い口紅をつけハイヒールを履いたパンパンは、民族的堕落の象徴として日本人の侮蔑の対象であったが、嫉妬とない交ぜになった魅惑の対象でもあった。家を失い、すきっ腹を抱えた多くの困窮市民に比べ、彼女らは物質的に豊かだった。こうした働く女性はアメリカ商品の最初でもっとも貪欲な消費者であり、多くの日本人より勝者の文化になじんでいた。パンパンの特殊な隠語——片言の兵隊英語の混じった日本語の俗語——を使い、大方の日本人にくらべると、占領者の言語を多少は話すこともできた。

パンパンはある意味で、裏社会と華美を結びつける特殊で奔放な日本的伝統に合致していた。まだ江戸と呼ばれていた近代以前の東京の娼婦は、木版画や歌舞伎で世に知らしめられた一種の洒落者であった。連合軍による占領初期の年月の、パンパンとつながる文化ははるかに洗練度が低かった。敗戦と、戦時検閲・軍事教育からの解放が過去に根を持つ商業的性文化を復活させたのだが、それはアメリカの大きな影響を受けてのことだった。『らぐりい』『ヴィナス』『性猟奇』『ピンアップ』といったタイトルの好色な低級雑誌が繁盛した。旧歓楽街にストリップ劇場がオープンしたが、これはたいてい爆弾のクレーターの周りに急造された安普請の小屋だった。売春斡旋業者、闇商人、ハワイアン・シャツを着た若いごろつきが、安っぽいダンスホールでガールフレンドとマンボを踊った。外国の退廃文化が長年禁じられたあとで、日本人のスイングバンドとジャズ歌手が息を吹き返した。人びとはブギウギに熱狂した。

多くの女性は必要に迫られて売春に走った。だが、みんながみんなではない。当時の調査を見ると、多くの女性が「好奇心で」[35]パンパンになったことが分かる。そしてこれが、セックスの金銭的対価を得ること以上に、パンパンが特に軽蔑される理由であった。田舎の貧しい家族の生計維持や愛国的義務感のために肉体を「犠牲にする」のは問題ないか、ことによるとほめるべきことですらある。だが、好奇心や現金、たばこ、絹ストッキング欲しさにそうするのは恥というわけだ。組織売春には長い伝統があって、容認されていた。だが、パンパンはその自由な企業精神ゆえに非難されたのだ。それは彼女らに、危険なまでに自主独立性を与えてしまうのである。

多くは安っぽく自暴自棄的ではあったけれども、一九四五年の商業的性文化はマンボ・ダンスやブギウギのように一種の解放であって、歓迎する人もいれば嫌悪する人もいた。一九四六年に未婚の母親から生まれたざっと九万人の新生児が、すべて純粋な商業行為の結果ということはあり得ない。[36]野蛮な強姦魔、殺人鬼というネガティヴな政治宣伝漬けにされたあとで、多くの日本女性は現にそれほど怖くない米国人を見て、すっかり安堵した。高級女性誌『婦人画報』に、ある女性はこう書いている。「禮儀正しく態度のつつましやかな事は日本の兵隊と比べものにならない。……この土地には日本の兵隊が駐屯してゐたが、その将校たちは傲慢不遜であり、兵隊は卑屈で無禮であった」[37]〔一九四六年二月号所収の森田たまの随筆『雨の日曜日』〕。

連合国兵士は絶対に態度が悪くなかったというわけではない。特に占領初期にはそうだった。ある推定によれば、一九四五年の後半期、毎日四〇人の女性が強姦されたが、多くの場合は恥ずかしくて届け出られなかっただろうから、これはおそらく過小評価である。[38]無論のこと、そうした数字はあっても検閲を受けた占領下の新聞には絶対に掲載されなかった。だがそれでも、米国人は、特に外地における自国軍隊の振る舞いと比較した場合、恐れていた以上に規律があることに大方の日本人は気づいただろう。

変わる性の習慣は、日本人を「再教育」しようとする米国人の伝道者的努力に、奇妙な仕方でぴたりとはまった。民主化するには女性がもっと平等に扱われなければいけない、と日本人は教えられた。パンパン女性たちそのものが、教育する側の念頭にあるわけではなかったかもしれない。だが、日本人は、米国人を見習って身体的な愛情をもっとオープンに示すよう奨励された。そこで、米国側がさんざん鼓舞したあと、日本人の啓発のために、銀幕の初キスシーンが『はたちの青春』で一九四六年に上映された。若い観客には大いに受けた。

無論、日比谷公園でGIを拾う街娼婦と映画初のキスシーンの間には広い開きがあるのだが、性愛の娯楽と極めて性的な大衆音楽に対する国民の渇望は、解放された諸国民と敗戦国諸国民の間で、実は思ったほど大きなギャップがなかったことを示している。日本人にとっても、新しい自由の感覚はグレン・ミラーの音楽『イン・ザ・ムード』とともにやってきたのである。

ドイツの西側管理地域でも同じことだった。たしかにセックスに関する限り、ソ連軍占領地域では事態はいささか異なっていた。西側では「交際」が外国軍との関係を定義するようになったとすれば、強姦はソ連軍に敗北したことの呪いの一つであった。もちろん強姦は西側占領地域――そこばかりではないが、特にフランス軍占領下の地域――でも起きた。例えばシュトゥットガルトでは、約三〇〇〇人の女性が、多くはアルジェリア出身のフランス兵に強姦されたといわれる[39]。米国占領地域は圧倒的に最大の広さだが、そこで記録された米兵による強姦件数は一九四五年を通じて一五〇〇人を超えていない[40]。

西側占領地域ではソ連地域ほど強姦が一般的でなかったことについては、いくつかわけがある。フランス軍がそうである可能性を除けば、連合国軍はソ連軍ほど復讐心がなかった。また、ドイツ女を好きなようにしろ、と上官から奨励されてもいない（血と炎の数千マイルを行進した兵士たちには「女と少し楽しむ」資格がある、とスターリン自身が語ったことはよく知られている）。それに加え、ドイツ女性は連合国兵士ととても「交際」したがったので、強姦はほとんど必要ではなかった。一九四五年夏にGIの間で流行った冗談は、「タヒチのこちら側[41]」ではドイツ女が一番身持ちが悪いというものだった。

これは疑いなく誇張であって、有難がっているGIたちによってだけでなく、そうした行為をすでに粉々になってしまった民族的矜持に対するいっそうの侮辱だと受け止めて怒るドイツ人によって広められたものだ。それでもなお、「フロイライン」「フルライン」あるいは「フラトカーナチス」とさまざまの呼び名で知られるドイツ女性は、フランス女性より進んで性的関係をもちたがる、と多くの兵士が断言している。この現象に対するいささか荒っぽいものの、おそらくそれほど不正確とは言えない分析が、米国へ帰還したばかりのGIによってなされている。「秘密を漏らす危険を覚悟で言えば」と彼は書いている。「GIがヨーロッパで期待するのはただ『安い買い物』で、その一つが「できる限り頻繁に交際するチャンス」だという。彼は続ける「当然、GIはドイツで一番安い買い物を見つける……。フランスでは取引は違っている。GIはドイツでのような徹底したへつらいには出会わない。フランスを、親父や一九四四年の解放兵士から聞いたようなおもちゃにすることはできないんだ」[42]。

そしてもちろん、ドイツには一六対一〇の割合で女の方が男より多く、しかも残った男の多くは歳老いていたり、身体障碍があったり、侮られていたりした。ロッセリーニ監督の秀作『ドイツ零年』で、若いドイツ人が言う。「われわれは以前は男だった、国家社会主義者だった、今はただのナチスだ」。

ブノワット・グルーは解放されたフランスについての文学的回想録で、「アメリカ人の美しさ」と「わたしにはみんな曲がって浅黒く、栄養不良に見えるフランス人」[43]を比べないではいられなかった。ドイツと日本の男たちの士気喪失は、言うまでもなく一段とひどかった。典型的なのはカール・ツックマイヤーがインタビューしたドイツ人ウェイトレスの態度だ。ツックマイヤーは一九四六年に米国の文化担当書記官として故国へ戻ったドイツ人劇作家兼脚本家（『青い天使』）。このウェイトレスはドイツの男には触らないという。「彼らは軟弱すぎる、もう男じゃないわ。以前は背伸びし過ぎたのよ」[44]。

わたしが見るところ、男の屈辱に関するもっとも印象的な説明は小説家、野坂昭如によるもので、本人自身、一九四五年には十代の少年で大阪の闇市をうろついていた。彼の秀れた短編小説『アメリカひじき』（一九六七年）は男らしさと人種にかかわっている。主人公は作者と同世代の日本人。西洋人は日本人より背は高いが弱い、日本の畳と違って椅子に座るという軟弱な習慣のため特に腰回りが弱い——彼は戦時中、学校でこう教えられた。力強い太腿を持った頑健で小柄な日本人ならだれでも、相手を肉体的に打ち負かすことができるのだ、と。生徒たちはがっしりした首の太い山下将軍——英将軍パーシヴァルからシンガポール降伏を受理した「マレーの虎」——のことをしょっちゅう聞かされていた。パーシヴァルはと言えば、その不格好できゃしゃな足はカーキ地の軍用半ズボンが似合わない。

だが、その十代の日本人少年は現実を間近に見る。米兵の忘れがたい姿、「腕丸太ん棒尻は臼みたいで……艶やかに光るズボンに包まれた尻のたくましさ……ああ、日本は負けたんや、こらまったく無理もない(45)」。もちろん連合軍兵士が全員それほど大きく、筋骨たくましいわけではないし、多くの日本人はちびどころではない。だがこの観念、腹を空かした十代の少年が抱いたこの最初の印象は、崇高なアジア戦士と高慢な白人種の間の人種間競争として提示された戦争についての、憂鬱な記憶として残ることになる。このことが、日本では勝者と敗者の戦後の出会いをドイツの場合より一段と衝撃的にしたのである。

ドイツでは西側当局（ソ連は別）が当初、交際禁止政策を実行すべく全力を挙げた。「かわいい女性は連合国の勝利をくじきかねない」と米軍放送は告げた。「賢明な兵士は交際しない」とか「ドイツのデリラにとってのサムソン役になるな——彼女は君の髪をちょん切りたがっているぞ、首のところで(46)」〔旧約聖書でサムソンはデリラの色香に惑わされ、力の秘密である髪を切られてしまう〕と、米軍新聞スターズ・アンド・ストライプスは警告。禁止を解除すれば、「おそらく本国にいる多数の妻を苦しめることになるだろう」とロンドンのタイムズ紙は書いた(47)。だが、これはどれも現場にいる男たちには説得力がなかった。「愛人軍団」とは、当時、西側連合国軍に流行った表現だ。これは米軍将校付きとなった多くのドイツ人の愛人を指していた（ある理由で、英軍将校付きより多かった。英国人は飲む方を好んだようだ）。このことが今度は下級階級の嫉妬を生み、その感情は「この政策はただお偉方に一番おいしい別嬪《べっぴん》さんをあてがうためだ[48]」といった苦々しいジョークに表れていた。

ジョージ・パットン将軍はマッカーサー将軍と同様、交際禁止に何の効用も見ていなかった。十分食べている米兵が腹を空かせた子どもたちにキャンディを与えることを本当に拒否すべきなのか？ドイツ人はすべてナチスなのか？（パットンは共産主義の同盟国軍人、あるいは実にユダヤ人に対するよりも、たとえナチスであってもドイツ人に対してはるかに甘かったと言っておかなければならない）。ニューヨーク・タイムズ紙でさえ、必ずしも世論を先導するのではなく、占領地域からの報道では批判的だった。同紙の現地記者は六月、「ロンドン出身にせよミシシッピー流域出身にせよ、はたまたアルバータ州の小麦栽培地出身にせよ、禁止措置の継続を望む兵士には会ったことがない」と伝えている。この同じ記者は、禁止措置を強化するために取られた措置のばかさ加減を暴露している。米軍占領地域のある村では、「ドイツ人女性といちゃついてきた[49]」憲兵隊員の監視に当たっていた保安要員を見張るため、防諜分遣隊が派遣されたのだ。

六月八日、アイゼンハワー将軍は子どもとの交流禁止を解除。するとたちまちGIあるいは英国兵から若い女性への共通の挨拶は「こんにちは、子どもさん！」になった。八月には連合国軍兵士は大人に話しかけること、さらには安全に屋外にいる限り、成人女性と握手することまで許された。一〇月一日、四カ国による軍事占領の統治機関、連合国管理理事会はとうとう交際禁止を全面解除する。それを確定した出来事の一つは、米英軍のベルリン到着だった。そこではソ連兵がまったく自由に男女交際していたのである。この格差は西側連合国軍には耐え難くなったのであり、したがってある意味で、ドイツ人との交際許可は四大国による対抗関係がもたらした初期の結果の一つなのであった。

だが、禁止解除には一つの条件があった。ドイツ人との結婚、あるいはドイツ人を軍宿舎に入れることは相変わらず禁じられていた。これもそのうち死文化し、数万人のドイツ人女性が新しい夫について、米国の約束された良き生活へ向け旅立っていった。

ドイツにはパンパン女性のドイツ版があった。最下層のもっとも絶望的な人びとがなる「廃墟《ルイーネン》ネズミ《モイシェン》」である。だが、軍事占領下にあるすべての国がそうであるように、恋愛と性欲、売春の境界線は必ずしも明確ではない。ベルリンでは年端もいかない少女と老女を含め、性的暴力をなんとか避け得た女性はほとんどおらず、レイプは戦後数カ月間、依然として日常茶飯事だったが、そのベルリンでさえ、外国兵との性的関係は必ずしも単純ではなかった。もっとも優れ、そして大変痛ましい報告は『ベルリン終戦日記』で、これは一人のロシア人士官の保護を請うことによってやっと無名の兵士たちによる連続レイプを逃れた三十代前半の女性ジャーナリストが付けた日記である。心優しい中尉アナトールは彼女の定まった愛人になった。つまるところ、と彼女は書いている「恐らく単なる性的なものではなく、人間らしい女性の話し相手を求めているのだろう。それなら私は進んでなってあげられる、いや喜んでなってあげられる」[50]〔このくだりは『日記』では別のソ連軍士官を指している〕。

西側占領地域では、同じ状況に置かれたら大方の女性がそうしただろうが、米国人のボーイフレンドから品物を受け取る女性は、たちまち娼婦のレッテルを貼られた。ドイツ人男性から贈り物をもらっても、そう簡単には頂戴しなかったはずの評判だ。無論、ＰＸの品物が手に入ることは、多くの人にとって生存の問題である。冬期間には、暖房の利いたナイトクラブの暖気さえ、空襲で焼け出されたビルの中の、多数の赤の他人と同居する凍てつくような部屋からの願ってもない逃避所だった。だが、これらラッキー・ストライク、チョコレート、絹ストッキングは、スイング音楽や気楽なＧＩ流儀とともに、女性と多くの青年にとっては一つの文化も表象していて、それは抑圧的な第三帝国では禁じられてきたがゆえに、それだけいっそう好ましいものであった。人びとはそれがどんなに野卑であっても、「新世界」の象徴を渇望していた。というのは、「旧世界」はあれほどの恥辱のうちに、物理的のみならず、文化的にも精神的にも崩壊したのだから。これはフランス、オランダなど解放された諸国にあてはまった。ドイツと日本には一段とあてはまり、両国では「交際《フラティング》」に始まって、戦後の文化のアメリカ化がほかのどこより進展することになる。

少なくとも一人の女性がこのすべてを、最後には醒める一つの夢――だが、いくつかの痕跡をあとにとどめずにはおかない夢――として、あるがままに見つめていた。米国人の愛人カートの求婚を退けたあと、ブノワット・グルーは「アメリカ人狩り」のゲームをやめようと決める。今や、と彼女は書く「古いヨーロッパはひとりぼっちだ。わたしはヨーロッパのような気分。とても老いて、絶望的。わたしは今夜、アメリカのすべてに別れを告げたばかり。そして、あなたたちにも、スティーヴ、ドン、テックス、ウォルフ、イアン。みんなわたしの人生にとても快適な笑みをもって入ってきてくれた、わたしはドアを閉めよう……。極西から来たあなたたちみんなと遊び回っても、わたしはもう楽しくない。あなたたちはあまりにも遠いところからやってきて、そして帰っていくだろう。あなたたちはわたしを解放してくれた。今、自分自身の自由を作り直すのはわたしの責任」。

永井荷風は愛する東京の裏面を描く郷愁的な小説でよく知られた作家だが、彼は日本の敗戦から二カ月以上経った一〇月九日の日記にこう記している。「山王ホテルに至りて晩餐を共にす、米軍の将校とも見ゆる青年七、八名食事をなせり、人品さして卑しからず、食後酒場のカウンターに倚り給仕の少女を相手に日本語の練習をなす、日本の軍人に比すれば其挙動遙に穏和なり(51)」。

荷風は一カ月前の日記では、新聞によれば米兵は臆面もなく日本女性を追い回している、と書いていた。やむを得ない、と彼は言う。「是かつて満州にて常に日本人の支那人に対して為せしところ、因果応報」と[52]。

荷風はたいへん垢抜けた奇人であり、世間一般の意見をほとんど気にしないフランス贔屓だった。実際、彼のような反応はまれだった。日本女性と米国人の交際についての、より一般的な見解は、高等教育を受けた作家や知識人の間でもずっと批判的だった。荷風より若手で比較的リベラルな作家、高見順は疑問を感じながらではあれ戦時体制の軍国主義ナショナリズムを支持してしまったことを恥じていたが、日記の中で一〇月の一夕、東京駅で見たことを回想している。騒々しい米兵たちが二人の女性駅員にちょっかいを出し、一緒に座らせようとしていた。女たちはクスクス笑い、けっして嫌そうではない。高見の表現では「彼女等は、そうしてからかわれるのがうれしくて堪らない風であった。別の駅員が近づいてきた。からかわれたいという気持を全身に出した、その様子であった。なんともいえない恥しい風景だった[53]」。

この光景といい、それに対する反応といい、極めて典型的なものであったにちがいない。だが、高見はだれの恥のことを語っているのだろうか？　恥ずかしいと思ったのはちょっかいを出すことなのか、それとも日本の女性が外国人といちゃついているという事実なのだろうか？　はたまた、日本の男としての自分自身に対する恥なのか？　この種の交際に対する否認は、一段と暴力的な形でも表れた。北海道で米軍に雇われた日本人女性たちは、外国軍人との付き合いを理由に日本の男たちから絶えず殴られる、と訴えた。以後、軍は彼女らを装甲車で自宅まで護衛しなければならなかった。

男の恨みには、間違いなく嫉妬が大きな役割を果たしていた。たしかに、大きな嫉妬が渦巻いていた。敗北した男たちは勝者を妬み、米兵はソ連兵を妬み（米軍の交際禁止がまだ有効だったとき）、兵士は将校を妬んだ等々。野坂昭如は『アメリカひじき』の中で、この感情がどれほど長く尾を引くかを描いている。この物語の十代の少年は長じて家族を持つ。彼の妻は休暇中、ハワイで中年の米国人夫婦と知り合いになる。彼らは日本を訪ねてくる。占領軍に勤務したヒギンズ氏には楽しい記憶を呼び起こす国である。良きホスト役を務めるよう妻から言われ、日本人の夫はヒギンズ氏を東京の本番セックスショーに案内してもてなすことに決める。日本の「ナンバー・ワン」として知られる男性演技者は観客に、日本の男の能力を見せようと約束する。悲しいかな、その夜、ナンバー・ワンの力は彼を裏切り、この日本人の夫は再び身代わりの恥を感じ、大阪の廃墟で初めて出会った米兵を、あの丸太のような腕とギャバジンに包まれた頑丈な尻を、思い出すのである。

ヒギンズ氏は白人である。敵を一段と貶《おとし》めるために米国人種主義の一例として挙げる場合を除き、日本の戦時宣伝は黒人のことは語らなかった。だが、多人種構成の軍による占領は、単なる性的対抗関係よりもっと気懸りなことをもたらした。米軍検閲当局によって押さえられた一日本人女性の手紙は、「横浜には連合国軍人といい仲になっている女性が二万人」いるといううわさに触れている。「関西では一万三〇〇〇人の混血児が生まれようしていることにも、県当局は注目しています。横浜にはニグロの子どもを持った日本人女性が三〇〇〇人いると聞いただけで、ぞっとします」[54]。憤りの本当の原因は不道徳的行為そのもの、あるいは売春行為ですらなく、人種的純粋性の汚染にあるのだ。

同じような感情はドイツで、特に一九四五年末近く、交際禁止令が解除された後、表明されている。ちょうどドイツ人青年が捕虜収容所から釈放されはじめた時期である。日本でもそうだったように、若い退役軍人が「交際」問題に特に敏感だった。ニュルンベルクで出回った「ニグロ女《ネガーヴァイベルン》」を非難するパンフレットがある。「けばけばしい服装、赤色ラッカーを塗った爪、ストッキングに穴、くちばしには下品で太いチェスターフィールド、黒人騎士と気取り歩き[55]」。外国兵と交際するドイツ女性を指すもう一つの言葉は「チョコレート女《ショコラーデヴァイベルン》」、これは物質的な貪欲とそれら黒人騎士に対する恥知らずな嗜好の両方を言っている。

占領期に関する日独両国の映画が、まるで黒人種が敗戦国の屈辱を一段と大きくするかのように、黒人米兵による自国女性の強姦を描いているのは確かに偶然の一致ではない。あるドイツのパンフレットは警告している。「お前たちに直ちに告げよう、時が変わるのを待って――ブラックリストは女性もいうできているぞ――お前たちの髪を剃る[56]」。実際、すでに一九四五年にこの仕打ちを受けた女性もいた。バイロイトでは女性が火を付けられる事件があった。ヴュルツブルクでは「ブラック・パンサーズ」と名乗るテロ・グループを組織したかどで、三人の男が逮捕された。このグループは「黒人兵と散歩するすべてのドイツ人女性[57]」の髪を剃ると脅していた。二〇歳の元ナチ党員は外人兵と付き合う女性についてこう書いた。「ドイツ国民には名誉が残っていないのか？……戦争に負けることはある、屈辱を受けることはある、だが自ら名誉を汚さなくてもよいのだ[58]」。

ここでも、高見順が「恥辱」という言葉を使うように、この名誉への言及が雄弁に語っている。女性の名誉（付き合う相手を自ら決める権利は言うまでもなく）は無関係。問題になっているのは男の名誉なのである。彼らは屈辱を受けたと感じている人びとなのだ。これは言うまでもなく、伝統的に男性支配のすべての社会に共通する。戦後の状況は旧秩序をひっくり返してしまった。女性はもはや男の支配下にはなくなった。おそらく、そのことが彼女らの最大の罪なのであった。

こうした遺恨を考察する方法の一つは、それを連合国が本国ではともかく、少なくとも打ち破ったばかりの国々で一掃したいと思った反動的な政治的見解と関連づけることだ。米陸軍中尉ジュリアン・セバスチャン・バックは、のちにライフ誌の編集者として働くのだが、彼はドイツ占領についての報告を書いている。「ドイツの男たちが『外人兵との交際』をどこまで受容するかは、彼らが敗北を受け入れ、民族的誇りを封印し、新たなより快適な生活様式に期待する度合いを示す検温器だ。明らかに、ドイツ女性が米国人征服者と一緒にいる光景は、われわれに熱心に協力するドイツ人よりも『懲りない』ドイツ人たちを憤慨させるのだ[59]」。

高見順は、クスクス笑う女性駅員の恥ずかしい振る舞いに対する当初の反応からわずか数日後、とても似た見解を日記にしるしている。場面は再び駅である。一人の日本人女性が車窓から身を乗り出し、米兵の彼氏に「バイバイ」を言っているのを目にする。ほかの日本人乗客の憎悪に満ちた視線には気づいていない風である。高見はこの状況に、ある特殊なペイソスを見ている。彼自身を含め脇にいる人びとの目には、その女性は、彼の書くところでは「いわゆる特殊慰安施設の女らしく思われた」。だが、その女性は気にする様子はない。実際、彼女は「アメリカ兵と痴態をつくすことを誇っている」ようなのだ。これは日本では当たり前の光景になるだろう、と高見は予測している。それに、と彼は言う。「むしろ早く来た方がいい。……そういう風景が氾濫した方がいい。日本人の一種の『訓練』のために。その後に、自然な、恥しくない、美しい社交が生まれてくるだろう[60]」。

高見のケースでは、わたしが人間的、そして分別あるものという印象さえ受けることが、占領米軍の中尉ジュリアン・バックには初心で利己的なものに見えてしまうのだ。自国民の中にいる敵と交際する者に対して、男そして女さえもが感じる嫉妬と怨恨は、なにも懲りないファシストだけに限られたことではないからである。屈辱は敗者の方がより鋭く感じるものだ。だが、それは解放された人びとにも共通する感情であり、若い連合国兵士たちが最初に到着した際、彼らを聖なる勝者として花をもって歓迎した人びとにも共通する感情であった。

戦後に流行ったオランダの歌は『娘さん、自分に気をつけろ』だった。

勇敢な青年たち、誇り高い戦士たちが
はるばるこの地へやってきた

彼らはわれらに自由をもたらしてくれた
だからちょっと楽しむ権利がある

ところが多くの「オランダ娘」
たちまち貞潔を投げ捨てた
代価はたばこ一箱
それにチョコレート・バー

ドイツ野郎を賞賛した多くの者は
すでに代償を支払った
娘さん、君は国の名誉を裏切った
それと同じくらいに

君を見るオランダ青年はもういない
君が邪険にしたのだから……

ここにすべてが盛り込まれている。民族の名誉、性的不品行、物質的貪欲、ふられた地元の若者たち。最も本質を語っているのは、占領ドイツ軍兵士と関係をもった女性と、英国ないし北米から来た解放軍兵士と関係をもった女性をあからさまに同列視していることだ。これが意味するところは明白。問題は女性の不道徳性にあるのである。カナダ兵と交際したオランダ女性の一部が、「ドイツ兵娼婦《モッフェンヘレン》」

とまったく同じように、怒った群衆の手で頭髪を剃られたのはこのためだ。

　敗戦国と同じく解放された諸国においても、外国軍による占領を引き金とする道徳的危機は、いくつかの事情のためにいっそう鋭いものになった。誤った占領政策は、当該国の男たちの怨恨を和らげる効果はほとんどなかった。連合国軍は映画館やカフェ、ダンスホール、そしてプールを自らの専用に接収した。これら施設は当該地の国民には禁断の場所だが、連合国軍兵士をうまくつかまえた地元女性にはそうでなかった。当然、これは恨みを買った。ユトレヒトではオランダ人青年グループが、カナダ兵と一緒のところを目撃された女性を何人か捕まえ、頭髪を剃ろうとした。カナダ兵は保護する必要を感じた。ナイフが抜かれ、石が投げられ、銃が火を噴いた。この事件では死者こそ出なかったが、数人が負傷している。

　連合軍当局による売春禁止も、高い性病感染率にあずかるところがあった。ついに終戦が宣言された直後、ドイツ進駐米兵の間で流行った表現は「VE〔ヨーロッパ戦線勝利〕の後にVD〔性病〕が続く」。ドイツの米軍占領地域では、VD感染率はVEデーから一九四五年末の間に二三五パーセント増加したといわれている。つまり、年間に兵士一〇〇〇人当たり七五人から、二五〇人への増加だ。[61] 駅や赤十字クラブで、米兵にコンドームと過マンガン酸カリウムが入った「V包」が配布されたにもかかわらず、この状況である。オランダではVD感染率はすでにドイツ占領時代に相当跳ね上がっており、終戦直後さらに増加した。新聞は、自覚のないまま感染しているとみられる女性は一万人以上に上るという恐ろしい記事を掲載した。フランスでも同様の深刻な不安があった。

　イタリア南部では、道徳的危機はVDと民族的屈辱を結びつけ、クルツィオ・マラパルテの有名な著作『肌』で特に劇的に表現された。マラパルテは捏造家で——そのことは彼も否定していない——ファシストにかなり共感しており、細部は効果を狙った創作であるとはいえ、大衆の気分を表現する才はあった。彼の本では連合軍の進攻はペストになぞらえられ、「四肢は見たところ無傷」なのだが、「魂は化膿し、腐敗する」。ドイツによる占領期間には、とマラパルテは説明する。「娼婦だけ」が占領兵と関係をもった。だが今や、米英の占領下で「まず女性の貞潔・尊厳観を腐敗させる忌まわしいペストの結果として」、恥辱がすべてのイタリア人家庭に伝染してしまった。なぜか？　それは「感染の有毒性がとても強く、個人売春は見上げるべき行為、愛国心の証明同然となり、男女ともにそれを思って赤面するどころか、自らと世界の退廃に得意になっているようだ[62]」からである。

これはおそらく誇張である。だが、この著者はさておき、多くの人がそのように感じていたのかもしれない。外国兵と寝るのは売春と同じだった。自由意思によるのであれば、なおさら悪いのだ。

フランス駐留の米兵たちは『いい女はVDも持っている』と題するドキュメンタリー映画を見せられた。占領下の都市では——東京と変わらずアムステルダムでも——、女性が体験する屈辱の一つは、VD検査のため定期的に無作為に拘束されることだった。戦後の混乱の中での医療施設の少なさ、劣悪な衛生状態、往々にして保守的、禁欲的な社会観念の社会で育った若い男女の総体的な未経験が、医療問題を複雑にしたのは間違いない。だが、マラパルテは表現過剰な仕方で、もっとも痛いところを突いた。女たちは諸々の理由で、好き勝手にやっているのだ、と。

全員が異を唱えたわけではない。オランダの婦人科医で性改革家のウィム・ストルムのような進歩的精神をもった一部の人びとは、外国兵との交際に利点を見ていた。それは女性解放への一つの突破口になり、男の特権とか夫に対する妻の服従といった旧弊な考えに終止符を打つのは歓迎すべきだ、と。カナダ人の「カーキの腕」の中に幸福を求め、「新しい言葉とジルバ、そして愛を知るようになる」女性たち、「こうした女性たちはみんな自分が何を望んでいるかをはっきり知っているのである」。彼女らが一個のチョコレート・バー、あるいは数本のたばこと引き換えに体を売っていると言い立てるのは「ひどい侮辱である」[63]。VD問題の最善の解決策は、女性への避妊具配布を増やし、若者の性教育を促進することなのだ、と。

だが、ストルムのような人は少数派で、少なくとも当面は議論に負けることになる。道徳的危機の雰囲気の中では、道徳の再生、伝統的道徳を基礎にした社会の再建を求める声の方が強かった。これはオランダについて言え、同国では反ナチス抵抗運動によって創刊されたヘト・パロール紙のようなリベラル系新聞までが、女性への避妊薬配布を支持する記事を掲載したことを理由に、編集主任を解雇した。「本紙は、わが国の国民をより高い道徳規範に向けて教育し……あらゆる形の放埒に抵抗することを義務だと考える」と[64]。これはフランスについても言えることで、ドゴール将軍指導下の臨時政府は戦時の占領と解放が公衆道徳を破壊し、「フランス人種」[65]に重大な脅威を与えている、と強く懸念していた。解放されたフランスの中絶と不倫に対する法は、ヴィシー政権下並みに厳しく、場合によっては一段と厳しくさえあった。

道徳の崩壊と見なされる事象への禁欲的反応は、決して宗教的保守派と政治的右派に限られたものではなかった。フランスでは、レジスタンスの多数の男女が空想的、あるいは理想主義的理由から共産党に加入していた。戦時の状況が通常の道徳規範を弛緩させていた。だが、モーリス・トレーズ率いる戦後のフランス共産党は、これに速やかに終止符を打つ。党への献身と安定した家庭生活が熱心に推奨された。戦争と外国兵との交際に起因する「放蕩」は非難された。ドイツでも、共産党はソ連の後ろ盾の下に東部地域の支配権を強め、政治的抑圧が新たな道徳秩序とともにやってきた。自由ドイツ青年団の指導者エーリッヒ・ホーネッカーは共産主義の大義への若い女性の支持を得るため、彼女らをスイング音楽やセックスといった軽率な振る舞いから引き離そうと全力を尽くした。だが、その取り組みで挫折を味わった。問題ははっきりしている、と彼は語った。「われわれは彼女らの生活の快楽への衝動《ドラング・ナッハ・レーベンスフロイデ》を克服しなければならないのだ」。

エーリッヒ・ホーネッカー（「ホニー」）は自身、生活の快楽を知らないわけではなく、ずっと年若い女性たちといくつかの情事を経験していたのだが、彼が過剰に案ずるには及ばなかった。歓喜状態が永続することはない。解放の恍惚感は一九四五年末ごろにはすでに退潮しはじめていた。大型の軍事基地がドイツと日本、そして小規模ながら英国とイタリアにも残ることになるとはいえ、外国軍隊はますます大規模に本国へ引き揚げつつあった。道徳的危機は保守的反応の基礎をつくった。危険と混乱と貧困の数年を経て、女性の性的放埓に対する懸念が市民的安定への一般の欲求と相まって、間もなく敗戦国でも解放された国々でも、生活に一段と伝統的な秩序を回復していく。一九五〇年代になると、一九四五年の夏はもう、はるか遠い記憶のように思われるようになった。性の解放はもう二〇年待たなければならない。それは、アングロサクソン流快楽主義とともに避妊薬が到来する時代、そしてグレン・ミラーとベニー・グッドマンには夢見ることとしかできなかったことを、ビートルズとローリング・ストーンズが解き放つ時代である。

だとしても、戦後の混乱はそれがいかに一時的なものであれ、ある肯定的な帰結を伴わずにはいなかった。自身の自由を再構築したいというブノワット・グルーの希望は、まったくの幻想に依拠しているわけではなかった。フランス女性はフランスの解放に先立ち、一九四四年三月に臨時政府によって投票権を与えられた。これは男の数不足から生まれた権利だった。妻たちは留守中の夫の見解を代表するとの想定があったのである。同じ権利は一九四五年にイタリア女性に、その一年後には日本女性に、ルーマニアとユーゴスラヴィアの女性には一九四六年に、そしてベルギー女性には一九四八年に認められた。一部の人びとがどんなに望んだとしても、世界がかつてのような姿に戻ることはなかったのである。

原注

★実際、この作戦は計画段階では一般に「パーティー」と呼ばれた。アルンヘムの戦いでもっとも有名な将校の一人、ジョン・フロスト大佐はオランダにゴルフクラブを持って行こうとまでした。

第2章
飢餓

五月に到着したカナダ兵が一部オランダ人の目に神々の如く映ったとすれば、オランダには解放と永遠に結びついたもう一つの、同様に神々しいイメージがある。マナ作戦である。赤十字が提供し、米英空軍爆撃機が一九四五年五月にオランダに投下した「スウェーデンの白パン」のことを、人びとは数十年後も感謝の涙をためて話していた。子どものころ、わたしはこの尋常ならざる出来事を、白パンの塊が文字どおり空から雨のように降ってくるものとばかり思っていた。実際はアブロ・ランカスターとB‐17の爆撃機は、白いキッチンタオルを振って歓声を上げる人びとが点在する赤タイル屋根の上を急降下し、小麦粉袋やチョコレート、マーガリン、コーンビーフ、たばこ、コーヒー、それにチューインガムの入った木箱を投下したのだ。英国はそれを「マナ作戦」〔マナは旧約聖書で神がイスラエル人に与えた食物〕と、米国は「大食らい作戦《チャウ・ハウンド》」と呼んだ。

米英軍の爆撃機パイロットにとって、オランダへの食物投下はもってこいの気晴らしだった。英軍のあるパイロットがメモを書いていて、それがチョコレートの缶と小麦粉袋の間で見つかった。

　オランダのみなさんへ

ドイツとの戦争を心配しないで。戦争はほぼ終わっています。こんな飛行は僕らにとっては爆撃からの気分転換です。僕らはたびたび新たな供給食料を持ってきましょう。元気を出して。ごきげんよう。

一英空軍兵より(1)

人びとは大変感謝した。多くは飢えに苦しんでいたのだ。ニューヨーク・タイムズ紙は五月、ロッテルダムの「飢餓病院」のことに触れ、そこでは「衰弱し切った人間」が「一日六度の軽給食を受けている」と伝えている。三〇歳の男女が、とその記事は述べている「その二倍の年齢に見え、落ちくぼんだ目と黄色い肌、恐ろしく膨張した手足は彼らが救出されたときの極限の窮状を示している」。その一方で、市内にはまだレストランがあり、「身なりのいい常連客」に「凝った食事とたっぷりの各種飲料」を提供している。憤慨したオランダ人たちは「その反対の極限状況を知っていて、すかさず『闇市だ』と反発している(2)」。

これはヨーロッパ大陸に広く見られた状況であり、多くの場所はロッテルダムよりひどかった。しかし、オランダの飢餓には特殊なところがあった。オランダは意図的な集団的懲罰としての飢餓にさらされた唯一の西ヨーロッパ国家であった。スラヴ諸国民はこの仕打ちを受けたが、西ヨーロッパ諸国民はそうではなかったのだ。

アルンヘムでライン川に架橋しようという、大失敗に終わった一九四四年九月のモントゴメリーの作戦を側面支援すべく、オランダの鉄道労働者はストライキを決行した。ドイツは報復として、まだ占領下にあった同国西部への食料供給を遮断。また、電力を切り、肥沃な農地を水浸しにし、オランダ市民の列車利用を禁じた。それに加えて、一九四四-四五年の「飢餓の冬」は例年になく寒かった。

一万八〇〇〇人が餓死、ないし栄養不足に関連した病気で命を落とした。生存者は暖を取るために家具を燃やし、まだ見つかればの話だが、ペットや路上で斃れたところを直ちに薄切りにした馬の死肉、あるいはイラクサから絞った汁や炒めたチューリップの球根で食いつないだ。

飢餓で問題になるのは、過剰な食物あるいは不適切な種類の食物も命取りになりかねないことである。親切なカナダ軍が分けてくれるクッキーさえ、命にかかわりかねなかった。クッキーは激しい渇きの原因になるが、それは冷水をがぶ飲みすることで収まり、それが未消化のビスケットを膨張させて胃が破裂、即死に至るのだ。

解放された国でも敗戦国でも、あらゆるサービスが崩壊、平常経済が機能を停止しており、世界中ほぼいたる所に飢餓があった。オランダを別にしても、空から食料を投下しなければならない場所はほかにもあった。野坂昭如の『アメリカひじき』に登場する十代の少年は、米軍爆撃機がパラシュートを付けたスチール缶を落とすのを眺める。最初、日本の村人たちは、また強力な爆弾かもしれないと考える。広島のことは聞いていた。そこでも爆弾はパラシュートに付けられていたといわれている。だがしかし、容器が爆発しないと、飢餓と好奇心が恐怖にまさる。村人らはそれをこじ開けて食料包を見つけ、それは近くの捕虜収容所の捕虜に向けたものに違いない、と考える。だが、死にもの狂いの時にはよそ者への施しなど無理な注文だ。包にはパンとチョコレート、チューインガムが入っていて、子どもたちは固くなって味のしなくなった塊を口から口へと移しながら、数日間、くちゃくちゃ食べる。茶色っぽい物が詰まった包もあり、これは海藻の「ひじき」に違いないと村人は考える。日本で大変珍重されているご馳走だ。それはゆでた後でも、とてもまずく、とても固くて消化できないため、アメリカ人はどうやって消化するのだろうかと彼らはいぶかしがる。この黒ずんだ紅茶の葉を「アメリカひじき」だと思い込んだまま、村人たちは全量を食べつくす。

飢えの年に最悪の飢餓に見舞われたのは強制収容所である。東南アジアの日本の収容所は劣悪だった。ドイツ国内の大方の収容所では、奴隷労働者と死の行進の生存者がドイツ当局によって朽ち果てるがままに遺棄されており、さらに劣悪だった。大方の推測では、もっとも不潔な収容所はベルゲン－ベルゼンで、もともとは「交換ユダヤ人」の収容所として建設されていた。ドイツ人戦争捕虜と交換できる可能性がある、良い人脈のある男女である。実際には交換はほとんど行われなかった。政治囚と犯罪者が収容所の収容者に加わった。ついに一九四四年後半、同収容所はソ連赤軍の進軍経路にある死の収容所を生き延びたユダヤ人生存者の処分場になった。一人はアンネ・フランクで、彼女は収容所が解放されるひと月足らず前にチフスで死んだ。初めからすし詰め状態だったベルゼンは、一九四五年初めには超過密となり、人びとはトイレもなく、しまいには食料も水も奪われて、文字どおり重なり合って寝た。絶望した人びとの中には、まだ十分体力が残っていて、小屋の外に山積みになった死体の人肉を食べる者もいた。ナチス親衛隊の衛兵だけが食べ物をたっぷり持っていた。収容所長ヨーゼフ・クラーマーは自分専用の豚の供給を確保していた。

英国人はこんなものを見たことがなかったため、どうしていいか分からなかった。飢えた人びとに与えることができるのは、ハム、ベーコン、焼いた豆、ソーセージ、ステーキ、キドニー・パイといった軍用配給食料だけだった。収縮した人間の腸はそんな食べ物をもはや受けつけない。体内を素通りしてしまうのだ。とはいえ、人びとは配給食料を貪り食おうとした。その結果、約二〇〇〇人が死亡した。

英国人はこれほどの規模の飢餓を一度だけ経験したことがあった。一九四三年のベンガルで、その時は洪水と凶作、政府の無能、腐敗、戦時の混乱、そして当局の驚くべき冷淡さが複合して最大三〇〇万人が死亡している。英国の軍医らは最近の研究に依拠して、「ベンガル飢饉調合物」と称する物を使った。砂糖と粉ミルク、小麦粉、水でできた甘い粥である。このほか軍医たちはアミノ酸の鼻腔注入と注射を試した。ベルゼンでも、まだ飲み下すことができる人には「ベンガル飢饉調合物」が、できない人にはアミノ酸注入が試された。いずれの方法も失敗した。調合物は甘すぎた。人びとはそれを吐き出さずにおくことができない。死の収容所の生存者は医学実験に似たものは何でも怖がるため、注射と注入の手法はあきらめるしかなかった。彼らは死期が近いことを確信し、強制収容所特有のドイツ語で「火葬場はいやだ《ニックス・クレマトリウム》(3)」としくしく泣いた。

多くの人が生き残ったのは英国人医師と医学生、それに自ら収容所を生き延びた医師たちの並大抵でない努力のたまものだった。試行錯誤を重ねた末、人びとに命を取りとめさせるために、食物と液体の適切な組み合わせを発見した。生存医師の一人はポーランドの歯科医ハダッサ・ビムコ。彼女はまだベルゼンにいる間にヨセフ（「ヨッセレ」）・ローゼンサフトと結婚した。アウシュヴィッツへの移送を数度逃れ、収容所では有力なシオニズム指導者の一人になった屈強なポーランド系ユダヤ人だ。彼のことは後で詳しく触れる。彼らの息子メナヘムはベルゼン生まれである。

英国の生活状態はオランダやイタリア、ポーランド、ユーゴスラヴィア、あるいはドイツよりましだったが、豊かというにはほど遠かった。現に英国の戦時食料割り当ては、一九四五年五月に削減されている。料理用油、ベーコンが減り、そして翌年にはパンまで配給制になった。多くの市民がロンドン地下鉄のトンネルの中で寝続けた。一年経った後も暖房が乏しかったことから、一九四六－四七年の冬はエマニュエル・シンウェル燃料・電力相にちなんで「エマニュエル寒冷」の名で、ジョン・ストレイチー食料相にちなんで「ストレイチー飢餓」として知られた。

米国の文芸批評家エドマンド・ウィルソン〔一八九五～一九七二〕は一九四五年夏のロンドン訪問の際、友人とロンドンのホルボーン地区を散歩し、悪臭に襲われた。見回してみると、あったのは「小さな市場で、開け放たれた窓から見える棚には死んだカラスがずらりと並べられていた。見たところその店で売っているのはそれだけだった(4)」。

一二月にはバナナとオレンジ(そして跳び乗った四人のジャマイカ人密航者)を積んだ船がブリストルに到着し、市長が率いる公式歓迎委員会の出迎えを受けた。戦争勃発以来、英国では初めて目にするバナナだった。

戦勝記念祝賀からわずか数カ月なのに、ロンドンがもう沈んで見えたのは、まともな食料の欠乏ばかりが理由ではなかった。エドマンド・ウィルソンは英国人の一般的な気分を自らの言葉でこう表現している。「戦争が終わったとたん、すべてが突然なんと空虚に、なんと不快に、なんと無意味に見えることか! われわれは、敵に対抗する気力が忘れさせていてくれた貧しく惨めな生活とともに見捨てられているのだ。努力がすべて破壊に向けられていた世界では、われわれは自らの零落のただなかにあって頼るべきよすがを、何ひとつ築けなかったのである(5)」。

フランスは一段と士気阻喪していた。ポール・ラマディエ食料補給相は、イスラム教の断食月にちなんで「ラマダン」と、また日々の乏しい配給は「ラマディエット」と揶揄された(6)。フランス農民はいたる所にある闇市で稼げるため、固定価格で売るのを拒み、大方のフランス人は少しでも快適に暮らそうとすれば闇市なしでは済まなかった。詩人のスティーヴン・スペンダーはドイツで文化状況に関する英国政府向けの報告を書いていたが、ドイツからの休暇でフランスに数カ月滞在した。士気の点で、彼は英国とフランスの間に一つの重要な違いを見ている。英国では闇市に頼らなくても、常に衣食は足りていた。スペンダーはフランスで、必ずしも貧困者の間を歩き回ったわけではなく、ソルボンヌの教授のような人びとと会い続けたのだが、「その教授のスーツは二回りも大きすぎ」、彼は「苦笑を浮かべて、二カ月間闇市に頼らず生活していますᐧ」と弁解せざるを得ないのであった。

だが、少なくともフランスでは偉大な歴史的諸都市と教会、聖堂など国土の大部分はまだ物理的には無傷で残っていた。ドイツの廃墟を見てきたばかりのスペンダーの目には、このことですべてのものがいっそう薄気味悪く映った。フランスは一つの「不可視の廃墟」だと彼は書いている。ドイツと同様、フランスは「ゼロから再建」されねばならないのだが、「この意識は広く空気をおおっているものの、一方では建物の壁は立っており、カフェは（コーヒーはないが）混みあっていて、常に闇市があるのだ(8)」。

経済はドイツによって徹底的に収奪されてきたため、フランスでは闇市場はすでに数年前から動いていた。解放後の主たる問題は食料の欠乏だけにとどまらず、農村から飢えた都市への食料供給の難しさにあった。トラックとガソリンは極度に不足している。こうした基幹的な運輸手段を手にできれば誰でも、たちまち非常に裕福になれる。起業精神に富む米兵——本国での犯罪歴がある者もいる——は軍を脱走し、パリでギャング団を組織した。その詐欺行為は、軍用トラックを盗み、書類を偽造するなり軍のPOL（ガソリン・オイル・潤滑油）備蓄所の関係者に賄賂を贈るなりして、ガソリンをため込む手口だ。次に、これらの物資をフランスのギャングに売る。莫大な財産が作られたが、米国人闇商人の多くは、みずから人目を引く消費が元で捕まった。米国へ金を送金すれば足がつく、そこで彼らはパリで王侯のような生活をし、それで当局が察知するところとなるのである。大陸ヨーロッパで王侯のような生活を送るのは、まだシャンパンと高級ワインがあふれ、あらゆる種類のごちそうが供される闇のレストランやナイトクラブという、半ば犯罪的な世界で活動することにほかならなかった。

エドマンド・ウィルソンはロンドンからローマへ飛ぶが、そこは「これまでにないほど悪臭がし、腐っている」[9]ように見えた。彼は米国から来た友人らと闇市レストランの屋外テーブルで夕食を取った。ウィルソンは食事と会話に夢中になって、初めは気づかなかったのだが、群衆が彼らの背後に集まって来て、「われわれの皿の食べ物をつかもうと手を伸ばした」。そこへ用心棒が現れて、老女を殴り倒し、群衆を追い払ってしまった。ほとんどは女性と子どもであり、「彼らの一部は消え失せたが、一部は遠巻きにして、夕食を見詰めていた」[10]。

ローマはパリと同じく、物理的にはまずまず無傷だった。パレルモ、ナポリといった都市は違っていた。ミラノも連合軍の爆撃と内戦でひどく壊れていた。五月にミラノを訪れたウィルソンには、「地獄の一部のようだった。みすぼらしい緑の路面電車が何両か走っていて、幾らかの住民は日常の仕事をこなしていたが、街全体が呆然として静止しているように見え、血の気の失せた栄養不足の人びとが、肌を守れるものならどんな古着にでも身を包み、永遠の緊張状態の中に……固定されてしまっているように思われた」[11]。

ハンガリーの小説家、マーライ・シャーンドルは解放の日々の間、ブダペストに住んでいた。ひどく損傷を受けた街は二カ月以上、ソ連軍の包囲下にあった。一九四五年二月の赤軍による解放に次いで、猛烈なインフレがやってきた。一ドルもしくは一片の金《きん》が、一夜にして何十億にもなった。「わが世の春がやってきたことを知った」農民は、ペスト地区の市場で、水膨れさせた太った豚をピアノやナポレオン金貨と交換し、「裕福になった」。その一方で「知識人や労働者、公務員はますます青白く、ますます空腹に、ますます希望をなくして……毎日待った」。インフレの月々に、とマーライは回想している。「ブダペストの大方の住民は解剖学の本にある人体構造のスケッチのように、肉も脂肪もなく、骸骨のように痩せた」[12]。

しかしながら、ベルリンその他のドイツ諸都市と比べると、ブダペストでもまだましな方だった。

というのは、ベルリンやフランクフルト、ハンブルク、ブレーメン、ドレスデン、さらには一九四五年にいわば後からついでに破壊されたヴュルツブルク、フォルツハイムといった小都市でも、残ったのはくすぶる瓦礫の山だけであり、まだ死臭を漂わせていたのである。戦後の初期、多くの訪問者にまず強い印象を与えたのは、その不気味な静けさだった。

ベルリン中心部で「ロマーニシェス・カフェ」――かつてワイマール期のベルリンでもっとも有名人の集ったカフェだ――の廃墟と、焼け落ちたカイザー・ヴィルヘルム記念教会の間に立って、劇作家カール・ツックマイヤーは戦前のその同じ場所を回想している。交通と車の警笛の絶え間ない喧騒、そして買い物をし、飲み、食事をする群衆のしゃべり声。今や彼は音の絶えた廃墟のただ中で孤立しているかのように感じる。小さなきしみ音が聞こえる。痩せた少年が木製のサンダルをはき、敷石の舗道の瓦礫の間をぬって小さな手車を引いている。荒涼たる光景を風が優しく吹き抜け、ツックマイヤーは自分の心臓の鼓動を聞くことができた。

それなのに、と彼は書いている。「同時に、全ドイツに、巨大な蟻塚のように、這《は》い、ひっかき、手探りし……絶え間なく行き来し、逍遥し、歩き、横断する絶えざる感覚がある。数百万の靴が引きずり、擦る音だ。これは『闇市』だ……。ホームレスや難民、雑然たる群衆、うろつき回る若者集団の絶え間ない流れの世界(13)」。

もう一つの都市破壊であるここドイツのケルンに、スティーヴン・スペンダーがいる。「この都市の荒廃は住民の内面の荒廃に反映されており、彼らは街の創傷の上に傷痕をつけることができる生き物ではなく、死体にたかり、隠匿された食料を求めて瓦礫の間を掘り、聖堂近くの闇市で商売――生産ではなく破壊の生業――をする寄生虫なのだ(14)」。

ケルンあるいはベルリンが惨状にあったとすれば、広島は言うまでもなく、東京あるいは大阪の惨状はおそらく、それを上回っていた。マニラやワルシャワ、スターリングラードその他の、枢軸国によって荒廃させられた諸都市は言うに及ばない。英国の正統派ラビ指導者、ソロモン・ショーンフェルド博士は一二月、ワルシャワへの旅について記者団に語っている。ワルシャワの旧ゲットー全体が、と彼は話した。「文字どおり煉瓦と残がいの広大な荒れ野です。街路は徹底破壊の最後の日のまま。数千の死体が煉瓦と人骨の下敷きになっており、そのいくつかをわたしは自ら拾い上げたのです」(15)。

ワルシャワのユダヤ人ゲットーの破壊は、広範な犯罪的企ての一部であった。日本の諸都市への爆撃の動機は異なるが、結果として起きた荒廃は違わない。日本の家屋は概して木造だ。大規模な地域爆撃は、急速に広がる火災嵐を伴って、銭湯の数本の石の煙突のほかは事実上何ひとつ残さず、煙突が焼け焦げた残がいの中にまだ悲しげに立っていた。日本もまた、静寂に特徴づけられていたのである。米海軍中尉シャーウッド・R・モランは、のちに偉大な日本文学研究者になる友人のドナルド・キーンに宛てて書いている。「東京はぼくがはじめて見る戦災都市だが、一番胸を衝くのはこの沈黙だ。自動車の警笛、喚声、騒音――、そのような、君が嫌悪する都会の附き物は聞くべくもない。東京の、――恐らく全国の惨禍は過ぎ去ったが、誰もが依然として、恐ろしい沈黙を見つめている」(16)。

飢饉、そして伝染病が発生するとの予想は敗戦国ではきわめて現実的だった。ドイツ諸都市ではすでに腸チフス、発疹チフス、結核が発生していた。日本では一九四五年に赤痢で二万人以上が死亡、四八年までに約七〇万人が腸チフスと発疹チフス、結核、コレラ、ポリオに感染した(17)。農村地域の生活は少しはましで、まだ食料が見つかった。だが、都市部の状況はおそらく、ドイツよりもひどかった。働く用意のあるドイツ人は食料配給カードを受け取った。米軍向けの雑誌『ヤンク』に掲載されたベルリン発の記事は、六人の子持ちの肉体労働者家族の、一日の典型的なメニューを解説している。朝食にお茶一杯と黒パン一枚、夕食には玉ねぎ一個・ジャガイモ一個・牛乳半パイントでつくったポテトスープに、少量のカリフラワーを添えたもの。たしかに不十分ではあるが、命をつなぐには十分な量だ。

日本人は戦争の終わるはるか以前からもう飢えていた。政府当局は国民にドングリや籾《もみ》がら、おが屑（パンケーキ用）、カタツムリ、イナゴ、ネズミの料理方法を指導していた。敗戦後、兵士たちが大挙して復員し始めると、苦境は危機に転じた。ホームレスの多くはヴィクトリア朝ロンドンの迷路のような狭いスラムに似た駅の地下通路で暮らした。このディケンズ的世界には孤児たちも含まれていて、彼らは何か食べられる物と交換するためにたばこの吸い殻を集めたり、すりを働いたり、栄養不良の肉体を売ったりした。中でも東京の上野駅は、浮浪児でごった返す一種の都会のたまり場として有名だった。飢えた子どもの集団は「ちゃりんこ」と呼ばれたが、チャリンは硬貨が立てる音である。[18]ぼろを身にまとい、シケモクを吸うこうしたたくましい小さな生き物の写真を見ると、人間というより野生動物に見える。これはある英軍兵士が描写したドイツの孤児集団とちょうど同じで、彼らは壊れた地下道あるいは駅舎に群れ、「汚れで完璧にカムフラージュしているため、そこにいても分からない」。外国兵を見ると小走りに去り、石か鉄棒を持って再び現れる、「そして彼らの歯は黒く、欠けていて」、体の中で唯一清潔な点は「彼らの白い目」だけ、それは「唯一の敵は人間」という病んだ子ヒョウの目だ。[19]

これを一定の相対関係の中で眺めるためには、破壊的な戦争の廃墟の中に生き残った無数の中国人はどうだったのかも想起する必要がある。蔣介石将軍の国民党支配下にいた米兵は、子どもたちが兵舎に忍び込み、ごみ箱から食べ物をあさるのを見てショックを受けた。ある米軍軍曹は、「こうした小さなわが娘を差し出し、チョコレート・バーやたばこと交換しようと、少女を連れた母親がわれわれの衛所にやって来た」[20]ことを回想している。一方、中国人の男たちは床のすき間から人間の排せつ物を取るため、軍の便所の下へ潜り込もうとした。農民に肥料として売ることができるのだ。

戦争の結果としての人間の窮乏はあまりに巨大で、広範であったため、比較はほとんど無益である。ドイツは自国民と帰還する兵士だけでなく、チェコスロヴァキア、ポーランド、ルーマニアからの一〇〇〇万人を超すドイツ語を話す難民にも対処しなければならなかった。連合国政府の公式承認を受けて、祖国から追放された難民である。多くの難民が、多くはまだ見たことのないドイツへの途上で死んだり、殺害されたりした。ほぼ全員が、いくらかでも所持していた物はすべて失った。これにより、食料と避難場所を求めてさまよう群衆に、膨大な人数が付け加わった。

ドイツでも日本でも、食料危機を悪化させたのは一九四五年の凶作である。農業は家畜の激減、農地の荒廃、機械の破損、それに働き手不足という形で戦争によって、また続く悪天候のために、深甚な打撃を受けていた。ドイツでは、東部地域の農業機械の多くが戦争の最後の数カ月間に破壊されたり、略奪されたりしていた。さらに戦時中、ドイツ人の肩代わりをしていた外国人農業労働者が去りつつあった。日本はかつてアジアの帝国版図からの食料供給に依存していたが、今やそこから遮断されてしまった。

一〇月、日本の蔵相は米国記者団に、緊急の食料輸入がなければ一〇〇〇万の日本人が来るべき冬に餓死する可能性があると語った。同様に破局的な予測がドイツでなされた。ニーダーザクセン州の社会民主党の行政当局者は「旧敵国の援助がなければ、ドイツ国民が餓死するのは時間の問題だ」と述べた。(21) 差し迫るドイツの破局に関する報告が英国議会で討議された。連合国救援当局者、アーサー・ソルター は「もし目下考えられているように、この冬数百万人が凍え、餓死しても、これは物資の破壊と世界的な物資不足の不可避の結果だったということにはならないだろう」(22) との厳しい警告を発した。英国下院議員たちは「人類がかつて経験したことのない最大の破局」について警告を受けた。

これは誇張であることが分かった。状況は――特に西側管理地域では――他の多くの西ヨーロッパ諸国と変わらないし、実際にははるか東方の地域よりは幾分かましであることに、何人かのドイツ旅行者は気づいた。だが、被占領諸国から収奪した食料の備蓄の残りがいくらかあっても、ドイツの生活は相当ひどかった。ベルリンはとりわけ悲惨で、ドイツのその他地域からの報告も同様に惨憺たるものだった。米国人記者の一人がハンブルク近くで、次のような光景を見ている。「ある夜のこと、湿地帯で、ビジネススーツを着た初老のドイツ人男性がステッキを取り、アヒルを打ち殺した。食料事情についてはさらに多くを報告するが、要するにそれがすべてなのだ(23)」。

これらはどれも痛ましいことには違いないが、一方ではナチス・ドイツの元犠牲者がベルゲン－ベルゼンのような場所で依然として飢えており、捕虜収容所では日本軍の捕虜が衰弱していた。また、数百万の難民・強制移住者の本国送還が必要であり、英国人やオランダ人、フランス人、ポーランド人、それにイタリア人は乏しい配給で生き延びており、フィリピン人や中国人、インドネシア人は一段と少ない配給で生活していた。そして、ソ連市民にはドイツ軍とナチス親衛隊（ＳＳ）によって徹底的に餓死させられた記憶も生々しい。そんな時、ドイツと日本に対する一般の同情にはなにぶん、限りがあった。米国議会、分けても孤立主義的な共和党サイドに対し、ドイツと日本による侵略の犠牲者を支援するため連合国救済復興機関（ＵＮＲＲＡ）のような国際救援組織に資金を拠出するよう説得するのは、大変難しかった。かつての敵国を助けるために米国の税金をさらに支出するとか、提案されているように英国の配給を削減するという考えは、容易に推進できる政策ではなかった。

だが、道徳上の理由ではないにせよ現実的理由から、なんとかしなければならなかった。ドイツと日本が完全に崩壊してしまうと、連合国政府には耐えがたい負担をもたらし、戦後の、民主的どころかどんな類の秩序ある再建も不可能になる。英国のデイリー・ミラー紙は兵士の間で広く読まれている労働党寄りの新聞だったが、同紙は救援支持の立場を「獣《けだもの》に餌?」との簡潔な見出しで表現した。ドイツ国民に対する同情心から——それどころか祖国を追われ貧窮したドイツ人難民に対する同情心からも——行動するには及ばない、と同紙は明言した。いや、「この状況に対処する必要性を強調するよう本紙をうながすのは、いかなる思いやりの気持ちでもない」。問題はこうだ。「ヨーロッパが沼地に沈む期間が長いほど、浮上するのに長い時間がかかる。占領をそれだけ長く続けなければならなくなるのだ[24]」。

米国議員に対して一段と説得性のある意見はほかにもあった。たとえ国際主義的理想をもったUNRRAが共産主義への共感を疑われているにしても、高まるソ連との対立は行動をうながしており、UNRRAは不可欠である、と。ペンシルヴェニア州選出の下院議員、ダニエル・J・フラッドは同僚議員たちに語った。「飢餓、貧窮、病気と疾患は騒擾と共産主義の妖怪を育てる。飢えた国民はアンチ・キリストの哲学と、全能の国家という神をつくろうとする者たちにとって、肥沃な田畑だ[25]」。

そこで、いくつかの措置が取られた。ドイツの英国管理地域では一一月末以降、サー・ジェラルド・テンプラー将軍が「大麦作戦」を企画。農場で働かせて作物の残りを救うべく、約八〇万人のドイツ人捕虜を釈放した。ドイツへの食料輸出を増やせるように、英国民は一段の節約を強いられた。パンが一九四六年に配給制になったのはこのためだ。米国も「北西ヨーロッパで囚われた捕虜の待遇」に関する一九四四年の統合参謀本部指令（JCS1076）に従い、「疾病と騒擾を防止する」に足る経済援助を与えた。ドイツ人のぎりぎり最低限の生活水準を維持するとの考え方であった。その「ぎりぎり」の程度が問題だった。「苛酷な和平」を支持する政治家は、産業を解体し国民生活を生存ぎりぎりの水準にとどめることで、ドイツを罰したがった。苛酷な和平の主唱者はルーズヴェルトの財務長官、ヘンリー・モーゲンソーで、彼はドイツを二度と戦争の起こせない農業国に変えようと計画した。厳しい指令は、対日連合国管理当局に対しても発せられた。統合参謀本部指令1380/15は、日本人への救援を「占領軍を危険にさらすか、もしくは軍事活動を妨げるが如き広範な疾病と騒擾を防止するに必要な……程度」に制限するよう命じ、「そうした輸入品は最低量の食料……燃料、医療・衛生上の供給物資に制限される」とした[26]。

ドイツと日本にとっては幸運なことに、こうした懲罰的指令は、実際に占領諸国民を統治する任にあって、このような措置がいかに有害かを知り得る人びとによって無視されるか、緩和されるかであった。米軍政長官ルーシャス・クレイの経済補佐官はJCS1076を「経済音痴」の仕事だと呼んだ。クレイ将軍はドイツ産業経済の破壊によってさらに大きな混乱を引き起こすのではなく、スティムソン陸軍長官らワシントンの有力者に支えられて、間もなくドイツ経済の立て直しに努めた。スティムソンはモーゲンソー財務長官よりドイツの苦境をよく理解しつつあり、モーゲンソーのことを「ユダヤ的怒りゆえの偏見[27]」があると疑っていた。これは、不快ではあるが英米政府上層部にありがちな感情を反映している。とはいえ一方で、ユダヤ人の感性への強い同情があると考えるなら、それは的外れだったろう。こうした人びとが恐れていたのは、ドイツ人の怒りが共産主義を利したり、報復主義の気分を助長したりすることであった。マッカーサー将軍は日本の産業復興を助けたいとは思っていなかったけれども、スティムソンやクレイと同じように、「飢餓は……国民を、生命を維持するための食料をもたらすイデオロギーの格好に餌食にしてしまう[28]」と信じていた。

東部占領地域にはドイツ農・工業の多く（ライプツィヒ、ドレスデン、ケムニッツ）が位置していたが、ソ連当局はドイツの経済力再建には手をこまねいていた。工場その他の資産のうち、残っていたものは略奪された。機械類、鉄道車両、路面電車、トラックがすべて、東方へ向かう輸送隊列を成して消えてしまった。戦時賠償として銀行の金庫室は金《きん》と証券を、調査研究機関は文書資料をすっかり抜き取られ、多くの美術品が没収された。ナチスの刑務所ないしモスクワ亡命から戻ったばかりのドイツ共産党指導者にも、兄弟的関係にあるロシアの庇護者を制止する手立てはなかった。

同じことは、日本が一九三〇年代初めから満州国と呼ばれる植民地的傀儡国家を支配してきた満州（現在の中国東北部）でも起きた。満州国は日本帝国の産業の心臓部であった。ソ連は米国に要請され終戦直前の八月八日、日本に宣戦布告した。

広島への原爆投下から三日後の八月九日、ソ連軍は満州国に侵攻。日本が地元民を酷使して建設した重工業プラントや近代的鉄道、採鉱設備が徹底的に剝ぎ取られ、物資はソ連へ輸送された。工業プラントはそっくり解体され、引きも切らない列車の列となって運び去られた。最後には列車そのものと、鉄道の枕木までが大方盗まれ、ソ連に運ばれてしまった。これは、中国が満州を奪回するチャンスを手にしないうちに起きた。いずれにせよ、中国共産党も蔣の国民党も、この大々的な資産剝奪行動を制止することはできなかっただろう。そして、もし侵攻の時間があったならソ連が日本北部で同じことをしたのは疑いなく、それが、米国が太平洋の戦争を速やかに終結させることに躍起になった理由の一つであった。

ソ連管理地域のドイツ人は、共産党員も含め困り果てた。というのは、ドイツ経済が簒奪されている間にも、彼らは自らの糊口をしのぐだけでなく占領ソ連軍への食料供給を求められたのだ。多くのケースでは、ドイツ人労働者が残された機械類の部品を使って略奪された工場を再建しようとしても、再び解体の憂き目を見るだけであった。抗議すると殴打されるのが常だった。どれ一つとっても、ドイツ人労働者の間に共産主義の大義への大いなる共感を生む助けにはならなかった。当時流行った歌はこんな内容だ。

ようこそ、解放者諸君！
諸君はわれらから奪う、卵と肉とバター、牛と餌を
それに時計も、指輪その他の物も
諸君はわれらを解放する、すべての物から、車と機械から。
諸君は列車車両と鉄道設備を持って行く。
このがらくたのすべてから——諸君はわれらを解放してくれた！
嬉しくて涙が出るよ。
諸君はなんて親切なんだ。
昔はなんて恐ろしく——今はなんてすばらしいことか。
すばらしい人たちよ！[29]

しかしながら、ソ連管理地域でドイツ人の生存のために約束された食料配給は、ほかの連合国占領地域と変わらなかった。勤労者一人につき一日当たり約一五〇〇キロカロリーである。大人が健康を維持するには、一般に一二〇〇キロカロリーが必要最低限とされている。実際には、一九四五年の時点で大方の都市住民はその半分が手に入れば幸運だった。パンが十分あるときでも、生鮮食品はまずなかった。終戦後の最初の一年にドイツ人と日本人を破局から救ったのは、軍の補給物資であった。日本進駐連合軍が秋に六〇万人から二〇万人に削減されると、コーンビーフや豆など軍用食料が、配給用に日本政府に大量に引き渡された。それは大方の日本人にはなじみのない食事になった。豆はお腹にガスがたまって困る、とこぼす気取った日本人女性たちもいた。そんな一人は客に「新しい配給のせいでとても行儀悪くなります」とこぼしている。[30] だが、それがなければ彼女らは飢えるところだ

った。一九四六年夏の時点で、東京都民は国産食料からまだ一五〇キロカロリーしか摂取していなかったのである。(31)

連合国からの物資供給があっても、ヨーロッパと日本の大抵の人びとは相変わらず闇市というあの広大な犯罪的ネットワークに頼らざるを得なかった。多くの国で貨幣経済は、たばこを主たる通貨とする物々交換方式に取って代わられていた。占領軍兵士にとって、それはたまらない好機だった。オランダではカナダ製たばこ、中でもスイート・カポラルの銘柄にもっとも価値があった。闇市商人はそれを一本一ギルダーで買い、五ギルダーで売るのだ。カナダ軍兵士は本国から一〇〇〇本を三ドルで送ってもらえば、ほぼ一〇〇〇ギルダーの利益を上げることができるのである。(32)

それに、たばこがあればほとんど何でも買えた。精巧なアンティーク時計、オペラグラス、ダイヤの指輪、ライカのカメラなど、人びとが燃料や食料と喜んで交換する類の物品である。ドイツの作家エーリッヒ・ケストナーは五月にオーストリアの田舎にいて、ドイツ兵が足を引きずって東方の戦線から故国へ徒歩で帰っていく蜿々長蛇の列を見た。彼は日記に書いている。「小銭を得るために、彼らはたばこを売る。価格は一本一マルクから三マルクまでさまざま。平服の需要は常にある。供給は事実上、ゼロだ。隣の家の誰かがズボンを一本売って、たばこ四五〇本を得た。それならわたしも一本のズボンと交換してもかまわないのだが、今はいている一本しか持っていない。この交換とその結果は道徳に反する。たった一本のズボンでは商売ができないのだ」。(33)

日本の冷笑的な随筆家で小説家の坂口安吾は、終戦直後の時期の他の作家とともにしばしば「無頼派」「デカダン」に分類されるが、彼は天皇のために見事に死ぬよう訓練された若い兵士や航空兵が、早々と闇商人に変身する様子を書き留めている。ちょうど同じように、戦争未亡人は戦死した夫への忠節をすっかり忘れ、新しい恋人を見つける。そんなものだ、と安吾は書く。それでかまわないのだ、という。なぜかと言えば、堕落を通して、人間の貪欲と欲求をもっとも生のままの状態で経験することによって、日本人は共通の人間性を再発見するのだ。ばかげた天皇崇拝をやめよ！　特攻機での勇ましい死をやめよ！「戦争に負けたから堕ちるのではないのだ。人間だから堕ちるのであり、生きているから堕ちるだけだ[34]」。

日本帝国軍隊の多くの復員兵が、朝鮮・台湾系暴力団員や日本人のはみ出し者集団、そのほか壊れた社会のあらゆる漂流者とともに闇市へ向かったことは疑いない。当時の格言の一つは「女はパンパンに、男は闇市の担ぎ屋になる[35]」。日本全国のたいていは駅周辺に、一万五〇〇〇を超える闇市が立っていた。「アメ横」のように、いくつかの名残は今もあって、これはおそらくアメリカ人にちなんで名づけられたもので、東京・上野駅の線路沿いにある小さな食品・衣服店が蝟集する一角である。人びとはそこへ行って、生きるための必需品を手に入れたり、カエルの揚げ物から臓物の煮込みまで何でも提供する無数の粗末な食べ物屋台で食べたりした。臓物はさまざまな動物から取ったものだが、それは運がよければのこと。人間の死体が煮込みに入っているとのうわさもあった。

何でも売買され、中には血の染みついた病院の古毛布もあった。満州では、中国人に対し一五年間、主人風を吹かせてきた日本の植民者がソ連軍の侵攻に恐慌をきたし、日本に帰ることもできず（大方の輸送手段は軍隊と日本人高級将校用に押さえられていた）、闇市で着物や家具、骨董品などあらゆるの持ち物を売ることで生き延びた。時には赤ん坊まで売られた。日本人は生来、知的に優れているという植民地神話のために、とりわけ将来の労働力を必要とする中国の農民にとって、日本人の赤ん坊は価値があった。のちに日本銀行副総裁になる藤原作弥は、終戦時には子どもで満州にいた。両親は二人とも所持品を闇市で売った。彼は中国人が「小孩売呀《ショーハイマイヤ》！　売呀《マイヤ》！（子供売らんかね）」と叫んでいたのを覚えている。相場は三〇〇－四〇〇円だった。赤ん坊は買われて即時、より高い値段で転売されることもあった[36]。

日本国内の闇市の品の多くは、連合国兵士から日本の暴力団に売り渡された軍の補給物資だった。わたしはかつて引退した日本の暴力団員と話したことがあるが、彼は米軍ＰＸから闇市に品物を横流しして大金を稼いだものだから、天井まで札を詰め込んだ大型の米国車を乗り回せたという古き良き時代の話を回想し、眼は楽しい思い出に潤んでいた。だが彼は、戦争末期に軍備蓄の七〇パーセントをまんまと隠匿してしまったずっと地位の高い日本人たちに比べれば、小物にすぎないのだ。あらゆる機械類や建設資材を含め、残ったものは公共の福利に使うため米軍から日本政府へ渡された。それも大方は略奪物資とともに消えてしまい、何人かの元戦犯を含む多くの日本当局者をたいへん裕福にしたのである。

文化や政治、歴史に関しては日本人とドイツ人の間には明らかな違いがある。だが、似通った状況下での人間の振る舞いという点では、両者には共通点が多かった。人びとの苦境につけ込む犯罪化した経済がもたらす一つの効果は、社会的連帯の崩壊――坂口安吾が描いた「堕落」の一環――である。ハインリヒ・ベルの言葉によれば「誰どの男も、あるいはもっと多くはどの女も、己の利益第一なのだ。誰もがただ己の命と、それに加えて石炭・木材・書籍・建設資材といった何でも手に入る物を所有していた。誰が誰を泥棒と非難しても当たっていたのである[37]」。

実際、他者に対する非難は多くの者がしたことだ。ドイツではユダヤ人と強制移住者が、暴力と不法商売をしばしば責められた。日本では、最悪の犯罪者とみなされたのは「第三国人」――日本人でも米国人でもない――として知られた朝鮮人と中国人、台湾人であった。彼らの多くは徴用労働者として日本に連れてこられていた。ちょうど闇市にたずさわったユダヤ人と強制移住者がいたのと同じで、朝鮮人と台湾人のギャングはたしかに利得をめぐって日本人と争った。彼らもまた生き延びる道を見つけなければならなかったのである。ベルゲン＝ベルゼンは闇市活動の主要拠点の一つになった。ユダヤ人、ポーランド人、ウクライナ人、ユーゴスラヴィア人ら多くの難民は、ろくな設備もないまま何年もキャンプから抜け出せなかった。カール・ツックマイヤーはドイツとオーストリアに関する報告の中で、「難民問題を国際的に解決しないかぎり、ドイツにおけるユダヤ人差別を一掃する道はない」と警告した。(38) 実のところドイツ人は、ヒトラー帝国のために進んで働いたラトヴィア人であれ、ユダヤ人であれ、たいていは区別していなかった。どれも「外国人」なのだ。時にドイツ人はこうした「外国人」のところへ行き、物品を法外な値段で買わなければならなかった。だが本当は、不法商売人の多数、そして間違いなくもっとも有力な連中は、ユダヤ人でも外国人でもなくドイツ人だったのである。

アーヴィング・ヘイモント少佐はバイエルン地域担当の米軍将校で、そこにはユダヤ人難民の複数の大型キャンプ、とりわけヒトラーがかつて刑務所に服役した（そして『わが闘争』を書いた）ランツベルクの町があった。「ドイツの多くの個々人と同じく、キャンプ居住者は闇市で生業をしている……。彼らの生業は大部分、嗜好品や生鮮食料を単に交換することである」とヘイモントは述べている。(39) 闇市の「少数の大物仕手」は元実業家か犯罪者である、とも指摘している。彼らは自分の性に合ったことをしている。これが彼らの職業なのだ、と。

ユダヤ人あるいは第三国の国民、その他の外国人が特に悪辣な犯罪者とみなされた理由の一つは、単純な偏見である。この人間共通の性向は、厳しい環境条件によって一段とひどくなり、連合国は外国人に特権を認めているとか、日本の米軍憲兵は朝鮮人に行動の自由を与えているとか、連合軍当局は無辜なドイツ人を犠牲にして、ユダヤ人にぜいたくな生活をさせているといった共通の観念によって、いっそう強められるのだ。難民キャンプで衰えていく人びとは言うに及ばず、ぜいたくどころか楽な生活をしているユダヤ人などほとんどいなかったけれども、ここには一かけらの真実があった。だが、ただの一かけらである。というのは、事実、連合軍当局者自身もユダヤ人差別あるいは人種差別に免疫性がなかったのだ。パットン将軍はダッハウ強制収容所で発見したユダヤ人生存者に対する侮蔑の点で、おそらく大方の人より少々極端か、あるいは少なくとも一段とあけすけであり、彼らのことを「動物より劣る」と表現した。[40] アイゼンハワー将軍は占領下ドイツの米軍に対し、ドイツ人よりユダヤ人難民を優先するよう指令したが、これはたいてい無視された。多くの米兵はトラウマを抱えたユダヤ人よりも、ドイツ人やバルト出身の元対独協力者や難民の方が付き合いやすいと思ったようだ。[41]

何にもまして、外国人に責めを負わせるのは、より広範な否認感情——ドイツ人や日本人が他民族に加えた行為に向き合うのを拒否すること——の一環であった。自己憐憫を感じる方がたやすいのだ。『ヤンク』誌の記者は八月にベルリンを歩き回り、ぼろ服を着て大きな男物の靴をはいたドイツ人女性がロシアの女兵士に舌を突き出すのを見た。「あんたたちはよく食べ、わたしらドイツ人は飢えているんだ」と彼女は言って、地面に唾を吐いた。[42] しかし、それでも反対意見はあった。ベルリーナー・ターゲスシュピール紙のある記事は「凶悪犯罪から自衛するための、ポーランド人やユダヤ人、囚人に対する防壁建設」を嘆き、それは「米国と英国から受け取った食料援助に対する、愚かしくも尊大な忘恩だ……」と述べている。[43]

無論そうこうするうちに、闇市経済は徐々に、もっと管理された経済に道を譲っていった。だが、このような無法時代の長期的な影響は、とりわけドイツと日本で顕著であった。というのは、戦後の経済崩壊とそれに続く闇市は、古い階級差別の強力な破壊要因だったのである。家宝と食料を交換するために、名家の女性がそそくさと農村地帯に行かなければならなかった。貧しい農民がいきなり金持ちになった。日本の村娘が、かつては大金がかかったような年代物の美しい着物を着て、どろんこの田んぼに踏み込む光景は珍しくなかった。零落した貴族階級の娘たちは、成功したものの実直にはほど遠い新富裕層との結婚を強いられた。しかし、戦後の混沌はまた、既成の競争相手に妨害されない企業を設立する一定の自由を生み出した。一九四五年、井深大は爆撃で壊れた東京のデパートで、ラジオ修理工場を始めた。ソニーの始まりである。

戦前の秀作『ベルリン　アレクサンダー広場』(一九四二年)の著者、アルフレート・デーブリーンの見方を全文引用する価値がある。デーブリーンは戦時中をカリフォルニア亡命で生き延びたあとドイツに帰り、そこで彼は再び亡命者の心地を味わう。これは温泉町バーデンバーデンに着いたあと、書いたものだ。

> わたしがドイツで得た主な印象は、人びとが蟻のように廃墟の中で興奮状態にあり、仕事にかかろうと必死になって、壊れた巣を行ったり来たりしていることだ。彼らのただ一つの心配事は、必要な道具と指示がなければ仕事にかかれないことだ。彼らは破壊によって意気阻喪するよりも、もっと賢明に働く気になっている。今日はない手段が彼らにあれば、彼らはあす喜ぶことになろう、彼らの古めかしくぶざまな場所が解体され、第一級の近代的なものをつくるチャンスを彼らに提供していることを喜ぶことになろう。(44)

第3章 報復

一九四五年夏のチェコスロヴァキア。旨《うま》いビールでよく知られたブドヴァイス（チェスケー・ブジェヨヴィツェ）の町の近郊に一つの強制収容所があり、正門に標識が釘で打ち付けられていた——「目には目を、歯には歯を」。収容所は今、チェコ人の管理下にある。ドイツ人虜囚でいっぱいになっており、そのほとんどは民間人だ。チェコ人指揮官は野蛮で鳴らした若い男で、ドイツ人を最低限の食料配給で一日一二時間働かせ、真夜中に彼らを起こすと、点呼広場《アッペルプラッツ》へ集合させた。ドイツ人はそこで歌ったり、はいつくばったり、お互いを殴り合ったり、踊ったり、チェコ人衛兵を楽しませるあの手この手の苦行を強いられた(1)。

報復の欲求は、性や食の必要と同じほど人間的なものである。ポーランドの作家タデウシュ・ボロフスキほど、このことを緻密かつ残酷に表現した人物はまずいない。戦時のワルシャワは学校、新聞、劇場、詩雑誌を含む広範な地下文化とともに生きており、どれも参画者を強制収容所送りか、もっと即刻の死の危険にさらした。秘密出版で自作詩を発表して一九四三年に逮捕されたあと、ボロフスキはゲシュタポの拘置所、次いでアウシュヴィッツとダッハウを生き延びる。ダッハウで解放されると、難民としてミュンヘン近郊の元ナチス親衛隊（ＳＳ）兵舎に事実上、留め置かれた。宙ぶらりん状態でのこの惨めな体験に関する報告は、収容所生活と死を描いた短編を集めた古典的作品 *This Way for the Gas, Ladies and Gentlemen*〔『ガス室へようこそ、みなさん』、原題は *Pożegnanie z Marią*（マリアとの別れ）〕に収められている。(2)

作品の一つは『沈黙』。元ナチの下っ端が窓から逃走しようとしているのを、多数の難民が見つける。彼らは男を捕まえ、「飢えた手で彼をいたぶり」はじめる。難民キャンプを管理する米兵たちが近づいてくるのが聞こえると、彼らは積み重ねた寝具類と藁マットレスの間に男を押し込む。上官の米軍将校はプレスしたての制服に身を包んだ洗練された若者で、彼はナチス収容所の生存者がドイツ人を憎むのはよく分かる、と通訳を通じて彼らに伝える。けれども、法の原則を守ることが大切だ。罪は正当な手続きを経て、初めて罰されなければならない。米軍はそのように取り計らう、と。難民らはうなずき、この立派なアメリカ人に拍手を送る。彼は難民らにおやすみを言い、「友好的なガヤガヤ声に送られて」、宿舎の巡回を済ませるために部屋を去る。彼が出て行くやいなや、ドイツ人はベッドから引き出され、コンクリート床の上で蹴り殺される。

これは解放――難民の場合は未完の解放ではあるが――の直後には珍しい出来事ではなかった。他の報告によれば、解放軍の兵士たちはドイツ人の蛮行を示す目に見える証拠に衝撃を受け、正当な法手続きの原則にそれほどこだわらなかった。ダッハウでは、SS衛兵がリンチを受けて、溺死させられたり切り刻まれたり、絞殺されたり鋤で殴り殺されたりたりし、少なくとも一つのケースでは、この目的で米兵が元囚人に貸し与えた銃剣で首をはねられたが、米兵らはこれを傍観していた。時には米兵がドイツ衛兵の射殺を自ら引き受けることもあった。これもダッハウでのことだが、ある米軍中尉は三〇〇人を超す衛兵を機関銃で処刑した。彼の怒りは抑えようがなかった。収容所の火葬場の前に山積みにされた囚人の死体を見たばかりだったのだ。(3)

ベルゲン－ベルゼンでは一九四五年四月、ドイツ人看護婦グループが初めて収容所に入った時の出来事を、一人の英国人看護婦が目撃している。彼女らは重篤状態の生存者を看護するよう命じられ、病室の一つに入った。すると次の瞬間、「金切り声を上げる一団の囚人――中には瀕死の者もいた――が看護婦めがけて突進し、ナイフやフォーク、あるいは医療器具カートからひったくった器具で彼女たちを傷つけ、切り刻んだのだ(4)」。

この場合、英軍はドイツ民間人を保護しなければならないところだった。囚人が生き延びるには、彼女らの存在が欠かせないからだ。報復、目には目をという法を逸脱した裁きへの自然な欲求に対処することは、連合軍将校や亡命から帰還した政府当局者、救援組織のメンバー、その他この荒廃した大陸に一定の秩序、ないし正常性を取り戻すことに関心をもつすべての人びとにとって喫緊の問題であった。しかしながら、ボロフスキの物語中のあの不運な米兵と同じく、特に内戦で引き裂かれた国々にあっては、彼らはしばしば、さらなる暴力を止める力がなかった。たいがいは見て見ぬふりをするか、ダッハウ強制収容所で銃剣を貸した米兵よりもはるかに認めがたいやり方で、積極的に加担したのである。実際、組織的報復のほとんどのケースは、当局が奨励しなければ起きなかっただろう。性欲が乱交に直接つながることはまずないのと同様、個人の発意から集団的暴力が起きるのはまれである。それはリーダーと組織を必要とするのだ。

そして、適当なタイミングを必要とする。戦争直後の時期で、驚くべきことの一つは、ドイツ人を攻撃するドイツ人がそれほどいなかったことである。ベルリンのあるジャーナリストはナチスに積極的に抵抗した数少ないドイツ人の一人だったが、彼女は戦後の日記に、人びとには「償いをつけてもらいたい気持ち」があったと書いている。多くのドイツ人には絶望の時期であった戦争の最後の数カ月、「どんなに愚鈍な者もナチに徹頭徹尾瞞着《まんちゃく》されていたことを悟った……」。だから、と彼女は続ける。「敗戦と「連合国による」占領の間に三日の期間があったなら――何千という幻滅した、傷心の、ナチに虐待されたドイツ人が、彼らの敵に天誅を加えていたことだろう。各人がその宿敵に。〈目には目を〉と当時言われていたのである。〈戦争が終わったら、目に物見せてくれてやる〉それが運命によって変わった」[5]。

彼女は正しかった。外国による占領下での窮状の共有が、ドイツ人が互いに相争うのを抑えた。ドイツ人への報復は他者の手で実行されることになる。

旧東プロイセンのケーニヒスベルク（現在ロシアのカリーニングラード）が一九四五年四月にソ連軍に占領されたとき、ハンス・グラーフ・フォン・レーンドルフは同地で病院を経営していた。明晰な頭脳と深い宗教性のある文体で書かれた日記の中で、近くの蒸留酒工場への襲撃で酩酊したソ連兵が病室によろめき入り、女性を手当たり次第強姦するさまを描写している。女性には高齢者も年少者も、看護婦も患者も含まれ、何人かは意識がないほどの重傷を負っている。射殺してほしいと兵士たちに懇願する女性もいるが、この慈悲の行為が施されることはまずなく、彼女らはその前に何度も暴行され、ほとんどの場合、処刑を無用にしてしまった。

レーンドルフはナチ党員ではなかった。実は彼の貴族家系の多くの者と同様、ナチスを嫌悪していた。母親はゲシュタポに逮捕されていた。いとこは一九四四年七月二〇日のヒトラー暗殺陰謀に参加したかどで処刑されている。女は強姦され、男は追跡され、銃撃で破壊された家屋は徹底的に略奪される一方、街が炎上するのを見て、レーンドルフはそれがいったい全体何を意味するのか訝しがる。「これはまだ自然の野生と何か関係があるのか、それとも復讐なのか？　復讐だ、おそらく……混沌から見世物をつくるために彼らはなんという努力をするのか！……一五、六歳をさほど越えないこれらの激高した子どもたちが、何のことか意味も分からないまま、狼のように女に襲いかかる。これはロシアとは無関係だ、いかなる国民あるいは人種とも無関係だ――これは神なき人間、人間性の奇怪な戯

画である。さもなければ、このすべてがこれほど深く心を痛ませることはあるまい、自分自身の罪の如くに」。(6)

この心情は気高く、そして、どこであろうと人間は他者に対して好き勝手に振る舞う許可が与えられると、もっとも禍々《まがまが》しい事を行うことができるし、嬉々として行いさえする、というレーンドルフは確かに正しい。だが、もっとも禍々しい事はたいてい神か、あるいは神に代わる何らかの現世の人物が味方についていると感じる人間によってなされるものだ。復讐が漠然としたものであることはまずない。それは個人的あるいは集団的な歴史をもっている。ユダヤ人を別として、ソ連市民はドイツの蛮行のために他のどの国民よりも苦しんだ。考えられない数字である。ソ連兵八〇〇万人以上が死に、そのうち三三〇万人は真夏の炎熱あるいは冬の酷寒の下、露天のキャンプで痩せ衰えるがままに放置され、意図的に餓死させられたのだ。民間人の死者数は一六〇〇万人。これに近いのは、日本による占領下で一〇〇〇万人以上の民間人を失った中国人だけである。だが、これらは統計だ。詳しい話を語りはしない。殺戮と餓死は不断の汚辱と屈辱を伴って進行した。ナチス・ドイツの目からは、ロシア人はほかのスラヴ人と同様、まともな人間以下、下等人間《ウンターーメンシェン》であり、その唯一の役割はドイツ人主人のために奴隷として働くことなのだ。そして、奴隷としての労働に適さない者は、食物を与えられるに値しないのである。実際、ナチス・ドイツには、より広い生活領域（生存圏《レーベンスラウム》）と食料をドイツ人に与えるためにソ連諸民族を餓死させる「飢餓計画」と呼ばれる政策があった。もし全面的に実行されていれば、この醜怪な経済計画は数千万人の命を奪っていただろう。

しかし、復讐は単に怒りとか無規律の問題にとどまらない。将校から残酷な扱いを受ける兵士たちは、しばしばその苦痛を民間人にも転嫁する。これは、中国人に対する人種差別的侮蔑とは別に、中国における日本兵の凶暴性についての一つの説明になる。ソ連軍上官や政治委員、秘密警察による兵士の無慈悲な扱いはよく知られている。だが、そのこととはまったく別に、ドイツ軍がソ連からの撤退を余儀なくされるや、赤軍兵士はドイツ領に進攻し次第もっとも禍々しいことをするよう、はっきり申し渡された。道路脇の標識にはロシア語でこう書かれていた。「兵士諸君、ここはドイツだ。ナチスに復讐せよ」[7]。イリヤ・エレンブルクのような政治宣伝家の言葉が日々、彼らの頭に叩き込まれた。「もし君が一日に少なくともドイツ人一人を殺さなかったなら、君はその日を無駄にしたのだ……。もしドイツ人を殺したら、もう一人殺せ――われわれにとってドイツ人の死体の山ほど愉快なものはないのだ」。ゲオルギー・ジューコフ元帥は一九四五年一月の命令で述べている。「人殺しどもの国はなんと不幸なことか。われわれは万事に対し、恐ろしい復讐をするのだ[8]」。

　何年間も下等人間として辱められ、しばしば凄絶な状況下で、たいていは友や肉親を失っている男たちは、ほとんど扇動する必要がなかった。もう一つの要因もあった。ソ連人はすでに、ブルジョア資本主義の貪欲についてのプロパガンダを食らわされてきている。ここには革命的暴力のチャンスがあったのだ。腕時計のような贅沢品はいうまでもなく、まともな電気も見たことがない者も混じったソ連兵に衝撃を与えたのは、爆撃された都市の悲惨な状況と戦時の物資不足の中にあってさえ、ドイツ市民生活にある相対的贅沢さであった。貪欲、民族的憤怒、階級的嫉妬、政治宣伝、記憶に新しいドイツ人による残虐行為、これらすべてが復讐への飢餓感を刺激した。あるソ連軍将校が説明しているところでは、「ドイツの奥深く進攻するほどに、いたる所にある豊かさにむかつく……これら整頓された缶と瓶の列すべてにちょっと拳骨を見舞ってやりたいものだ[9]」。

　復讐欲にかられない場合でも、この感情は危険な攻撃性につながりかねない。ソ連赤軍が八月、日本の降伏に先立つ一週間足らず前に中国北東部の満州に侵攻したとき、その軍勢はハルビン、奉天（瀋陽）、新京（長春）といった主要都市を荒らし回った。これらの都市では、中国人は言うに及ばず、多数の民間日本人に復讐する理由はなかった。同じ満州地域をめぐって戦われた一九〇四―〇五年の日露戦争で、ロシアに屈辱的な敗北を負わせたものの、日本はソ連のどの地域も侵略したことがなかった。愚かにも一九三九年にモンゴル国境でソ連を攻撃した折には、決定的敗北を喫している。だが、中国北東部におけるソ連軍の振る舞いは、十五世紀のコンキスタドールのそれに似ていた。

東ヨーロッパのドイツ系住民と同じく、民間日本人は、同じ理由でまったく無防備であった。ドイツの大方のSS隊員や軍将校、ナチス高官が西へ逃げたように、日本軍将校と政府当局者は、自分たちを日本に連れ帰る船に向かう最後の列車を独り占めし、民間人集団を自力による生存に任せて置き去りにした。これは、ほぼ二〇〇万人の日本人が無防備のまま行き場を失うことを意味した。多くは満州が日本の傀儡国家「満州国」となった一九三二年から大陸に移住してきていた。移民は、農村部住民のための生活圏《レーベンスラウム》を求める日本政府によって、さかんに奨励された。奉天、新京、吉林、ハルビンなどの都市では、銀行、鉄道、デパート、学校、美術学校、映画館、レストラン――すべて日本人のために日本人が経営するもの――から成る全くの日本人社会が現出した。農村部では、日本人移民のための領域をつくるために中国人は土地を追われた。これはすべて、西洋の古い帝国秩序よりモダンで効率的で公正な――日本人の主人に統治される――アジア人のためのアジア、すばらしき新東洋という日本の公式宣伝によって正当化された。

日本の敗戦につけ込み、民間日本人から強奪した中国人もいた。彼らには怒る理由があった。日本の関東軍によって建国・管理された満州国では、中国人は朝鮮人よりもまだ低級で、どの日本人の言いなりにもなる三級市民として扱われたのだ。それでも、多くの日本人の記憶の中では、ソ連人は中国人よりはるかに悪辣だった。ある報告は、「ソ連軍はピストルを乱射しながら、日本人家屋に押し入り、目ぼしいものを持ち去るだけでなく、目に留まった女を犯し……」と述べている。(10)

ソ連軍から逃れるために、たいていは徒歩ではるか南方へ逃げた日本人も似たようなものだった。食料が尽きた。シラミにたかられた体に発疹チフスが発症した。泣き声が復讐心に燃えた中国人や朝鮮人、あるいはソ連人に気づかれるのを防ぐため、幼児は窒息死させられた。年少の子どもたちは、そうすれば少なくともなんとか生き延びるだろうとの期待から、中国人農民に引き渡された。こうした苛酷な試練の中で、総計すると、一万一〇〇〇人以上の日本人定住者が命を落とした。ほぼ三分の一は自殺である。

ソ連軍がふるう暴力の話は瞬く間に広がり、赤軍部隊を宥和しようという奇妙な措置が取られることになった。満州と朝鮮の境界にある安東〔現在の丹東〕では、日本人社会は歓迎委員会がソ連軍を出迎えることにした。日本人の子どもたちは小さな赤旗を配られ、鉄道駅にはアーチが建てられて、さらに多くの赤旗とソ連に対する深い友好の気持ちを表すスローガンで飾り立てられ、地元の名士は大げさな歓迎スピーチを準備した。待った、待ちに待った。子どもたちは旗を握ったまま眠ってしまった。赤軍は別ルートを取ることに決め、安東にはすぐにはやって来ない、日本人がようやくそう聞いたときには、すでに夜も更けていた。

日本人による説明は、中国人がソ連軍に苦しめられたことを無視しがちだけれども、民間日本人の方がもっと苦しんだのは確かである。彼らの富――あるいは強奪した富――が一つの刺激になったことは明白だ。先に引用した目撃者はこう語っている。「いくつもの腕時計を左右の腕に巻きつけ、カメラを両肩からぶら下げ、胸のポケットに万年筆を束のように差したソ連兵が、わがもの顔に町を闊歩した(11)」。ドイツ進駐ソ連軍の場合と同じで、多くの兵士は現代世界の利器をよく知らなかった。時計が動かなくなると、それは新しい持ち主がネジを巻かなかったためなのだが、彼らは怒ってそれをポイと捨ててしまう。それを中国人の小僧が拾い、闇市で売るのだった。電動の天井ファンに恐れをなす兵士もいて、それをよく銃で撃ったものである。

それでも、当局による奨励か、あるいは実際にお手本がなければ、ソ連兵による民間人略奪はこれほどの規模にはならなかっただろう。日本人の工場や鉱山、鉄道、銀行をそっくり略奪することに比べれば、時計を数個盗むぐらい何だというのか？　ソ連兵がこのことを正当化できる唯一の方法は（彼らが努めてそうしたわけではないが）、略奪を反ファシズム人民戦争における一つの権利として扱うことだった。ファシズムとは、共産主義のプロパガンダによれば資本主義の延長にすぎない。盗みは革命事業の一環というわけであった。いずれにせよ、それが比較的豊かな人びとの世界へ放り込まれたときに貧者が感じる屈辱でないなら、中国北東部でのソ連の振る舞いをきちんと説明することはできない。ドイツは別問題だった。それにドイツでは、ソ連の暴力はいっそうひどかったのである。

屈辱をもって屈辱に報いる一番確かな方法は、どうすることもできない男たちの前で、公然と女性を強姦することだ。それは人間の闘争における最古のテロ形態であり、ロシア人特有のものではない。ハンス・グラーフ・フォン・レーンドルフ博士は、そのことについては正しい。しかし、人が蛮行に対して使う言い訳は必ずしも同じではない。人種差別とともに富の不平等が、ドイツにおけるソ連の振る舞いをとりわけ野蛮化する双方の敵対的プロパガンダの悪循環を生んだ。ドイツ人は、ドイツ女性が「アジア」の、ないしは「モンゴル」の野蛮人の餌食になるのを見るより、戦って死ねと言われた。ドイツ人の抵抗が頑強であればあるほど、その「野蛮人」は、自分たちがドイツ人に加える行為よりもはるかに大規模だった彼らの残虐行為に対し、その代償を強要したい気持ちをつのらせるのだった。だがこの場合も、復讐は資本主義に対する戦争と関係している。ソ連のプロパガンダでは、ドイツ女性は単に男と同じく悪辣なナチスとしてではなく、太ってたらふく食べた裕福なナチスとして描かれていた。ロシアのある漫画では、裕福なドイツ女性とその娘と小間使いが、ロシアからの略奪品に囲まれて、何か降伏の白旗として使う物を必死に探している。米軍の雑誌に描かれたドイツ女性（「ミス・ヴェロニカ・ダンケシェーン」）は丸々してブロンド。スカートには鉤十字の刺繍がほどこされていて、皮肉にも見かけは同じである。唯一の違いは、米兵が性病を避けるためミス・ヴェロニカに近づかないよう警告されたのに対し、ソ連兵は当然支払われるべきものを取り立てるよう奨励されたことだ。別のソ連漫画では、ロシア人の元奴隷労働者が、彼女の元の女主人にこう言う。「さて、分かるだろう、奥さん《フラウ》。いただきに来たよ(12)」。

そして実際、彼らはいただいたのだ。『ベルリン終戦日記』の匿名の女性作者は、女性を襲った辱めを痛ましくも詳細に描いており、それはドイツ人ブルジョア家庭のこぎれいな虚飾の品々にこぶしをぶち込んでやりたい、と兵士が吐露した類の反感を示している。自分が兵士に強姦され、ほかの兵士が順番を待っているというしばしばあったケースの一つで、彼女は暴行兵士が彼女のことをほとんど気にとめていないと書いている。「それだけにいざ寝床に突き飛ばされたときには、本当にびっくりしてしまった。……とつぜん男の指が口に当てられた、馬とタバコのにおいが鼻をつく。私は目を開ける。赤の他人の手が巧みに上顎と下顎を押さえつけて私の口を開かせる。目と目が合う。それから覆いかぶさる男は、口に溜めた唾液をゆっくりと私の口に落とす(13)。……」。

ドイツ女性、なかんずく無限の富を所有しているように見える女性を、分けても去勢された支配者民族《マスター・レース》の元戦士の眼前で強姦することで、蔑まれた下等人間《ウンターメンシェン》は再び人間になったと感じるのであった。ベルリン進駐ソ連軍のある高級将校は言う。「勝利の当初の高ぶりの中にあって、わが同胞が支配民族《ヘレンフォルク》の女を辱しめることから一定の満足を得たのは疑いない(14)」。だが、それは当初の高ぶりをはるかに超えて続いた。ドイツ女性に対する強姦は当局によるいかなる抑制からも解き放たれ、野蛮な形で一九四五年夏のあいだ続いた。その後、ソ連の軍民当局者は、時には死刑を含む厳格な措置をもって、少なくとも散発的には取り締まろうとした。実際は、ソ連兵に強姦される危険が去ったのは、一九四七年に軍隊が兵営内に囲い込まれてからのことであった。

辱を雪《すす》ぎ、男のプライドを回復しようとする欲求をもって、ドイツの地におけるソ連兵の暴力を説明できるとすれば、それはソ連人ほど苦しむことはなかった男たちの、復讐心に燃える振る舞いの説明にもなるかもしれない。戦争が終わってもいない一九四四年に行われたフランスの、いわゆる「野蛮な粛清《レピュラシオン・ソバージュ》」の間に、約六〇〇〇人が対独協力者・裏切り者として、レジスタンス運動と結びついたさまざまな武装集団（しばしば共産党員）によって殺害された。その倍の数の女性が、裸にされ、頭を剃られ、身体のあちこちに鉤十字を描かれて、市中を引き回された。やじられ、唾をかけられ、さまざまに責めさいなまれた。間に合わせの牢獄に入れられ、看守に強姦される女性もいた。二〇〇〇人以上の女性が殺された。規模は違っていても、同じような光景はベルギー、オランダ、ノルウェーなど、ドイツから解放された国々でも見られた。時として、裸にされた女性は復讐心に燃えた群衆につきものの古典的な方法で侮辱を加えられた。

女性の対敵協力は、ほとんどセックス絡みだった。これは国家反逆罪と異なり、それまでどの法典にも存在しなかった罪である。それを無神経とか、利己的とか、ふしだらとか、侮辱とか呼ぶことはできても、犯罪ではない。そこで、そうしたケースを処理するため、フランスでは一九四四年に新しい法が考案された。占領軍兵士と寝るといった反愛国的行為によって国民の士気をくじいた者は、「非国民罪《アンディニテ・ナシオナル》」の罪を問われ、市民権を剝奪された。

一九四五年五月以降、フランスではあらゆる類の男女が、たいていは極端な暴力をもって粛清された。約四〇〇〇人が命を落とした。多くの人が国家反逆罪で有罪とされた。その他の人びとは個人的な報復で、あるいは例えば共産党の邪魔になった場合、政治的な理由で粛清された。だが、大衆の憤怒は不釣合いに、そして大変あからさまに、「性的対独協力」で告発された女性に向けられた。これも、少なくとも部分的には共通の屈辱感によって説明できる。優勢なドイツ勢によるフランスの征服は、しばしば性的用語で表現された。強力で男らしい民族を代表する猛々しいドイツ軍が、軟弱かつ退廃的で女々しいフランスを自らの意思に従わせたのだ。性的協力、つまりドイツ野郎《ボッシュ》の膝に乗ってくすくす笑い、高級シャンパンをがぶ飲みする若いフランス女《フランセーズ》は、この従属を表すもっともいたたまれないシンボルだった。だから、最大限の恥辱を与えて罰されるべきは、女性たちだったのである。

フランス女性はすでに国民解放と野蛮な粛清の前、正確には一九四四年四月に初めて投票権を与えられていた。レジスタンスの新聞、ル・パトリオット・ド・ルール〔ルール県の愛国者〕に一九四五年二月に掲載された次の文章が、敵方の腕の中に迷い込んでしまった女性たちに対する当時の態度について、多くのことを明らかにしている。

> 間もなくわれわれはこうした女たちが、勇気ある一般のフランス女性、良き母親たち、戦争捕虜の妻たちと並んで投票するのを見ることになる。だが、われわれを鼻で笑ったり、脅したり、ドイツ野郎の腕の中で恍惚としたりした者たちには、新生フランスの運命に対するいかなる発言権も認めるべきではない。(15)

くすくす笑い、恍惚としたふしだらな女たちを有徳の母親たちや捕虜の妻たちと対比すると、人は恥辱と強い禁欲的気分を感じる。性的協力者は反愛国的であっただけではなく、ブルジョア的家族道徳に対する脅威だったのだ。これに経済的妬みという、いつの時代にも毒性のある要素を加えると、正義の怒りは実に爆発しやすくなる。より悪いのは性的不品行なのか、それともそれに付随する物質的利益なのか、不道徳な女性に対する起訴状からは必ずしも明確ではない。敵と寝るのはとても悪いことだが、他人よりいい生活をすることで、それは一段と重い罪になるのだ。ポルジュ夫人という、ニームの有名なサッカー選手の妻のケースは、一つの不快な説明になる。

占領期、ポルジュ夫人はドイツ軍現地司令官の愛人になったが、彼のフランス語の姓はサン・ポールといった。彼女は奉仕行為と引き換えに、あらゆる種類の物質的恩恵を手にした。当時の新聞ル・ポピュレール〔大衆〕の表現によれば、ポルジュ夫人は「ドイツ人司令官から毎日牛乳を二、三リットル、新鮮な狩猟肉を週二、三回もらったことを認めた。彼女はまた、自宅を快適に暖房しておき、髪を手入れさせることもできた、それも一銭も払わずにである……。その一方では、労働者階級の人びとと子どもたちは餓死しつつあったのだ[16]……」。ポルジュ夫人は死刑を言い渡された。頭髪を剃られて裸にされ、車で街を抜けて処刑場まで連れて行かれた。射殺されたあと、死体はニームの善良なる人びとの目にさらされ、彼らは死体に唾棄し、ほうきの柄で突いた。現代の魔女にふさわしい最後の凌辱というわけだ。

「ドイツ野郎の女《フィユ・ド・ボッシュ》」を一番熱心に迫害したのは通常、戦時中に勇敢な行動で際立っていた人びとではなかった。かつての被占領国がいったん解放されると、雑多な男たちがまんまとレジスタンス・グループのメンバーのふりをして、新たに手に入れた腕章とステンガンを身に帯びて闊歩し、英雄気取りで裏切り者やふしだら女を狩り立てた。報復とは、危ない時には抵抗しなかったという罪の意識を隠蔽する一つの手段である。これもまた、いつの時代にも広く見られる現象のようだ。真に勇敢なポーランドの体制批判派だったアダム・ミフニクは、一九八九年〔東欧民主化の年〕の後、元共産党員の追放に抗議した際にこう述べた。自分は以前に恥じることは何もしていない、だから今、他者を指弾することによって自分が英雄であることを証明する必要はないのだ、と。この人道的な姿勢はいつの時代にも稀であって、一九四五年には必ずしも一般的ではなかったのである。

欲得と偏見、そして罪の意識は、一九四五年のもっとも執拗な形の報復であるポーランドのユダヤ人迫害を理解する一助になるかもしれない。ポーランドの古来のユダヤ人コミュニティはほぼ根絶やしにされた。ポーランドの三〇〇万人のユダヤ人がナチスによる占領期間中、ほとんどはポーランド領内で射殺されるか毒ガスで殺された。一〇パーセントはポーランド人キリスト教徒にかくまわれるか、ソ連のはるか彼方の地域で亡命生活を送って生き延びた。故郷の町や村によろめき戻った肉体的、精神的に傷ついた人びとは友人や肉親の全員、または多くを失っていたが、自分がもはや歓迎されていないことを知る。さらに悪いことに、彼らはしばしば町から追い出された。家には他人が移り住んできていた。シナゴーグは破壊されていた。後に残しておいたはずの家財はみな、とっくに他人──多くは元の隣人たち──に盗まれてしまっている。返却する気がある者はまれだった。

これはヨーロッパのほかの地域でも起きた。アムステルダム、ブリュッセル、あるいはパリへ帰郷した多数のユダヤ人は、そこでも家が残っていないことを知った。だが、ポーランドの、とりわけ主要都市の郊外では、ユダヤ人は肉体的危険にさらされていた。列車から引きずりおろされ、持ち物をすべて盗まれ、その場で殺害される家族の例があった。一九四五年夏から四六年夏までの間に、ポーランドでは一〇〇〇人以上のユダヤ人が殺害された。都市にいてさえ、必ずしも安全ではなかった。

一九四五年八月一一日、ユダヤ人がシナゴーグでキリスト教徒の子どもを殺したといううわさが、クラクフで広がりはじめた。古くからある反ユダヤ人デマの最新版である。害した健康を回復するためにユダヤ人生存者はキリスト教徒の血を使う、人びとはそんな不気味な話をした。間もなく警官と民兵に率いられた群衆が集まる。シナゴーグが攻撃され、ユダヤ人の家は略奪され、男も女も子どもも街頭で殴られた。数人（正確な人数は不明）が殺害された。それは集団抹殺《ジェノサイド》をやっと生き延びたばかりの人びとに対する血なまぐさいポグロム〔ユダヤ人虐殺〕だった。深手を負ったユダヤ人は病院へ運ばれ、そこで手術を待っている間に再び襲われる人もいた。女性の生存者の一人は「付き添いの兵士と看護婦の話」を覚えていて、「彼らはわたしたちのことを、自分たちが助けなければならないのはユダヤ人のくずだと話していて、子どもを殺したのだからこんなことをしてやるべきじゃない、全員射殺すべきだと言っていた」。別の看護婦は、手術が終わり次第、ユダヤ人を八つ裂きにしてやると断言した。一人の鉄道員はその病院でこう言った。「ポーランド人が無防備な人間を殴る市民的勇気を持ち合わせていないのは恥だ」と。[17] この男は言葉どおり、次いで、負傷したユダヤ人を殴るのだった。

ポーランド人もドイツによる占領下で辛酸を舐めた。ロシア人と同じく下等人間《ウンターメンシェン》として奴隷化され、その首都は徹底的に破壊され、一〇〇万人以上の非ユダヤ系ポーランド人が殺された。ポーランドの地に死の収容所を建設するというドイツの決定については、ポーランド人を責めることはできない。だがそれでも、ポーランド人は自らの辛酸が原因となって、よりいっそう苦しんだ一民族に八つ当たりしたかのようである。

よくある説明は、ポーランド人の報復はユダヤ人が共産党による抑圧に責任があるとの認識に基づいている、というものだ。ソ連軍がポーランドの一部を占領すると、一部のユダヤ人はソ連軍がポーランドの反ユダヤ主義者、あるいはもっと危険なドイツ人から自分たちを保護してくれると期待した。共産主義は長年、民族ナショナリズムに対する解毒剤として、弱い立場の少数民族構成員に訴える至当な力があった。しかし、多くの共産主義者がユダヤ人ではあっても、大方のユダヤ人は共産主義者ではない。したがって、ユダヤ人に対する報復がいわゆる「ユダヤ共産主義」ゆえとするのは、ひいき目に見ても見当はずれであり、実は、政治は報復の主要な源泉ではなかったかもしれないのである。というのは、多くのユダヤ人が戦後に攻撃を受けたのは、共産主義者だからではなく、ユダヤ人だったからである。そして、一般に流布された反ユダヤ言説では、ユダヤ人はボリシェヴィズムばかりか資本主義とも結びつけられていた。金持ちで、他の人びとより裕福であり、特権を有しているとさえみなされていたのだ。共産党は反ユダヤ主義を平然と利用し、そのためにポーランドの大方のユダヤ人生存者が、最後には出生国を去ってしまう結果になったのである。

ポーランド・ユダヤ人の大半は、実は貧しかったのだが、豊かさで優るという心象はいつまでも残った。これは罪の意識と関係していて、その意識は時にはユダヤ人資本家を攻撃する共産主義のプロパガンダによって、奇怪な形で和らげられるのであった。たしかに、ポーランド人はドイツによるユダヤ人絶滅計画に何の責任もない。だが、ポーランド人の多くは、ユダヤ人が都合よく処理され次第、略奪するチャンスを待ち、馬車を用意してゲットーの端っこで傍観していたのだ。非常に多くのヨーロッパ人と同じように、本来の所有者が連行・殺害された家屋とアパートに、喜々として引っ越す人びともいた。

特にビャーウィストック周辺の北東部の村を中心に、いくつかの場所ではポーランド人が自ら殺害に手を染めている。一九四一年七月、ラジルフのユダヤ人が納屋に閉じ込められ、生きたまま焼かれるそばで、同郷の者たちはバッグに略奪品を詰め込んで走り回った。ある目撃者が回想している。「ポーランド人がユダヤ人を一網打尽にしたり、追跡したりしはじめると、ユダヤ人家屋の略奪が即座に始まった……。彼らは気が狂ったようになり、家に押し入ってキルトを引きちぎった。宙には羽毛が舞い、彼らは袋に荷物を詰め込むと家に走って帰り、空の袋を持って戻ってきた」。一家族――フィンキェルスティン家――がなんとか逃げおおせた。彼らは家に戻ってくると、生存のチャンスを高めるため、僧侶に改宗させてほしいと頼んだ。娘のハーヤは村人の会話を覚えている。「彼らはいつも一つのことを話していたわ。誰がどれだけ多く略奪し、ユダヤ人がいかに裕福だったかと」[18]。

まったく異なった行動をとったポーランド人キリスト教徒たちがいたことを忘れてはならない。ユダヤ人をかくまったり支援したりすることは、支援者本人ばかりかその家族にも大きなリスクがあった。西ヨーロッパの国で捕まれば、ユダヤ人を支援した者は強制収容所送りになりかねない。ポーランドでは絞首刑になりかねなかった。それでも、ポーランド・キリスト教徒の勇気のおかげで、一部のユダヤ人はたしかに生き残ったのである。子どもは養子になり、家族はかくまわれた。一つのよく知られたケースでは、ユダヤ人数家族がレオポルド・ソーハといううけちな泥棒の手で、ルヴフの下水溝に一年以上かくまわれた。二〇人以上の人が、ソーハの与えるパンの耳を食べ、暗闇でネズミから身を守り、少なくとも一度は豪雨で下水溝があふれて溺死しそうになりながらも、地下で生き延びた。彼らが青白く、痩せこけ、糞尿とシラミだらけになってマンホールから姿を現すと、地上の人びとはユダヤ人がまだ生きているのを見て驚愕した。数カ月後、ソーハは事故で死んだ。酔っ払ったソ連軍のトラック運転手に轢かれたのだ。これはユダヤ人を助けたことに対し、神が与えた給うた罰だと隣人たちはささやいた[19]。

これはおそらくポーランド戦後史に絡むもっともショッキングな事柄だろう。ユダヤ人を殺戮から守った人びとは、そのことを話さない方が賢明だった。「キリストの殺害者」を助けたことに対する神の怒りのためだけでなく、不正利得を疑われるためだ。ユダヤ人は金持ちで、彼らを救った者は当然たっぷり補償を受けたにちがいないと思われたため、ユダヤ人をかくまったことを認めれば誰しも盗みに遭いやすかったのである。

ユダヤ人は死んでからずっと後まで、まだ取る価値のある物を持っていると思われた。八〇万人以上のユダヤ人が殺されたトレブリンカのかつての死の収容所は、一九四五年秋にはぬかるんだ集団埋葬地になっていた。地元農民たちは、ナチスが見落とした金歯をまだ抜き取れる可能性のある頭蓋骨を探して、地面を掘りはじめた。数千人がその場所でシャベルを使ったり、灰の山をふるいにかけたりし、集団埋葬地を深い穴とくだけた人骨におおわれた広大な原に変えてしまった。

再び強調しておかなければならないが、ポーランド人が特別だったのではない。欲得は野蛮な占領がもたらすどこにも見られる結果なのであり、それは無数のヨーロッパ人に影響を与えたのだ。歴史家のトニー・ジャットは述べている。「生命・身体に対するナチスの態度が悪名高いのはもっともである。だが、彼らの財産の扱いが、実は戦後世界を形成したもっとも重要な現実的遺産だったかもしれない[20]」。つかみ取り自由になった財産は、蛮行への大きな刺激になる。ポーランドの場合に目立つのは略奪の規模なのである。殺害あるいは追放された人びとの資産を基本的に引き継いだまったく新しい階層が、戦争から立ち現われていた。消えない罪の意識は、ねじれた結果を生みかねない。

当時のポーランド週刊誌オドロジェニエ〔活復〕は一九四五年九月、そのことを簡潔にこう書いている。「われわれは国内に、殺害されたユダヤ人にしばしば文字通り取って代わった新生のポーランドブルジョアジーという、一つのまとまった社会階層を知ったのであり、その階層はおそらく両手に血の匂いがするため、かつてなくユダヤ人を強く憎悪したのだ[21]」。

これはヒトラー帝国の主たる犠牲者に対する、時として流血を伴う報復をもっともよく説明している。ユダヤ人に対する略奪は、ある意味で、より大きな社会革命の一環であった。そしてこの種の復讐もまた、ポーランド官僚と警察の中にいる強力なご都合主義者による、時にはひそかな――だが、たいていは積極的な――黙認がなければ起こらなかっただろう。一九四五年当時、ユダヤ人迫害は共産党主導のポーランド政府の公式政策ではなかったが、たいていは中級幹部からの使嗾《しそう》があれば十分だったのである。

ポーランド人が報復をドイツ人に向けたがった事実は、もっと分かりやすい。だが、それも階級戦争に促されていた部分がある。ドイツ人は幾世紀にもわたりシュレージエン、東プロイセンのような、現在はポーランド領になっている地域に住んできた。ブレスラウ（ブロツワフ）、ダンツィヒ（グダニスク）といった主要都市はドイツ人が多数派だった。ドイツ語が医者、銀行家、教授、実業家など都市エリートの言語だ。一九四五年時点で、ソ連軍が侵攻したかつてのドイツ領には、まだ四〇〇万人以上のドイツ人が住んでいた。ほぼ同じ人数が、耳にしたロシア人の振る舞いを恐れ、すでに西方へ逃げていた。残りのドイツ人住民の追放計画は、一九四五年五月よりずっと前に明白になっていた。ロンドンのポーランド亡命政府首相、シコルスキ将軍は一九四一年、「何世紀にもわたって東へ浸透したドイツ人の大群は、粉砕し、はるか彼方［西方］へ退却させせなければならない」と宣言していた。[22]

この政策は連合諸国首脳に承認されていた。さらに悪いことに、スターリンはポーランドの共産主義者に「ドイツ人が自ら脱出したくなるような状況を作り出す」よう勧告した。そしてチャーチルは一九四四年一二月、英国下院で「強制移住は、これまでわれわれが経験し得た限りでは、もっとも満足でき永続する手法であります」と述べていた。[23]

赤軍が統制している間は、ポーランド人はおおむね自制していた。リブッサ・フリッツ・クロツコウはポンメルンの地主貴族一家の子孫だが、彼女は一家が実際、ロシア人に守られていると感じることがあったのを覚えている。もっとも、この同じロシア人が「強姦や略奪の大半に責任があった」のだが。とはいえ、と彼女は言う。「彼らの暴力は、それを目には目をの原理か単なるエネルギーの過剰、もしくは征服者の権利として説明するにせよ、わたしたちにはある程度理解できた。他方、ポーランド人は単なる非戦闘従事者だった。彼らの権力掌握には異なった性格があった。それには何か冷たく、後ろめたいところ、ほとんど卑劣なところがあり、このことがそれをむき出しの権力よりはるかに悪質に見せていた[24]」。

クロツコウ家の人びとはナチスではなかった。きょうだいであるリブッサの回想記をまとめたクリスティアン・フォン・クロツコウは、一家の苦しみが「われわれドイツ人自身の狂気の結果[25]」であることをはっきり理解する自由主義者だった。だが、リブッサの話の中には反ポーランドの偏見ないし恨みの気味、さらには多分、裏切られたという気持ちがあるかもしれない。これは特別な感情ではない。ドイツ人のプロテスタント牧師、ヘルムート・リヒターが同じことを言っている。彼はつねに、ポーランド人は善良な国民だと期待していた。何と言っても、ドイツ人はこれまで彼らを丁重に扱ってきたのだから、と。だが今、彼は「これら東方諸民族の恐ろしい本性」に気づいた。彼らは長らく「こぶしが頭上にある」のを感じる限りで、おとなしく振る舞ってきたが、「他者に権力をふるう好機をつかむと野蛮人に」豹変した、と[26]。入植者が原住民について語るときは、いつもこうである。だが、アフリカやアジアにある大方のヨーロッパ植民地との違いは、この場合、かつての入植者の多くが、特権階級であるとはいえ彼ら自身、原住民であったということだ。

いずれにせよ、ポーランド人はソ連軍が今や公式にポーランドの一部となった征服地に、一刻たりとも必要以上に長くとどまることを望まなかった。それに、一九四五年二月のヤルタ会談で大国によって決定された集団強制移住と住民入れ替えを伴った残虐行為は、単にポーランド人による復讐の結果というだけではなかった。ポーランド=ソ連国境の東部、現在のウクライナ領の二〇〇万人を超す「ポーランド会議王国」〔「ポーランド会議王国」とは一八一五年のウィーン会議の後、ロシア皇帝を国王としてつくられた擬似的独立国〕が、ドイツ人をほぼ一掃したシュレージエンその他の地域へ移住させられた。そこで、彼らはドイツ人の家屋と仕事、そして資産を接収した。それはめったに手加減しないプロセスであった。

無論、民族浄化は一九四五年に始まったわけではない。ヒトラーはシュレージエンその他の辺境地域にドイツ移民のための住空間をつくるため、ポーランド人を追放し、ユダヤ人を殺害した。だが、係争領土をめぐる恨みは、それよりはるか以前にさかのぼる。血なまぐさい民族主義的報復がたいがいそうであるように、前段に内戦の歴史がある。一九一八年のドイツおよびオーストリア＝ハンガリー帝国の敗戦に伴い、シュレージエンにおける両者の不動産の扱いを決める必要があった。一部はオーストリアへ、一部はチェコスロヴァキアへ、そして一部はポーランドとドイツに帰属した。ところが上シュレージエンは争いを抱えたまま残った。強力な上シュレージエン独立運動があって、地元のポーランド人とドイツ人に支えられていた。だが、連合国は一九一九年、この領土がポーランドとドイツのいずれに帰属するかは住民投票で決めるべきであるとの決定を下した。この決定が深刻な暴力につながる。武装したポーランド民族主義者が、特にアウシュヴィッツ（オシフィエンチム）からも遠くないカトヴィッツ（カトヴィツェ）周辺の工業地帯で、ドイツ人を攻撃した。こうした攻撃は、極右民族主義の民兵組織「義勇団《フライコール》」の凶暴なドイツ冒険主義者による一段と血なまぐさい報復を引き起こした。これはドイツ敗戦後の一九一八年末に創始され、のちのナチス運動の培養地となった組織である。「黒・赤・金！〔国旗《ドイツ》〕ポーランド人を粉砕せよ！」が彼らの魔法のスローガンの一つだった。大多数がドイツによる上シュレージエン統治に支持投票をし、この決定がさらなる暴力を引き起こす。上シュレージエンの一部は結局ポーランドに帰属した。しかし、一九四五年には記憶はまだ生々しかった。ナチス占領下のポーランド人の扱いゆえに、いっそう生々しかったのである。

ヨーゼフ・ヘニッシュ一家は何代も上シュレージエンに住んでいた。彼はナチ党に加入したことはないため、一九四五年の時点では故郷にとどまった方が安全だと判断した。判断を誤った。ソ連軍と入れ替わったポーランド民兵に拘束された。民兵の尋問官に、ナチ党員であったかどうか問われて、党員ではなかったと答え、顔を蹴飛ばされた。これがしばらく続いたあと、彼は血まみれになって六フィート×九フィートの広さの房に引きずり込まれたが、そこはほかに九人のドイツ人囚人で満杯になっており、座るどころか立錐の余地もほとんどなかった。ポーランド人民兵は男女を問わず囚人を裸にし、互いに殴り合わせて楽しんでいた、と彼は回想している。これが八日間続いたあと、ヘニッシュはかつての級友の一人と対面させられる。ゲオルク・ピサルチクというポーランド人の車輪修理工で、彼は一九一九年に上シュレージエンの帰属をめぐって、反ドイツ闘争をしていた。ピサルチクにとっては復讐のチャンスだ。今ついに、ドイツ人は相応の報いを受けるのだ。ところが、この物語にはさらに、シュレージエン的な曲折があった。二人は再会し、ピサルチクは元の級友から、一九二〇年代初め、ピサルチクの父親を雇うドイツ人が誰もいなかったときに、ヘニッシュの父親が就職を手助けしたことを思い出させられる。お返しに私を助けてくれないだろうか、と。四週間後、ヘニッシュは釈放された。

残念ながら、ヘニッシュの話はドイツ人犠牲者の多くの回想と同じく、他者の苦難についての特有の鈍感さによって損なわれている。釈放後、「生還したドイツ人は一人もいない「戦後の」ポーランドの有名な死の収容所」[27]の一つ、アウシュヴィッツに自分が送られなくて、なんと幸運だったことかと彼は言うのだ。この同じ言い回しは、ドイツ保守派によるほかの報告にも忍び込む。兵士で作家のエルンスト・ユンガー〔一八九五～一九九八年。現代ドイツを代表した作家・思想家の一人〕は、一九四五年の日記でロシアの「絶滅収容所」に触れ、「反ドイツ主義」を「反ユダヤ主義」[28]になぞらえている。新聞は反ドイツ情緒に「ふけっている」、「乱痴気騒ぎのようだ」と彼は記している。

ドイツ人によるこの上なく自己憐憫的な報告の中にさえ、多くのポーランド人が自然発生的に集団的報復にふけったという証拠はほとんどない。しかし、明らかに多くの無辜の民間ドイツ人が、ナチ党員であったとか、ナチス親衛隊にいたとして誤った告発を受け、辛酸を舐めた。たいていはナチスの元収容所にあった抑留キャンプは、大変残酷であった。そして、シュレージエンのドイツ人は、ポーランド国民にならない道を選択すると市民権を失うのだが、ポーランド語が話せなければもとよりポーランド国民になることはできなかった。諸権利を失うと、人びとは民兵か小役人の言いなりである。キャンプでポーランド語による点呼についていけないだけで、拳骨や棍棒の雨、あるいはもっとひどいことになりかねないのだった。

リブッサ・フリッツ・クロッコウは自宅の絨毯をポーランド人市長の妻に売ろうとしていた。市長の妻はそれまで何度か彼女にはした金を払って、貴重な品々を買っていた。彼女は民兵にその現場を押さえられた。ドイツ人が所有品を売却することは許されていない。リブッサはこの罪のため、人びとが彼女の顔に唾をかけられるように、さらし台につながれた。だが、「ポーランド人はおおむね咳払いをするか、地面に唾を吐くだけで、ドイツ人の方は道路の反対側へ渡った」と彼女は言う。(29)

ドイツ人に対する暴力の最悪の事例が、民兵によって犯されたのは疑いない。彼らは強制収容所を運営し、収容者を拷問。無作為に殺し、人びとをさらし台にかけたが、時には何の理由もなくそうした。急いで編成されたため、民兵はもっとも腐敗したポーランド人——たいていは非常に若い犯罪者——の中から新兵の多くを採用した。もっとも悪名高い殺人者の一人、ラムスドルフ収容所司令官のチェサロ・ギンボルスキはまだ一八歳だった。八〇〇人の子どもを含め、六〇〇〇人以上が彼の指揮下で殺害された。ハエの羽をむしって楽しむ子どものように、ギンボルスキが権力に喜びを感じていたことは、衆目の一致するところである。

非常に残忍な民兵の一部は、ドイツの強制収容所から生還していた。したがって、復讐は確かに一つの要素ではあった。だが、ここでも血への飢えは物質的、階級的嫉妬によって刺激された。教師、教授、実業家、その他上流ブルジョア階級の構成員がよくある標的だった。ポーランド人衛兵はドイツ人の変節者に巧みに支えられて、高い地位の囚人を拷問することに特別な喜びを見出した。ラムスドルフに収監されたある教授は、「インテリ眼鏡」をかけているというそれだけの理由で殴り殺された。衛兵の若者たちや彼らの好餌となった犠牲者はいずれも、カンボジアのクメール・ルージュか中国の紅衛兵を想起させる。十代の子どもたちを教師やその他の権威者にけしかけるのは、そう難しくない。このケースでは、民族紛争の歴史がサディズムを一段と熾烈なものにしたのである。

ほぼ同じことは旧オーストリア＝ハンガリー帝国内の、ドイツ語系住民が多数住む他の地域でも起きており、彼らはまず一九一九年に非ドイツ系政府の手に委ねられ、次いでヒトラー帝国の特権的市民となり、最後にかつての隣人や雇用者、あるいは時には友人たちによって叩き出された。チェコスロヴァキアで猛烈な報復にさらされたドイツ人たちは、最大の危険が大人にそそのかされた十代の少年たちにあったとする点で一致しているが、その大人の中には復讐心にかられる十分な理由を持つ者もいた。ヒトラーが一九三八年にズデーテンラントを併合したあと、多くのチェコ人とスロヴァキア人は辛酸を舐めてきた。ダッハウ、ブーヘンヴァルトその他のドイツ強制収容所から生還した人びともいた。上シュレージエンでもそうだったように、その憎しみには歴史があり、ボヘミアのプロテスタント貴族階級がカトリックの神聖ローマ皇帝によって一掃された十七世紀にまでさかのぼる。それ以降、ドイツ人はチェコ人とスロヴァキア人に対して優勢を保ってきていた。非ドイツ系は従者階級と農民だった。したがってそこでも、一九四五年の夏は階級的、かつ民族的報復の時だった。そしてそこでも、奨励は権力最上部からやってきたのである。

戦時中亡命していたチェコ大統領、エドヴァルド・ベネシュは、かつては多民族協和のチェコスロヴァキアを夢見たこともあったが、今やドイツ人問題は最終解決しなければならないと腹を決めた。一九四五年のラジオ演説で、こう宣言した。「苦痛を、苦痛を、ドイツ人に三倍の苦痛を、われわれは君たちを一掃する!」[30] 四月、五月、六月と、さまざまな指令がドイツ人から財産権を剝奪した。ナチの犯罪者と国賊、その支持者を裁くために「非常人民法廷」が設置された。一〇月には、「民族の名誉」に反する行動をした者はみな同様に罰されることになったが、これはほぼすべてのドイツ人に当てはまっても不思議はなかった。

他の人間と同様、チェコ人も無防備な人びとに対して当局にけしかけられると、ひどい悪業をはたらくようになる。プラハなどの都市に拷問監獄が設置された。容疑をかけられたナチス親衛隊員は街灯柱に吊るされた。ストラホフのサッカー場に一万人以上の民間ドイツ人が詰め込まれ、数千人が面白半分に機関銃で射殺された。「革命防衛隊」(RG)はチェコではポーランド民兵に相当し、暴力の幻想を行動に移す公式許可を与えられた若いチンピラ連中だ。彼らは群衆を率い、街頭でドイツ人に投石したり、かつて特権を有していたとか、「インテリ眼鏡」をかけているとかいった市民をいじめたりした。だが、彼らは軍、それに最近解放されたばかりの政府高官からも支持を受けていたのである。

ヨーロッパの他地域における性的放埒と同様、この暴力の狂宴が徐々に収まり、新たな秩序が強いられるまで、荒れ狂うその夏期の様相はどうであったのか。それについて一つの心象を得るには、ある物語だけで十分であるに違いない。それとて、もっとも苛酷なものではないのだが。マルガレーテ・シェルというドイツ人女優の話である。シェルはプラハで生まれ、戦前は劇場とラジオの仕事でよく知られていた。五月九日、彼女は四人の革命防衛隊員に逮捕されるが、その一人は近所の肉屋だった。重い舗空襲で残った瓦礫を片付けるため、ほかのドイツ人女性らとともに鉄道駅へ連れて行かれた。重い舗石を運ばされ、ライフルの銃床で殴られ、分厚い軍靴で蹴られた。群衆は叫んだ。「このドイツの豚め!

何年も太りやがって、さあ、このざまを総統に感謝するがいい！」

状況はそこからたちまちエスカレートする。「わたしは被り物をつけていず、髪が群衆を苛立たせたようだ……。何人かがわたしに気づいて叫んだ、『あいつ女優だよ！』。運悪く、わたしは爪にマニキュアとラッカーを塗っていて、わたしの銀のブレスレットは群衆を一段と激高させてしまった[31]」。

ドイツ人女性たちはヒトラーを描いた絵を食べさせられた。自分の頭から切り取られた髪を口の中に押し込まれた。シェルは奴隷労働のキャンプへ送られ、そこで納得できる理由もなく革命防衛隊員に鞭打たれた。だがそれでも、彼女は中央・東ヨーロッパのほかのドイツ人ほど鈍感ではない。チェコの衛兵全員が乱暴に振る舞ったわけではなかった。一人の防衛隊員は彼女がぼろ靴で働くことはおろか、これ以上歩けないことを見て取り、サンダルを見つけてこようかと申し出た。そしてシェルはこう書いている。「ドイツの強制収容所で七カ月過ごしたというこの革命防衛隊員の話を聞くと、確かにわたしたちは自分の受ける仕打ちに驚くべきではないのだ[32]」。

シェルはチェコ人が抱く恨みの本質も理解している。ある日、なぜ自分だけが特に手荒い殴打の対象に選ばれたのだろうか、とまだ訝りながらも、そこの司令官は彼女のことを「お上品すぎる」と思っていると周りが言っていたことを思い出した。同じ八月八日の日記で、彼女はキャンプ炊事場の意地悪な女性衛兵に触れている。「女性たちは」と彼女は言う。「どこでも最悪だ。それはきっと彼女らの怒りと関係がある。というのは、今は使用人として労働しているものの、わたしたちが以前のままだということを彼女らは完全に見て取ることができるのだから[33]」。

エドヴァルド・ベネシュは共産主義者ではなかった。けれども、スターリンとの友好に努め、そして自分の国がかつて西ヨーロッパ民主主義諸国に見捨てられたことを心にとどめて、不用意にもソ連との同盟関係を築いてしまった。この悪魔の契約は、一九四八年に共産党がチェコスロヴァキアを乗っ取る結果になる。だが、マルガレーテ・シェルが収容所の炊事場で極めて鋭く観察したような怒りの中に、革命の種はすでにまかれていたのだ。チェコスロヴァキアにおける一九四五年という年は、とりわけ幾世紀にもわたってドイツ人が優勢であった地域では、「恐怖政治時代」であった。二世紀前のフランスとの違いは、それが「革命」に先立って到来したことである。

シェルの日記では、もう一つのことに触れておく価値がある。彼女はかつてゲシュタポの工作員が使っていた一軒の家に連れて行かれた時の様子を書いている。彼女の囚人グループは塗装屋の仕事の後に部屋を掃除し、新しい家具を搬入するよう命じられた。彼女らの労働を監督する男は、たまたまユダヤ人だった。だが、彼はシェルと仲間のドイツ人囚人を丁寧に扱う。「強制収容所で五年間過ごし、そこで両親と姉妹たちをなくしたあとでは、誰も虐待したくない、と彼は話した。囚人の身とはどういうものかを彼は知っていた。すべてのドイツ人を憎むまったく確かな理由があるのに、彼はそのことでわたしたちに八つ当たりすることはなかったのである[34]」。

これは特異なこと、官許の残虐行為が行われた時にあってはまれな事例かもしれない。だが実際、ヨーロッパ中でドイツ人や国賊、民族の尊厳を犯した女性たち、階級の敵、ファシストへの報復が行われている一方で、もっとも辛酸を舐めた人びとは並々ならない自制心を見せたのである。ほかの人びとを復讐に駆り立てる基本本能を、ユダヤ人が欠いていたためではない。一九四五年の時点で、ユダヤ人が自分たちを絶滅しようとした人びとに何らかの好意を持っていたということでも、無論ない。たしかに、収容所の大方の生存者は何らかの報復行為に思い至るには病みすぎ、感覚を失いすぎていた。だが、いくつかの収容所では法を逸脱した裁きの事例があった。そしてユダヤ系米国人のナチス容疑者尋問官の中には、その仕事に職業的熱意以上のものを見せた者がいても不思議ではなかった。

シュツットガルト近郊の刑務所での、ナチス親衛隊（ＳＳ）将校に対するいささか厳しい扱いを捜査した結果、彼らのうち一三七人が「米国戦犯捜査チーム」から受けた蹴りで、睾丸を永久に潰されたことが分かった。[35] 大方の尋問官はユダヤ系の名を持っていた。

とはいえ、これらは個別的な事例である。ユダヤ人による組織的復讐の試みはなかった。そのわけは、この場合も、その欲求がなかったためではない。それは政治的なものだったのだ。欲求は一九四五年時点では横溢していた。一九四四年には英軍内にユダヤ人旅団が編成されている。ドイツの降伏後、同旅団はイタリアとオーストリア国境のタルヴィシオに駐留。次いでドイツの占領軍に編入された。ドイツ人に対する個別の報復行為——これはホロコーストで家族を失った者には自然な誘惑だ——を防止するため、旅団は一つの命令を発した。「血の復讐は全員のものであり、無責任な行為はすべて全員を失敗させるものと心得るべし……」。もう一つの命令は軍部隊に対し、ドイツにシオニストの旗を掲げることが十分に快い復讐なのだと指摘している。[36]

　旅団は個々人が法を逸脱した裁きを下すのを許さない代わりに、イスラエル・カルミという人物が率いる「仕置き業《ティルハズ・ティジ・ゲシェフテン》」（すなわちＴＴＧ）〔アラビア語二語と末尾のイディッシュ語から成る俗語〕として知られる独自の報復グループを編成した。ＴＴＧは捕虜もしくは軍事筋から引き出した情報に基づいて活動し、悪名高いＳＳ将校や、その他ユダヤ人殺害に責任があると考えられる人間を暗殺する任務を帯びて、夜間にタルヴィシオを発つのが常だった。英軍がこうした活動を察知すると、旅団はドイツを離れ、ベルギーとオランダのもっと騒がれにくい場所に移った。彼らが何人のナチスを殺害したか正確には分からないが、その数はおそらく数百人を出なかっただろう。

　復讐欲を放棄することを拒んだ男の一人がアバ・コヴネル。悲しげな目とカールした長髪が、殺し屋というより情熱の詩人に見えるリトアニアのユダヤ人である。実際、詩人でもあった。現に、イスラエルでは今も主として詩の方で知られている。コヴネルはセヴァストーポリ生まれで、ヴィルナ（現在リトアニアのヴィリニュス）で育ち、そこで戦前にシオニスト運動の社会主義陣営に加わった。一九四一年にヴィルナのゲットーからまんまと脱出し、森の中のパルチザンに参加する前は女子修道院に潜んでいた。ドイツ降伏後、コヴネルと何人かの生き残り——大方はポーランドとリトアニアのユダヤ人——は、戦争は現実にはまだ終わっていないし、実際、終わってはならないと確信していた。彼らは「ダム・イェフディ・ナーカム（「ユダヤ人の仇は討たれる」）、略して「ナーカム」というグループを結成する。コヴネルの考案になる彼らの行動原理の一つは「報復を受けることなくユダヤ人の血を流せるとの考えは、人類の記憶から抹消されなければならない」。しかるべき復讐をしなければ、誰かが再びユダヤ人を絶滅しようとする、とコヴネルは信じた。「それは報復以上のものになる」と彼は書いている。「それは殺されたユダヤびとの律法でなければならない！　この慈悲なき冷酷な世界に、裁き人と審判があることを子孫が知るように、その名はＤＩＮ［「イスラエルの血は復讐に燃えている」を意味するヘブライ語の頭字語］となろう(37)」。

一九四五年にコヴネルが見ていた旧約聖書の荒涼たる風景は、数人のＳＳ隊員を取り除く隠密の暗殺をはるかに超えていた。これは民族間で清算される負債勘定書なのだ。ドイツ人六〇〇万人が死ぬことだけが、ドイツ人がユダヤ人になした行為に対する十分な償いになるのだ。数年後、コヴネルはキブツで生活していて、彼の構想は狂気の兆候を示していたことを認めている。彼が語ったところでは、「それは、理性ある人間なら誰しも発狂していることが分かる考えだった。だが、あの当時、人びとはほとんど発狂しており……おそらく発狂よりもっとひどかった。それは絶望から生まれた恐ろしい考えで、何か自滅的なところがあった(38)……」。興味深いのは、「組織された比類ない報復」というコヴネルの考えがなぜ、どのように挫折したのかである。

その計画はドイツの主要都市数カ所の上水道に、致死性の化学物質を投入することだった。毒物を入手するために、コヴネルはパレスチナを訪れる。彼の気持ちに対するいくらかの共感はあったが、たとえ相手が元ナチスであれ、集団殺戮への熱意はほとんど見られなかった。ベン・グリオンらシオニスト指導者の優先課題は、ユダヤ人のための新国家建設であり、彼らは連合国の友好を必要としていた。ヨーロッパ・ユダヤ人社会の残存部分を救い、彼らを誇りあるイスラエル市民に変えることが目標だ。正常な生活に戻るチャンスは、ヨーロッパにはない。ヨーロッパは過去を意味する。ドイツ人殺害の計画にとらわれるのは、せいぜい時間の浪費である。したがって、コヴネルは計画の全容を明らかにしてはいなかったけれども、シオニスト運動の準軍事部門「ハガナー」は彼を支援することにまったく興味を示さなかった。

この話の続きはほとんど笑劇である。当局の協力がないまま、コヴネルはエルサレムのヘブライ大学の化学実験室から毒物をなんとか調達する。カツィールという名の二人兄弟——その一人、エフライムはのちにイスラエル第四代大統領になる——がそこで実験室助手として働いていた。二人はコヴネルがその毒物をSS将校の殺害という、だれも異議を唱えないような目的のために使うだけだと考え、特に致死性の強い物質を彼に与える。一ミリグラムで多数の人間を殺せる物質である。

粉ミルクのラベルを貼った毒物の缶を詰め込んだダッフルのバッグを運び、コヴネルと同志のローゼンクランツは一九四五年一二月、フランス行きの船に乗り込む。二人は身分証を偽造し、英軍兵士のふりをした。もっとも、コヴネルは英語が話せなかったが。コヴネルは航海中、ほとんど船酔いしていた。ちょうどトゥーロンに近づいていたとき、船内拡声器でコヴネルの名前が告げられた。コヴネルは粉ミルクの缶を船上から半分捨て、万一まずいことになったら残りも処分するようローゼンクランツに言いつけた。

実は、コヴネルの身元がばれたわけでも、彼の使命が発覚したわけでもなかった。彼は偽造身分証で旅行しているのではないか、との図星の想定に基づいて逮捕されたのであった。だが、毒物がヨーロッパに届くことはなかった。ローゼンクランツは恐慌をきたし、残りを船上から投棄してしまったのだ。何より、ニュルンベルクの上水道は無事で、ドイツ人数十万人の生命が救われた。コヴネルの友人の中には、ナチ党員の拘留キャンプの食物に毒を入れようと中途半端に試みる者がいた。これも大ごとにはならなかった。数人が病気になったが、誰も死ぬことはなかった。

ユダヤの復讐は、結果として実行されなかった。政治的支持がなかったのである。シオニスト指導部は別種の正常世界をつくることを目指していた。英雄的イスラエル人が、戦争で血にまみれたヨーロッパの地を遠く離れて、荒れ地を耕し誇りある市民兵として敵と戦う、そんな正常世界である。彼らは自覚的に未来を見ていた。それとても、流血と民族・宗教紛争に染まることになるのだが、それはドイツ人の血ではない。アバ・コヴネルは未来を向いた生活に適応できなかった。過去の亡霊にとらわれて、悲痛な詩を書き、夜な夜な叫び声を上げて目を覚ますのだった。

彼は妹のことを書いている。

約束の地からわたしはお前を呼んだ、
わたしはお前を探した
山積みの小さな靴の中に。
休日が近づくごとに。

そして父のことをこう書く。

われらの父はパンを食べた、神よ
四〇年間同じかまどから。彼は想像できなかった
灰の中から完全な民族が立ち上がり、
世界が神の助けによって歩み続けることができるとは。(39)

トニー・ジャットは戦時中のフランスを語る中で、レジスタンス闘士と対独協力者にとって「主たる敵はたいてい相手方であった。おおむねドイツ人の存在はなかったのである(40)」と書いている。同じことは外国軍の占領下にあった多くの国々——ユーゴスラヴィア、ギリシア、ベルギー、中国、ベトナム、インドネシア——についてもいえる。占領軍は、すべての植民地政府と同じく、すでに存在していた緊張関係を利用した。ドイツ軍がいなければ、ヴィシー政権の反動的支配者たちが権力を握ることはなかったし、クロアチアの残忍なアンテ・パヴェリッチと彼のファシスト「ウスタシャ」〔クロアチアの極右民族主義集団〕も同様である。フランドル地方では、フランドル国民連合がドイツ支配下のヨーロッパでは、フランス語圏ワロン地域から離脱することを期待して、ナチの占領軍に協力した。イタリアとギリシアでは、ファシストその他の右翼が自己利益のためにドイツと協力した。それはまた、左派を寄せ付けないためでもあった。

そして中国ではどうか？　日本の首相田中角栄が一九七二年、戦時中の中国人に対する日本の行為について毛沢東主席に謝罪した際、ブラックユーモアのセンスがなくもなかった毛は、この外来の客に安心するように言った。あなた方に感謝しなければいけないのはわれわれの方です。あなた方がいなければ、われわれが権力を握ることはなかった、と。毛は正しかった。中国で起きたことは、意図

せざる結果を示すもっとも劇的な事例だ。日本は蒋介石の国民党軍と、共産主義に対する恐れを共有していた。協力の試みさえいくつかあった。国民党内の一派は現に協力していた。だが、日本は国民党に致命傷を負わせることによって、共産党による内戦――それは一九四五年時点でくすぶり、間もなく頂点に達する――での勝利を助けたのである。

　中国の内戦はギリシアの場合と同様、外国軍の侵略よりずっと前に始まっていた。フランスとイタリアでは、内戦は勃発寸前であった。そして、ヨーロッパ諸国によるアジア植民地における分断支配は、あらゆる種類の社会的闘争が噴き出すに十分な憎しみを生んでいた。だが、ドイツと日本がこうした分断を利用することによって、それは壊滅的なものになったのである。

　共産党と左翼諸派が反ナチあるいは反ファッショ抵抗運動で主要な役割を果たす一方、ドイツと日本による帝国建設の遂行は、右派の多くの人士に対敵協力の汚名を着せることになった。フランス共産党はレジスタンスの履歴を誇り、自らを「銃殺になった者たちの党《ル・パルティ・デ・フュジエ》」と呼んだ。共産党が採用したスターリン主義路線に抵抗する同じ左翼の諸派でさえ、同党から反愛国的あるいは対敵協力者――「ヒトラー・トロツキスト」――とまで非難された。左翼による武装レジスタンスの歴史が、新秩序への革命的要求につながっていったのは故なしとしない。戦後、ソ連は少なくともその影響圏下にある国々でこの要求を利用し、一方、西側連合国は反ドイツ・反日の戦いで味方についたまさにその勢力の一部を武装解除し、潰すのを手助けした。それだけではないが、かつての対敵協力者エリートの一部が権力に復帰したのは、連合国の支援によってである。こうしたことが、後に冷戦に発展していく種子になった。

　しかしながら、対敵協力は必ずしも一筋縄でいく事柄ではなかった。ユーゴスラヴィアでは、チトーの共産党パルチザンが一九四三年にドイツ軍と交渉している。チトーはセルビア王党派、チェトニクを攻撃するための「自由裁量」が欲しかったのである。同年秋には、チェトニクがチトーのパルチザンを撃退するためドイツ軍と協力している。ボスニアのイスラム教徒は、自分たちを保護してくれるなら誰とでも——クロアチア人ファシスト、セルビア人パルチザン、さらにはナチスとさえ——協力した。しかも、こうした一時的な同盟関係は外国の敵ではなく、国内の敵に対抗して築かれたのである。

フランスでは、大方の対敵協力者は占領ドイツ軍のために直接ではなく、フィリップ・ペタン元帥指導下のフランス政府のために働いた。ヴィシー派は、ドイツの支援でフランスを復興しようと考えた。自由主義者とユダヤ人、フリーメーソン、その他「フランスの深層《ラ・フランス・プロフォンド》」の汚点をぬぐい去った教会と家族、そして愛国主義の真のフランスを、である。イタリアは一九四三年にドイツ軍に占領され、ベニート・ムッソリーニ率いるファシストの権力はガルダ湖畔のちっぽけなナチ傀儡国家に限定されるが、それまではイタリアのファシストを真に対敵協力者と呼ぶことはできなかった。だが、それに先立つイタリア・ファシズムの二〇年間は、ドイツ軍がいったん撤収を開始するや、左派が猛烈な報復運動に乗り出すだけの憎しみを醸成していた。

のちに英国首相になるハロルド・マクミランは、地中海諸国を担当するチャーチルの全権代表だった。一九四五年四月、彼は連合国軍司令官との会見のため、ジープでボローニャへ案内された。司令官は戦災をまぬかれた瀟洒なムニシピオ、つまり市庁舎に陣取ったばかりだった。地元の著名な自由主義者二人の遺体が安置され、涙を流した群衆が最後の敬意を表するため順にそばを通っていく光景があった。二人の自由主義者はファシストの「黒い旅団」のメンバーに銃殺されたもので、そのメンバーは一日前に町を脱出してしまっていた。「棺は開かれていた」とマクミランは日記に書いている。「友人や信奉者が指導者の顔を見納めるためだ。二人はムニシピオの壁を背にして射殺されたのだった——血痕がはっきり残っていた。彼らが立った場所の上には、すでに花と、ファシスト『黒い旅団』

に最近数カ月間に殺された老若男女の痛ましい写真が掲げてあった」。

　自分の日記からこの一節を引用し、マクミランはさらに続ける。「市長はファシストだが、逃亡の時を失した。彼は自分の最後の犠牲者の隣で、パルチザンによって銃殺された。煉瓦壁に飛散した脳漿《のうしょう》と、地面の血が見えた」[41]。次いで、マクミランは昼食を取りに行き、以前はドイツ軍将校にイタリア料理を作っていたイタリア人コックたちが、今度は連合国軍将校にアメリカ料理をつくっているのを眺めた。「ここには一つの教訓があった」と彼は書いているが、その教訓とは何だったのかは明かしていない。

　一九四五年四月のパルチザンによる報復の犠牲者の中には、ムッソリーニ本人と愛人のクララ・ペタッチがいる。彼らは防空部隊のドイツ兵たちとともにオーストリアへの逃亡を試みて拘束された。パルチザンが固める路上バリケードのところで止められた際、ドイツ兵は先へ進むよう指示された。パルチザンはもはや彼らに関心はなかった。だが、イタリア人は残らなければならなかった。ムッソリーニは赤ストライプの入ったイタリア将軍の乗馬ズボンの上にドイツ軍の厚手コートをはおっていたのに、見破られた。四月二八日、ムッソリーニとクララ、それに無作為に選ばれた一五人のファシストはガルダ湖畔の田舎屋敷の前で、機関銃で射殺された。翌日、彼らはミラノの荒れた広場にあるエッソのガソリンスタンドの桁に、狩猟鳥のように逆さにつるされ、群衆の憤怒にさらされた。彼らの顔は間もなくほぼ判別不能になった。

　一カ月後、エドマンド・ウィルソンはそれが起きた場所へ案内された。今は打ち捨てられたエッソ・ガソリンスタンドの桁に、処刑された者たちの名前がまだ黒ペンキで書かれたままになっていた。ウィルソンはこう書いている。「ムッソリーニとその追随者たちを殺し、その死体を公衆の目にさらし、それに群衆が冒瀆をくわえた悪臭が、市中に漂っていた。イタリア人はよくバーで人を引き止め、それを撮った写真を見せるのだった」[42]。

しかし、これは四月〜七月の間にイタリア北部で行われたおそらく二万人に上るファシストと対敵協力者の殺害の、ほんの一例にすぎない。ピエモンテ州で八〇〇〇人、ロンバルディア州で四〇〇〇人、エミリア州で三〇〇〇人、ミラノ県で三〇〇〇人が殺害されているのだ[43]。多くの人間が、共産党の支配するパルチザンによって即決処刑された。急ごしらえの人民法廷、いわゆる広場の裁判で即刻裁かれた者もいた。殺害は速やかに行われ、時には無辜の人びとを巻き込んだ。名を知られたファシストは妻子ともども銃殺された。法を逸脱した裁きを受けたのは大方、警察官とファシスト政府当局者だ。すでに刑務所に入っていた人びとも安全ではなかった。七月一七日、ヴィチェンツァ近郊のスキオ刑務所が覆面をしたパルチザンに襲撃され、収監されていたファシスト五五人が殺された。こうした復讐者の一部は、筋金入りのレジスタンス闘士だった。本物の戦闘が終わったとたん、あちこちでレジスタンスに加わった駆け込み英雄の類もいた。裕福な実業家や地主を恐喝したり、彼らの財産を略奪したりするために「愛国者」という新しい地位を利用する犯罪者もいた。

イタリアでも報復はしばしば政治的意図を秘めていた。革命による意趣返しだったのである。共産党パルチザンは、そうした粛清を資本主義に対する必然的な闘争とみていた。トリノのフィアット社のような大企業はムッソリーニ体制に協力してきたので、正当な目標と見られていた。トリノやミラノのもっとも有力な実業家らは一般に、スイス国境を越えたり、あるいは自分を狙う可能性のある殺人鬼を闇商品で買収したりすることで、なんとか難を逃れていたとはいえ、下級人物は地元墓地の前に死体を遺棄されて終わるのがふつうだった。

連合国軍政当局はイタリアの共産主義革命を真剣に心配し、多くのメンバーが勇敢にドイツ軍と戦ってきたパルチザンの武装解除に速やかに努めた。イタリアの保守政治家がこの努力を支持したのは驚くに値しない。というのは、彼らの中には自身がファシストに近かった者もいたのだ。実際、ローマのイタリア臨時政府によるファシスト懲罰の悠長さ加減が、最初に「広場の裁き」が起きた一つの理由なのであった。

元パルチザンたちの誇りを宥めるため、さまざまな都市でパレードが組織され、イタリアの名士連を両脇に従えた連合軍指揮官らが、左派の赤、キリスト教徒の青、大方はイタリア軍からの脱走兵である独立派《アウトノミ》の緑と、それぞれ異なる忠誠対象を表すスカーフを身に付けたパルチザン軍部隊の敬礼を受けた。多くの者が武器を捨てていたが、全員ではない。急進左派は依然として強力であり、時には武装していた。だがそれでも、のちに明らかになるように、保守派が心配するには及ばなかった。イタリアでは革命が起きるはずはなかった。スターリンは己の帝国を中央ヨーロッパに拡張する見返りとして、地中海を西側連合国の手に残すことに同意したのだ。だが、残忍な報復は相変わらず続き、イタリアにおける共産主義への恐怖は、裏切られたという左派陣営側の苦々しい気持ちとともに、時には二十一世紀まで持ち越されることになる。

エドマンド・ウィルソンは常に左派側に共感しており、こうした事態の進行を嫌悪感をもって眺めている。イタリアの戦後民主主義への米国の主たる貢献は「われわれの電話交換局の一つを『自由』と名付けたことだ。そして、パルチザンがわれわれの目標に役立つ間は、彼らを武装し励ましておきながら、われわれは今度は彼らから武器を取り上げ、政治演説を禁止し、もし面倒事を起こしたら刑務所に放り込んでいるのだ」と、彼は書いている。彼は左派の手も血に染まっていることを自覚していたが、「新たなイタリア革命は野蛮な血の復讐を超えたものであり、とても現時点でその勢いを抑えることができるような運動ではない、と私は信じる」と書いている。(44)

だが、左派の勢いは抑えられた。それは朝鮮南部とフランス、ベトナム南部、日本、そしてウィルソンが一九四五年夏に到着したギリシアの場合とちょうど同じであった。彼はアテネでは憲法広場に面したホテル、グランド・ブルターニュに投宿した。サービスは無愛想で、ほとんど敵意に近く、ウィルソンは部屋の壁の弾痕に気づいた。この無愛想には理由があった。というのはアテネにも、ある悪臭が立ち込めていたのだ。もう一つ別の裏切りの悪臭である。

その弾痕にはいくらかの説明が必要だ。前年の一二月、共産党が支配するパルチザン組織、国民解放戦線（ＥＡＭ）の支持者による大デモがあった。公式には英軍が、解放後のギリシアに責任を負っていた。アテネはギリシア国民統一臨時政府が管理しており、この政府には保守派と王政派、それに一部の左派が参加。その他の国土の多くは依然としてＥＡＭとその軍であるＥＬＡＳが掌握していた。ドイツ軍と戦ったあと、ＥＡＭ／ＥＬＡＳは政府を引き継いでギリシアに革命を起こす心積りだった。保守派は英国の支援を受け、これを何としても阻止したいと考えており、これが一九四四年一二月三日――ハロルド・マクミランによれば、「内戦が始まった」日[45]――のデモの引き金になったのである。

実際には、マクミランも間違いなく知っていたに違いないのだが、内戦はすでにはるか以前に始まっていた。ギリシアは第一次世界大戦の期間、深刻に分裂していた。首相エレフテリオス・ヴェニゼロスが連合国を支持したいと考える一方、国王コンスタンティノス一世と参謀長イオアニス・メタクサスはそれを望まなかったのだ。王党派とヴェニゼロス派の厳しい対立の数年が続いた。一九三六年、メタクサスは銀行家を思わせる顔とファシスト軍事独裁者の残忍さをそなえた専制支配者になった。ヒトラー第三帝国の讃美者として、メタクサスはすべての政党を禁止し、共産主義者とその他の反体制派を投獄することによって、「国民の父」としてギリシアを「団結させた」。メタクサスが一九四一年に死ぬと、大方の国民は安堵した。

次いで、ドイツ軍が侵入した。旧メタクサス政権の支持者はおおむね敵に協力し、レジスタンス運動はメタクサスの刑務所から出所した共産主義者に率いられた。ギリシアのファシスト軍勢はドイツ軍にけしかけられて、当初は連合国の支援を受けた左翼ゲリラと戦った。双方がおびただしい残虐行為を行った。多くの犠牲者は十字砲火に巻き込まれた無辜の人びとである。

だが、マクミランは正しい。英国に関する限り、実際の行動が始まったのはようやく一九四四年のことであり、その年、イタリアから増派された英軍が、数カ月前にはドイツ軍と戦っていた左翼ゲリラ相手に戦闘をしたのだ。これに対するエドマンド・ウィルソンの不承認は広く共有され、とりわけ、それを英国の典型的な帝国主義的介入の一例とみなした米国がそうだった。しかし、多くの英国民も同じ思いだった。対独戦の指導で尊敬を集めたチャーチルも、共産党パルチザンに対する敵意のために信を失った。

他の国々と同様にギリシアでは、とマクミランは書いている。「レジスタンス運動はわが国の政治宣伝では、祖国の自由へのバイロン的献身をもって戦う情熱的理想主義者の組織として描かれてきた(46)」。とりわけバイロン的な英雄は、アリス・ヴェルキオティスという男だった。アリスは黒ベレーに黒ジャケット、黒のあごひげという黒ずくめのパルチザン部隊を率いて山中を駆け巡った。一九四五年に共産党と袂《たもと》を分かったこの熱血の英雄は、殺し屋でもあった。彼の作戦行動地域には先々で集団墓地が掘られ、中に彼の政敵たちの骨が散らばっているのが見つかっている。

解放後の真の問題は、イタリア（そして中国その他多くの国々）の場合と同様、武力行使の独占にあった。ギリシアの国民解放戦線（EAM／ELAS）は長い交渉ののち、ナチ占領下で設立された悪名高い「治安大隊」のような右翼武装民兵が同じ措置を取ることを条件に、武器を手放すことに同意した。政府の目標は、両陣営の最良の構成員を国軍に組み込むことにあった。EAM／ELASによれば、政府はその取り決めを守らなかった。左派が（ある程度まで）動員解除しているのに、右派は火器の保持を認められていたというのだ。当然至極のことだが、これは多くの元ELAS戦士に卑劣な背信行為として記憶されている。あるパルチザン戦士が、一九四四年に対敵協力者グループを一網打尽にした時のことを回想している。彼らは殺される代わりに、警察に引き渡された。拙劣なやり方だった。警察はこのあと彼らに銃を渡し、釈放してしまったのだから。一九四五年に敗北したパルチザンにとって、その教訓は明白だった。「われわれがファシスト全員を殺していれば、戦闘の第二ラウンドである内戦は起きなかった。『やつらを殺せ』と主張していた者たちは、そう指摘できることになったのだ[47]」。

これが当時の、熱病的なアテネの雰囲気であり、その痕跡をエドマンド・ウィルソンは一九四五年になってもなおホテルの部屋で察知したわけである。一九四四年一二月三日、憲法広場に集まった群衆は女子供を先頭にして、臨時政府が閉じこもっているホテル、グランド・ブルターニュに近づいた。群衆はホテルに乱入しようとしていたといわれる。ウィルソンが左派の同調者から聞いた見方は、当時大方のギリシア人が共有していたのだが、それは平和的デモ参加者が行進を続ける一方で、王党派の警察が銃口を開き、約一〇〇人を殺傷したというものだ。翌日、抗議参加者が今度は葬列をつくって再びホテル前を行進すると、王党派はホテルの窓から銃撃し、さらに最大二〇〇人に上る非武装市民を殺害した。

推察のとおり、マクミランはいささか違った見方をしている。「いわゆる民間人の群集には」と彼は回想している。「完全武装のELASゲリラが混じっていて」、死傷者を出した銃撃はおそらく共産党のスパイ挑発者によって放たれたのである、と[48]。

この悲劇的事件の真相は今もって定かでないとはいえ、二つのことは争う余地がない。ギリシアが一九四四年一〇月にドイツ軍から解放される以前、共産党パルチザンは正真正銘の、あるいはその嫌疑をかけられた対敵協力者と「階級の敵」多数をすでに殺害している冷酷無慈悲な活動家たちであり、その後もしばらくは追放と殺害を続けた。二つ目の真実は、ギリシア左翼には、裏切られたと受け止める十分な理由があったということである。

共産党と左翼諸派は多くの国で、反ナチ・反ファシズム抵抗運動の屋台骨だった。ギリシアでは、彼らはほかの勢力をすべて暴力的に追放することによって、レジスタンス運動を独占した。地方ではEAM／ELASが一種のゲリラ国家を樹立し、人民法廷が革命のすべての敵を処断した。一九四四年九月にギリシアに駐在したある英軍士官は、アッティカとボイオティアにおける共産党の「恐怖政治」について書いている。「この数週間で五〇〇人以上が処刑された。腐乱死体の悪臭のため、わたしの宿営近くの場所のそばは通ることができない。頭部を切断された裸の死体が、埋められないまま地上に横たわっている。住民の間にいる強力な反動勢力ゆえに、［ELASは］この地区を選んだのだ[49]」。

かくして、ギリシアでは革命の影響を恐れる十分な理由があった。チャーチルの君主主義的な講釈はギリシア保守派の一部をも苛立たせており、ゲオルギオス二世の復位という彼のお気に入りプロジェクトは最善の構想ではなかった。一九三〇年代末のゲオルギオス二世の短い治世は、イオアニス・メタクサスの右翼独裁と時期が偶然重なっており、それに対する郷愁はほとんどなかったのである。だが、共産主義への懸念を考えると、英国はアテネ政府の対左翼パルチザン戦を支援するしか選択肢はないと考えた。戦闘は一九四五年初頭に五週間続いた。最大二万人の「階級敵」がELASによって追放され、山岳へ強制行進させられたあと、たいていは殺された。他方、左翼の嫌疑をかけられた人びとが、英国の手でアフリカの収容施設へ追放された。この戦闘はあらゆる面で非常に激しかったため、二月に交渉による停戦が成ると、国民は大きな安堵感をもってこれを歓迎した。チャーチルは正教の大主教とともにグランド・ブルターニュのバルコニーに現れ、喝采する大群衆に向かって演説した。「ギリシアは永遠に！　万人のギリシア！」[50]

それは幕間の小休止にすぎなかった。ギリシア内戦は翌年、再び始まり、さらに三年間続くことになる。だが、もうその前に、チャーチルが奮起を促す演説を終える間もなく、別の形の報復が始まった。今度は左翼への対抗報復である。右翼民兵と警察が猛威を振るった。共産党員、あるいは左翼と疑われた人びとが大量に、令状なしに逮捕され、殴打され、そして殺害ないし拘禁された。国民解放戦線は「メタクサス独裁よりさらにおぞましい恐怖の体制」[51]へ世界の注意を促すアピールを発した。一九四五年末ごろには約六万人のＥＡＭ支持者が獄中にあった。その中には女子供も含まれており、実際、その数があまりにも多かったため、女性用の特別拘留キャンプを作らなければならなかった。よくある罪状は、占領期に冒された犯罪だった。だが、元ナチス協力者や右翼治安大隊が冒した犯罪は、往々にして不問に付された。

ハロルド・マクミランとエドマンド・ウィルソンは、片や英国の現地代表、片や米国の文芸ジャーナリストとして、大変異なった立場からギリシアにやってきたのだが、一つ一致点があった。共産党革命家から民主的左派を分離させるため、もっと努力すべきだったとする点である。「穏健で中庸、進歩的な政策」があれば、「共産党の中核から、あいまいで急進的な構成部分」を引きはがすことができたはずだ、とマクミランは考えた。[52]ウィルソンの見解では、英国は「ＥＡＭ指導者がソ連のしがらみから離れ、一段と野蛮な構成部分――レジスタンス期には英国がその過激ぶりを孜々として煽ったのだ――を統制するのを支援」するべきであった。[53]残念なことに、そうした努力はたとえその意志があったとしても、それを煽ることに利益を求めようとする政治勢力によってかき立てられた復讐への渇望の中で、たちまち抑え込まれてしまった。

植民地社会における終戦の表現として、おそらく「解放」は適切な言葉ではない。大方のアジア人は日本人が排除されて欣喜した。日本人による「アジアの解放」は、それが一時的に取って代わった西洋帝国主義よりも、一段とひどいことが分かったのだ。だが、一九四五年にオランダがオランダ領東インドについて、あるいはフランスがインドシナについて、あるいは英国がマラヤについて考えていたことは、解放とはいささか異なっていた。

フィリピンについての米国の計画はより柔軟であり、東南アジア連合軍最高司令官ルイス・マウントバッテン卿はアジア人の民族独立への希求に一定の共感を示していた。だが、オランダとフランスは戦前の植民地体制を可及的速やかに回復したい考えだった。オランダの社会主義者でさえ、インドネシア人の独立への欲求に共感しないわけではなかったのだが、アジアの植民地を失えばドイツによる占領で壊滅的な被害を受けたオランダ経済は崩壊するのではないかと恐れていた。人口に膾炙《かいしゃ》された当時の標語で言うと、「インド諸島を失えば《インディユ・フェルローレン》、破滅がわれらの代償だ《ランプシュピュド・ゲボーレン》」。比較的進歩的なオランダ政府がインドネシア民族主義者に譲歩できるのは、せいぜいオランダ王冠の下での一定の自治。そして、日本軍に協力したインドネシア人との交渉はあり得ないのであった。

このことが、対敵協力と復讐の問題をいささか複雑にした。というのは、東南アジアの人びとの間では——少なくとも戦争の初期には——「アジア人のためのアジア」という日本のプロパガンダに対するかなりの熱狂があったのだ。インドネシアのスカルノのような活動家にとって、日本との協力はオランダ人の植民地支配者を除去する最善の道だった。だが、オランダ人から見れば、スカルノは対敵協力者ということになる。戦後、彼とインドネシア独立を交渉することはあり得なかった。逆に、彼は国賊として処罰されなければならない、そうオランダ人は確信していた。

アジア人も一九四五年には復讐の激情にかられていたが、これは必ずしもヨーロッパ人植民地支配者に向けられたものではなかった。復讐はしばしば間接的で、日本軍による占領に先立つ他の形の対敵協力を標的にしていた。ヨーロッパ各地の場合と同じように、アジア人の復讐の犠牲者は往々にして、評判の悪い少数民族であった。とりわけ、彼らが特権に恵まれ、より裕福で、西洋帝国主義列強と組んでいると思われている場合はそうであった。

しばしば「アジアのユダヤ人」と呼ばれる中国人は、東南アジアにおける日本の残虐行為の矢面に立った。例えばマラヤでは、日本人が不信感を抱く中国人よりマレー人の方が好まれた。中国人商人は西洋帝国主義から利益を得ていた、あるいは、そう思われていた。したがって、マレー人エリートを役所や警察で昇進させる一方、中国人は抑え込まなければならなかった。これは必ずしも、マレー人やインドネシア人の農民や労働者が厚遇されたということではない。日本の軍用工事で強制労働させられたインドネシア人は、大方の欧米人戦争捕虜よりも一段と悲惨な状況下で多数が死んでいる。地方はたいてい荒廃させられ、数百万人の農民を赤貧に追い込んだ。都市部は略奪され、最低限のサービスも奪われ、街路は犯罪者集団に支配された。

東南アジアにおける日本の支配は残忍だったが、それでも、以前は無愛想な植民地的服従の態度を取る傾向のあった人びとに、新たな自己主張の精神を吹き込んでいた。西洋列強は日本によって誇りを傷つけられ、脆弱性をさらしてしまった。マレー人とインドネシア人の若者数十万人が、日本軍の手で予備軍や民兵、さまざまな青年武闘組織の兵士として訓練されていた。これは彼らに、かつて味わったことのない自尊心を与えた。日本は植民地化された諸国民の間に共通する屈辱感と劣等感を利用し、意図的に反西洋・反中国感情をかき立てたのである。

戦時中のマラヤにおける抗日レジスタンスの多くは、中国人に由来している。中国共産党と、さらには多分、ほかのどこでも少数民族にとって共産主義を魅力的にしている国際主義に鼓舞され、レジスタンスはマラヤ共産党（ＭＣＰ）に率いられていた。ＭＣＰは特に反マレーであったわけではないものの、党員はほぼ全員が中国人だった。その軍事部門はマラヤ人民抗日軍（ＭＰＡＪＡ）で、一九四五年八月時点では約一万人を傘下に数え、地方の大半を支配し、国家内国家を形成。独自の法規を持ち、ギリシアの共産党ゲリラに似て、非シンパ役人の広範な追放に明け暮れていた。

戦後、ほとんどはインド人とマレー人から成る地元の対日協力者に対し、抗日軍メンバーによる復讐がただちに行われた。市長、警察官、ジャーナリスト、内通者、日本人当局者の元愛人、その他「国賊と走狗」が市中を引き回され、檻に入れて見世物にされ、「人民法廷」で即決裁判にかけられ、公開処刑された。これは多くのマレー人を恐怖で震え上がらせた。そして、日本に対抗してＭＰＡＪＡと緊密に協力してきた英国の植民地政府が一〇月、中国人に平等の市民権を与えることを決定すると、当然のことながら、マレー人は自国の支配権を失うことを恐れた。これは今日にいたるまでマレー人政治家たちに利用されてきた恐れである。

マレー人は中国人に反撃する腹を決めた。指導者はキヤイ・サレという、ターバンを巻いた強面の元やくざの親分だ。彼は戦後、「サビリラ（聖戦）赤色隊」を名乗るグループの首領として頭角を現した。彼らの目標は中国人異教徒からイスラム信仰を守り、日本の敗戦後に中国人に辱しめられ、殺害されたマレー人の恨みを晴らすことであった。中国人に対する聖戦《ジハード》は、表向きはイスラム的――コーランのテキストが読まれ、スーフィーの聖人に祈りが捧げられた――とはいうものの、サレはマレーの神秘主義者を手本にし、自分は不死身であると主張していた。「彼は弾丸では殺せない。彼は足を濡らさずに川を渡ることができる。自分に加えられるどんな枷でも破砕できる。彼の声は襲撃者を麻痺させることができるのだ(54)」と。彼の信奉者たちは、金の針で自分を刺し、聖戦隊長によって祝福された霊薬を飲んだあとは、自分も同じ神秘的な力が備わっていると信じていた。

　赤色隊が好む殺害方法は山刀か、またはクリスと呼ばれるマレーの短剣を使うもので、これは戦士たち自身と同じように、神秘的な力が浸み込んだ武器なのである。一一月六日に起きた典型的な事件では、マレー人聖戦戦士がパダン・レバルの中国人村を襲い、男五人と女子供三五人を短剣と山刀で切り刻んで殺した。子どもの死体は井戸に投げ込まれた。マレー人政治家は必ずしもこの種のことを支持していたわけではないが、それを止める手立てをほとんど講じなかった。英国の軍事情報報告によると、「教育を受けたマレー人の間には、マラヤにおけるマレー人の将来の地位に関して相当な懸念があるようであり、中国人が経済支配権を確保しつつあって、これを制御しなければいずれは政治的支配につながるかもしれないという確信がかなり広がっている[55]」としている。

　同じ不安はインドネシア人にも付きまとっており、したがって、このマレー人聖戦隊長の三人の幹部補佐官がオランダ領東インド出身のインドネシア民族主義者であったのは、偶然ではない。東インドでは一九四五年秋の情勢はマラヤよりかなり悪かったのである。

　南アフリカ出身の英国海兵隊少佐、G・F・ジェイコブスは一九四五年八月にスマトラ島にパラシュート降下した連合軍兵士第一陣の一人だ。任務は日本軍当局と連絡をつけ、その降伏方法と連合軍の上陸を準備することにあった。ジェイコブスは、病気にかかったり衰弱したり、打ちのめされたり、飢えたりした民間人数千人を収容する日本軍捕虜収容所の状況を最初に目撃した一人でもある。オランダ人捕虜たちは、ジェイコブスがなぜ自分たちに法によらない裁きを加えさせようとしないのか理解できなかった。「どうして君はわれわれを制止したのか……われわれがこのちびの黄色い獣を懲らしめたがっていることが分からないのか？[56]」

　ジェイコブス少佐が戦争捕虜たちによる衛兵のリンチを止めざるを得なかった理由は、彼がはるかに大きな脅威を懸念していたためである。インドネシア人たちが「白人に死を！」（ブヌー・ベランダ！）と叫びながら、銃や短剣、尖った槍を手に国中をうろつき回っている。元捕虜を保護するためには日本兵が必要だったのである。

日本の降伏から二日後の八月一七日朝、スカルノはバタヴィア（ジャカルタ）で、タイプ打ちした短い宣言を小集団に向かって読み上げた。「われわれインドネシア国民はここにインドネシア独立を宣言する。権力の移譲等に関する諸問題は、良心的な方法で可及的速やかに遂行されよう」。

その宣言は日本の陸海軍指揮官との綿密な協議の上で、新インドネシア共和国の自称大統領スカルノと、副大統領モハマッド・ハッタによって起草されたものだった。敗戦は不可避と見えた一九四五年夏、日本軍は独立した反西洋のインドネシアが最善の選択肢だと判断した。畢竟、大方の日本人は自らが優越人種として他のアジア人を支配する心積りだったにせよ、「アジア人のためのアジア」というスローガンを真面目に受け取っていたのだ。多くのインドネシア人は暴力に倦み、日本軍に残忍に扱われ、飢え、泰緬鉄道など地獄のような工事での強制労働から生還者が持ち帰る病気にかかりやすくなっており、まだどう考えたらいいのか自信がもてないでいた。日本の降伏後の数週間、民間オランダ人への敵意はほとんどなかった。スカルノ、ハッタ、そしてオランダで教育を受けた社会主義者で日本とは協力したことのないスタン・シャフリルのような指導者は、まだ掌握し切れていない群島での潜在的暴力を封じ込めるため、全力を尽くした。

インドネシアの新指導者はたしかに、日本軍の中で予備軍として訓練されて、急進化した多数の若い無法者たちを、ほとんど掌握していなかった。これらの若者は戦闘モードにある。武器は共感を寄せる日本軍将校から手に入れ、時には購入したり、日本軍補給廠から盗み出したりした。ある見積もりによれば、戦士たちが入手したライフルは五万丁以上、軽機関銃・重機関銃三〇〇〇丁、弾薬一億発に上る。[57]オランダがすべきだったこと、また連合国から促されていたのは、革命の暴力には関心のないスカルノらインドネシア指導者と交渉することであった。マウントバッテンの期待含みの表現では、「われわれが唯一考えることは、オランダ人とインドネシア人がキスをし、友人になり、そして撤退するよう仕向けることだ」。[58]ところがオランダ人はそうはせず、英国外務省に請願し「いわゆるスカルノ政府」を「親ナチスのクヴィスリング政権」〔クヴィスリングは第二次大戦中のノルウェー親ナチス傀儡政権の指導者。戦後に処刑〕に、またインドネシアの若き独立戦士たちをヒトラー青年団とナチス親衛隊になぞらえた。スカルノの独立宣言は、オランダ領東インドにファシスト体制を継続しようとする日本の陰謀として描かれたのである。[59]

スカルノと日本の協力については、疑う余地はない。彼は一九三〇年代の大半をオランダの植民地刑務所か、遠く離れた島での亡命生活で過ごした。日本人はオランダ人より敬意をもって彼を遇した。いずれにせよ、スカルノが日本を民族独立への最速の道と見るのは無理からぬところだった。「わが生涯で初めて」と彼は一九四二年に述べている。「わたしはアジアという鏡の中に自分を見た」と。[60]

だが、多くのインドネシア人からすると、スカルノの対日協力は行き過ぎていた。日本の戦争遂行のために、インドネシア人の強制労働を支持したことは彼の評判を汚し、若手急進派は独立宣言に日本を関与させたことを怒っていた。彼らは日本とかかわりを持ちたくなかったのだ。しかし、インドネシア民族主義者としてのスカルノの資質について、異議を唱える者は誰もいなかった。

ところが、オランダはスカルノと直接交渉するのではなく、オランダを中心とする一種の共同体下でのインドネシア自治というあいまいな公約を発表した。そうこうするうちに九月以降、オランダ東インド軍がインドネシアの村々と近隣をのさばり歩くようになり、誰が支配者かを見せつけるために銃を発砲したり、紅白のインドネシア旗を引きちぎったり、住民を威嚇したりした。もっとも悪名高い自警団はX部隊と呼ばれるグループで、これはオランダ人及び白人とアジア人の混血の指揮官たちに率いられていたが、大方の隊員は黒い肌のアンボン人キリスト教徒やメダンの人びと、その他少数民族から成り、彼らは植民地体制の忠実な下僕だった人びとであって、オランダ人よりインドネシア人の支配を恐れていた。オランダと英国の戦艦が、旧秩序の回復を決意した連合軍（ほとんどはインド人）とオランダ領インド諸島文民行政府（NICA）要員を乗せて到着したとのニュースが届くと、東南アジアでもっとも血なまぐさい暴力の舞台が整った。これは革命と復讐と犯罪――その年の初めに中央ヨーロッパで爆発したのと同じ破壊的な混合物――がない交ぜになった暴力である。

一九四五年一〇月と一一月に、「準備せよ！《ベルシアップ》」の名で知られるテロの波を解き放った過激派グループは、大方はかつて日本軍に指導された民兵と町のごろつき、しばしばジャカルタ、スラバヤその他の都市から集められた十代の若者から成っていた。だが、ぺムダすなわち若者グループには学生や工場労働者、村人も加わっていた。指導者の一部はギャングのボスであり、彼らが富裕者と権力者を略奪、殺害する理由は政治よりむしろ強欲に関係していた。「ファーザー・タイガー」という山賊の頭目のようにカリスマ性のある人物もいて、彼は部下に不死身のお守りを売っていた。ジャワの神秘主義と日本の軍人精神教育がない交ぜになって、若い戦士たちを「自由か死か！《メルデカ・アタン・マティ》」という無謀な英雄気分に染め上げた。若者が山刀と竹槍だけで戦車と戦った事例もある。

革命含みの復讐の主たる犠牲者は、ビジネスと結びつけられ背信を疑われた中国人と、白人とアジア人の混血すなわち「インドース」、そしてしばしばオランダ人側についていたその他の少数民族だった。それから、たいていは想像の産物であるNICAのスパイと呼ばれる人びとがいた。NICAスパイの定義ははなはだ恣意的になり得た。身に着けたサロンに赤白青（オランダのナショナルカラー）が多すぎると、オランダ行政府のスパイとして摘発されかねなかった。

ジャカルタの空洞の金属街灯柱で竹槍が陣太鼓のように打ち鳴らされる音が聞こえると、中国人やインドース、アンボン人は厄介事が出来しつつあることを悟った。連合軍の留守中、文民保護を命じられていた日本軍兵士は、打ち鳴らしが始まるとコソコソと逃げた。商店が襲われ、家屋が放火された。中にいた家族は、文字どおり短剣に淫して暴力に酔い、時には犠牲者の血を飲むことにふける興奮した若者の手で、ずたずたに切り殺された。ジャカルタ近郊のある地区では、新鮮な水がなくなった。井戸が中国人の腐乱死体で詰まってしまったのだ。

もっともよくある種類の殺害を指す、インドネシア＝オランダ語の表現はゲティンチャングド。ティンチャングとは、クリスか山刀で人を切ることだ。まだ日本兵に守られているキャンプをうかつにも離れるオランダ人は、しばしばティンチャングされた。暴徒に加勢し武器を渡せ、との要求を拒否する日本兵も同様の目に遭った。元の強制収容所や、病人と飢餓者であふれた巨大なむさ苦しい村々も攻撃対象になったとはいえ、日本の衛兵が持ち場についている限り、そこはまだ一番安全な場所だった。

多くの民間オランダ人と同じくインドネシア生まれの青年、ペテル・ヴァン・ベルクムはある夜、スラバヤで鋭利な竹槍を持った粗暴な十代の一団によって無作為に選り出された。トラックで地元の収容所へ連れて行かれた。「トラックが止まると、叫び声を上げる集団に囲まれた。歪んだ口を大きく開いた褐色で汗だくの顔ばかりがぼんやり見えた。彼らは握ったこぶしを振り、あらゆる種類の武器を振り回していた」。「白人に死を！」という叫び声の中、囚人はトラックから押し出された。「たちまち群衆が彼らを非難しはじめ、斧やライフルの銃床、槍を使って殴ったり、切ったり、棍棒や銃剣で刺したりした」[61]。

「準備せよ《ベルシアップ》！」はもともとインドネシアの指導者らが望んだことではなかったが、今やまったく統制が利かなくなってしまった。ジャワとスマトラの全土で戦闘が勃発し、それは植民者とその協力者に対する復讐行為であるばかりか、叛徒と日本兵の間の戦いでもあり、血で血を洗う報復とその仕返しが繰り返された。スマランでは城戸進一郎少将麾下の日本軍部隊が、水供給が日本人によって妨害されていると信じた青年団《ペムダ》と衝突。日本軍は残虐な威嚇に出て、多数の過激派を殺害した。するとインドネシア人は町の監獄に入れられていた民間日本人二〇〇人以上を殺した。英軍のある報告はこう記している。「屋根や窓から吊るされている死体があり、竹槍で何度も貫かれた死体もあった……。何人かは壁に血で最後のメッセージを書こうとしていた」[62]。報復として二〇〇〇人以上のインドネシア人が、激高した日本兵に虐殺された。

一〇月末ごろにはインドネシア人が完全に掌握した工業都市スラバヤを、最悪の暴力がのみ込んだ。監獄は空っぽになっていた。ペムダの自由戦士やけちな暴力団員、そして熱狂的な若者から成る集団が、「反乱放送」の伝統的なジャワ語の勇ましい放送で、「ブラザー・トモ」として知られる長髪のカリスマ的人物によって流される話に扇動され、街頭を支配した。中国人とアンボン人、インドースがNICAのスパイとして告発され、短剣と槍で襲撃された。そして日本兵はわが身を心配し、暴徒に一段と危険な武器を喜んで供与した。

ペテル・ヴァン・ベルクムの女きょうだいカーラは、ほかのオランダ人難民と一緒に近在の収容所から着いた。「わたしたちは原住民の暴徒に襲われた。彼らはわたしたちの方に竹槍を乱暴に突き出した。そしてメルデカ！　メルデカ！　メルデカ！［自由］と叫び続けた。彼らは襤褸《ぼろ》をまとっていた。暗い目はゾッとするような目つきだった。怖かった」[63]。

連合軍は行動を起こす決断をした。連合軍上陸の方策を練るためにオランダ海軍大尉、P・J・G・フーイェルが同市に送り込まれた。当然至極のことながら、彼の到着はさらなる挑発と見られた。兵器が日本軍の武器庫からペムダ戦士に流出し続けた。一〇月二五日、あらかたはインド兵とネパールのグルカ兵から成る英軍約四〇〇〇人が上陸した。これらの兵士は黒人に扮したオランダ人だとのうわさが流れた。彼らはインドネシア人の寄せ集め軍に攻撃された。英軍は部隊が虐殺に遭うのを恐れてスカルノとハッタに、出てきて暴徒を統制するよう要請した。二人はこれに応じ、一定の成功を収めた。停戦は一〇月三一日まではおおむね守られたが、この日、英軍司令官のA・W・S・マラビー准将が、ある戦闘に介入しようとしてインドネシア人に撃たれてしまった。

今度は英軍がお返しをする番だった。一一月一〇日以降の三週間、スラバヤは爆撃と砲撃と機銃掃射を受けた。目撃者の一人が、市中心部の光景を描いている。

人間と馬、犬猫の死骸が溝に横たわり、割れたガラスや家具、こんがらがった電話線が道路に散乱、戦闘の騒音がオフィスビル街に響いた……。インドネシア人の抵抗は二つの局面を経た。最初は短剣で武装しただけの男がシャーマン戦車に突進するという狂信的な自己犠牲、そしてのちには日本の軍事教程に忠実に従った、より組織的で効果的な方法だ。(64)

インドネシア人とインド人、英国人、オランダ人、インドース、そして中国人の死体臭漂う戦場の瓦礫と化すという代償を払った末、一一月末までにスラバヤの平和は回復された。インドネシアが完全独立を果たすのは、ようやく一九四九年のことであり、それまでは特にオランダ人側からのさらなる報復行動があり、一九四六年にはレイモンド・ウェステルリング(あだ名はトルコ人)率いる暗殺部隊が南スラウェシに送り込まれ、民間人数千人が殺害された。(ちなみにウェステルリングは第二次世界大戦中、北アフリカでドイツ軍と戦っており、のちに敬虔なイスラム教徒になった。)

しかしながら、血はさらなる血を欲しがる。オランダはスカルノを謀反で告発した上、彼を共産党を偽装する人物と見なした。スラバヤの戦いからちょうど二〇年後、インドネシア国軍将校らは、建前上は共産党によるインドネシア掌握を防止するとの目的で、軍事クーデターでスカルノを追放した。これが全国的な共産党員追放の出発点となった。イスラム教徒自警団、武装青年、軍部隊、ジャワ人神秘家、そして市井の民間人ら全員が多くの中国人を含む五〇万人の殺害に関与した。クーデターの指導者で、のちにインドネシア大統領になるのはスハルト少将。スハルトは日本軍の訓練を受け、反西洋帝国主義を徹底的に叩き込まれており、一九四五年にはオランダ軍と戦っていた。彼の大統領在任は三二年間続くことになる。その間、頑強な反共主義者として、無論オランダも含めたすべての西側主要国による温かく、揺るぎない支持を享受するのである。

フランス人は一九四五年にはオランダ人と同様に、植民地財産を失うことを恐れており、それどころか、一九四〇年の敗北だけでなく公的な対敵協力の歴史ゆえに、いっそう屈辱を感じていた。仏領インドシナは、日本による事実上の占領の間、ヴィシー政権を向いた植民地政府に統治され続けた。日本人がこの植民地を軍事基地として利用する一方で、フランス人はサイゴンのセルクル・スポルティフ〔高級社交クラブの名〕で食前酒を飲み、概して自分のことにかまけ続けていた。しかしこの甘い生活も一九四五年三月に終わりを迎える。フランスがいったん解放されてしまうと、フランスの対日協力はもはや自明のこととは考えられなくなり、フランス軍と当局者は速やかにサイゴンとハノイで収監されてしまった。

八月の第一週に敗戦がほぼ確実になると、日本軍は政治的権限をベトナム帝国政府に移管。その一方で、共産派ベトミン（ベトナム独立同盟会）は北部を制圧する。数週間後、中国軍が北部国境を越えて流入し、南部への英軍到着が差し迫ってくると、ベトナム皇帝バオ・ダイと共産党指導者ホー・チ・

ミンの両者とも、何があろうとフランスによる支配の再開は受け入れられないとの立場を鮮明にした。ハノイでは植民地のフランス人貴顕の像がすでに引き倒されつつあった。九月二日、三〇万人以上のベトナム人がホー・チ・ミンの民族独立宣言を聞くため、旧フランス総督宮殿近くのバーディン広場に集まった。音楽隊が、「フランス人の血を飲む」といった過激な文句を含む共産党の行進曲を演奏。ピストルで武装したベトミン兵士が、赤旗で飾られた演壇を警護する。「ホーおじさん」の頭上に荘重な天蓋がかざされ、彼はマイクに向かって優しく話した。「同胞のみなさん、聞こえますか？」群衆は聞こえる、と叫び返した。

この出来事を目撃した米軍情報将校は中国南部の都市、昆明にいる上官にこう報告している。「わたしの見たところ、これらの人びとは真剣であり、フランスは彼らに対処せざるを得なくなるであろう、とわたしは思います。さらに言えば、われわれ全員が彼らに対処しなければならなくなるでありましょう」[65]。自分の言葉がいかに予言的であったか、彼とて知る由もなかっただろう。

多くが拘置所にいて、まだ日本兵に監視されているフランス人が、こうした出来事に動揺したとすれば、アルジェリアのフランス人入植者の方はパニックに陥った。一九四五年初め、アルジェリアもインドシナも干ばつと軍事目的への食料の振り向けの結果として、深刻な飢饉に見舞われつつあった。インドシナでは一〇〇万人以上が餓死。アルジェリアでは飢餓が民衆の怒りをかき立て、恐れをなしたフランス人の目には、その怒りが暴力革命の始まりのように見えた。

実のところは、アルジェリア共産主義者と急進的民族主義者がいくらか扇動したものの、大方のアルジェリア人はただ平等の権利を望んでいたにすぎない。だが、イスラム教徒の石がフランス人入植者に投げつけられるたびに、フランス人は「アラブの反乱」が間近に迫っていると考えるのであった。一九四五年の新たな植民地行政府は、多くが積極的にドイツに抵抗した経験をもつフランス左派人士に率いられていた。入植者の多くは親ヴィシー派で、激しい反ユダヤ主義であった（多くの場合、フランス人支配の下でユダヤ人の権利を擁護してきたのはアルジェリアのイスラム教徒だった）。それなのにアルジェリアの独立と平等権を要求したイスラム教徒は、たちどころに「ナチス」の烙印を押された。これはインドネシアとベトナムの民族独立要求を、日本ファシズムの陰謀と呼んだのに似ている。それは左派の植民地当局とかつてのヴィシー派が、ともにイスラム教徒を弾圧することを一段と容易にした。

　アルジェリアでは、とりわけ北東部セティフ周辺の飢饉に見舞われた地域で、暴力が着実に高まってきていた。入植者が遊牧民と衝突、横柄な警官は村を追い出され、右翼的なヨーロッパ人の若者は「ペタン万歳！」とか、さらには「ヒトラー万歳！」とまで叫んでアルジェのイスラム教徒をなじった。そして、五月一日のデモに参加しようとしたイスラム教徒の群集に向かって、フランス人警察官が発砲した。

　セティフはイスラムの扇動とアルジェリア民族主義の拠点であり、深刻な暴力が激発して当然の場所であった。五月八日、フランス人はかつてのヴィシー政権への忠誠は棚に上げ、連合国の対独戦勝を華々しく祝うことを決めた。その当日の早朝、男と女子供も含め、大方は田舎の人びとであるイスラム教徒が中央モスクの前に集まった。ジャラバの下に伝統的な短剣をしのばせている男たちもいた。ピストルを持つ者も。平等権を求めるイスラム組織、「宣言と自由の友《アミ・デュ・マニフェスト・エ・ド・ラ・リベルテ》」（ＡＭＬ）の指導部は当局に対し、これは政治デモではないと請け合った。民族主義的な旗は掲げない、と。

　八時ごろには群衆は約三〇〇〇人に膨れ上がっていて、戦争記念碑に花輪を供えるためジョルジュ・クレマンソー大通りを行進し始めた。ＡＭＬの約束に反して、一部の民族主義者が「われわれは君たちと同じ権利が欲しい」と書かれた旗を広げた。路上バリケードのところにいた警官らは「アルジェリア独立、万歳！」と書かれた一旒《ながれ》の旗を見つけると、それを哀れなアルジェリア人の手からひったくり、その男はその場で殺された。するとただちにフランス民間人が、まるでこの瞬間を待っていたかのように自宅バルコニーやカフェ・ド・フランスの窓から群衆に向け、小型機関銃を発射しはじめた。二〇〜四〇人が殺された。イスラム教徒は射撃におののき、ピストルや短剣を使ってヨーロッパ人を攻撃しながら脇道へ走り込んだ。フランス人の共産党指導者アルベール・ドニエはひどい切り傷を負い、両手を切断しなければならなかった。

フランス人女性教師が学校の向かいにあるカフェで飲んでいた時のことを回想している。その時「短剣を手に叫び声を上げる原住民の群れが、四方八方から現れた。彼らはアラブ市場の方へ走っていた。残虐行為が行われていた。彼らのうちの約一五人がアラブ人の古い友人であるヴァイヤン氏を棍棒で殴るのを、わたしは見た……。考えるとゾッとする。奇妙なことに、犠牲者のほとんどはアラブを愛する人たちだった(66)」。

殺戮のニュースはたちまち村落に届いた。報復は散発的ながら、残忍だった。「われわれはナイフとライフルで武装していた。フランス人だという理由でパン屋を殺したのは、わたしの親父だった。われわれはドアを壊し、見つけた石油とガソリンで家屋を焼き払った(67)」。フランス人入植者は地元の警察署へ逃げ込んだ。何人か捕まった者はナイフで手足を切断され、乳房を切られたり、性器を口に詰め込まれたりした。三日のうちに約一〇〇人のヨーロッパ人が殺された。

社会主義者の総督イヴ・シャテニョーは平静を呼びかけるどころか、モロッコ人、西アフリカ人、外人部隊から成る一万人の軍隊派遣を要請した。これはただの秩序回復のための演習ではないのだ。教訓を与えてやらなければならない。フランス市民の殺害には借りを返さなければならないのだ、と。

フランス人入植者は民兵部隊を編成し、地元住民を襲撃しはじめた。アルジェリア人兵から成る最強の歩兵連隊の一つが、ヒトラー打倒のために懸命に戦っていたドイツから海路呼び戻された。出身国へ戻ると、彼らは同胞アルジェリア人を狩るため内陸部へ送り込まれた。六月の終わりごろには、地方部は恐ろしい沈黙の中に沈んでいた。村落や町は数週間にわたって空爆され、巡洋艦の艦砲射撃を受けた。数千人が逮捕され、しばしば拷問を受け、そして処刑された。アルジェリア人の正確な死者数は分かっていない。最大三万人という見方もある。殺戮とともに、手の込んだ凌辱が始まった。これ以上爆撃に耐えられない原住民を征服者に服従させる儀式を伴った十九世紀の習慣が復活した。飢えた何千人もの農民は、フランス国旗の前にひざまずき、許しを請うよう強制されたのだ。地面に押しつけられ、「われわれはユダヤ人です。われわれは犬です。フランス万歳!」と叫ばされた人びともいる。

一部のフランス人にとってはあたかも、ついにアルジェリアに正常さが戻ったように見えたかもしれない。だが、ドゴール将軍を含め、より世情に通じた人びとは、現地住民の集団殺戮が、ナチスの脅威にかくも勇敢に抵抗してきた「不滅のフランス《ラ・フランス・エテルネル》」という公式神話に付いた厄介な汚点であることに、はっきり気づいていた。だからセティフとその周辺地域の出来事は長年、当局の沈黙によって封印された。

しかしながら、セティフ事件はベトナム人の独立願望を速やかに抑え込まなければわが身に何が起き得るかという警告である、とサイゴンのフランス人は受けとった。八月には、フランス人にとって情勢は思わしく見えなかった。多くはまだ日本軍の拘置施設にいる。ベトミンは日本の武器をますます大量に供与されているか、あるいは楽々と奪っていた。一部の日本軍士官は、確信にもとづいてか(「アジア人のためのアジア」)、あるいは重大な戦争犯罪に対する訴追から身を隠す場所が必要なためか、ベトミンに合流しつつあった。蔣介石の国民党が率いる中国は、インドシナのフランス支配にまだ反対していないとはいえ、フランスの帝国主義構想は米国には評判がよくなかった。完全にフランスの味方になっているのは、さして奇妙なことではないが、英国であった。

暴徒の暴力はしばしばうわさで始まるものである。九月二〇日のハノイもそうで、その日、人びとは、フランス植民地治安警察のベトナム人要員の支援で支配権を回復しようとするフランスの陰謀について話していた。武器の隠匿場所が発見されたそうだ。毒ガスのうわさもある。フランス軍兵士が日本軍によって拘置所から釈放され、再武装までしている。こうしたフランス人の邪悪な計画をくじこうと、ナイフや槍、山刀で武装した多数のベトナム人がフランス人の家庭を略奪し、路上で見つけたフランス人に片っ端から嫌がらせをした。日本兵はたいてい傍観しているばかりだった。

ハノイ最高のホテル、メトロポールのウェイターたちは客室の客を襲撃し、食堂に閉じ込めた。なんとか脱出した一人のフランス人男性が、日本軍にフランス人捕虜の救出と秩序回復を要請した。

フランソワーズ・マルタンは「この国で金儲けをするためではなく、逆に、人道的理想主義に満たされて」ハノイにやってきた若いフランス女性。「中国・安南文化には敬意」を感じるばかりだった。それでも、独立を求めて街頭をデモするベトナム人について彼女が抱いた感情は、おそらく大方のフランス人入植者に典型的なものだ。「彼らの中に真の愛国者がいた可能性はある……。しかし、旗を持って町を動き回る犯罪者と間抜けから成るこの暴徒に関する限り、半ダースの銃を見せれば慌ててネズミの穴に戻っていくだろうに。残念ながら、わたしたちには半ダースの銃がなく、すぐに手に入りもしないだろう(68)」。

八月には、フランス人の邸で武器の備蓄が見つかったというさらなるうわさが流れていた。デモ参加者はフランス帝国主義を非難した。だが、地方でのいくつかの殺人を別にすれば、フランス人に対するベトナム人の暴力は大規模には発展しなかった。それでもフランス人は怯えた。ドゴールはインドシナの発展を「再生した国力と再発見された栄光をもってする［フランスの］活動の主要目標の一つ[69]」にすると語っているが、フランスからの勇ましい言葉とは裏腹に、彼らは依然として無力であるだけに、怯えはなおさらだった。

「誰もが完全武装している」とフランソワーズ・マルタンはハノイの状況を回想している。「アメリカ人も中国人も、アンナン人も。フランス人だけが棒と空きビンのほか身を守るものを何も持っていないのだ……[70]」。「間抜けな」デモ参加者についての見方と同じく、独立を求めるベトナム人の戦いについての彼女の分析は、居合わせた場所と時に典型的なものだ。すべては陰謀なのだ。「公式には日本人は武器を置いたが、別の方法で戦争を遂行し続け、インドネシアとマラヤでのヨーロッパ人の復活を妨害していた。彼らのやり口はどこでも同じだった。見事に準備され、細心に実行された背信的計画……。アジア的二枚舌の、見事な新しい実例であり、これは白人をだまさずにはおかないのだ[71]」。

しかしながら、暴力がついに解き放たれたとき、その場所はハノイではなくサイゴンだった。重大事件の最初の兆候は、アルジェリアでの出来事と驚くほど相似している。九月二日、多くは地方からやってきたベトナム人――西洋の新聞の呼び方では「アンナン人」――が、ハノイからのラジオ放送でホー・チ・ミンの独立宣言を聞こうとサイゴンに二〇万人集まった。その日の早朝、武装したベトナムの若者が、フランス兵がまだ拘留されている兵営の門前で示威行動をしていた。ベトナム人のやじに対し、フランス兵はののしりの文句を叫び返し、『ラ・マルセイエーズ』を歌って対抗した。技術的な理由で、群衆にはホー・チ・ミンの演説が聞こえなかった。フランス人が妨害しているという疑念から、群衆は怒りをつのらせた。デモ参加者が聖堂に到達すると、発砲が起きた。群衆はパニックを起こし、フランス人が発砲したと疑った暴徒が、目につくフランス人を片っ端から襲撃した。中国人とヨーロッパ人の商店が略奪され、複数の聖職者が殺され、女性は蹴りで歯を折られた。

フランス側は騒乱の原因となった発砲を、ベトナム人の挑発者のせいにした。ベトナム人を警察署や役所から追い出し、フランス兵を再武装すべき時だ。二週間余りして、彼らは英軍のダグラス・グレイシー将軍をこう説得した。英国側は植民地支配の連帯精神でこれに同意した。九月二三日、サイゴンは秩序が回復されたかのように見えた。フランス人が再び掌握していた。数週間、数カ月、いや数年にわたって感じてきた屈辱と無力感は、フランス人の勝利の祝賀を暴虐に変えた。今度はベトナム人がフランス人暴徒にリンチされる番だった。英軍士官の一人は「無暗な発砲があり、アンナン人はおおっぴらに街路をひきずられ拘置所に監禁されている」と報告している(72)。

報復が始まるのに時間はかからなかった。翌日、ベトナム人はフランス人の家屋に押し入り、居住者を襲撃した。人びとは川の土手で拷問を受けた。フランス人男性のベトナム人妻はナイフで手足を切断された。ある報告によると、妊娠八カ月の女性が内臓を抜かれた。サイゴンでは激しい戦闘がほぼ二カ月間続き、英国人とフランス人、そして日本人がベトナム人と戦った。日本人の一部はベトナム側に寝返った。フランス外人部隊の下士官には、北アフリカで連合軍と戦ったドイツ兵と、おそらくは元ナチス親衛隊将校も含まれていた。数千人のベトナム人が拘置所で拷問され、たった五分間の「裁判」で厳しい禁固刑ないし死刑の判決を受けた。

一一月半ばごろには、生活は間もなく正常に戻るとフランス人は確信し、再びセルクル・スポルティフで食前酒を楽しめるようになった。この幻想はしばらく続くことになるのだが、それは南部では南ベトナムが首都をサイゴンとして独立した一九四九年まで、北部ではホー・チ・ミンの共産党が北ベトナム（首都ハノイ）の支配者として認知される一九五四年までのことである。だが、血が血を呼ぶというマクベスが妻に語った言葉が、かつては三部分から成り、ついで二つになり、ついには一つになったあの細長い東南アジアの国ほど当てはまったところはないのである。

第2部

瓦礫を片付けて

第4章 帰郷

わたしの父は一九四五年五月時点で、ドイツにくぎ付けになっていた八〇〇万人を超す「難民」の一人であり、本国送還を待っていた。このほか、ヨーロッパ各地に約三〇〇万人の難民がいて、帰郷を切望する者、帰郷ではなくどこか他の場所へ行きたい者、そしてもはや帰る家がなくなった者がいた。ウクライナのポーランド人、オーストリアのセルビア人とクロアチア人、ユーゴスラヴィアの白系ロシア人、カザフスタンのユダヤ人難民等々である。アジアの数字も同じように驚異的だ。アジア及び太平洋地域に六五〇万人の日本人が取り残されていて、その半数は民間人。一〇〇万人を超す朝鮮人労働者がまだ日本にいた。そしてオーストラリア人と欧米人の戦時捕虜数千人が、中国と日本、台湾、東南アジアに置き去りにされており、域内での日本の軍用工事に徴用されたインドネシア人とその他のアジア人も同様だった。最大一八万人のアジア人が泰緬鉄道建設で働き、ほぼ半数が生き延びていた。

あらゆる戦争が難民を生む。二〇〇三年の米軍主導の侵攻で始まるイラク戦争は、最大五〇〇万人の人びとを家から引き剝がした。第二次世界大戦による難民化の規模は、その多くが、非情なほど現実的な理由やイデオロギー的理由で意図的に行われたために、とりわけおぞましい。奴隷労働計画、住民交換、「民族浄化」、国境変更、ドイツ人と日本人という支配民族のための「生存圏《レーベンスラウム》」を求めての移民、誘発された内戦、殺害するか追放地で果てさせる目的での住民総体の強制移住等々だ。ヨーロッパにおける主犯はドイツ人だが、ソ連とその周縁部におけるスターリンの政策は、概してヒトラーのものと変わらず残虐であった(1)。

父にとって、帰郷を考えるのは厄介なことではなかった。一九四四年に連合軍がオランダの一部を解放したとき、故郷の町とドイツとの通信はすでに切断されており、家族との連絡は途絶していたけれども、帰るべき家はあった。一九四五年夏、父は英軍トラックと列車とバスで、マグデブルクの英国難民キャンプからオランダ国境まで送られた。オランダ国境の町エンシェデの歓迎委員会は父ら帰還者に、ドイツでの労働は自発的だったか否かについて質問した。自発的労働を疑われた者は食料配給の権利を失うのだが、彼らが直面した厄介事は、繰り返し剝がさなければならない民族の瘡蓋《かさぶた》のように、何十年もオランダ人に取りつくことになるある問題の、小さな前兆にすぎなかった。すなわち、誰が「善」で誰が「悪」だったか、勇敢だったか臆病だったか、対敵協力者だったか抵抗者だったか、英雄だったか悪党だったかという問題である(事実としては無論、どのカテゴリーにもぴったり当てはまる者はほとんどいなかった)。帰国の受け入れ手続きにはうんざりだった。しかし父は応対係の礼儀正しさに感銘を受けた。怒鳴らない役人と会うことに、もはや慣れていなかったのだ。

故郷のナイメーヘンに着くころには、父の気持ちはもっと複雑になっていた。彼が後にしたベルリンは完全に廃墟となった都市だった。だから破壊には慣れっこになっていた。ナイメーヘンの旧市街を歩くのは、それでもひどくまごついた違いない。いくつかは中世にまでさかのぼる華麗な建物の多くも、一九四四年の米軍による付随的な爆撃で破壊され、姿を消していたのだ。何年も帰郷を想ってきたのに、父は突然怖じ気づいた。実家までのとても短い距離を歩く気になれなかった。その理由は、彼の記憶の中でもうはっきりしていない。ひょっとすると、両親がまだ生きているかどうか、あるいは家がまだあるかどうか確信が持てなかったためかもしれない。あるいは、熱望していた家族再会が気まずいものになるのではないかとの不安があったのかもしれない。この間、あまりにも多くのことが起きたのだから。

　結局は家に戻った。家族全員が生きていた。再会は喜びに満ちていた。父は間もなく社会の中に昔の居場所を見つけた。元の鞘に収まったのだ。彼は幸運な部類の一人だったのである。

　人によっては、難民の境遇が長く尾を引き、帰郷は失望に終わるか、さらにそれより悪いかであった。極度の体験が人びとの間に理解不能の溝をつくりだしていた。語るべき身の上話がある、と誰もが感じていた。アウシュヴィッツを生き延びた彼や彼女が、死の収容所のことをほとんど聞いたこともない人びとに、どう体験を伝えることができるだろうか？

　ハンガリーの作家ケルテース・イムレ〔一九二九年〜。二〇〇二年ノーベル文学賞〕は小説『運命ではなく』〔邦訳。原作は一九七五年〕で、この理解不能について説明している[2]。同化したブダペストのユダヤ人である作家自身、アウシュヴィッツとブーヘンヴァルトの囚人であった。追放された時は一四歳で、いわば収容所で成年になった。創作上の彼の分身であるジェルジは、ブーヘンヴァルトのぼろの縞の上着を着たままブダペストに戻る。顔は老人のようにしわと染みだらけ。一家の元のアパートにはよそ者が住んでいて、彼らは無愛想で疑り深く、彼の目の前でドアをバタンと閉めてしまう。これは収容所からの生還者、特にユダヤ人には珍しくない経験であって、彼らは戻ってくるとは思われておらず、仮に戻ってきても大抵は恨めしく思われるのだ。とはいえ、ある意味では、なんとかブダペストに留まれたユダヤ人の元隣人との再会は一段と辛い。彼らは彼に、「生活はここでも楽じゃなかったよ」と言う。彼がどこにいたかを教えられると、彼らは親切にこう助言するのだ。「恐ろしい体験のことは忘れて」、未来のことだけ考えるべきだよ。これは気遣ってくれるもう一人の人物、ジェルジが市電の中で会ったばかりの「民主的」ジャーナリストが言ったことに似ている。大事なことは「ナチの地獄」は去った、終わったってことさ。

ジェルジが人びとに理解してもらえなかったこと、それは彼が地獄へ行ったのではないということだ。彼の体験は抽象的なものではなかった。彼は強制収容所にいたのだ。あたかも過去の生活が悪夢かホラー映画ででもあるかのように、どうして忘却し、未来のことだけ考えることができるというのか。収容所生活は自由意思によるものではなく、楽しくもなかったが、それでも生活、自分の生活だったのだ。継続性を無視することはできないのだ。問題は、同様の体験をしていない人びとはそれがどんなものだったのか、どうしても想像できないし、したがりもしないということ。それゆえに、「地獄」とか「恐ろしい体験」という抽象概念に逃避し、それはできるだけ早く忘れなければいけないというのである。

ケルテースの小説の終盤で描かれる人びと、あのジャーナリストやシュテイネル氏、フレイシュマン夫妻という隣人たちは、善かれと思って言ったのだ。戦争を国もとで過ごした人びとが、収容所の生存者か戦争捕虜、あるいは第三帝国内の外国人徴用労働者と向き合うときに、常にこうであったとは限らない。苦しみとは個人的な問題である。わたしたちの多くは、自分の苦しみを認めてもらいたがる。他者の苦しみは、とりわけそれが明らかに自分のものよりひどいと、苛立ち、さらにはおそらく罪悪感の源泉にすらなり得るのだ。「生活はここでも楽じゃなかったんだよ」。

ポーランドなど血に染まった中央ヨーロッパ諸国だけでなく、オランダのような西ヨーロッパ諸国へ帰郷するユダヤ人生存者も含め、彼らに対する時として冷たい対応の幾分かは、完全には抑圧されない漠然とした罪の意識と、ドイツによる占領の歳月によって逆に強化された反ユダヤ的偏見——プロパガンダがこびり付いている――のせいであった。

これは決して対独協力者とナチ同調者にだけあてはまることではなかった。ネッティ・ローゼンフェルトという若い女性は、一九四四年のオランダ南部解放後、潜伏先から姿を現し、オランダの抵抗組織が運営するラジオ局の仕事に応募したところ、ローゼンフェルトという名は公共放送向きではないと告げられた。だって、「ラジオ・ヘルライズント・ネーデルラント」(再生オランダ)にはもう十分なユダヤ人が働いていることをお分かりいただかなければ。放送局は「再生エルサレム」とあだ名されているんです。ユダヤ人が不幸な体験から確実に学ばなければいけないのは、列の先頭にしゃしゃり出て再び社会を支配しようとしないことですよ、と。しかも、これは親切な助言のつもりだったのである。

ジークフリート・ゴウドスミットという男性が、一九四五年九月のパラート紙に次のような話を書いている。同紙はオランダ抵抗組織によって創刊された左派系紙である。

> とあるバス停。乗客がアムステルダム行きのバスを待っている。中に二人のユダヤ人。そのうちの一人がベンチに座る……。非ユダヤ人の「ご婦人」はこれを認めず、彼に立っているべきだと言う。「この席の権利はほかの人たちにあるのよ」。ええ、奥さん、ほかの状況でなら、わたしは立っていたでしょうが、ドイツの強制収容所から戻ったあと衰弱状態で運び込まれた病院から出たばかりでしてね。ご覧のとおり、まだいささか弱っています。「彼らがあんたをそのまま強制収容所に入れておいてくれればよかったのに。実は、ここにはあんたのような人はごまんといるのよ」[3]……

苦しんだのは君たちだけではない、と注意されたナチ収容所の生存者もいた。オランダ人も飢え、自転車やその他もろもろを失ったのだ、と。ユダヤ人はあまり多くを要求しないように、自己主張しすぎないように言われた。分をわきまえ、何よりも感謝の気持ちを表すべきだ、と。

かつてのレジスタンス運動の新聞デ・パトリオットは、戦後のオランダにおける反ユダヤ主義の問題に関する投書を掲載した。一九四五年七月二日付である。

ユダヤ人が特にドイツによる迫害ゆえに、オランダ国民から大きな同情を享受することができたことは疑いない。今やユダヤ人は自制し、行きすぎを避けるのが妥当である。彼らは感謝する義務と、この感謝はまずもって、ユダヤ人のために犠牲になった人びとに対しできる限り償うことで表されるべきことを、常に心に留めておかなければならない。彼らが生還したことを神に感謝するのもよかろう。［オランダ国民からの］この同情を無駄にするのもまたよかろう……。実は、［ユダヤ人は］苦しんだ唯一の人びとではないのである(4)……。

したがって、大方のユダヤ人生存者が沈黙したままでいることを選択したのは、驚きではない。一九四〇年にオランダに生きていたざっと一五万人のうち、七五パーセントは生き残らなかったという事実について、彼らは沈黙した。収容所から帰還したのはわずか五〇〇〇人であったことについて、沈黙した。オランダの官僚と政治家、法曹関係者がナチの殺人者に提供した効果的な支援について、沈黙した。列車を連ねて追放が続く一方で、あの沈黙があったことについて、彼らは沈黙したのである。

戦後間もない数年、オランダでは戦争記念碑が相次いで建立された。レジスタンス闘士、戦没兵、国民の苦しみ、勇敢な個人の犠牲にそれぞれ捧げた記念碑である。ユダヤ人が被った厄災の最初の記念碑は一九五〇年、アムステルダムに建てられた。旧ユダヤ人市場と十七世紀のポルトガル・シナゴーグ、そして自宅から引っ立てられたユダヤ人たちの、遺棄されたあと内部を破壊された住宅に近い場所だ。白色の石でできた記念碑は、てっぺんにダヴィデの星をいただき、表面に愛と抵抗、不屈の精神、オランダのキリスト教徒への弔意を描いた五つのレリーフが彫られている。それは「ユダヤ人の感謝の碑」と呼ばれている。

事実はと言えば、ユダヤ人生存者は困りものだったのだ。オランダやフランス、あるいは国民が不都合で痛々しい過去の真実を忘れようとしているどの国でも、彼らは戦争の残がいの中で急ぎ構成されつつある英雄譚には適合しなかったのである。頭を低くし、他人に禍《わざわい》がふりかかったときには見ないようにして、戦時占領の屈辱をなんとかやり過ごしてきた男女は、自分が一貫して英雄だったかのようなふりをした。わたしは一九五〇年代の小学校時代、ドイツ兵に方角を聞かれて間違った道を教えてやったといったつまらない抵抗行為を、教師たちが誇らしげに語るのを聞いて育った。

わたしの少年時代のお気に入りはK・ノレルという作家で、彼の本は『専制を追っ払う』『準備せよ、少年たちよ』あるいは『抵抗と勝利』といった勇ましいタイトルがついていて、若きレジスタンス活動家の勇敢な行為の物語が詰まっていた。実在と想像上の英雄が交じるその名簿には、ユダヤ人が占める場所はなかった。古い偏見は死んではいなかったのだ。ノレルの『専制を追っ払う』に、次の一節がある。「ユダヤ人は英雄ではないかもしれないが、彼らは確かに利口だ。ナチスがユダヤ人の金と財産をひったくりはじめてやっと、ユダヤ人は目を覚ました。それもすさまじい勢いで。大変な抜け目のなさで、敵から数百万をうまく隠したのだ」。

フランスではしばしの激しい報復のあと、ドゴール政権はあたかも大方の市民がドイツの敵に対し勇敢に立ち上がったかのように振る舞うことで、社会の深い亀裂を修復しようとしたが、帰還してくる戦争捕虜も、多分必要であるとはいえこの虫のいい見せ掛けの雰囲気にはなじまなかった。擦り切れた古めかしい軍服を着て、一九四〇年の恥ずべき敗戦に責任ありとされているみすぼらしい男たちの帰郷には、祝典はなかった。「戦ったフランス、唯一のフランス、真のフランス」（パリ解放翌日のドゴールの言葉）には、こうした男たちが入る余地はなかったのだ。彼らが期待できたのは食料配給券となにがしかの現金、医師の健康診断、それに（その一団が音楽による歓迎に値するほど大きければ）『ラ・マルセイエーズ』の数小節だけであった。

ヴィシー政権のプロパガンダが戦争捕虜を、フランスのより偉大な栄光のために虜囚の身に耐えた勇敢な戦士として描く選択をしたことも、戦後、プラスにはならなかった。のちに有名作家になるロジェ・イコールは一九四〇年五月に捕虜になり、ユダヤ系の出自にもかかわらず他のフランス人捕虜と一緒にポンメルンで抑留された。回想録に彼は書いている。「口が利けず、抗議もならず、われわれはペタンと彼の一味にとって、申し分ないパルチザンだった。彼がわれわれをもっとも純潔なフランスと結びつけるのは、当然ではなかっただろうか？　ちょうど逆の理由で、ドゴール派はわれわれを軽蔑した。二〇〇万の捕虜、おまけにペタン主義に汚れた捕虜、これはお偉方と彼らのフランス理念の邪魔になったのだ。われわれは彼らのように勇敢に戦わずして、捕虜になったのではなかったか？　だからわれわれは、もっとも純潔どころか、もっとも汚れた卑怯者になる必要があったのである[5]」。

それだから、帰国するや否や戦争捕虜はおしなべて冷たくよそよそしい態度と無言の侮蔑、よくても軽侮をもって遇された。送還センターでは制服姿の高圧的な当局者が応対したが、これはしばしば女性であり、時には有刺鉄線の内側で戦争を過ごした彼らより階級が上で、それを臆することなく態度に表した。

作家のマルグリット・デュラス〔一九一四－一九九六年〕は、本人もレジスタンスに参加していて、このことを回想記『戦争』〔邦訳『苦悩』〕で記述している。

> トラックが次々に現れる。捕虜が五〇人ごとにかたまってセンターに吐き出される。「哀れな男たち」は正面ホールを眺め、全員が微笑を浮かべている。捕虜送還係の士官たちが彼らを囲む、「さあ、並んでください」彼らは列になって微笑し続けている。……わたしはここしばらく東駅《ラ・ガール・ド・レスト》に行っていたが、女性の一人がレジオン・ド・ヌール勲章をつけた兵士に声をかけ、自分の階級章を見せつけた。「あなたに敬礼はしませんよ、このとおり私は大尉ですからね[6]」。

デュラスは左派色が強く、彼女が描く、階級をひけらかす役人には特に強い嫌悪感を抱いている。彼らは反動派であり、彼女の愛人で左派レジスタンスの同志でもあるディオニス・マスコロ（「D」）の表現によれば、「彼らはドゴール派と直接結びつきをもたないどんなレジスタンス運動にも反対するだろう。彼らはフランスを占拠しようとしている。自分たちを、守護神にして思慮深きフランスと同一視しているんだ[7]」。彼らは己が利益のために、「永遠のフランス」という英雄物語を編もうとしているのだ。

デュラスの回想録にはもう一つ、一段と痛ましい記述がある。彼女の夫ロベール・アンテルムも左派レジスタンス活動家で、逮捕されてブーヘンヴァルト送りになっていた。デュラスは戦時中、すでに「D」と親しくなっていたものの、まだ夫と生きて会いたいと願っていた。彼が生きているとの知らせが何かないかと求めて、送還センターやパリ東駅へ行き来したのはこのためだ。のち大統領になるフランソワ・ミッテランによって、偶然ドイツの収容所で見つかったとき、アンテルムは歩くことはおろか、ほとんど話すこともできなかった。だが、切望していたパリでの再会はついに実現した。

ボーシャンとDが彼の両腋《わき》を支えていた。彼らは二階の踊り場で立ちどまっていた。彼は目をあげていた。
わたしにはもうはっきりわからない。彼はわたしを眺め、わたしを認めて微笑したのに相違ない。わたしは、ノンとうめき、見たくないとわめいた。わたしはそこで引き返し、階段をのぼっていった。わたしはわめき声をあげていたのだが、それは覚えている。戦争がわめき声となって噴き出ていたのだ。叫び声をあげることのない六年。わたしは気がついてみたら隣の人のところにいた。隣の人たちはわたしに無理にラム酒を飲まそうとし、私の口にラムを流しこんでいた。叫び声をあげながら。

次いで、ややあって彼女が彼を再び見ると、まだ微笑んでいる。

わたしが突然、元の彼を認めるのはこの微笑においてであるが、トンネルの奥に入る姿を見ているかのように遠くの方から認知する。これは照れている微笑だ。こんな屑同然の姿にたち至ったことに彼は恐縮しているのだ。そしてその微笑が消える。そして彼は再び見知らぬ人になる。(8)

わたしの父はブーヘンヴァルトにはいなかった。妻がオランダのレジスタンス運動に参加し、愛人をつくって間もなく離婚する、といったこともなかった。父の帰郷はあまり劇的ではない。だが、デュラスの回想録のこの一節は、帰郷についての父の不安の出どころも示唆している。それは異邦人になることに対する不安なのであった。

フランス人戦争捕虜にとって帰郷が辛いものであったとすれば、ドイツ人と日本人の場合はなおさらであった。両国の兵士は国家敗戦の重荷を背負っただけでなく――それだけでも十分厳しかったろうが――、悲惨な戦争に責任があったことで、また筆舌に尽くしがたい戦争犯罪を犯したことで、そして傲慢な戦士として国民に威張り散らした揚げ句、惨めな敗残者として復員したことで、自国民の軽蔑とさらには憎悪にすら出遭うことになった。無論、これはあまりフェアではなかった。数百万の女性を含めたほかの人びとは、旗を振り、愛国歌を歌い、政府プロパガンダによる捏造と事実が入り交った兵士の勝利を祝って、出征を激励したのである。当局のヒステリーによって狂乱に駆り立てられた、極めて権威主義的な国家の兵卒が負う結果責任は、彼らを声高に励ました一般民間人と変わりはしない。ドイツではともかくも、ナチスにすべての責任を負わせることができた。ナチ党の日本版を持っていない日本人は、破局の責任を「軍国主義者」と、さらには軍部と関係していれば誰にでも押しつけた。これは戦後の米国によるプロパガンダによって促進され、日本の新聞に忠実に反映された見方でもあった。

日本の作家、坂口安吾が書いたように、神風パイロット（特攻隊）は「すでに闇屋」だ。[9]この品位の失墜、国民的幻想からのこの集団覚醒は、天皇のために死ねと送り出されて、生きて帰るという恥ずべき不運に見舞われた男たちに直接押しつけられた。終戦直後に流行った「特攻隊くずれ」という日本語表現がある。その病的な観念主義が、女遊びと飲酒の狂乱へと堕した若者のことである。

肩で風を切る日本兵に向けた恨みは、それを口に出すのは極めて危険だったとはいえ、すでに一九四五年の敗戦前からあった。戦時の暴力が平時の犯罪的振る舞いに豹変するのを人びとが見ると、帝国軍隊の誇り高きイメージはさらにいっそう色あせた。戦争末期、軍用倉庫にはまだ、武器から毛布・衣類まであらゆる物資が詰まっていた。貧窮した国民には必須の物品である。軍上級将校と彼らの仲間の民間人——たいていは悪徳な戦時経歴のあるやくざ者——による大掛かりな組織的略奪のあと、倉庫は空っぽになった。その物資は徐々に闇市に流れ、大方の人びとには手が出ない値段で売られた。

国のために人を殺すよう訓練された数百万の若者を市民生活に戻すのは、決して容易なプロセスではない。敗戦の恥ずかしい臭気はそれを一段と難しくするばかりだ。一九四六年夏に始まった行方不明者情報を伝えるラジオ番組〔NHK『尋ね人』〕が、特に見当識を失くした復員兵のために、「私はだれでしょう」と呼ばれる一日二回放送の特別コーナーを含めたのは、むべなるかなである。[10]

士気阻喪した戦士たちは軍事的敗北によってすでに去勢されていたが、壊れた家あるいはこじれてしまった婚姻関係に戻ると、さらなる打撃に直面した。終戦直後の時期を扱ったドイツあるいは日本の映画や書籍に共通したテーマは、孤独から救われるために、あるいはただ生き延びるために愛人を見つけた妻たちと復員兵の不和である。このテーマは戦争そのものと同じだけ古い。アガメムノンはトロイから帰還して間もなく自邸で——物語のバージョンによるが、妻あるいは愛人、あるいはその両方に——殺される。ライナー・ヴェルナー・ファスビンダーの映画『マリア・ブラウンの結婚』（一九七九年）は、ドイツの優秀作品例の一つだ。東部戦線の恐怖から帰還したばかりのマリアの夫は、文字どおり妻が裸で黒人米兵に抱かれているのを見つける。このケースでは、死ぬのはその愛人の方である。それほど知られていない日本作品の例は、小津安二郎の映画『風の中の牝鶏』（一九四八年）だ。嫉妬した夫が、自分の不在中に他の男とセックスしたことを理由に妻を階段から突き落とすのだが、小津にしてはまったく珍しく、この映画は思いきりメロドラマで終わる。けがのため足を引きずりながら、妻はなおも夫の許しを請う。そして最後には、滂沱の涙の中で万事めでたしで終わるのである。

この作り過ぎたフィナーレに先立つ物語は、まったく当時の典型である。妻の時子は夫がまだ生きていることを知らず、裁縫の仕事で自分と幼い子供の生計を立てている。息子が重病になったとき、彼女には入院費を払う金がなく、一夜見知らぬ男に身を売る。夫の修一がとうとう帰ってきたとき、時子は一度のあやまちを告白する。修一は妻の不貞に激高し、思い悩む。だが実は、不貞は要点ではない。要点は、敗残兵が自分の激怒をかき立てる自尊心を回復しようとする奮闘にあるのだ。現実生活では、その結婚が涙の和解で救われそうもない点を除けば、この映画は極めて写実的である。

新聞各紙に寄せられた投書を見ると、帰還問題がいかに深刻であったかが分かる。著名な小説家、志賀直哉は一九四五年一二月一六日付朝日新聞紙上で書簡を発表し、この中で、政府には元神風特攻隊員を再教育する責任があると提案している。国家の栄光のためにいかに死すべきかを教えられた若者に、一九四五年の骨肉相食むシニカルな世界で生活を再建することをどう教えるのか？　彼らが絶望に陥り、堕落者と呼ばれるのを防ぐ唯一の道は、国が特別な教育プログラムを開始することである、と。これに応えたある投書は、同意しながらも、日本の社会そのものが再教育を必要としていると指摘する。ある投書の筆者は、特攻隊員になるべく教育を受けた男性で、彼は戦時中の特攻隊の訓練と精神こそ戦後日本の堕落した文化に必要なものだと述べている。

朝日新聞宛てのもっとも悲痛な投書の一つは、別の元兵士によるもので一二月一三日付。

戦友諸君！　今や吾々は解放された。あの陰惨な兵営と、腥い戦場より吾々は還つて來た。然し待つてゐたのは、軍閥を怨嗟する國民の鋭い眼と、戦火に荒れはてた故郷であつた。……腥い

戦は終わつた。が本當の生活の戦は……すでに始まつてゐる。(11)

実際、と彼は書いている。利己的で部下いじめをする将校連の、忠国その他の大仰な理念に関する仰々しい気取りはまったく空虚であることが分かり、自分が抱いていた青年の幻想は軍隊生活ですでに打ち砕かれてしまった。兵卒は機械におとしめられてしまった。そして今や、と彼は書く。「復員兵といへば……悪徳漢の代名詞の如くいはれてゐる」と。

「果たして國民の復員軍人に対する気持ちはどうか」と、同日の紙面でもう一人の筆者は問うている。「軍人と言へば軍閥と同様に考へられて居るのぢやないだらうか。確かに軍閥は敗戦の責を充分に負ふべきである。しかし國のために戦つた一兵士は決してその様なものでなく、純然たる愛國者である。若き生命を投げ棄て丶戦野に或いは南海に戦つたのは利慾の為に行つたのであらうか。復員軍人に対してもつともつと溫い氣持をさし伸べて貰ひ度い」。(12)

こうした感情は間違いなく、ベトナム戦争の復員米兵とも共鳴する。だが、ほぼ世界的に正当とみなされた戦争の勝者といえども、復員する際には市民生活への順応という問題を抱えた。ウィリアム「ビル」・モールディンは米軍にあってもっとも人気ある風刺漫画家だった。ヨーロッパ戦線で軍隊生活に耐える二人の米兵、ウィリーとジョーを描いたスターズ・アンド・ストライプス紙の歯に衣着せない漫画によって、彼はGI(米歩兵《ドッグフェイス》)の間で英雄になった。ウィリーとジョーは正規兵のように話し、また考える。彼らが考えるのは多くの場合、上官の将校にへつらわないことであり、これでモールディンはパットン将軍の叱責を買い、将軍は彼の「ケツを営倉にぶちこんでやる」と脅した。一九四五年六月、ウィリーはタイム誌の表紙を飾ったが、戦士の英雄的なイメージからはほど遠く、髭も剃らず服装はだらしなく、口の左端からたばこをだらりとぶらさげて、疲れた様子だった。

『帰郷』(一九四七年)は、モールディンがウィリーとジョーの復員を文章と漫画で描いた作品だ。モールディンのスケッチに表現された二人が出遭う困難と、彼らが伝える意識は、日本の新聞編集者宛ての復員兵の投書に表れた感情のいくらかを穏やかに表現したものになっている。例えば上官への恨み。だぶだぶの平服を着たウィリーとジョーが、ホテル受付でチェックイン手続を待っていて、ストライプのズボンと帽子、肩章、それに金ボタンという出で立ちの不機嫌そうなポーターが、二人のスーツケースを運んでいる。ジョーが言う。「おや、ウィルソン少佐、制服を着てご帰還だ」。

ウィリーとジョーの不信感は、何万人もの部下を特攻任務に送ったり、ニューギニアやフィリピンで敵の砲火に包まれて食料が底をついたとき、彼らを殺してその肉を食べたりした将校に対し、日本兵が感じた憎悪ほどには激しく燃え上がらない。だが、一人の不良兵によって損害をこうむるのは多くの場合、その兵士本人だけれども、「一人の不良将校は部下の間に相当の不幸を招きかねない」とするモールディンの主張は、同様に真実味を帯びていただろう(13)。

軍隊生活と市民生活の間の溝を埋めるのは辛いプロセスだったが、これは戦場の勇士だけでなく、それほど戦闘的性格のない男たちについても同じように――よりいっそうではないにせよ――当てはまった。妻や恋人たちにとって、復員兵士がそれほど英雄的に見えるとは限らない。ある漫画の中で、ウィリーはむさ苦しいビジネススーツを着て、以前には見ることのなかった戦時中生まれの赤ん坊をいささかきまり悪そうに連れている。正装の帽子と手袋を身に着けた妻が言う。「あなたは軍服を着ていると期待していたわ、そうすればあなたのことが自慢できるのに」。モールディンはこう言う。「ウィリー夫人はウィリーと出会ったときは大学生であり、戦争初期の輝かしい段階では、女性の同級生の例にもれず、しゃれた軍服をあがめていた。彼女はウィリーが乗馬用鞭とピンクのズボン姿の将校にならなかったため、いつも少々失望していた」。彼は勲章をもらうこともなかった。したがって、とモールディンは続ける。「彼女は彼の勲章を見せびらかして歩く喜びを奪われたばかりか、自分は彼の平服姿を見たことがなかったことに突然気づき、すると彼はちょっぴり体がたるんでいて平凡に見えてしまうのだった[14]」。

復員兵の一部が、幻滅したり市民生活への心構えができていなかったり、あるいは戦場の残忍性がトラウマとなって、暴力行為に走りがちだったりするのは驚きではない。これはどの戦争のあとにも起きることだ。だが、第二次世界大戦が終わった最初の年、こうした行為は新聞で過剰に注目を浴びた。ウィリーの妻が「復員兵、おばを蹴る」との見出しの付いた新聞を読んでいる場面があり、一方でしょげ返ったウィリーが肘掛け椅子に座ってウイスキーをちびちび飲んでいる。絵解きにはこうある。「斧で三人殺害の短い記事は一七ページに掲載。復員兵は無関係[15]」。モールディンは、そうしたセンセーショナルな見出しが「戦後、どこの国でも常に現れるうわさ――復員してくる兵士は殺しと襲撃の訓練を受けており、社会にとっては潜在的脅威だとするうわさ――に弾みを与えた」という悲しい事実を指摘しているのだ。

ドイツや日本の復員兵に比べると、帰還してくる米兵の問題は、ある点では似ているものの、些細に見えるかもしれない。彼らは勝利の栄光にひたって世界最富裕国へ帰還する英雄なのであり、間もなく至れり尽せりの復員軍人援護法で可能になった政府支援の教育プログラムの恩恵を受けるのだ。だが、米国でも軍服を着た男たちが英雄物語に応えられないことはしばしばあった。とはいえ、戦勝国と敗戦国の間には重要な違いが一つあり、その影響はどんな破壊的戦争の後の苦難より、はるかに長く尾を引くことになる。ドイツ人と日本人は英雄的理念に幻滅した。もはや戦争に関与したがらなかった。他方、英国人と米国人はあの最高の時への郷愁を完全に絶つことができず、彼らと彼らの国が再び英雄の如く生きられるようにと、軽率な軍事的冒険に乗り出すという致命的な傾向に陥ったのである。

帰郷したくない男たちはどうしたのだろうか？

山岳の冷たい湖と、松と花におおわれた豊かな緑の牧草地で知られるオーストリアの農山村地方、ケルンテン州のドラウ盆地。ドイツ軍のために奴隷労働者が掘削した真っ暗な、水浸しの山岳トンネルから出てきたユーゴスラヴィアのスロヴェニア人難民には、エデンの光景に見えたに違いない。岩がちの凍てつく山道をとぼとぼ歩いてきた人びともいた。その一人は回想している。「このすばらしい地方で、壮大なまばゆい『生命』という単語が輝きを放ち、四方にとどろくように思えた(16)」。

一九四五年のこの素晴らしい春に、絵に描いたような村落と田舎の教会から成るこの恵まれた風景をさらに子細に眺めれば、どこか違和感があり不安にさせるものが見えただろう。ドラウ盆地は仮設テントと掘立小屋群におおわれていた。馬や牛車、さらにはラクダまで伴った元兵士や女子供ら数万人の仮宿営地だ。そこにいたのは高い羊皮帽子をかぶった誇り高いコサック、スロヴェニアの農民、セルビアのチェキスト——一部は王党派、一部はファシスト、一部は両方の混じった人びと——、恐ろしいウスタシャに属するクロアチアのファシスト、ウクライナ人、ロシア人、ヨーロッパ各国の元戦争捕虜。さらにはオディロ・グロボクニク（仲間には通称「グロブス」）のような、山小屋に潜伏中のナチの殺人鬼も若干いた。これは、中でもポーランドでの絶滅収容所設立の責任者であったスロヴェニア系ドイツ人である。大方はチトーの共産党パルチザンかソ連赤軍から逃れてきたこの疲弊した人間の群れを、ロンドンのタイムズ紙の記者は「一五〇〇年前の東ゴート族のそれに似た集団移動」になぞらえている(17)。英国情報将校で、のちにロンドンの著名な編集者になるナイジェル・ニコルソンの表現によれば、ケルンテンは「ヨーロッパの汚水溜(18)」であった。

英軍に占領されたケルンテン州は、ある意味で、集団移動の悲惨にはぴったりの場所だった。というのは、それ自身の最近の政治が、ヨーロッパに人間的・文化的破局を引き起こした民族ナショナリズムの正真正銘の典型だったのである。ケルンテン南部の住民の多くはスロヴェニア人。戦時中の大管区指導者《ガウライター》（ナチの地区総督）はフリードリヒ・ライナーというドイツ語を話すケルンテン人で、彼は住民にドイツ語使用を強制したり、スロヴェニア人をさっさと追放してゲルマン系住民と入れ替えたりすることで、南部を「ゲルマン化」しようとした。戦争の末期にはチトーのパルチザンが同地域に進攻し、英軍に押し返されるまで、ユーゴスラヴィアの領有権を主張した。

　しかし、これは母国へ帰りたくないか、帰る家がない兵士や民間人でごった返す「ヨーロッパの汚水溜」が抱える問題の、ほんの一部でしかなかった。ナイジェル・ニコルソンはこう述べている。

> われわれに保護を求めてくる民族は数限りないように思われた。ドイツ人はチトーからの保護を望み、コサックはブルガリア人から、チェトニクはクロアチア人から、白系ロシア人は赤系ロシア人から、オーストリア人はスロヴェニア人から、ハンガリー人はほかのすべての民族からの保護を望んでおり、そしてそのリストですべて逆の組み合わせも同様なのだ……。［ケルンテンは］ナチの戦犯の最後の避難場所であるだけでなく、ロシア人とチトーから逃れてきて、行く先々で厄介者扱いされ、どこへ行こうと迫害されるばかりの、比較的無害な人びとの最後の避難場所であった。(19)

　迫害よりもひどいケースが多くあった。ドイツ側と組んだり組まなかったりしてチトーの共産党と戦ってきたスロヴェニア人やクロアチア人、それにセルビア人は、ユーゴスラヴィアの宿敵に身柄を引き渡された場合、拷問か死刑が予想された。多くのコサックはすでに一九一七年〔ロシア革命〕後の内戦で共産主義者と戦い、それ以来、ウェイターやタクシー運転手、あるいはヨーロッパ各地の首都で発行される無名の移民社会雑誌の記者として糊口をしのいできており、ソ連に戻れば死刑か強制収容所での緩慢な死が待っていることを知っている。分からなくもないとはいえ、愚かにもスターリン排除を期待してヒトラーに依存してしまったウクライナ人にも、同じ恐れは取りついて離れない。こうした恐ろしい予想は、やがてすべて現実になる。彼らが予想できなかったこと、それはヨーロッパでもっとも勇敢で礼節正しく寛大な国民である英国人が、自分たちに立ち退きを強制するということだった。

ケルンテン南部にあるユーゴスラヴィア国境のオーストリアの町ブライブルクで、第三八（アイルランド）旅団のT・P・スコット准将は五月一四日、クロアチア軍の二〇万人が約五〇万人の民間人を伴って英軍防御線に接近しつつあるとの報告を受けた。スコットは誰から見ても温情的な人物であったが、彼らの代表に会って、オーストリア入国を許されることはありえないと告げざるを得なかった。あなた方を受け入れる余地はない。餓死してしまうだろう、と。いいとも、と何人かが答えた。それじゃ自分たちは餓死しよう、と。アフリカかアメリカへ移動できる可能性はないか、と尋ねる者たちもいた。だめだ、それもできないだろう。それなら、自分たちは「ボリシェヴィキに降伏するよりも、最後の一人まで戦って、その場で死のう」[20]。

説得を重ねなければならなかったが、クロアチア人は水も食料もなくがまんの限界に達し、ついにはチトー派（英国人が言うところの「間抜け《チッツ》」）に投降することに同意した。男は戦争捕虜としてしかるべく扱われ、女は故郷へ送還される、と約束された。スコット准将はこれでよしと胸をなでおろした。

実際には何が起きたのか、その正確な事実が知られることはまずないかもしれない。少数の生存者の報告は陰惨で、誇張されている可能性がある。だが、彼らがどのように扱われたかを垣間見ることはできる。いくつかの報告によると、五月一五、一六の両日、一万人の将兵が国境のユーゴスラヴィア側で銃殺され、溝に投げ捨てられた。五月一七日にはドラウ川（ドラヴァ川）に沿って、スロヴェニアのマリボルへ向け「死の行進」が始まった。ある状況説明では、「クロアチア人数万人が手を針金で縛られ、多くの隊列に分けられた……。次いで、飢え、渇き、痩せ、傷つき、苦しみ悶えながら、馬や荷馬車に乗った『解放者』と並んで長距離を走らされた。そんな駆け足の『行進』に耐えられない者は刺殺か撲殺、あるいは銃殺され、道路脇に放置するか溝に投げ込まれるかであった」[21]。「クロアチア人約一万二〇〇〇人」が溝に埋められたと推定する別の報告もある。「血が地面に浸み込み始め、また地面自体が死体の膨満のために盛り上がりだしたため、パルチザンは土にアルカリ溶液をかけ、さらに土をかぶせたうえで、戦車で地面をならした」[22]。

これらの話が憎しみのために変色しているとしても、おびただしい数の人びとがチトーのパルチザンによって殺害されたことは疑いない。それは死の行進を強いられたクロアチア人だけではなく、セルビア人とスロヴェニア人もそうであり、彼らは今でもイノシシやヤマネコ、アカシカが生息するコチェヴィェの深い美しい森の中で、機関銃で射殺されたのである。彼らは共産主義者の捕虜としてそこに着いた。それは英国が、イタリアへ向かうのだと言って、彼らをユーゴスラヴィア行の列車に乗せたからだ。本当の行先を明かしていれば、英軍がなんとしても避けようとした大混乱が起きていたことだろう。

こうしたクロアチア人やセルビア人、スロヴェニア人、白系ロシア人、そしてウクライナ人はしょせんドイツ側について戦った裏切り者だ――英国は自らにそう言い聞かせて、ロシア人その他の反共派を、必要とあれば虚言をもって、時には力ずくで、敵の手に引き渡すという政策を正当化した。要するに彼らは同盟国ソ連の敵であるばかりか、英国の敵でもあったというわけだ。女子供を敵性戦闘員に分類することはまずできないという事実はおくとしても、実は事情はそれほど単純ではなかった。

たしかに、ノルマンディー進攻後、フランスで捕縛されたドイツ軍服を着た兵士のうち最大一〇パーセントがロシア人だった。だがこれらのロシア人は、ほとんどがひと言もドイツ語を話さず、喜んで、実にほっとして英軍に降伏したのであり、彼らがヒトラーの主義主張への熱狂に動機づけられていることはまずなかった。多くは東部戦線で捕まった戦争捕虜だった。ソ連兵捕虜を餓死させるというドイツの周到な政策を生き延びた捕虜たちは、ドイツの兵力が絶望的に枯渇していた一九四三年、残酷な選択肢を与えられた。ドイツ軍の特別外人部隊に加わるか、それとも死ぬか、である。

コサックの場合はさらに複雑だった。コサックの上級将校、すなわちロシア内戦の古参兵は今や六〇歳台で、ナチスのソ連侵攻をコサック伝統の地を回復する最後のチャンスと見ていた。そこでは祖父たちのように、一種の十八世紀の戦士階級として生きることができるのだ。ドイツは、彼らがドイツ側に立って戦うなら支援すると約束。そこで彼らは、宝石で象嵌をほどこした先祖伝来の短剣と反り返った刀剣を身に帯び、獰猛な兵団として、そのとおりに戦った。それは、おそらく永久に失われてしまった生活様式を取り戻そうとする空想的で、見当違いで、しばしば狂おしい努力であった。彼らはソ連内で戦い、ユーゴスラヴィアへの撤退を余儀なくされた時には、スターリン体制下での生活にこれ以上耐えられない数千人の民間人難民を連れていた。戦争末期、ドイツが——東南アジアで日本がしたように——戦いを続けさせる土壇場の餌として、協力的な政権に領土を分配しようとしたとき、コサックはイタリアのアルプスに「コサック国《コサッキア》」を樹立できると言われた。英軍が到着すると、コサックは、敵はソ連の共産主義者であって英国ではないとして、コサック国をあきらめ、ケルンテンののどかな盆地へ移ることにしたのだった。

無表情のアンテ・パヴェリッチに率いられたクロアチア・ファシストの残忍さには、ドイツ人さえ衝撃を受けたといわれる。イタリアのジャーナリスト、クルツィオ・マラパルテの報告は、旺盛な想像力によって往々にして脚色されているのだが、彼はパヴェリッチとのインタビューを伝えており、彼はその会見中、独裁者のデスク上に小さな丸い、ぬめぬめした物――多分、汁気のあるムラサキイガイか、牡蠣《かき》――がいっぱい入った枝編み細工のかごがあるのに気づいた。これが有名なダルマチアの牡蠣かと聞かれると、パヴェリッチは顔に薄笑いを浮かべ、これはわが忠実なウスタシャから贈られた四〇ポンドのパルチザンの眼球だと答えた。

ウスタシャは度はずれて残忍であり、それはチトーのパルチザンやスロヴェニアの郷土防衛隊、セルビアのチェトニクも同様であった。だが、彼らの戦争は連合国とドイツ、民主主義者とファシスト、あるいは共産主義者と反共主義者という戦争の枠組みには、きちんと収めることができない。彼らは民族、政治、宗教の区分線に沿って同時進行するいくつかの内戦――クロアチア・カトリック教徒vs正教セルビア人vsイスラム系ボスニア人vsセルビア王党派vs共産党パルチザンvsスロヴェニア郷土防衛隊vsスロヴェニア共産主義者――の当事者だった。ファシズム、共産主義、ナチズムというイデオロギーは物語の一部分にすぎないのだ。すべての当事者が、それが自らの国内目的にかなう限り、侵略ドイツ軍を含めた外部勢力と取引した。いずれかの時点で対独同盟勢力だったことのある元チェトニクやパルチザンを前にして、誰を味方あるいは敵として扱うべきか、一介の英軍兵士がどうして知り得るだろうか。

最後にはこの選択も力によって決せられた。地中海の英国全権代表ハロルド・マクミランはそのことをこう表現している。「一九四三年一二月ごろには、英国のもっとも事情に通じた見解は、パルチザンは最終的にはユーゴスラヴィアを支配するだろうし、王国の将来性はほぼなく、すでに国家統合の要素ではなくなったということであった。同時に、その地域には最大の軍事的重要性があった。というのは、チトーの兵力は、十分な支援があれば多数のドイツ軍師団を釘づけにしておく能力があり、それはイタリア戦線と、のちにはフランス戦線にとって非常に有利なことだったのである」[23]。チェトニクの王党派は不幸にも、内戦で負ける側にあった。

一九四五年にチトーが欧米の重要な同盟者と考えられていたとすれば、スターリンもそうであり、彼はまだ英米両国の多くの人びとに親しみを込め「ジョーおじさん《アンクル・ジョー》」として知られていた。だから、英外相アンソニー・イーデンが一九四四年九月のモスクワ会議でソ連外相に、すべてのソ連市民は「帰国を望もうと望むまいと」[24]送還されると約束するのは、それほど行き過ぎた行為ではなかったのだ。それは戦時同盟国との友好関係を維持するために緊要と考えられただけではなく、英国はソ連占領下の領域にいる英国人捕虜数千人の運命を危機にさらすことは避けたかったのである。

ウィンストン・チャーチルを含め、英国政府の他の閣僚は、その帰結をよく認識している政策について、ある程度の罪の意識を感じていた。経済戦担当相ソルボーン卿は、これらの人びとをロシアに送還するのは「彼らにとって確実な死を意味しましょう」と、チャーチルに書き送った。しかしイーデンは首相に「われわれはこれに関して感傷的になっている余裕はありません」と書いた。畢竟するところ、と彼は言う。その者たちは「フランスでしばしば忌まわしい行動をとったドイツ軍の隊列で軍務に就いている間に」、捕虜になったのだ、と。彼はほかのこと、より問題の本質を突いたことを付け加えている。「われわれは絶対こうした者たち多数を永久に抱え込みたくはありません」[25]。だから、一九四五年二月のヤルタ会談で、全員の送還が公式に確認されたのです、と。

多くのロシア人は強制されてドイツの軍服を着たこと、奴隷または底辺労働者として連れてこられた女子供がドイツの軍服を着たことはないこと、あるいは多数のコサックはソ連市民であったことさえなく、したがって法的には「送還」の義務がないことは、イーデンもソ連指導部もまるで意に介さなかった。後者の場合は、フランスやオランダとまったく同じではないものの、これは英雄物語とも関係している。かくも多数のロシア人やその他のソ連市民が、その一部は自らの意思でソ連と戦ったとか、または生き延びるためだけにドイツで働く道を選択したとしても不思議はない――などと考えるのは具合悪いことだった。官製の物語では、ソヴィエト労働者天国の市民全員がファシストの敵と戦ったのだ。降伏は犯罪だった。ドイツ軍の手に落ちた者は、国賊でなければならず、そのようなものとして扱われるのだ。

複雑化させる要因がもう一つあった。チトーのパルチザンは、英国人の想像の中では高貴な農民英雄としてとても美化され、対ナチスでは同盟軍ではあったかもしれないが、イタリアとオーストリア南部の一部に対する彼らの領土要求は深刻な面倒事になりはじめていた。西側連合国がなんとしても避けたいのは、武装した旧同志との戦争である。だが、すでに一〇〇万人の捕虜を抱え込んでいたハロルド・アレグザンダー元帥は、チトーの前進を確実に阻止できるように、まずオーストリアで「甲板を掃除する」権限を要求した。これはユーゴスラヴィア人をユーゴスラヴィアに、ロシア人をソ連に可及的速やかに引き渡すことを意味した。

恐怖の光景が、この甲板掃除がまねいた直接的帰結であった。騙《だま》しだけでは人びとを宥めてしぶしぶ従わせるのに不十分だとなると、百戦錬磨の英軍兵士は時には自らも涙しながら、突いたりぶったり、時には銃剣を使ったりして、彼らを家畜運搬貨車やトラックに無理やり乗せなければならなかった。泣き叫ぶ女たちは兵士たちの足元に身を投げ、子どもは恐怖にとらわれた群衆に踏みつけられ、中には銃で撃たれる者や、追放されるくらいならと自分の首を刃物で刺したり、ドラウ川に飛び込んだりする者もあった。

コサックはおそらくもっとも悲惨なケースだ。大英帝国の兵士としてアフリカへ送られるとか、日本軍と戦うためにアジアへ送られるといった思い込みが、意図的に促された。避けられない運命が決まる前に、彼らを落ち着かせておくためなら手段は選ばれなかった。彼らは馬術を見事に披露して自ら楽しみ、捕える側の英国兵を楽しませた。武装解除さえ一種の騙しだった。コサック兵たちは、旧式の武器を捨てるなら新式の優れた武器を与えると約束された。コサックたちは自分たちの将校がいないと、命令に抵抗することが少ないことに、英軍は気づいていた。五月末、一五〇〇人の将校が彼らの将来を決める「会議」に出席するよう指示された。夕方には家族と一緒に帰ってくる、と。実際は、再び彼らの姿を見ることはなかった。ソ連軍に引き渡されたあと、即座に処刑されなかった者は強制収容所に送られ、そこを生き延びた者はほとんどいなかったのである。

残されたコサック兵たちは帰らない将校のことを心配して半狂乱になり、ますます英軍に疑念を抱いた。より厳しい措置を取る時機に来ていた。丸腰の人びとに対し、不倶戴天の敵への投降を強要するという不愉快な任務は、アイルランド・イニスキリング・フュージリア連隊〔英軍歩兵連隊の一つ〕に与えられた。というのは、彼らはイングランド兵より命令を拒否する可能性が小さい、とロバート・アーバスノット少将が判断したからである。実際は、兵士たちは動揺のあまり、あわや抗命するところであった。部隊長のディヴィッド・ショーはこう語っている。「部下たちはものすごく不平を言ったが、しまいには命令に従った。さんざんだった。中には妊娠している者もいるのだが、これらの女たちが地面に寝そべって転げまわり、叫び声を上げていたのを覚えている。部下たちはライフルを地面に置き、女たちを抱えて列車に乗せ、それからドアをロックしてその場に立ちつくし、列車は窓から叫ぶ女たちを乗せて発車して行った[26]」。

別のコサックの野営地では六月一日、乗車命令を受けたあと、数千人が正教の盛装をした聖職者らによって一つの大集団に集められ、祈りを上げ、聖歌を歌った。ひざまずき、腕を組んだその人間の大塊の内側には女と子どもがいた。外側は若い男たち。いたる所に聖像画と黒旗、そして巨大な十字架を配した一つの祭壇があった。祈禱中の人びとを兵士が襲うことは絶対ないだろうと考えたのだ。なんとかしなければならなかった。多くのコサックと友人になっていた「ラスティ」デイヴィース少佐は、こう回想している。「その集団の外側の人間が一人ずつ引き抜かれると、残った人びとはいっそう密に体を寄せ合い、さらにパニックにとらわれると、兵士から逃れようと死にもの狂いで互いの上に這い登りはじめた。その結果、叫び声を上げる狂乱状態の人間ピラミッドが出来、その底部には多くの人びとが閉じ込められていた(27)」。

もみ合いで窓に体を突っ込んだ際、割れたガラスで両足をひどく切った女性は、人間の塊の一方の防壁が崩れたときのことを説明している。

人びとは恐怖で取り乱し……殺到していた。すべてが混沌状態。歌の斉唱、祈り、呻きと金切り声、兵士がなんとか捕まえた惨めな人びとの叫び声、泣く子と兵士の罵声。誰もが、聖職者さえもが殴打され、十字架を頭上に掲げて祈りを続けた(28)。

とうとうその仕事は終わった。子どもを連れて川に身を投げた人びとがいた。野営地の外の松の木で縊死した者も数人。だが、残ったコサックの大方は、一つの小窓と全員がトイレとして使うバケツ一個を備えただけの封印家畜運搬貨車に押し込まれる結果に終わった。T・P・スコット准将は部下の指揮官に、すべては「忌々しい汚れ仕事」だと事前に語っていた。「ラスティ」デイヴィース少佐は「わたしは今でもそれに戦慄を覚える」と語っている。[29]

このコサックたちは歴史に翻弄され、ついには潰され、見捨てられた諸民族の一つにすぎない。実は、「歴史」という表現は抽象的すぎる。彼らは、革命や純粋民族国家という理念に基づいて行動した人間によって殺されたのである。こうした理念の犠牲になった人びとはほかにもいて、その一部は自分自身がその理念の信奉者だったかもしれないのである。

一九四五年七月の猛暑の中、ポツダム会談で英米ソの戦勝三カ国によって決定された語句は極めて妥当で、少々味気ない響きさえあった。中央・東ヨーロッパからドイツ系住民を追放する問題について、三者は次のように結論した。「三カ国政府は、その問題をあらゆる角度から検討し、ポーランド、チェコスロヴァキアおよびハンガリーに残留するドイツ系住民、もしくはその構成分子の、ドイツへの移動が実行されなければならないと認める。三者は、いかなる移動も秩序立った人道的な仕方で実現すべきことに同意する」。

これはかなり公正に聞こえる。この合意は、すでに二年前のテヘラン会談でチャーチルとルーズヴェルト、スターリンが行ったポーランド東部の広大な地域のソ連への割譲に関する決定に続くもので、とりわけ米大統領ハリー・トルーマンとスターリンの間にある特別な気さくさと軌を一にしていた(トルーマンはチャーチルがそれほど好きではなかった。英国首相は不愉快なおべっかを使って、彼を「丸め込もう」としていた)。トルーマンがポツダムの大統領邸「小ホワイトハウス」で、スターリンとチャーチルのためにパデレフスキのト長調のメヌエットを弾くと、スターリンは「ああ、音楽はすばらしいものですな、人間の中の獣性を追い出してくれる」と言明した。[30]

トルーマンがスターリンに抱く温かい感情は、当時の多くの米兵も共有していたようだ。スターリンは、と米軍誌ヤンクはポツダムについて報じている。「兵士の関心からすれば文句なしに、この一群の重要人物たちが提供する最大の呼び物だ。そしてこれは、ジョーが日本の降伏の行方を握っているというわさゆえのことなのだ。ニューヨーク州ロングアイランド出身のジョン・テューイ伍長は、かつてパラマウント映画の出演交渉担当で、今は著名人が詰めかけた小ホワイトハウス前で警備についているのだが、彼はスターリンを『思ったより小柄だが、美しい制服を着た清潔な人物』と描写している」[31]。ニューヨーク・タイムズ紙では、ドイツ首都近郊の廃墟の中で協議する戦勝国三首脳は「墓場を歩く三人の男。世界の権力の大半を手中に握る男たち」として描かれている[32]。そして無論ここには、その多くが今やポーランドとチェコスロヴァキア、ハンガリー、そしてルーマニアが領有を主張している地域に深いルーツを有する一一〇〇万人以上のドイツ語系住民の運命も含まれていた。

ポツダムの当たり障りのない美辞麗句の裏では、一段と冷酷な言葉で心情が表現されていた。すでに数百万人のドイツ人がズデーテンラントとシュレージエン、東プロイセンの家郷を追われていた。ポツダム会談の直前、スターリンはチェコスロヴァキア首相ズデニェク・フィエルリンゲルにこう念押ししていたのだ。「諸君の邪魔はしない。彼らを追い出せ」[33]。

チャーチルがヤルタでスターリンに対し、自分は「数百万の住民を力ずくで移動させるという考えにショックは受けない」と語ると、スターリンも英国首相にこう念押しした。「[ポーランドには]もうドイツ人はいなくなるでしょう。わが軍が進攻すると、ドイツ人は逃げ出し、ドイツ人は一人も残りませんからな」。するとチャーチルはただちに言った、「次にはドイツ国内の彼らをどう扱うかの問題がある。われわれはこれまでに六〇〇万ないし七〇〇万人を殺し、終戦までにおそらくもう一〇〇万人を殺すことになります」と。正確な数字を好むスターリンは「一〇〇万？　それとも二〇〇万？」と尋ねた。チャーチルは答えた。「ああ、わたしは制限の設定を提案しているのではありません。つまり、ドイツにはその空白を埋めることが必要になる人間のための余裕がなければならないのでして」[34]。

こうしたドイツ人の多数は熱心なナチ党員であり、戦争犯罪者でさえあった。ドイツ帝国周縁部に住む民間ドイツ人の多く――おそらく大方――は、ナチ党とその地元組織に同調していた。特にズデーテンラントはそうであり、同地ではドイツ人が一九三八年以前、富では優っているにもかかわらず、チェコ人によって二級市民扱いされていると感じていた。とはいえ、ナチスと無関係な人も多くいた。積極的な反ナチの人びともいた。ところがチャーチルもスターリンも、そうした細かい区別はしたがらなかった。ドイツ人は全員去らなければならない――戦争犯罪者、ナチ党員、反ナチ派、男女、そして大人子どもの別なく。

住民移動と集団追放、国境変更はスターリンとヒトラーの十八番政策だった。だがチャーチルの念頭には別の先例があった。ギリシアのイスラム教徒をトルコへ、ギリシア正教徒のトルコ市民をギリシアへ移住させることを取り決めた一九二三年のローザンヌ条約である。実際は、住民交換の多くはすでに一九二二年、ギリシア＝トルコ戦争の結果としてあたかも自然発生的に起きていた。公式の住民交換は比較的無血の出来事だったのだ。ところが、一九四五年と四六年の中央・東ヨーロッパで起きた事柄は、まったくスケールが違っていた。たしかに一種の住民交換があった。ウクライナの一部となった東部ポーランドのポーランド人が、以前はドイツの一部であり、今やドイツ人が退去したシュレージエンに移住した。だが、事の真相はと言えば、約一一〇〇万人の人びとが秩序立ってもなく、人道的でもない仕方で、家郷から追い出されたのである。

ケーニヒスベルクの医師、ハンス・グラーフ・フォン・レーンドルフは、人間は神に背いたがゆえに野蛮人の如く振る舞うものだと信じており、爆撃を受けて焼け落ち徹底的に略奪された故郷を、ある時徒歩で去ろうとした。西方へ向かう列車――通常は石炭か家畜の運搬貨車――に無理に乗り込むのは危険すぎると考えた。そこで冷雨の中、「無人の地」を歩いた。

収穫されていない田畑……爆弾によるクレーター、根元から引き倒された樹木、溝に落ち込んだ軍用車両、そして燃え堕ちた村落［を通過］。わたしは崩壊した一軒の家に風雨をしのぐ場所を探した。何かが動くのを感じた。煉瓦の床を擦る音がした。ぼろをまとった数人が、宙を見つめてぼんやり立っていた。中に三人の子どもがいて、幾分敵意を込めてわたしをじろじろ見た。見たところ彼らもケーニヒスベルクを逃れようとして、ここで立ち往生してしまったらしい。ロシア人に包囲され、先へも後へも、どこへも行けないのだ。彼らが最後に食べたのは、一時停車したロシアのトラックから手に入れた数個のジャガイモ。どんな代価を強要されたか、わたしは尋ねなかった。彼らの口ぶりからすると、女性たちがもう一度支払わなければならなかったことは明白だった。神よ、こんな幽霊から誰がこれ以上、どんな満足を引き出せるのでしょうか？(35)

もっとひどいことは起きている。だが、この話は嗜虐的暴力や殺戮、餓死にまつわるその他多くの話以上に、突然家を失った人びとの無力感をわたしたちに教えている。前に進むことも、後ろに退くこともできない。もはや自分たちのものでなくなった人跡絶えた地で、宙ぶらりん状態に陥ってしまったのだ。

レーンドルフが列車を敬遠したのは正しかった。すし詰め状態で食べ物も飲料も衛生設備もなく、あらゆる天候にさらされて過積載の貨車に数日間閉じ込められるだけではなく、強制労働キャンプへ連れ去られるか、少なくとも道中で強盗に遭う可能性が高かったのだ。以前、ナチ政権に逮捕された社会民主党員のジャーナリスト、パウル・レーヴェ〔シュレージエン生まれ。戦後に西独連邦議会議員。一八七五〜一九六七〕がシュレージエンを通る旅の様子を描写している。

　ロシア人が蒸気機関車を切り離してしまったあと、われわれは二二時間拘束された。同じような停車は数回起きた……。列車は四回――二回はポーランド人に、二回はロシア人に――略奪された。このやり方は簡単だ。レールの損傷のために列車がスピードを落とすと、強盗たちは貨車に乗り込み、われわれのスーツケースとリュックサックをひったくり、それを土手に投げ降ろす。半時間後、彼らは飛び降り、戦利品を回収するのである。(36)

警察官その他の役人がしばしば略奪者の仲間入りするこの無法の時期にあって、鉄道駅は、身を置くにはもっとも危険な場所だった。強盗一味は、そこで夜を過ごさなければならない不運に見舞われた人を、相手かまわず餌食にする。女性は老若を問わず、気晴らしを求める酔っ払いの兵士に強姦されやすくもある。家を失うことと、諸権利を完全に喪失することの恐怖の一つは、他者があなたに対して何でも望みどおりにする生殺与奪の自由を与えられてしまうことなのだ。

シュレージエンや東プロイセン、ズデーテンラントでドイツ人に加えられたことは、いくつかの点ではドイツ人が他民族、とりわけユダヤ人に加えたことのグロテスクな鏡像であった。ドイツ人は多くの公共の場から締め出された。「N」の文字（ドイツ人 *Niemiec*《ニェミエツ》 の頭文字）の入った腕章を着けなければならない。卵や果物、牛乳あるいはチーズを買うことは許されない。そして、ポーランド人と結婚することはできなかった。

もちろん、この比較には限界がある。保守系作家で日記作者エルンスト・ユンガーの女性の友人の一人が、チェコスロヴァキアの刑務所から彼に書き送っている。「チェコスロヴァキアのドイツ人あるいはハンガリー人地域で起きている悲劇と比較し得るのは、ユダヤ人に起きた事柄だけです」[37]。これはおかしい。追放途中で命を落としたドイツ人の数については、今も多くの論争がある。一部のドイツの歴史家は、一〇〇万人以上が死んだと主張してきた。ざっとその半分だという反論もなされてきた[38]。これでも十分ひどいことではある。しかしながら、すべてのドイツ人を絶滅するという組織だった計画はなかった。そして時には、シュレージエンやズデーテン生まれのドイツ人はポーランド国民やチェコ国民になる選択肢も与えられた。これはナチ支配下のユダヤ人には決して認められなかった選択肢である。

　ドイツ人女性はソ連兵やポーランド人、あるいはチェコ人による手当たり次第の性暴力にさらされ、自分たちのことを「狩猟鳥獣《フライヴィルト》」〔法の保護外に置かれている人の意味もある〕と呼んだ。それはまさに、いかなる権利もなく家を失ったすべての人が陥る境遇である。シュレージエンは一九四五年夏には「西部開拓地《ワイルド・ウェスト》」として知られた。グダニスク（元ドイツ都市ダンツィヒ）の新たなポーランド行政府の暫定市長は、「ゴールドラッシュ」のことを話している。「すべての道路を、あらゆる交通手段を使って、ポーランドのあらゆる地方から誰もがこのクロンダイク〔カナダの十九世紀末のゴールドラッシュの中心地〕に向かっており、彼らの唯一の目的は働くことではなく強盗と略奪である」[39]。ドイツ人の家屋、ドイツ人の工場、ドイツ人自身も含むドイツ人のありとあらゆる資産が、摘み取りの機を迎えていた。

　一九四五年の民族浄化はしかしながら、住民の追放や奴隷化よりもさらに先へ進んだ。上シュレージエンの町ラティボル（ラチブシュ）の半ユダヤ系住民ヘルベルト・フプカは、雨中で母校の前を行進させられたことを回想している。父親がラテン語とギリシア語を教えていた学校である。トーマス・マンやアルフレート・デーブリーン、フランツ・ヴェルフェルらナチスによって発禁となっていた作家の、破られ濡れそぼった山積みの書籍に彼は気づいた。その書籍はナチ政府に没収され、ユダヤ人墓地に投げ込まれたものだ。どういうわけか最後に路上に行き着き、フプカの表現では「持ち主もなく、ギムナジウムの前にころがって」いたのだ(40)。

一九四五年に組織的に破壊されつつあったのはドイツ文化と、それを生きた多くの人びとであった。ドイツ帝国とオーストリア＝ハンガリー帝国の古い部分、そのいくつかの都市――ブレスラウ、ダンツィヒ、ケーニヒスベルク、レンベルク、ブリューン、チェルノヴィッツ、プラハ――は、多くはドイツ語を話すユダヤ人が担うドイツ上位文化の中心だったのだが、今や「非ドイツ化」される運命にあった。道路や商店の名前は塗り替えられ、地名は変更。ドイツ系図書館は略奪に遭い、記念碑類は壊され、教会や公共建築物の大変古いものを含む碑銘は消された。ドイツ語そのものが廃されなければならなかったのである。ヤンク誌のプラハからの報道はこう伝えている。

（チェコ語を話せない場合）ドイツ語で道を尋ねると、胡乱《うろん》な目つきが返ってくるだけだ……。チェコ人は理解しないわけではない。ドイツ語は実際上、長年彼らにとって第二言語だった。プラハの工場でドイツ人のために強制労働させられたあるチェコ人は……こう説明する。「ここではドイツ語を話さないでほしい。それは獣の言葉だ(41)」。

中央・東ヨーロッパからドイツ人と彼らの文化ばかりか、彼らが存在した記憶をも消し去ることには、さまざまな動機があった。共産主義者にとっては、憎きブルジョアジーを排除する革命事業であった。エドヴァルド・ベネシュのような非共産系民族主義者にとっては、裏切り行為に対する報復であった。「わが国のドイツ人は……わが国家を裏切り、わが民主主義を裏切り、われわれを裏切り、人間性を裏切り、そして人類を裏切った」[42]。チェコスロヴァキア・カトリック教会の高位聖職者の一人はこう宣言した。「ドイツ人と決着をつける千載一遇の時が来た。彼らは邪悪であり、隣人を愛せよという戒律は当てはまらない」[43]。しかし、誰もが共有していた感情は、ポーランドの初代共産指導者ヴワジスワフ・ゴムウカがポーランド労働者党の中央委員会ではっきり述べている。「国家とは多民族ではなく一民族の線に沿って建設されるがゆえに、われわれはすべてのドイツ人を追放しなければならない」[44]と。

かくして、民族的純粋性と国家という、二十世紀最初の数十年あるいはそれ以前にさえさかのぼる思想に依拠したヒトラーの計画は、ドイツを憎んだ人びとの手で完了したのだ。ポーランドとチェコスロヴァキア、ハンガリー、そしてルーマニアにおける戦後の民族浄化の恐怖をすべて考慮に入れたとしても、ヨーロッパの真ん中でのドイツ文化の本当の破壊者は、ドイツ人自身であったことを忘れるわけにはいかない。その多くがドイツ上位文化に極めて忠実だった中央ヨーロッパのユダヤ人を根絶やしにすることで、ドイツ人がそのプロセスを開始したのだ。戦後のドイツ人追い出しは、ポーランド人とチェコ人がその仕事を仕上げる最速の道だったのである。

一九四五年夏と秋に、あれほど多くのユダヤ人がドイツの難民キャンプに身を寄せていたのは、ドイツを愛するがゆえではない。彼らは、自分たちを皆殺しにしようと血道を上げたばかりの国、ドイツの方が比較的安全だ——少なくともリトアニア、ポーランドといった彼らの母国のいくつかよりは安全だと考えたのである。英米軍の警備下にある難民キャンプでは、少なくとも迫害されることはなさそうだった。ポーランドの収容所を生き延びたり、パルチザンとともに戦ったり、ソ連での亡命生活から戻ったりした数万のユダヤ人はその夏の間、ドイツへ流れ込んだ。もちろん、たとえドイツ国内の難民キャンプが一時の避難場所を提供してくれても、彼らはまだ家郷からはるか遠く離れていた。だが、このうえ「家郷」が何なのか。大方の生存者には、おそらく想像の中にしか家郷はなかった。家郷は破壊されてしまったのだ。何人かの難民が言うように、「われわれはバイエルンにいるのではない……どこにもいはしないのだ」[45]。

生き残ったヨーロッパ・ユダヤ人は多くの場合、ひどい虐待のために自分の身の世話もできず、怯えと怒りのために他者の支援を受け入れることができなかった。とりわけ救援者がキリスト教徒の場合はそうであった。難民キャンプでは、ユダヤ人が通常はまず非ユダヤ人と、そしてお役所仕事の混乱とすげなさを示すいくつかの周知のケースでは、元ナチ党員と同居したのだが、キャンプは信じがたいほど不潔だった。犬畜生にも劣る扱いを受けた人びとが、どうして突然、自尊心を回復できるだろうか。親ユダヤとしては知られていないパットン将軍が、ユダヤ人生存者を「動物以下」と呼んだのは、たしかに問題ではあった。だが、救援のためドイツに着いた屈強なパレスチナのユダヤ人でさえ、ショックを隠せなかった。ハノッホ・バルトフの自伝的小説『旅団』の中で、ユダヤ人旅団の一兵士はこう言う。「これは僕らが何年もの間話してきた人びとだ、と僕は自分に言い聞かせ続けた。しかし、僕は彼らからあまりにもかけ離れていたため、その高圧電線が僕たちを引き離してしまったかと思えるほどだった」[46]。米兵の一人は故郷宛ての手紙で、「ダッハウから出たばかりの」ポーランド系ユダヤ人との出会いについて書いている。その男はミュンヘンの公衆便所の隅にうずくまり、「子どものように泣いていた」。「泣くわけは聞くまでもなかった。どっちみち答えはいつも同じで、こういう具合だ。両親は拷問死、妻は毒ガスで殺され、子どもたちは餓死。あるいはこの三つのどれかの組み合わせだ」[47]。

英雄譚をどうしても必要としている人びとがいるとすれば、それは多くの犠牲者のうちでも最悪の犠牲者であるユダヤ人だったのだが、ちなみにそのことはまだ広くは認識されていなかった。ユダヤ人集団抹殺《ジェノサイド》の恐怖の全体像はまだ、多くのユダヤ人自身にとっても不可解だった。英国の正統派ユダヤ教首席ラビ、ソロモン・ショーンフェルド博士は一九四五年一二月、ポーランドのユダヤ人生存者の状況について報告し、まだ次のような文をしたためることができた。「(風呂とガス、それに幾らかの赤十字設備のある)オシフェンチム(アウシュヴィッツ)はほかのどこより人間的だ、とポーランドのユダヤ人は口をそろえている」[48]。人間的だとは!

ユダヤ系の新聞ではすでに戦時中、一九四三年のワルシャワ・ゲットー蜂起の英雄的行為をマサダ要塞――ユダヤ人ゼロテ党員が紀元七三年に最後の自殺的な対ローマ蜂起を行った聖地――に比する試みが行われていた。一九四三年五月一六日付のイディオト・アハロノト紙の見出しはこうだ。「ワルシャワのマサダ要塞が陥落――ワルシャワ・ゲットーの残がいにナチスが放火」。実のところ、このゲットー蜂起がイスラエル新国家の建国神話として真に評価されたのは、ようやく一九七〇年代のことである。けれども、英雄的行為をもってユダヤ人の士気を回復しようとする試みは、終戦直後にあった。それらの試みはすべてシオニズム、すなわち破壊された民族を鼓舞するために推進された家郷の夢としっかり結びついていた。「気をつけろ!《アホトゥング》 ユダヤ人が来るぞ!《ディ・ユーデン・コンメン》」こう通報しながら、トラックに乗ってイタリアからドイツになだれ込むユダヤ人旅団のことはすでに伝えられていた。七月二五日、ドイツ西部一帯にある難民キャンプ委員会のユダヤ人代表は、パレスチナ入りを要求する宣言を発表した。彼らがこの感動的イベントに選んだ場所は、ヒトラーが一九二三年、失敗に終わったクーデターを起こしたのと同じミュンヘンのビアホールだった。

聖地エルサレムのユダヤ人と離散同胞《ディアスポラ》のつながりはまだ薄く、そこで、あたかもモルデハイ・アニエレヴィッチらが「イスラエルの地《エレッ・イスラエル》」のためにゲットーで死んだかのように、ワルシャワをマサダ要塞になぞらえる必要があった。だが、シオニストの青年諸グループは戦時中も、その後も、難民キャンプでそうしたつながりを積極的に構築しており、キャンプではユダヤ人生存者はたちまちキブツ〔農業共同体〕に組織化された。ランツベルク難民キャンプをあずかる米軍将校、アーヴィング・ヘイモント少尉は自身もユダヤ系だった。とはいえ、キャンプのキブツ員をどう扱うべきか迷っていた。「さらに面倒なことに、わたしは今日、キャンプの中の若く最良の構成員がキブツに組織化されていると聞き知った。キブツはパレスチナ移住を強く希望する、集密に編まれた規律あるグループのようだ。そこで……彼らは自らの生活を理想的集団主義に従って編成しようとしている。どのキブツも排他的で、キャンプ生活にはほとんど関心がない(49)」。

実に多くの生存者が、実際には米国を新しい家郷として夢見た。バイエルンにある最大の難民キャンプの一つ、フェーレンヴァルトの通りは「ニューヨーク」「ミシガン」あるいは「ウィスコンシン大通り」などといった気持ちをそそる名前がつけられた(50)。しかし、どれほど魅力的であろうと、米国はヨーロッパ・ユダヤ民族の生き残りを歓迎しなかった。終戦直後は間違いなくそうだった。そこで、ユダヤ人生存者たちの間で、中央ヨーロッパ出身の若きシオニストらにそうした威信を付与したのは、若さと相対的な健康、規律、高い士気、理想主義、スポーツの奨励、農作業、そして自己防衛であった。ドイツの敗戦から一〇日後、英軍付き聖職者ラビ・レヴィはロンドンのジューイッシュ・クロニクル紙に投書し、ベルゼンのシオニストを賞賛している。「われわれが腰を下ろしてヘブライ語の歌を歌った……小屋の中でのあした会合を、わたしは忘れることがあろうか。そうした堅忍不抜の精神があり得ることを、世界は信じるだろうか。二日前、わたしはポーランド出身の若きシオニストのグループに会った。彼らはもっとも不潔な建物の一つにすんでいるのだが、彼らの居住区域は染みひとつなかった(51)」。

ベルゼンきっての屈強な人物は、ヨセフ・ローゼンサフトという、小兵で細身ながら筋金入りの男。ユダヤの英雄のイメージにぴったりだった。一九一一年、ポーランドに生まれ、青年のころハシド派の宗教的狭量さに反発し、左派シオニストに。一九四三年七月、ベンジン・ゲットーで妻および継息子と一緒に拘束され、アウシュヴィッツ行きの列車に押し込まれる。なんとか列車から脱走し、機関銃掃射を浴びながらヴィスワ川へ飛び込んだ。ゲットーで再び逮捕され、今度もなんとか脱走するも、また捕まってビルケナウに送られる。アウシュヴィッツと連結された死の収容所だ。石切り場での二カ月間の奴隷労働ののち、別の収容所へ移送され、一九四四年三月にそこを脱走。四月に再び捕まり、脱走幇助者の名前を明かさないままビルケナウで数カ月間、拷問を受けた。囚人がじめじめした地下トンネルでドイツ軍のV−2ロケット製造に酷使されるドーラ＝ミッテルバウ強制収容所を経て、最後はベルゲン－ベルゼンにたどり着く。

ローゼンサフトは教育をうけたユダヤ人都市エリートの一員ではなかった。イディッシュ語しか話せなかったが、彼が連合軍当局との交渉言語としてイディッシュにこだわり、英国人の応対係を大いにてこずらせた理由はそれだけではなかった。プライドの問題だった。ベルゼン解放ユダヤ人中央委員会の指導者として、彼はユダヤ人が共通の家郷——それは彼の頭の中ではパレスチナでしかあり得ない——をもつ固有の民族として扱われることを望んだ。ユダヤ人は他民族の囚人から分離されるべきであり、自らの問題は自ら処理することを認められるべきであり、ユダヤの地へ移住する準備をしなければならないというのである。(52)

同じような心情はほかの難民キャンプでも聞かれた。アーヴィング・ヘイモント少佐はランツベルクのユダヤ人委員会の要求に、往々にして苛立った。だが本国宛ての手紙で、難民キャンプの代表者の一人、J・オレイスキ博士というリトアニア出身の農学者の演説を引用し、それを「とても啓発的」

と見ている。オレイスキ博士は、ユダヤ人が「フェンスの間からヴィルナ越しにコヴノその他のリトアニアの町を見やって」、「もう一度わが家郷を見たい」と歌ったゲットー時代を回想する。しかし今日では、とオレイスキは続ける。

あれだけのことがあったあとでは、ドイツの強制収容所のあとでは、家郷は集団墓地に変わってしまったとわれわれがはっきり述べたあとでは、われわれは手探りし最愛の者の影を指先で握りしめて切なく泣くことしかできない。わたしは二度と家郷を見ることはできないのだ。二十世紀にヨーロッパからペストを除去した戦勝国は、これを最後に特殊ユダヤ人問題を理解しなければならない。そう、われわれはポーランド人ではない。たとえ一度はリトアニアを通ってもリトアニア人ではない。人生で初めて日の光をルーマニアで見ても、ルーマニア人ではないのだ。われわれはユダヤ人なのだ！

ヘイモントはシオニストでもなければ、見たところ宗教的人間でもない。実際、ドイツでの機微に触れる任務が難しくなりかねないとの懸念から、家族関係を決して明かさなかった。だが、多々ある苛立ちにもかかわらず、「パ、レ、ス、チ、ナ、で、の、ユ、ダ、ヤ、人、共、同、体、建、設、」（原文は大文字）を含め、オレイスキ博士の熱望に対して共感を示さないわけではなかった。まことに、とヘイモントは書いている。「これについて考えれば考えるほど、委員会に対する怒りは減じていく。委員会はグループとして、人びととの諸権利の保護と、彼らをドイツから連れ出すことに重大な関心をもっている。人びとの諸権利とは、彼らが被保護者とか慈善の対象としてではなく、自由人として遇されることなのだ」[53]。

卑屈で周りの多数派諸民族を喜ばせることに汲々とし、希望に満ちた同化へと誘惑されながら、それでもおどおどする被迫害少数民族としての境遇、「慈善の対象」から、ユダヤ人を聖なる国土を経営する誇り高き戦士の国に変えるという考え。この理想はナチスによるジェノサイドよりはるか以前から存在した。その理想は、社会主義的なもの、宗教的なもの、さらには人種主義的なものまで含め、多彩な形で登場した。そして異なる諸党派は絶え間なく、時には激しく競合し合った。人びとが投票できるまでに体調を回復すると、ベルゼンその他のキャンプでただちに政党が結成された。ダヴィド・ベングリオン〔イスラエル初代首相。一八八六〜一九七三〕もまたポーランド出身の屈強な人物で、パレスチナにおけるシオニスト運動の指導者だが、彼はユダヤ人の苦しみが自分の肝いり構想に役立つことを早くから見抜いていた。一九四二年一〇月、パレスチナのシオニスト執行委員会でこう述べた。「生産的な経路に導かれれば、厄災は力になる。シオニズムの手管のすべては、われわれの厄災を離散同胞《ディアスポラ》の場合のように失望や零落にではなく、創造性と活用へと導くすべを知っているということである」[54]。

これはかなり冷酷に響く。ホロコーストを「道具化」するもっとも初期の例だ。柔軟さを断固として拒むのはたしかにベングリオン流の一環であり、ユダヤ人のための英雄譚を創成するには、おそらく必要なことであった。現実主義的な人間として、彼は感傷の吐露を非生産的と見ていた。だが、一九四二年段階ではベングリオンも、ヨーロッパにおけるユダヤ人の破滅の規模にまだ気づいていない。ほとんど誰も気づいていなかった。これを理解していたと思われる最初の一人は、アポリナリ・ハルトグラスというヨーロッパ・ユダヤ人救済委員会のシオニスト活動家である。すでに一九四〇年に、彼はナチスが「ポーランドの「ユダヤ人」住民を絶滅しつつある」と警告している。ところが、そのハルトグラスも、一九四二年にポーランドからの難民が彼の最悪の疑念を裏付けると、「あなた方の言うことをすべて信じたら、わたしは自殺しますよ」と返答したのである[55]。ベングリオンは、個々の事実は知っていた。大方の人びとと同様、まだ真相を想像することができなかったのである。

そうではあれ、ハルトグラスとベングリオンの両者とも、人間の悲惨を自らの政治目的に利用したとのそしりを受けるところだ。一九四三年の救済委員会宛ての覚書で、ハルトグラスは、おそらく七〇〇万人のヨーロッパ・ユダヤ人が殺されるであろうが、これについてパレスチナのユダヤ人（イシューヴ）〔イスラエル建国前のパレスチナのユダヤ人共同体〕ができることは多くないと述べている。しかしながら、もし少数のユダヤ人を救うことさえできれば、と彼は書いている。「われわれは彼らから少なくともいくらかの政治的利益を獲得するに違いない。シオニストの観点からすれば、この政治的利益は以下のような条件下で獲得することになろう。第一に、救済されたユダヤ人の受け入れを望む唯一の国はパレスチナであること、そして彼らの吸収を望む唯一の共同体はイシューヴであることを、もし全世界が知るならば、である」(56)。

一九四五年一〇月、ベングリオンはドイツの元強制収容所を自分の目で見ることにした。彼は日記に、簡潔で無味乾燥な事実メモをしたためた。ダッハウについては「かまどとガス室、犬舎、絞首台、四人用区画、それにナチス親衛隊（ＳＳ）用区画を見た」。ベルゼンでは「本年四月一五日まで、ここには四万八〇〇〇人のユダヤ人がいた……。それ以降、三万一〇〇〇人が死亡……（チフスおよび結核による）」(57)。伝記作家テベット・シャブタイによれば、ベングリオンの目標はかなり英雄詩的な性格を帯びていた。彼は「死の収容所の生存者が英国兵の封鎖を突破し、戦いながらパレスチナの海岸へ到達する」のを想像していた。テベットはそっけなく述べる。「骸骨のように痩せこけた生存者に対する彼の検分は、指揮官が戦闘を前にして部隊を閲兵するのに似ていたに違いない」(58)。

ベングリオンの巡回旅行のうわさはたちまち広まり、彼は行く先々で難民にもみくちゃにされた。ヘイモントは「人びとが繰り出して、ミュンヘンから続く道路に並ぶのに気づいて」初めて、ベングリオンがランツベルクに来ていることを知った。「彼らは花と、急ぎ間に合わせで作った旗やプラカードを手にしていた。キャンプ自体があらゆる類の飾り付けで満艦飾になった。キャンプでこのようなエネルギーが誇示されたことはなかった。トルーマン大統領が訪問してもこれだけの興奮を呼び起こすことができるとは思えない[59]」。キャンプの人びとにとって、ベングリオンは「神様なのだ」とヘイモントは言っている。

ベングリオンがドイツへの旅で行ったもっとも有名な演説は、ダッハウからも遠くないミュンヘン近郊ザンクトオティーリエンの、古いベネディクト派修道院にある強制収容所生存者のための病院でのものだ。この時ばかりは、ユダヤ人孤児を見て彼の目は感極まって潤んだ。だが、すぐに自分を取り戻した。「わたしは自分の中のこの気持ちを表そうとはしない……そんなことはできない」。その代わり彼は、一部はまだ縞の囚人服を着た聴衆に説明した。

> 活気あるユダヤ人のパレスチナが存在する、たとえその門が閉ざされていても、イシューヴは強力な腕をもってこじ開けるであろう、とみなさんに申し上げることができます……。今日、われわれはパレスチナの決定的勢力であります……。われわれ独自の店、独自の工場、独自の文化、そして独自のライフル銃を持っているのです……。ヒトラーはパレスチナから遠くないところにいた。そこでも恐るべき破壊が起こり得たのでありますが、ポーランドで起きたことはパレスチナでは起きようがなかった。彼らはシナゴーグの中にいるわれわれを虐殺することはなかったでしょう。すべての少年、少女がすべてのドイツ兵を撃ったことでしょう[60]。

強力……勢力……われわれ独自のライフル銃……。一九一七年に英外相アーサー・ジェイムズ・バルフォアが、パレスチナを「ユダヤ人の民族的郷土」にすると約束していたとはいえ、シオニスト指導者が提示したこれらの勇ましい言葉は、まさに英国が聞きたくないことであった。英国は窮地に立った。というのは、一九一七年のバルフォア宣言で、政府はパレスチナのアラブ系住民に「パレスチナに存在する非ユダヤ系共同体の市民的・宗教的権利を侵害する可能性のあるいかなることも行われない」と約束していたのだ。ざっと七〇万人のパレスチナ住民のうち、アラブ人は九一パーセントを占めていたため、これが先々問題になりそうだった。そこで、英外務省が一九三九年に発表した白書は、一九四〇〜四四年の間、パレスチナへのユダヤ人移民を年間一万人に制限。非常時にはこれに二万五〇〇〇人を追加することができるとした。その非常時がやって来たのだ。まったく不十分な割り当てを埋めるに不足のないユダヤ人が、パレスチナを目指した。ベングリオンは今や、そこにいる少なくとも一〇〇万人のユダヤ人生存者を、合法、非合法のあらゆる手段を使って移住させると主張した。米大統領トルーマンはドイツのユダヤ人難民キャンプの状況に関する報告に衝撃を受け、[61]英首相クレメント・アトリーへの書簡で、少なくとも一〇万人のユダヤ人に移住を許可すべきだと論じた。彼はこう付言している。「ポツダムで貴殿に申し上げたとおり、パレスチナへの移住を閉ざすべきではない、そして妥当な数のヨーロッパ被迫害ユダヤ人に、その意思に応じて、あちらへの再定住を認めるべきであると米国民全体が信じています[62]」。

トルーマンが書簡で言わなかったのは、この一〇万人のユダヤ人に、米国には定住されたくないということであった。英国がユダヤ人のパレスチナ移住を積極的に、時にはナチの死の収容所をかろうじて生き延びた人びとに対し武力を使ってまで止めようとした理由は、現実的なものだった。パレスチナはまだ英国の委任統治下にある。労働党政権下にあっても、英国はインドへの玄関口として中東への影響力を保持したかったのだ。いずれにせよ英外務省の同情はアラブ人側へ傾いていて、そのアラブ人は、仮に余計なユダヤ人がアラブ人多数の地への定住を認められれば、武器を手に立ち上がることになる。英国の観点からすれば、こうなっては具合が悪い。そういうわけで、不法に上陸しようとするユダヤ人は英国兵に警棒で殴られ、ぼろ船に押し戻されるか、あるいは撃たれる可能性があった。

だが英国の議論は必ずしも現実的ではなく、往々にして誠実さを欠くことがあった。シオニズムがユダヤ人のアイデンティティのための戦いとして考案されたとすれば、英国はアイデンティティの代案を提示した。難民に関する政府間委員会の米国特使、アール・G・ハリスンがまとめたドイツ国内の難民に関する特別報告に対し、英外務省は、同報告が勧告するようにユダヤ人をその他の難民と分離することも、ヨーロッパにユダヤ人の未来はないと結論することも間違っている、と論じた。つまるところ、「それはヨーロッパにユダヤ人の居場所はないと考えたナチスが正しかった、と暗に認めることにつながる」。「[ユダヤ人が]自ら帰郷するのが、自然で正しいと感じるような条件を創出すること――この段階でそうした条件は創出不可能と認めるのではなく――」が連合国の責任である、と[63]。

ポーランドやリトアニア、ウクライナといった国で、そのような条件をどう創出しようと英外務省が提案するのかは、詳しくは説明されなかった。といっても、ユダヤ人のすべてがシオンへの適切な経路について一致していたというわけではない。パレスチナの全シオニストグループを束ねる「ユダヤ機関」と、米国ユダヤ人合同配給委員会《アメリカン・ジューイッシュ・ジョイント・ディストリビューション・コミッティー》（JDC、略して「合同《ジョイント》」）の間に鋭い対立があった。JDC当局者はユダヤ人亡命者と難民を、金と食料、その他の必需品でできる限り支援しようと努め、シオニストの洗脳を嫌った。それは独裁的で逆効果を招くと考えたのだ。子どもがヨーロッパないし米国で養い親を探すのを、ユダヤ機関が妨害する例まであった。これはユダヤの祖国へ「上ること」を妨げかねないからである。

さらに数年かかることになるが、ついにはシオニストが意志を通した。イスラエル国家が建国され（一九四八年）、数百万のユダヤ人が同地に安息の場を見つけた。大方のヨーロッパ諸国、それにソ連と米国は、おそらく罪悪感からこれに賛同した。あるいはそれは、どの民族も国家を必要とするという十九世紀の根強い観念ゆえかもしれないし、イスラエル国家が多くのユダヤ人にとっては唯一の信頼できそうな選択肢であるとの認識のためかもしれない。「彼らにはここにいてもらいたくない」(64)。イーデンがコサックについて言ったことは、ヨーロッパのユダヤ人にもそのまま当てはまったのである。

第5章 毒を抜く

国家は戦争や占領、独裁によって物理的に傷つくだけではなく、道徳的にも荒廃するものである。政治的正当性は失われる。市民の感覚は、シニシズムにむしばまれる。専制国家の下でうまく立ち回るのは往々にして、良き市民からは程遠い、最もたやすく不正に染まる者たちだ。時代の移行期に、最大の正当性を帯びるのは多くの場合、独裁が続いた間に社会の周縁へと追いやられていた人びとである。第二次世界大戦の場合、積極的にレジスタンスに参加した少数の男女がこれに当たったが、その活動は占領下の諸国では危険を伴い、さまざまな「自由」政府が形式上の亡命政権を維持していたロンドンでは、いくらか安全な形で行われた。

レジスタンスは戦後、かなり意図的にロマンティックな描かれ方をしたが、ナチス・ドイツと日本帝国を軍事的に屈服させる上では、ささやかな役割しか果たさなかった。暴力的な抵抗は、無辜の民への激しい報復を伴い、しばしば市民に余計な困難をもたらした。それゆえに、なおいっそうの弾圧を招き寄せる英雄的な人物は、用心深い人びとの間では怨嗟の的となった。もちろん、レジスタンスには、完全に敗北したわけではなく、圧政に一矢報いることも可能だということを誇示する象徴的な価値がある。だが、レジスタンスの真の重要性は、戦闘が終結した後で初めて明らかになる。あらゆる逆境に立ち向かった人びとがいたという事実が、対敵協力や残忍な体制への諾々たる黙従に毒された社会に英雄譚を提供する。民主主義の回復はこうした物語に依拠する。その物語は単に市民的道徳観だけでなく、戦後政府の政治的正当性の意識の再建にも寄与するからである。それは戦後ヨーロッパにおける国民再生の創世神話になっているのだ。

中央・東ヨーロッパの一部では、レジスタンスの役割はより込み入っている。抵抗すべき二つの圧政が存在したからだ。スターリンを主敵とみなす勢力は時に、ドイツと協力した。ウクライナで最も名高いレジスタンスの英雄は、「ウクライナ民族主義者組織」の指導者ステパーン・バンデーラだった。ウクライナが一九九一年、ソ連崩壊に伴ってついに独立を達成したとき、バンデーラは祖国の父として持ち上げられた。ウクライナ版ジョージ・ワシントンだ。至るところにバンデーラの銅像とバンデーラ記念碑、バンデーラの聖地、バンデーラ博物館がつくられた。だが、バンデーラはかつてオーストリア＝ハンガリー帝国の一部だったウクライナ西部出身であるため、とても国民統合の英雄という訳にはいかない。ロシア正教が支配的な東部では、バンデーラは今も一九四一年にナチスの側に付いたファシストとみなされている。バンデーラの民族派は一九四四年に発生した約四万人のポーランド人殺害にも責任があった。事件当時、この英雄自身はソ連とドイツからのウクライナ独立を宣言した後で、ナチスの強制収容所にいた。バンデーラは一九五九年、亡命先のミュンヘンでソ連の国家保安委員会（ＫＧＢ）工作員に暗殺された。

西ヨーロッパでは、事態はそれほど複雑ではなかった。英雄神話は、フランスのような国では特に重要だった。官僚機構や警察組織、司法、産業界のエリートたち、芸術家や作家たちまでもが、すべてヴィシーの対ドイツ協力政権にどこまでも妥協していたのである。一九四〇年六月一八日、ドゴール将軍がロンドンから抵抗を訴えるラジオ演説をしたとき、大方のフランス人は彼の名を知らなかった。「祖国」フランスの偉大な父は、なおペタン元帥だった。ほとんどの人は、ドゴールの朴訥ながら不思議と感動的なラジオ演説――「何が起ころうとも、フランスのレジスタンスの炎を消してはならないし、消えることはない」――を聴いてさえいなかった。

戦争初期の二～三年間、実はフランスにはほとんど抵抗運動はなかった。だが、連合軍がノルマンディーでドイツ軍を撃破すると、ドゴールは一九四四年、紛う方ない国家正統のシンボルとしてパリを「解放」するフランス軍を率い、軍服に身を固め堂々と帰還した。実は親ナチスの狙撃手から発砲を受けたのだが、ドゴールは何事も起きていないかのように歩き続けた。こうして、不可侵に見えるこの人物は、一九四五年一〇月の戦後初の選挙までの暫定政権を樹立することができた。これは、なお多数のヴィシー派が加わり、たいがいは共産主義者に率いられていたレジスタンス諸グループと対立する政権である。共産主義者はある理由でドゴールの目標に不信感を抱き、彼の方でもまた同じ理由で共産主義者のそれに不信感を抱いていた。ところが、ドゴールはレジスタンスの誇らしい相貌を帯びていたため、その指導的地位は合法であるとみなされた。ドゴールは、国民を道徳的破綻から救い上げる人物というわけだった。

ドイツと日本には、頼るべき英雄的なシンボルも指導者もいなかった（ドイツ東部の共産主義者が支配する地域では、「反ファシズム」の英雄神話のようなものがでっち上げられてはいたが）。一九四四年七月にヒトラー暗殺を企て、命の代償を払った軍高官らはまだ、大方のドイツ人からは英雄視されていなかった。それに、彼らの多くはプロイセンの軍人貴族階級出身だったため、非ドイツ人、そして多くのドイツ人からも、戦争の原因と広く信じられていた軍国主義的伝統（プロイセン主義）と結び付けられても仕方なかった。日本にも戦時体制に抵抗した者が若干いたが、ほとんどは共産主義者か急進左翼であり、戦時中は獄中にあった。ヒトラー帝国や日本帝国政府に反対する人びとは、おおむね自分の思いを胸のうちに秘めるか、ドイツの場合は、国外へ脱出していた。

しかし、ドイツには、ほぼ完全に孤立しながら、命の危険を冒して活発な抵抗運動を展開したいくつかの小グループがあった。その中の一人が、ベルリンのレジスタンス・グループ「エミールおじさん」に加わった女性ジャーナリスト、ルート・アンドレアス゠フリードリヒだ。彼女と勇敢な友人たちは、ユダヤ人らをナチスの迫害からかくまい、密かに反ナチスのビラをばらまいた。この種の活動にかかわって生き延びた者は、ほとんどいない。レジスタンスの国民的な神話を創造するには、アンドレアス゠フリードリヒのような人びとが確かに少なすぎた。だが、ひとたび戦闘が終結し危険が去ると、人びとはそれでもなんらかの道徳的な罪の償いをする必要性を感じた。一九四五年五月一五日、ベルリンのロシア占領地区でかろうじて生き残っていたアンドレアス゠フリードリヒは、日記に次の文言を書き付けた。

> いたる所で政治的活動が活発に行われている。一二年間になおざりにしたことを、大急ぎで取り返さなければならないかのように。「反ファッショ」グループが、雨後の筍《たけのこ》のように、にょきにょきと生え始めている。横断幕やプラカード。アピールやスローガン。二つ目の街角にはもう必ず政治的団体が自己宣伝している。……すべての闘争グループが長い過去を誇っているわけではない。いくつかはアドルフ・ヒトラーが抵抗を止めた時はじめて抵抗を始めたグループである。[1]

これほど露骨ではなかったにせよ、同様の偽善はドイツの占領から解放された国々においても観察された。だが、ドイツや日本はもちろん、こうした国々でも、英雄物語は道徳の崩壊に立ち向かうには不十分だった。戦後秩序が政治的正当性を獲得するためには、ナチ党員や日本の軍国主義者、そしてその協力者たち各層の追放が必要だった。戦争遂行、独裁、迫害、奴隷労働、集団殺戮《さつりく》の責任者たちは退場しなければならない。だが、どこから始めるべきなのか？　どのように進めるべきなのか？　犯罪の定義は何か？　共謀は追放の十分な根拠になるのか？　有罪の人物をいかに見つけるのか？　どこでその線引きをするのか？　ナチ党員だったり、ナチスに協力したりしたドイツの官僚全員を追放しなければならないとすれば、すでにずたずたの状態にあったドイツ社会は、あっけなく分解してしまっていたところである。その種の官僚はあまりにも数が多かったのだ。日本では、戦時の官僚機構や既成政治勢力を完全に排除していれば、飢餓の瀬戸際にある国を維持する知識と技能を持った日本人はほとんど残らなかったことだろう。だがそれでも、正義が行われたと国民に感じさせるためには、何かをする必要があった。

犯罪人をただ殺してしまうことを別にすれば、破綻した社会に対処する最も古典的で単純な解決策は、追放である。元の対敵協力者たちをどう処置すべきかという問題が持ち上がったとき、ベルギーでこの方策を示したのは保守キリスト教政党の上院議員だった。「わが国内に、こうした者たちを社会復帰させる余地が本当にないのであれば、彼らをどこか別の場所に行かせることはできないだろうか。……たとえばラテンアメリカには、彼らが新たな人生を始めることのできる国々がある」(2)。この道は、秘密裏にではあれ、多くのナチスの集団殺戮犯たちが選択したのだが、政府の政策としてはとても実行可能なものではなかった。それにドイツの全ナチ党員はもちろん、ヨーロッパ中のすべての対独協力者をラテンアメリカに追放するという考えは非現実的だった。

にもかかわらず、一九四五年七月のポツダム会談で米英ソ三カ国首脳は、敗戦国から有毒な遺産を除去し、二度と戦争を引き起こさない民主国家に再建するためには、何か抜本的な方策を講じる必要があるとの考えで一致した。ドイツも日本も「非武装化」、「民主化」される。ナチスの組織や警察部隊が禁止されるのは当然だが、「ドイツの軍事的伝統の延命に役立つあらゆる軍事的組織とすべてのクラブ、団体」も禁じられる。さらに、ドイツ民主化の一環として「名目的参加者にとどまらない活動をしていたすべてのナチ党員と、連合国の目標に敵対するすべての人物は、公職及び準公職、それに重要な民間事業の責任者の地位から解任されるものとする」ことになった。

民主主義とは何かという考え方では当然、ソ連と西側連合国の間で理解が異なっていた。もう一つ、はっきりしていなかったのは、ナチ党員もしくは「軍国主義者」であったことと、「連合国の目標に敵対的である」ことの間に、あるとすればどんな違いがあるのかであった。つまり、連合国の目標のために働く用意がある元ナチス党員や、連合国の政策に激しく反発する元反ナチ人士——例えば西側占領地域の共産主義者やソ連占領地域の自由民主主義者——が想定できるのだ。追放をどのように進めるかは、ドイツの破局をどのように見るかにもよった。この点では大国間にはより大きな合意があった。プロイセンの軍国主義、つまりプロイセン主義が主たる問題とみなされていた。これを根こそぎにする必要があるというのだ。これがやや的外れであることがようやく周知の事柄になるのは、もっと後のことである。

ポツダム宣言での日本に関する言い回しは若干異なっていた。「日本国民を欺いて世界征服に駆り立てた者たちの権威と影響力は、永久に排除されなければならない。なぜなら、無責任な軍国主義が世界から払拭されるまで、平和と安全、正義に基づく新秩序は不可能であることをわれわれは強調するからである」。

これもまた、いささか曖昧で誤解を招く表現だ。「責任ある軍国主義」などというものが存在するのか？　そして、正確には誰が誰を誤った方向に導いたのか？　当面は日本の最高権威であった連合国軍最高司令官（ＳＣＡＰ）ダグラス・マッカーサー将軍は、戦争責任を取るとする裕仁天皇の申し出を受け入れなかった。ＳＣＡＰはマッカーサーが一般にその名で知られていた頭文字だが、彼は大きな混乱を回避するために天皇が必要だと確信していた。このため、天皇はいかなる罪状の適用も免れた。

日本の最高権力者であり、偉大な白人の父親像を意識して演じていたマッカーサーは、日本国民から多くの書簡を受け取った。中には風変わりな敬意を込めて彼に語りかけるものも混じっていた。最高司令官は、象徴としての日本の天皇に対して、全能のショーグン（将軍）の役割を演じようとしていた。しかし、ある意味で、それは彼自身が不可侵の人物になることだった。「拝啓」と、ある書簡は書いている。「閣下が恩讐の境を越えた、誠に寛仁大度のご処置に対しましては、神のごとき敬虔崇厳の感に打たれるのであります(3)」。

大戦中、多くの日本国民には、天皇は不可侵の存在だった。だが、自由主義ないし左派的な傾向の日本人にはそうではなかった。最高司令官に宛てた手紙で、おそらくキリスト教徒と思われる差出人は、なぜ天皇が戦争犯罪人として逮捕されないのかと戸惑いを訴えた。「真に法の正義、人類の正道としての法を、世界に対し神に対して恥じないとすれば、現天皇を戦犯者として厳罰すべきことをわれわれはお願いする。単に日本人操縦のため天皇をそのまま手を付けぬとすれば、すべての連合軍の好意ある施策は、撤退後必ず無駄になることを確信する(4)」。

一方で、天皇に手を出せば恐ろしい結果を招くと警告する書簡もあった。「その時こそ世界最大の悲劇が生まれることは、あまりにも当然であります。それは、大和民族八〇〇〇万の全滅の後に初めて成功するだろうものであります(5)」。この「大和」という言葉は、懲りない国家主義者であることを示している。マッカーサーは、これこそ自分が聞くべき声だと決めた。最も残虐なものも含むあらゆ戦時行為は天皇の名において行われたのだが、結果として、天皇自身が「誤導されていた」ということになった。公然とこの物語から逸脱すると、深刻なトラブルを招きかねなかったし、今なお招きかねないのである。★

日本には、ヒトラーは言うに及ばず、ナチ党に相当する組織も、ドイツで一九三三年に発生したようなクーデターもない。このため、代わりに「軍国主義」や「超国家主義」、そして「封建制度」までが、根絶すべき毒草とされた。そこで、ある米軍指令はこう表現している。「軍国主義や好戦的ナショナリズムを主唱してきた者は、公職や他の公的私的に責任ある地位から排除・除外される」[6]。扇動家や戦犯、軍指導者が対象になる場合、これはかなり分かりやすい企てになる。だが、太平洋戦争のはるか以前からいる官僚や、日本の戦時政府に確かに協力し利益を得てきた実業家・産業人——といっても多くの場合、軍国主義者、超国家主義者とは呼べない人びと——を追放するのは、はるかに難しいことが明らかになる。

「軍国主義」や「封建主義」あるいは「プロイセン主義」を、人体器官に巣食ったがん細胞のように摘出できるという発想は、連合国当局では保守層より左派の間で広く受け入れられた。これは、ドイツ人や日本人、あるいはかつての被占領国市民の間でも同様だった。多くの国でレジスタンスの主役を担ったのは共産主義者を含む左翼だったため、レジスタンスの左翼メンバーは、戦後社会が自分たちの思い通りに形作られるべきだと主張した。彼らにとり、一九四五年はファシズムと協調してきた軍事・金融・政治面の既成権力を最終的に清算する千載一遇の機会だったのだ。

マッカーサー将軍自身は、保守的な共和党員だったが、日本占領の最初の数年間、理想主義に燃える法律家やニューディール政策を支持する改革派に囲まれていた。彼らは日本民主化に向けた努力の一環として、公職追放政策を強力に推進した。彼らは、戦前から日本の支配層とつながりを持つ専門家ではなかった。彼らの考えでは、文化的な専門知識も特に必要ではなかった。正しい憲法を備え、独立した労働組合の設立など進歩的な措置によって支えられれば、どんな国でも民主主義国に作り替えることができる。日本における初期の公職追放は、総司令部民政局のニューディーラー、チャールズ・ケーディス中佐のような人物によって指揮された。その上司であるコートニー・ホイットニー准将は以前マニラで弁護士を務めており、彼自身の敬愛する上司と同様、大げさな言葉遣いを好んだ。「マッカーサーの哲学は過去の軍事占領史に前例のないものであり、将来の軍事占領にとって、一つの標準として、一つの挑戦として存続するだろう(7)」。連合国軍最高司令官の複雑隠微な東京宮廷で、ホイットニーらと敵対したのが、マッカーサーの情報機関トップを務めたチャールズ・ウィロビー少将だった。

ウィロビーはドイツ生まれで、元の名前をカール・フォン・チェッペ・ウント・ヴァイデンバッハといい、マッカーサーは「わたしの可愛いファシスト」と呼ぶのを好んだ。それには十分理由があった。ウィロビーは穏やかな声と洗練された物腰、それにひどいかんしゃく持ちの詮索癖の強い人物で、米軍政当局の内部を含め、いたるところにユダヤ人と共産主義者の陰謀を勘ぐる傾向があった。フランス大使もたまたま名前がロシア人風だったために、彼に疑いを抱かれた。ウィロビーは最高司令官配下のニューディーラーたちより、裕仁天皇周辺の保守的な廷臣たちと良好な関係を結んだ。一九五〇年代に職を辞した後はマドリードに移り、自分が深く敬服するフランシスコ・フランコ将軍の補佐を務めている。しかしながら、公式には占領警察の責任者だったため、自分が個人的には評価する公的人物の解職を仕切るのが、ウィロビーの職務だった。公職追放に異論を唱えるウィロビーの長口舌を聞かされた後で、ホイットニーはこう言っている。「ある計画に強く反対する者は誰であろうと、それを履行するには不適任だと思う(8)」。だが、差し当たってはそれだけだった。

ドイツでは、元ナチの公職追放の思想的支柱となったのはフランツ・ノイマン。後に、米中央情報局（CIA）の前身、戦略情報局（OSS）に勤めることになるマルクス主義者だ。ドイツ出身のユダヤ人難民で、戦前のドイツでは政治理論研究者・労働法専門家として名を成していた。米国亡命中は、ヘルベルト・マルクーゼとともに米政府のために非ナチ化の指針を準備した。マルクーゼはフランクフルト学派に属する亡命マルクス主義学者の一人だ。彼らのテーゼによれば、第三帝国は「全体主義的独占資本主義[9]」の典型的な例だった。ナチス運動の背後には産業資本家がいる。ユダヤ人迫害は、独占資本主義に対する国民の不満をそらすための策略なのだった。

米軍占領地域の軍政トップ、ルーシャス・クレイ将軍の支持を得て、ノイマンは悪名高い質問票《フラーゲボーゲン》の立案を進めた。これはドイツ人の成人全員が回答を求められた一三一項目に及ぶ調査だ。過去の政党所属や政党支持に関するこれら詳細な質問を元に、米軍政当局は少なくとも二三〇〇万人の有罪・無罪を決めることができると期待された。代表的な質問は次のようなものだ。「あなた、もしくはあなたの家族の誰かが、宗教や人種を理由に他人から盗んだ財産・資産を保有していますか」。別の質問は、学生団体への所属に関連していた。まるでこれが、一九三五年以降禁止されるのではなく、ナチス組織の一部であったかのように、である。実は、当たり前のことだが、正直な回答はほとんどなかった。文書提出は延期され、時には永久に引き延ばされた。提出の呼びかけは絶え間なく出された。連合軍当局は文書を評価するのに十分な人員も、知識も欠いていた。ドイツ語を読むことはおろか、話せる米国人は数少なかったのだ。公式にはドイツにおける民主主義再建の任にあって、既に手いっぱいだった軍政当局は、一二月一日施行の新たな「法律第八号」のために一段と負担過重となった。

ベルリンでレジスタンスに参加したルート・アンドレアス＝フリードリヒは、賛意を込めて日記にこの法律のことを書き留めている。

三週間前、ナチス党員に対する最初の措置が発表された。工業・経済分野からの元ナチの一掃。文化的活動からの元党員の締め出し。かつてのナチ党員は、企業ではただ労働者としてだけ採用される。[10]

アンドレアス＝フリードリヒは、元ナチ党員にがれきの除去など不愉快なつまらない仕事をさせるという考えに共感を示している。だが、彼女の考えは一般的ではなかったようだ。アンドレアス＝フリードリヒは、周囲の人びとの声を書き留めている。「前代未聞だ。こんな恐怖政治的手段は！　身の毛がよだつ。こんな新しい不正行為は！　国民の二〇パーセントを特別法の下に置くなんて！」これに対し、彼女は日記の中でひそかに反論している。「いや、できるのだ！　それができることを彼ら［ドイツ人］は忘れたのだろうか？　彼らはこの特例法が、八年前のユダヤ人に対する特例法とほとんど同じ文面を持つことに気がついていないのだろうか？」[11]

抗議するそうしたドイツ人に、彼女は共感しなかった。だが、彼女が指摘した相似性も問題ではあった。ナチのような体制下で社会から人びとを排除することもさることながら、民主国家再建のためにそうするのは、はるかにやっかいな問題なのだ。それに、ナチ党への入党だけでは、たいした意味はなかった。約一四万人が職を失ったが、多くは下級公務員か、恐怖心または野心からナチスに入党した日和見主義者であり、もっと大物、もっととがめられるべき面々は無処罰のままだった。あえて入党はしなかったものの、ユダヤ人の資産を略奪して巨額の財を成した実業家。殺害されたユダヤ人の金歯をため込んだ銀行家。有毒な人種差別理論をたきつけた大学教授。ヒトラー帝国の法令にこせこせと従い、ナチス国家の転覆を図ったとか、「劣等人種」との恋愛によって「人種的不名誉」を犯したとして男女を訴追した弁護士や裁判官。

テオドール・ホイス〔戦後、西独の初代大統領。一八八四〜一九六三〕は戦前、リベラルなジャーナリストであり政治家だった。活発な抵抗運動をしたわけではなかったが、ナチスを嫌っていた。ホイスは、連合国側が信頼に足ると認めるような類のドイツ人だった。一九四五年、米当局はホイスをバーデン・ヴュルテンベルク州の文化相に任命した。彼にとっての悩みの一つは、一二年間に及ぶナチスのプロパガンダから若者を引き離す有能な教師の不足だった。公職追放により、彼の仕事はさらに困難になった。軍政当局宛ての懸命の要望書で、彼は、公職を追放された人びとのうち筋金入りのナチスは、わずか一〇〜一五パーセントにすぎないと思うと書いた。ところが、あまりに多くの教師たちが解雇されたため、子どもたちから教育の機会が奪われている。難しいことではない、と彼は主張した。第三帝国成立以前に教育を受けた中高年の教師から「褐色の上着をはぎ取り」〔褐色はナチスの色〕、そして「かれらの善の力を再び目覚めさせることは」。ホイスは当局に対し、彼らを信頼するよう懇願した。「われわれは教師たちをナチズムから解放し、新たなより良き理念の代理人に仕立て、正しい精神で若者を教育することを可能ならしめると約束いたします(12)」。だが、要求は退けられた。

カール・ツックマイヤーは米国亡命からドイツに戻って、米陸軍省への報告書を書き、米当局の公職追放があまりにいい加減で、たいていは真の標的を外しているため、非ナチ化が再ナチ化を引き起こす危険があると論じた。ドイツ保守派は非ナチ化を社会主義者の陰謀とみなしている。ドイツの急進派は、ファシストの汚名を着せられる者は手当たりしだい、すべての都市と町から追放しようと躍起になっており、連合軍当局は彼らをわざと優遇していると保守派はそう考えているのだ、と。ツックマイヤーはオーストリアで聞いたジョークを紹介している。ある男が自分の名前を登録するため、警察署を訪れた。なぜ登録したいのかと警官が尋ねる。男はナチだからだと答えた。それじゃ、一年

前に登録すべきだった、と警官。男が答える。一年前には、まだナチじゃなかった、と。(13)

このジョークが広まるころには、推定無罪の人びとと元ナチを選別する任務の大半はやむを得ず、ドイツ側の組織に移譲されていた。この措置は「国家社会主義・軍国主義からの解放のための法律」として法制化された。それは茶番劇に変わった。ドイツの政治家たちは、これ以上公職追放を進めるのにほとんど熱意を抱いていなかった。急進改革派から成るはずの公職追放委員会は、実際にはたいてい元ナチであふれていた。カトリックの聖職者たちは、ドイツ人が同胞に不利な証拠を提出することは罪深いことだと警告した。第三帝国時代に財産を築いた地元有力者たちは、ナチの迫害を生き延びた哀れな生存者をしばしば有利な証人に仕立て、金の力で厄介な状況から抜け出した。一九四六年に始まるこの時期のキーワードは「ペルジールシャイン」〔ペルジール証明書〕だ。ペルジールは、「真っ白になる」という触れ込みの洗剤だ。数え切れない元ナチが、近い過去の褐色の汚れを隅々まで洗い流し、ペルジール証明書を受け取った。ナチスの強制収容所に収容されていたことを示す証明書が、闇市場で入手できた。二万五〇〇〇マルクは安い買い物ではないが、多くの元ナチス親衛隊員らには払えない額ではなかった。

共産主義者が「民主圏」での公職追放の大成功を喧伝していたものの、ドイツの東半分でも状況は五十歩百歩だった。ルート・アンドレアス＝フリードリヒによれば、一九四五年の晩春には、ドイツ人の「反ファシスト」委員会のような組織が公職追放の任務に当たっていた。それらの組織は夏の初めに解散し、ドイツ共産党（ＫＰＤ）が引き継いだ。理論上、公職追放は西側占領地域より実に厳格になった。「ドイツ民主共和国」の建国神話になるのは、結局のところ「反ファシズム」の誇り高い歴史なのだ。これは「良い方のドイツ」、レジスタンスのドイツなのである。けれども、この神話は、共産主義者に取りついたドイツ人には集団的罪があるという思い、ドイツ的宿痾《しゅくあ》ともいえる思いとごちゃ混ぜになった。彼ら自身の話法の一部は、このドイツ・ウイルスに感染してしまったようである。ドイツ共産党はヒトラー体制の残滓を完全に「清算」するよう要求した。[14]ブランデンブルク州のある町では、元ナチ党員はかぎ十字印を服にピン留めするよう強要された。厳罰に処すべきだとの議論がさかんに行われた。ある自治体の地区判事は、こう警告した。「ナチ党員は、彼らがわれわれを取り扱ったように取り扱われる。すなわち過酷にである。われわれは怠け者に労働を強制し、必要とあれば収容所にぶち込む……。来年までに、われわれはナチなき［ナチライン］ドイツを実現するであろう」。[15]

だが、こうした過酷な措置にもかかわらず、公職追放は「資本主義圏」と同様に、東部ドイツでも不十分だった。「積極的な」ナチスと「名前だけの」ナチスの識別が本来は行われることになっていたが、それは往々にして定義が難しかった。ソ連は間もなく、この識別にうんざりして元ナチ全員を政府ポストから外すよう命じた。二〜三カ月で終えるべき仕事だったが、もちろん不可能だった。どっちみちソ連は公職追放を任せるほどドイツ人を信頼しておらず、彼らに適切な指針を与えることはしなかった。この問題で、ドイツ人を信用しなかったのには実際、理由があった。あまりに過剰な公職追放は教育や社会サービス、あるいはやっとこさの経済復興の破綻につながることが間もなく分かったため、多くのドイツ人が協力を拒んだのである。こうしてミュンヘンやケルンと同じくライプツィヒやドレスデンでも、ドイツ人は元ナチ党員をかつての職場に復帰させたり、訴追から守ったりする口実を見つけた。ソ連当局も、追放が自らの支配下にある工場の生産目標達成を狂わせそうになると、これを黙認した。大方の「小物」のナチ党員は、易々と共産党に吸収されていった。同党の権威主義的流儀なら、彼らにはなじみのないものではなかったのだ。より大物の元ナチ党員については、彼らが厄介者であることが判明した場合に備えて、人物ファイルが作成された。

すべての地域で同じジレンマが起きていた。ドイツ人エリートがどれほど不快な人びとであったにせよ、彼らを本当に骨抜きにしたうえで、同時に――それが共産国であれ資本主義国であれ――国家の再建を期待することなどできはしなかったのだ。連合諸国は間もなく、正義の感覚を回復することより経済復興を、より重要な目標とみなした。もっともそれは相反する理由からだった。ソ連は、「反ファシスト的」ドイツを資本主義者の帝国主義との緩衝地帯にしたかった。米英両国とその同盟国は、共産主義に対する民主主義のとりでとして「彼らの」ドイツを必要としたのである。

「このナチ問題はちょうど共和党と民主党の選挙戦のようなもの」であり、「われわれにはこれらの民衆が必要なのだ」。非ナチ化と元ナチ党員についての、パットン将軍の一九四五年のこの見解は、歴史的に雑ぱくであり、彼自身の経歴に関する限り、早く表明されすぎた。アイゼンハワーはバイエルン州の軍政長官から彼を解任せざるを得なかった。だが、パットンの見解は常軌を逸していたというより、慎重さを欠いていたのだ。ドイツの敗北と初期の公職追放から一年後、大方の米当局者はパットンと同様の考えを抱くようになっていた。とりわけ英国は当初から、米国がドイツ人の処罰に血道を上げるさまを、ばかげていて逆効果であるとみなしていた。英国外務省当局者、コン・オニールは彼が言うところの「低級な熱狂派」を頭から軽蔑しており、ナチ党員全員を単純労働以外のあらゆる職種から排斥する法律第八号の規定について、こう言わざるを得なかった。「体系的かつ細をうがった愚行の例として、これに勝るものはなかろう[16]」。

ヘルマン・ヨーゼフ・アブスの話は教訓的である。ほかの実業家や産業家と比較すれば、第三帝国時代に彼が銀行家として犯した罪は軽微なものに思われよう。例えばアルフリート・クルップ〔産業資本家、クルップ財閥の当主〕とは異なり、女性や子どもを雇って、奴隷のように死ぬまで働かせたわけではない。フリードリヒ・フリックの石炭・鉄鋼帝国はとりわけ残酷な強制収容所労働の搾取を行ったのだが、アブスは彼のようにヒムラーの個人的友人でもなかった。アブスはデュッセルドルフのマンネスマン会長ヴィルヘルム・ツァンゲンや、経済官僚でウクライナの殺人部隊の指導者でもあったオットー・オーレンドルフのように、ナチ党員で親衛隊幹部というわけではなかった。

アブスは自分の手を汚してはいなかった。ラインラント出身であり、プロイセンの軍人精神には軽蔑以外の感情を抱いていなかった。英語を流暢にあやつる英国びいきの温厚なカトリックで、大戦前はユダヤ人が経営する銀行で働き、シグマンド・ウォーバーグ〔英国SGウォーバーグ銀行の創始者〕の親友だった。たまたま一九三〇年代に極めて野心的なドイツ・テクノクラートでなかったなら、間違いなくナチスとは一切関わりがなかっただろう。だが、アブスはドイツ銀行の重役であり、ユダヤ企業の「アーリア化」でコンツェルンを富ませていた。ヒトラーの個人口座を扱ったことは別として、アブスはアウシュヴィッツ周辺に広大な奴隷労働キャンプを築いたジーメンスやクルップ、IGファルベンといった企業も担当する銀行家だった。アブスは、雑ぱくなイデオロギー上の熱意から行動したわけではなかったかもしれない。実際、そうでなかったことはほぼ確実である。だが、アブスのような人物がいなければ、ヒトラーの犯罪的な企ては、かなり効率を削がれていたことだろう。

一九四五年六月、貴族の友人宅で発見されて、英軍ジープに押し込まれたとき、アブスは最悪の事態を恐れた。だが、監獄に入れられる代わりに、彼は破壊されずに残っていたハンブルクの数少ないホテルの一つに案内された。ホテルではロンドンのシティーの古い友人で、銀行家のチャールズ・ダンストンがアブスを温かく迎えた。ダンストンは大戦前、ドイツで事業を行っており、ナチ運動の制服を誇示した行進をむしろ称賛していた。「昔のようだった」と、ダンストンは友人との再会を回想している。「わたしは彼に大戦のことを尋ねることはなかった。それは、どうでもよかった」。アブスは、ろくなひげそりがなくてね、と風采の弁解をした。だが、ダンストンには以前と変わりなく見えた。「きちんとした身なりだった。直ちにわたしは彼に、ドイツの銀行システムを再建するため力を貸してくれないかと尋ねた。彼は喜んで同意してくれた」[17]。

完全には計画通りに進まなかった。英国の抗議にもかかわらず、米国は戦争犯罪容疑でアブスを逮捕すべきだと主張した。だが、いったん刑務所に収監されると、アブスは自由の身にならない限り英国側に財務上の助言を与えることを拒んだ。英国はアブス釈放を米国側に説得するのに三カ月を要した。

アルフリート・クルップは、エッセン州の田舎の邸宅の玄関ホールで、逮捕しに来た米兵と顔を合わせ、「ここはわたしの家だ。何をしている」と言い放ったのだが、彼はニュルンベルクで裁判にかけられた。産業家フリードリヒ・フリックも同様だった。特にアウシュヴィッツの奴隷労働に責任があり、IGファルベンのトップを務めたゲオルク・フォン・シュニッツラー男爵は、自分を逮捕しに訪れた英兵を丁重に迎えた。彼はスコットランド産の上質なツイードであつらえたゴルフウェアを着ていた。実に愉快だ、と彼は言い放った。X卿やY卿、それに米デラウェア州ウィルミントンのデュポン一族と、自由に旧交を再び温められるとはね。彼らは親しい友人で、ここ数年音信不通になっていたことが何よりの苦痛だったものでね、と[18]。彼は「略奪と横領」の罪で禁固五年の判決を言い渡された。一年後、シュニッツラーは実業界と社交の輪に復帰した。クルップは奴隷労働の罪で禁固一二年を言い渡されたが、三年で出所した。フリックもまた、七年の刑期を三年で終え、快適なランツベルクの戦犯刑務所を釈放された。服役中、フリックは財務上の助言をヘルマン・アブスに求め、受けていた。アブスは西ドイツ復興で指導的な役割を果たし続け、ドイツ銀行、ダイムラー・ベンツ、ルフトハンザを始めとする多くの企業の取締役会に名を連ねた。クルップ社の支配権が一九六〇年代、ある財団に移譲された際、この売買の主要管財人の一人がヘルマン・アブスだった。

ヒトラーの産業界エリートたちの少なくとも何人かは、美味しい食事や悪くないワイン付きではあるものの、一定期間を刑務所で過ごした。日本の同類たちは、そうした運命すら免れた。日本における公職追放は、戦争犯罪容疑者らの逮捕を除くと、「処罰」ではなく「予防」を意図していた。何の予防を意図していたかと言えば、「軍国主義」の復活だ。問題は、誰を追放すべきなのか米国人が確信を持てないこと、そして、日本を第三帝国の東洋版に擬する傾向が強すぎることだった。

正確には誰が「日本国民を誤導したのか」? 天皇ではなかった。連合国軍最高司令官はすでに、天皇は無罪であると決めていたのだから。ナチスに最も近い外見を備えた軍事組織は、軍警察である憲兵隊で、これは拷問と謀殺の熟練技ゆえに、日本人、非日本人双方から恐れられていた。約四万人の憲兵隊員が職を失ったが、哀れむ声はほとんどなかった。神道や天皇崇拝、武道、戦時計画経済などと関係する他の愛国的団体はナチス組織と一見似てはいても、実は全く同じというわけではなかった。戦争遂行に向けて政治家や官僚、知識人を動員するため、一九四〇年に革新的な政治統括組織として結成された大政翼賛会も同様だ。そこには首尾一貫したイデオロギーが欠けており、創設者の一部は実のところ社会主義者だった。戦時の企画院にも少数の、左派エコノミストが加わっていた。軍将校の扱いも不透明だった。当初は、少佐級以上のすべての将校の公職追放が決まった。確かに、それより下位の将校だと、誰をも誤導する立場に立ち得なかっただろう。連合国軍最高司令官の参謀次長、リチャード・マーシャル少将は、この話を聞きつけると怒りを爆発させた。彼の経験では、日本軍の大尉や中尉級の将校こそが最悪の狂信者たちなのだった。リストに彼らの名前が加えられないなら、彼らは再び日本国民を誤導する、とマーシャルは述べた。そこで、彼らもリストに加えられた。(19)

要するに、最高司令部の米当局者は、よく分かっていなかったのだ。

日本の戦争遂行に主要な役割を果たした機関があるとすれば、それは官僚機構だった。すなわち、治安維持を担当する内務省と、戦時産業計画を管轄していた商工省だ（これは大戦中に軍需省に吸収された）。さらに制圧したアジアの国々からの資源収奪に深く関わった大蔵省もそうだ。産業担当官僚らは、傀儡国家である満州国など中国各地、そして日本国内の大規模な徴用労働の遂行に責任を負っていた。それらの地域では、大量の人員が多くは悲惨な環境下にある工場や鉱山に送り込まれた。しかし、こうしたケースを扱う米国の占領指針は曖昧だった。追放された幹部らは、もはやいかなる影響力もふるわないことになっていた。下級職員は仕事にとどまることができた。高級幹部らは職務から追放されることになった。彼らがかつての部下たちと非公式の会合を開くのを、どう防ぐのかは必ずしもはっきりしていなかった。そのため、そのような会合は日常的に開かれたのである。

米占領行政当局者の間で最も意見が割れたのは、実業界や産業界のエリートをどう扱うかという問題だった。最高司令官は彼独特のもったいぶった言い回しで語っている。「日本人の大多数の生活を実質的な隷属状態に保ち……、国家に侵略戦争の手段と意志を備えさせたのは、封建領主として生まれ育ったまさにこの連中だ」。彼らは「将来の日本経済の行方に影響を及ぼす地位から外さなければならない」と彼は主張した[20]。

マッカーサーが実際にこう語ったのは、ニュルンベルク裁判をモデルにした東京裁判（公式には極東国際軍事裁判）の開廷から一年後の一九四七年だ。だが、他の米当局者らはまったく異なる見解を持っていた。米司法省の元局長で、東京裁判の首席検察官、ジョセフ・B・キーナンは同じ年にこう語っている。「われわれはこれまで、実業界および産業界の著名な指導者が戦争を計画もしくは遂行するために誰かと共謀したケースに関する証拠を提供されていないし、発見してもいない[21]」。

公職追放についての日本人自身の受け止め方は、その政治的見解次第だった。最高司令官に宛てたある書簡の差出人は「日本民衆の九九パーセントまでは、少なくとも現在までは、絶対的に神懸かりであり軍国主義的である」ということを理解してほしいと述べている。[22] もっと控えめな別の差出人は「前内相のごときファッショの戦争犯罪人の横行を許すほど、官僚たちは無定見であり、たとえ自由を愛する人であっても甚だしく臆病で消極的である」[23]と主張している。

日本の事情をいく分容易にしたのは、「非軍事化」と「民主化」に責任を負ったのが、連合国の中で唯一米国だけだったということだ。ドイツには連合国軍最高司令官に相当する人物がいなかった。ルーシャス・クレイ将軍も相当しなかった。同将軍が、「われわれはマッカーサーをイエス・キリストの再来と見ています」といった内容の手紙を受け取ることはたしかになかっただろう。[24] だが、役所の縄張り争いや政治信条の点で内部分裂していた米占領当局は実際、一貫した公職追放戦略を立てることはなかった。実際の日本統治は、日本の内閣に委ねられ、内閣は官僚に指示して独自の改革策定を進めた。それらはせいぜい形だけのものに過ぎなかったが、ジョセフ・キーナン首席検察官の見解に反して、米国のニューディーラーたちが遥かに真剣に考えていた別の目標があった。「将来の日本経済の努力をもっぱら平和目的に向けない」人間は排除され、「日本の通商・産業の大部分に支配力を行使してきた産業と金融の連合体」は解体されなければならない。[25]「財閥」と呼ばれるこの連合体が、経済界の主戦勢力として名指しされたのだった。

この措置は、ドイツの銀行家ヘルマン・アブスや彼の同業者たちと同様に、大戦前のロンドンやニューヨークの重役室で繰り広げられた交流を懐かしんでいた日本の産業人たちに衝撃をもたらした。ある大手鉄鋼会社の社長を務める米ハーバード大卒の人物は、戦争が終結する前から、産業人の秘密会合で「われわれの友人がやって来るぞ《アワ・フレンド・イズ・カミング》」[26]と（英語で）叫んでいた。多くは欧州や米国で学び、国際経験を積んだ日本のビジネス・リーダーたちは、同じ考えを持った米国人たちから日本経済の再建を任されるのではないかと期待していた。だが予測に反し、彼らは追い出され、その複合企業は解体された。

　マッカーサーの軍政当局にいるニューディーラーにとり、これは最も誇るに足る成果だった。これともう一つ、日本の地方に残る「封建主義」の屋台骨をへし折る農地改革がそうだ。日本の左翼の多くは、米国の政策に大きく勇気づけられた。占領当初の二〜三年、米政府は左翼の最良の友人と見られていた。女性参政権、ストライキ権、団体交渉権――これらはすべて、米当局が推し進め、日本人が喜んで活用した大革新であった。社会主義者と並び共産主義者も、労働組合や高等教育の現場で無視できない力を発揮し始めた。

　だが、産業人らを快く思わない左派的見解を持った日本人の中にさえ、財閥に向けられた特別な非難にはいささか困惑する人もいた。当時海軍将校だったセオドア・ドベリーは友人のドナルド・キーンに宛てた書簡の中で、「ミヤウチ」と名乗る日本人実業家と交わした会話を記している。ドベリーは、社会主義者で民主主義者だというミヤウチに戦時中の財閥の役割を尋ねた。ミヤウチは、財閥は軍部を前にしては物の数に入らなかった答えた。日産のような新興財閥の一部は、確かに戦争で業績を伸ばしたが、「四大財閥」とされる三菱、三井、住友、安田は誰とも同じように取り込まれたのだ、と。「彼らは弱かった。財閥は弱かったのです」。[27]

　ドベリーは半信半疑だ。彼は、多くの日本人からこの話を聞かされていたため、軍部のプロパガンダの影響を疑っていた。彼は書いている。「一九三〇年代の軍部は、まずはじめにその目的を宣伝し、次に、財閥をすかしたり脅したりして、目的の正しさを証明してみせたのに違いない」。

　確かなことが一つある。財閥を追及し、官僚機構を事実上放置することで、米当局は日本の戦時システムがどのように機能していたのか、実は理解していなかったことを暴露した。しかし、これは単に無知とか誤解という問題ではない。新生日本の建設に手を貸そうという理想に燃えた米国の計画立案者たちと、より平和的な目標を掲げながらも経済に対する戦時の支配を維持しようとした日本の「革新官僚」の考えが、重なり合ったのだ。

何の手も打たれなかったわけではない。一九四八年までに、九〇万人以上の経歴が調査を受け、一五〇万通以上の質問票が精査された。内務省は解体、軍は解散させられ、一八〇〇人の官僚が職を追われた。だが、これら官僚の大部分（七〇パーセント）は、元警察官と内務省の官僚だった。経済官僚には、ほとんど手が付けられなかった。旧軍需省で解任されたのは四二人であり、大蔵省に至ってはわずか九人だった。[28] 満州国で徴用労働を担当した後、軍需省の運営に携わり、大東亜共栄圏として知られる日本の帝国主義的政策の策定に参画した男も逮捕されたが、戦争犯罪で正式に起訴されることはなかった。名を岸信介といい、刑務所から釈放された後、彼のキャリアは花開く。すなわち、日本の首相にまで上り詰めることになるのである。

大東亜共栄圏の歴史で、フィリピンは興味深い位置を占める。同国は一九四一年一二月八日に日本軍の侵攻を受け、占領された。真珠湾攻撃から一〇時間後だった。当時、公式にはフィリピン軍元帥の地位にあったダグラス・マッカーサーは「アイ・シャル・リターン」〔私は戻ってくる〕と言い残し、翌年三月にオーストラリアへ撤退した。フィリピンのマヌエル・ケソン大統領もオーストラリアに逃れ、さらにワシントンへ渡って、同地でフィリピン亡命政府を樹立した。これ自体、異例だった。インドネシア亡命政府や、ビルマ亡命政府は存在しない。タイ亡命政府はあったが、タイが植民地になったことは一度もなかった。日本の侵攻までに、フィリピンは植民地とも国家ともつかぬ位置にあった。すでに自治領としての地位は得て、一九四六年に完全独立を果たすことになっていた。日本は、本間雅晴将軍の表現に従えば、フィリピン人を米国の抑圧的支配から解放すると約束したにもかかわらず、実際には一層過酷な方法でフィリピンを再植民地化した。フィリピンは一九四三年、ホセ・P・ラウレル大統領の下で共和国としての独立を公式に宣言したものの、日本に完全に掌握されていた。すべてのフィリピン政府当局者の背後に日本人「顧問」が付いており、すべての顧問の背後には日本軍と恐ろしい憲兵隊が控えていた。要するに、共和国はまがいものだった。

とはいえ、日本に対するフィリピン人の粘り強い抵抗運動があった。ルソン本島の農村地域で最も効果的な抵抗運動を繰り広げた抗日ゲリラは、ケソンともラウレルとも政略を共有しなかった。抗日人民軍を意味する「フクバラハップ」（フク団）は、はだしの農民を主体とする革命家集団であり、その敵には日本軍だけでなくフィリピンの大土地所有者家族も含まれた。砂糖やココナツの広大な農園経営で裕福になった大地主たちは、民主主義者を装いつつ、同国を封建主義的な少数独裁制の形で支配していた。フク団の最も著名な指導者ルイス・タルクは、小作人の息子だった。もう一人興味深いメンバーは、フェリパ・クララという大柄でどう猛な女性戦士だった。彼女のゲリラ名はダヤンダヤン。日本人でさえダヤンダヤンを恐れた。

日本の占領期間中は多くの地主が農園からマニラに避難したため、フク団は他国で共産主義者がしていたのと同様のことをした。すなわち、土地を奪い取り、一種の国家内国家を築いたのだ。彼らの規律ある「戦闘部隊」は、日本人だけでなく対敵協力ないし、無規律を疑われたフィリピン人も情け容赦なく殺した。ダヤンダヤンでさえ、規律を破った際には罰せられた。「この戦争で金持ちになれなかった者は頭が弱い」という自分独自のモットーに従って、ダヤンダヤンは水牛から宝石まで盗みまくった。彼女は捕らえられ、裁判にかけられて、銃殺された。[29]

ホセ・ラウレルと、マヌエル・ロハスやベニグノ・アキノら傀儡政権内の仲間たちの大方は、大地主階級のエリート出身であり、フク団は日本の占領がなくてもその権力を打倒したいところだったろう。日本人に奉仕し、反米・汎アジア主義の大義を推進しているという意味で、彼らは確かに対敵協力者だった。だが、西洋諸国の旧植民地における、その他のアジア民族主義者の対日協力がそうであるように、彼らの動機も込み入っていた。ラウレルは印象的な男だった。米イェール大のロースクールを卒業した上院議員で、マニラの連邦最高裁判事も務めていた。植民地の上流階級メンバーだったが、対米依存からフィリピン人を脱却させるためには、日本型の戦闘的「アジア主義」が必要だと心から信じていたのかもしれない。似たような主張は、ヨーロッパの親ナチ派も唱えていた。彼らはナチス・ドイツによる新秩序が、退廃した社会に活力を取り戻すと考えていたのだ。だが、彼らは祖国の独立を裏切っていた。ラウレルやスカルノらは日本軍上陸の前も後も、外国による統治ないし支配の下で活動していたのである。

ラウレルはフィリピンのゲリラたちにとって依然、主たる標的だった。一九四三年六月、ワクワク・ゴルフ・カントリークラブでベニグノ・アキノとプレー中に、二人の男に襲撃され背後から撃たれた。襲撃者の一人は「リトル・ジョー」というゲリラ名を持っていた。その年の遅く、けがから回復した後で、ラウレルは東京で開かれた大東亜会議に出席。この会議では、アジアの友好と協力が約された。翌年、ラウレルは日本の要求に従って、米国への宣戦布告に同意した。

一方、一九四四年一〇月、マッカーサー将軍は、戻ってくるというフィリピン人との約束を果たす。この事件を劇的に演出するために、彼はレイテ島に打ち寄せる波をかき分け、水につかりながら上陸した。飛行士用の眼鏡をかけて、顔をしかめて見せた。実際には、ニュース映画にふさわしい映像を撮らせるため、一度ならず上陸を繰り返したのだった。マッカーサーはルソン島でも同じシーンを再演した。彼は、フィリピン人のカトリック信仰とともに神秘主義的側面にも訴えることを確信して、いつになく聖書を思わせるやり方で厳かに話した。「フィリピンの人びとよ。わたしは戻って来ました。

全能の神の恩寵により、わが軍は再びフィリピンの大地に立っています。われわれ二つの国民の血で聖別された大地であります……。わたしの下に集まりなさい……神の導きが、道を指し示しています」。

マニラに至る長い、しばしば流血を伴う強行軍で、米軍はフク団に大いに助けられた。フィリピン人ゲリラは、ルソン島中部の各地で日本軍を撃退し、フィリピン国旗と並べて星条旗を掲揚した。各地で彼ら独自の行政府を発足させ、独立したフィリピンの社会主義共和国を米国が支持することを期待した。だが、そのような結果にはならなかった。フク団の闘争精神を多少はたたえたものの、マッカーサーは自分が最もよく知る人びと、すなわち旧来の大地主エリートたちを呼び戻すよう説得されてしまった。「不実のフィリピン人は全員捕らえる」との公約[30]に反し、マッカーサーはラウレル傀儡政権の忠臣だったマヌエル・ロハスを米軍の准将に任命した。

フク団は武装解除を命じられた。拒否すれば逮捕された。何人かは正式な起訴手続きもないまま投獄された。そのうちの一人がルイス・タルクだ。彼は刑務所で数人の元対日協力者と同じ房に入れられた。マニラのマラカニアン宮殿へ向けて五万人の農民が抗議デモをすると、タルクは釈放されたが、彼の部隊の多くは収監されたままだった。その後に起きたことは、はっきりしない。立場が入れ替わり、攻守ところが変わった。マニラの新聞は、ラウレルとその仲間たちが大戦中、非の打ちどころのない愛国者として行動し、日本人によって加えられた恐怖からフィリピン人を最大限守ったとの記事を掲載した。マッカーサーはロハスを「ゲリラ活動の主要人物の一人」と呼んだ。フィリピン国民は、「つまらない嫉妬[31]」や「不必要な誤解」に陥らないよう諭された。そうしたことは、「進歩を妨げる」だけだから、と。

マヌエル・ロハスは第二次大戦後のフィリピン初代大統領として、大戦中の対日協力者に恩赦を与えた。数千人が釈放された。ルイス・タルクは地下に潜伏し、フク団は「人民解放軍」となった。毛沢東主義を信奉する新人民軍の前身である。旧来の大地主の家族は、再びしっかりと財産を握り、フィリピン政治を支配し続けた。「ピープル・パワー」がフェルディナンド・マルコスを政権から追い落とし、アジアの民主主義に対する希望を世界中に抱かせた後の一九八六年にも、これは変わらなかった。ピープル・パワーのスター、コラソン「コリー」・アキノはベニグノ・アキノの息子の妻であり、彼女の政権の副大統領、「ドイ」・ラウレルはホセ・ラウレルの息子だった。本書を書いている現在、大統領はベニグノ・アキノ三世、コリーの長男である。

　廃墟となった国に、正当性を回復するためには、結集軸となる象徴的人物の存在が助けになる。これになり得るのは、敬愛される君主、レジスタンスの英雄、あるいは、もっともらしく救世主のふりができる外国の将軍でもよい。ダグラス・マッカーサー将軍のスタイルは、いささか芝居がかりすぎ、見方によっては自己中心的でさえあるのだが、彼はこの役割を日本とフィリピンの両方で完璧に演じた。彼が日本の天皇を継続性の象徴として用いたのには、暫定的なショーグン（将軍）としての自身の振る舞いを補完する計算があった。マッカーサーの場合も含め、英雄的資質とはたいてい演出の問題であり、場合によっては完全なフィクションである。例えば北朝鮮では、朝鮮半島から独力で日本人を追い払ったパルチザンの偉大な英雄として、「偉大な首領」金日成がソ連赤軍によって押しつけられた。実際には、彼は大戦中のほとんどをハバロフスク近くの訓練キャンプで過ごしていたのだ。

　戦前の体制の指導者が信用を失い、政治的正当性が揺らぐと、内戦の土壌が生まれる。これが全面的に勃発したのがギリシアであり、一年間のシャドーボクシングと小競り合いの後、間もなく中国でも火ぶたが切られる。

　蒋介石総統《ジェネラリシモ》は、米国人の間では「ジモ」の名称で、大戦中の中国担当米軍司令官「ビネガー・

ジョー」ことジョゼフ・スティルウェルには「ピーナッツ・ヘッド」〔愚か者の意味〕の名称で知られたが、彼は、名目上中国を支配していた。だが、国の多くの部分は明らかに彼の手の届かないところにあった。ジモは自ら、日本軍と英雄的に戦う国民的指導者としてのイメージを打ち出し、米国の戦時プロパガンダでもそのように描かれた。だが、北東部にゲリラ軍と共に潜伏中の毛沢東は、蔣介石がせいぜい無為の徒、悪くすれば共産党に敵対する日本の協力者であるという観念——完全な誤りというわけではないが——を広めていた。共産党は、自分たちこそが真の抗日派であり、毛沢東こそが民族の英雄であると主張した。実際には、双方ともしばしば日本人を、最終的には米国が片付けてくれる退屈な前座の出し物とみなしていた。真の敵は国内にいたのだ。二つの敵対する中国軍が最終決戦を迎えると、一方の英雄譚が、もう一方のそれと競った。

二人の指導者は大戦直後、国民党の戦時首都であった重慶で実際に長期間の会合を持った。本当はお互い相手に対して我慢のならない思いを抱いていたが、対立するギャングのボス同士のように、それぞれ相手の強靱さには敬意を抱いていた。毛沢東は公式晩さん会で蔣介石のために乾杯し、千秋万歳を祈った。全面内戦を避けるため、権力の分配に関する礼儀正しい会談が持たれた。誰が国のどの部分を支配するか。どのような種類の政治体制なら連立できるか、などである。確かな合意には至らなかった。毛沢東は同志たちに、「民主主義」とか「統一軍」とか、蔣介石の「指導的地位」などと和平の意向を示した声明は「ただの紙くず」に過ぎないと話した。[32]だが、精神的に不安定だった中国駐在米国大使パトリック・J・ハーリーは、中国人たちに意味不明なインディアンの叫び声を浴びせて当惑させつつも、二つの勢力をまとめることに依然として希望を抱いていた。ハーリーは中国に関しては無知に近かった。はるかに専門的知識を有する外交官も含めて、この問題に疑いを抱く米国人は、ハーリーの熱に浮かされたような想像力にかかると、裏切り者か恐らくは共産主義者ということになるのだった。
ニューヨーク・タイムズ紙の記者は、事態を正しく理解していた。一〇月六日付の記事で彼は書いている。「なぜこれほど議論が延々と続くのかと戸惑う西洋人に対しては、中国政治においては軍隊が決定的要因であることを指摘しなければならない」。それだけではないが、武器は決定的要因だった。それゆえ、蔣介石は日本軍を武装解除する独占的権利を主張し、毛沢東はこれを無視することを選んだのだ。

一九四五年夏の時点で、蔣介石の国民党は中国の南部と中央部全域に約四〇〇万人の軍隊を擁していた。だが、この軍隊は練度が低く規律も不十分で、往々にして腐敗した無能な将校に率いられていた。中国北部の満州国と、国民党がかつて首都としていた南京に日本人が創設した「傀儡軍」は、兵力一〇〇万人以上を数えた。国民党軍より装備が良く、おおむね優れた兵士であったため、蔣介石は彼らを武装解除するよりは、自らの隊列に吸収したかった。さらに、各地方には私腹を肥やすことに熱心で、常にどっちつかずの地方軍閥が割拠していた。

中国の民間人は、自分の町や村に国民党軍が来ることを恐れていた。国民党軍は兵士というより盗賊として振る舞う傾向があったからだ。財産を略奪し、食料を強奪し、女性を強姦し、農民らを強引に徴用した。傀儡軍も軍閥の部隊も大差はなかった。約一〇〇万人の正規兵と二〇〇万人の民兵を擁した共産党も、情け容赦のない支配者になり得たが、彼らは少なくとも規律の価値を理解していた。彼らの広報宣伝活動は優れていた。戦争はある程度、プロパガンダの勝負ということを自覚していたのだ。英雄的な人民の軍隊と見られることは、彼らの最も大きな資産の一つだった。

中国の大部分はひどく破壊されただけでなく、外国の占領や軍閥の悪政、しばしば対日戦争に劣らず激しい内戦での、長年にわたる粛清と報復粛清のくり返しで道徳的にも荒廃していた。日本研究者のドナルド・キーンは当時、青島駐在の若き米海軍将校だった。海軍基地とヨーロッパ風建築、ドイツ式のビール醸造所で知られる黄海に面した港町である。米海兵隊が到着したとき、町にはまだ日本の帝国海軍が駐留していた。キーンは直ちに「ここの雰囲気に何かしらいかがわしいもの」を感じ取った。不正と腐敗の悪臭だった。「この町自体がどうもうさん臭いところがあるが、それに劣らず、対日協力者に対する攻撃も広く一般に行きわたっている」(33)。

彼は、青島が依然として日本人に任命された中国人によって管理されていることに気づいた。外国の占領下でうまく立ち回った、一般的にいかがわしい人物たちである。キーンはまた、日本の海軍将校が軍功を自慢したり、そして中国人が、これまた同様に脛《すね》に傷を持つ別の中国人によって、対敵協力を理由に追放されたりしているのを目にした。つまり、彼らは容疑者の財産を略奪したいだけなのだ。青島は、怪しげな一旗組やギャング、忠誠を誓う相手を次々変えるスパイたち、そして今なお支配民族として振る舞う日本人のたむろする場所だった。これらはどれも青島だけに特有な現象ではなかった。キーンは、中国の他の地域でも国民党が重武装の日本軍部隊に、共産主義者封じ込めの支援を求めているとの報告に接した。極めて正確な報告だった。蔣介石政権内の右派は実際に、日本人の積極的な支援を受けて直ちに共産主義者との戦争を始めたがっていた。警戒心の強いジモはそこまでやるつもりはなかったが、共産主義者の攻撃に備えて、大勢の日本兵が中国の鉄道路線その他施設の防衛に投入されていた。

各地で日本人への報復行為があったが、全体として見ると国民党も共産党も国内の敵との戦いに集中しており、国民党側は日本の支援を必要としていた。加えて、中国人と日本人の関係は往々にしてひどく込み入っていて、単純な解決は無理だった。

終戦直後の最もグロテスクな光景の一つが南京で見られた。一九三七年に日本軍のすさまじい暴力

断った。石井はまた、細菌戦と化学戦に関して初期の、いささか偏執狂的な推進者だった。帝国陸軍は一九三六年、満州国のハルビン近くに広大な秘密施設を建設する許可を彼に与えた。彼が心行くまで実験に打ち込める施設である。石井と北野政次という微生物学者を含む七三一部隊の有能なスタッフは、腺ペストやコレラ、その他の疾病に関する実験を行っただけでなく、数千人の捕虜が医師らの思うままに使われた。人間モルモットのほとんどは中国人だが、中にはロシア人や数人の米国人戦争捕虜も含まれている。彼らは、マルタ（丸太）あるいはサルという呼称で知られた。ある者は、冷凍実験にさらされた。ある者は、逆さ釣りにされ窒息するまでの時間を計測された。ある者は、麻酔なしで体を切り開かれ臓器を摘出された。ある者は、致死性の細菌を注射された。七三一部隊のもう一つの特技は、膨大な数のネズミを致死性の細菌に感染させ、小さなパラシュートを付けた数千のノミ入り陶器爆弾とともに中国の各都市へ投下することだった。

ハルビン郊外の「浄水施設」は一九四五年夏、ソ連赤軍が到達する直前に、残っていた捕虜もろとも、撤退する日本人によって破壊された。破壊跡は現在、石井とその仲間たちが生体解剖する姿をろう人形で再現した「愛国博物館」となっている。石井と北野ら何人かは実際日本に帰還した。下級の医師たちはソ連軍に拘束され、戦犯裁判にかけられた。マッカーサー将軍が日本の戦争犯罪者（常に天皇本人は除かれているが）を裁判にかけると誓ったのとは裏腹に、石井はたちまち視界から消えた。彼は、マッカーサーの「可愛いファシスト」チャールズ・ウィロビー少将率いる尋問官たちを、自分が中国で行った実験のデータは、米陸軍に有益だろうと言いくるめた。人体実験は、米国の医師らには容易には行えないものであり、極めて重要な情報を生み出した、とウィロビーは確信した。この種の研究では、ソ連が米国に先行しているという大きな懸念があった。米陸軍の医学専門家が後に国務省当局者あての覚書に書いているところでは、人体実験は動物実験より優れており、「いかなる戦犯裁判も、こうしたデータをすべての国々に公開することになるため、米国の国防及び国家安全保障の利益のために、こうした情報公開は避けるべきだと思われる」のであった。[13]

石井四郎中将は一九五九年、東京で安らかに息を引き取った。葬儀委員長を務めたのは彼の副官で、後に七三一部隊の後継者となった北野政次中将だった。血液実験の専門家である北野は後に、日本初の民営血液バンクであるミドリ十字を率いる。これらの人物による痕跡は、ほとんど残っていない。ハルビン近郊の監獄実験室の廃虚と、中国の廃棄されたネズミ小屋で見つかった一つの奇妙な記念碑は例外だ。これは、研究目的のために解剖した齧歯類に敬意を表して、北野が建てたものである。

太平洋戦域の戦犯裁判第一弾は、(日本では敬意を込めて、他の場所では恐れを込めて)「マレーの虎」として知られる山下奉文大将の裁判だった。山下大将は実際にはほとんどマラヤで過ごしていないのだが、はるかに優勢な敵を相手にした一九四二年二月のシンガポール攻略で、このあだ名を頂戴した。日本軍三万人に対して、英国・英連邦軍は一〇万人以上だった。山下大将がアーサー・パーシヴァル中将に面と向かって降伏か否か「イエスかノーか」の即答を求める屈辱的なシーンは、今なおシンガポール・セントーサ島の遊園地にあるろう人形館で見ることができる。

おそらく、山下の卓越した軍事的手腕のためか、あるいは山下が日本と西洋列強の戦争に懐疑的だったためか、戦時の首相、東條将軍は山下を嫌い、信用せず、さっさと東南アジアから外して、満州国の閑職へ送り込んでしまった。満州では山下が戦場で輝く機会はなかった。東條が権力の座を降りた一九四四年になってようやく、山下は東南アジア地域に再び配属された。彼に託されたのは、防御不可能な状態に陥ったフィリピンを防衛するという割に合わない任務だった。

一九四五年秋の裁判で、山下は第二次大戦でも最悪の虐殺行為の一つ「マニラ大虐殺」を容認した責任を問われた。

この事件については争う余地がなかった。一九四五年二月、進撃してきた米軍にマニラを包囲され、帝国海軍を中心とする二万人以上の日本兵は、死ぬまで戦うこと、駐屯中にフィリピンの首都を可能な限り破壊しつくすことを命じられた。供給されたビールと日本酒を存分飲んだ後で、各部隊はすさまじい暴力に及んだ。あらゆる年齢層の女性が強姦され、殺された。赤ん坊や子供たちは壁にたたき付けられたり、銃剣で切り刻まれたりした。男は面白半分に手足を切断され、虐殺された。病院が襲撃され、患者らは生きたまま焼き殺された。家屋と建物には火が放たれた。街はその間絶え間なく米軍戦車とりゅう弾砲の砲撃にさらされ、一方、日本軍は火炎放射器とバズーカ砲を用いた米軍の攻撃を寄せ付けなかった。一カ月に及ぶ破壊行為で、マニラは炎をあげる廃墟と化した。破壊のひどさはワルシャワに匹敵し、この大規模な血の狂乱で、最大一〇万人のフィリピン人が殺された。

マニラは戦前、ダグラス・マッカーサー将軍がよく訪れた街だった。マニラ・ホテルの彼の部屋は大虐殺の際に、ひどい損傷を受けた。彼はホテルが攻撃されている様子を遠くから眺め、衝撃の大きさを書き留めている。「突然、ペントハウスが炎に包まれた。連中が火を放ったのだ。わたしは、自分の素晴らしい軍関係の蔵書や思い出の品、一生ものの身の回り品が破壊されていく様子を、何とも言いようのない思いで見ていた。わたしは破壊されたいとしいわが家の苦汁を、最後の酸っぱい一滴まで味わっていた」(14)。

マッカーサーにとり、一九四五年のマニラで起きたことと、その三年前に本間雅晴将軍率いる日本軍によってフィリピンから追い立てられたことは、個人的な侮辱だった。そこで、本間と山下に対するマニラの裁判も、いささか個人的な性格を帯びた。一九四五年六月の戦犯訴追に関する連合国の決定に沿って、ワシントンからは迅速な裁判を準備するよう命令が来た。だが、裁判はマッカーサー指揮下の軍法委員会によって開かれなければならない。判事はマッカーサーに任命され、裁判手続きはマッカーサーが差配した。これらは、その場に居合わせた人びとに、この裁判が復讐の炎を静めるためのものではないとの明確な印象を抱かせた。その裁判はまさしく復讐の一形態なのだった。

マニラの凶悪犯罪と日本の占領下で犯された他の残虐行為に対し、誰かが罰を受ける必要があった。一九四二年四月の「バターン死の行進」、戦争捕虜の餓死、フィリピンの町村の破壊、憲兵隊管理下の拷問刑務所がそれだ。フィリピン人エリートの対日協力者は多くが訴追を免れ、最も活動的だったフィリピン人反日組織は、反共産主義の名の下に壊滅させられつつあった。それゆえ、甚大な被害を受けたフィリピン人に、正義が今も行われつつあることを示すため、悪役がぜひとも必要だった。名のない殺人者集団とつり合う残忍な顔でなければならない。誰かが吊されなければならないのだ。

山下奉文は確かにうってつけの配役に見えた。ずんぐりした首の太い体形に、細い近視の眼。漫画に描かれる日本の戦犯のイメージそのものだった。フィリピン人たちは、山下が旧高等弁務官公邸で裁かれるのを見に来るよう督励された。ある老婦人は戦争中の経験でつらい思いをしたため、怪物のような日本の将軍に投げ付けようと、ハンドバッグに石を詰め込んできた。一部の米国人記者たちは、山下が有罪判決を受ける前から、彼を断罪することに全力を挙げた。ヤンク紙の裁判担当記者がいみじくも書いている。「裁判手続きの初っ端から、二〇〇ペソ対二ペソの率でも山下の無罪放免に賭けるようなカモは見つかるまい(15)」。

ヤンク紙は続ける。「弾痕が残る高等弁務官の事務所は、山下将軍がかつて征服者として統治していたところだが、そこに彼は戦争犯罪人として、五人で構成される法廷に立った。彼は法に基づく公正な審判を受けていた。それは、将軍が自らの犠牲者たちには敢えて与えてこなかったものだ」。

この記述は、ほぼ完全に誤っている。山下は高等弁務官事務所にいたことはなく、まして征服者としていたことは、絶対にない。彼が初めてフィリピンの土を踏んだのは、マッカーサーが水をかき分けながらレイテ湾の浜に上陸する直前だった。そのころには、フィリピン防衛は達成の見込みのない目標となっていた。山下はこの地域を知らなかった。指揮系統はぼろぼろだった。彼の部隊はフィリピン群島全域に散り散りになっていた。連絡網は大半が途絶えていた。山中をさまようほとんどの兵士に、食料はもはや届いていなかった。ガソリンはほとんど手に入らなかった。各部隊の練度は低く、飢えと消耗、さらに熱帯の気候で士気は低下していた。フィリピンの反日ゲリラに悩まされ、優勢な米軍に圧倒され、山下には征服者として自分の部隊を率いるどころか、部隊を視察する機会すらなかった。

マニラ大虐殺は、少なくとも部分的には日本軍の壊乱が生み出した結果だった。山下の司令部はマニラからほぼ二〇〇マイル離れた山中にあった。首都防衛は不可能と知って、彼は名目上自分の指揮下にある海軍陸戦隊も含め、全軍に撤退命令を出した。マニラは、輜重《しちょう》の警備に当たる一六〇〇人の兵士を残して、非武装都市にする方針だ。だが、海軍の指揮官たちはためらった。一部の指揮官は、最後の一兵まで戦いたがった。撤退するにしても、港湾施設の破壊が先だと言う者もいた。だれがだれに命令しているのか不明確だった。命令は、実行されなかった。日本軍の中ではしばしば起こることだが、中級士官が勝手に物事を運び、最も熱狂的な者が勝ちを占めた。激怒した山下が再度、撤退を命じるころには、兵士も水兵もマニラに閉じ込められ、死ぬよりほかに出口はなくなっていた。

山下が公正な裁判にかけられなかったのは確かである。判事たちは軍の内局の将校であり、彼らの法律知識は戦場の状況に関する理解と同様に乏しかった。判事の一人は退屈のあまり、審理の間ほとんどぐっすり眠っていた。マッカーサーは、あらゆる必要な資源を検察側に用立てた。これに対して、被告側の弁護人は最後の最後になって選任された。六〇を超える罪状を調査している時間はなく、初公判の直前になってさらに多くの罪状が付け加えられた。証拠規則その他の法的手続きは、いかさまとは言わないまでも、恣意的だったようだ。マッカーサーによる「特別宣言」の中で、連合国が六月に定めた規則が再確認された。「この法廷は技術的な証拠規則にはとらわれないものとする。法廷は、迅速で専門用語を用いない法手続きを可能な限り採用・適用し、証拠価値があるとみなされるいかなる証拠も受け入れるものとする。被告人の自供あるいは供述とされるものはすべて証拠として採用されるものとする(16)」。

山下とっては悲しいかな、この中には、元対敵協力者夫婦による怪しげな宣誓供述書と陳述書が含まれていた。彼らはこの日本の将軍によるいわゆるフィリピン国民絶滅計画について、でたらめな主張を法廷に信じさせることで、自分たちの風評を清めようとしたのだ。さらに、マニラの破壊のただ中で起きた恐ろしい暴力について語る、心に傷を負った証人が次々に登場した。ヤンク紙はこう報じている。「証人の少女はすすり泣きながら、ジャップの兵隊から繰り返し受けた暴行について語った。少女の多くは、銃剣を突きつけられて服従を強制されたと述べた。……供述書の抜粋――『一二歳の少女が床に敷いたマットの上に横たわっていた。彼女は血だらけで、下のマットも血にぐっしょり染まっていた』」。

ここでも、こうした申し立ての信憑性を疑う者はほとんどいなかった。問題は、山下がそうしたことを知り得たかどうか、そうだとしても、それを止めるために何かできたかどうかだった。同時期に開かれたニュルンベルク裁判では、ドイツの将軍たちは、自らが命じ、使嗾し、あるいは個人的に関与した戦争犯罪についてのみ訴追された。山下がこうした戦争犯罪を行ったという証拠はどこにもなかった。実際には、彼が出した命令は逆だった。そのため、彼は前代未聞の罪状で訴追された。すなわち、彼の統制が効かず彼が出した命令に意図的に逆らった部隊の犯した残虐行為を止められなかったという罪だ。ヤンク紙は、山下が「法に従って」公正に扱われたと自信たっぷりに書いた。もしそうなら、それは山下あるいは他の指揮官が、わずかでも承知している法とは異なっていた。一九四五年一二月七日、日本軍の真珠湾攻撃の記念日に、山下奉文は絞首刑による死刑の判決を受けた。彼は判事たちに向かって頭を下げ、「弁護団として公正な米軍士官たちと紳士たち」を付けていただいたとして、米国に謝意を表した。ロバート・カー少佐は新聞記者たちに、自分が太平洋にやって来たのは海岸でジャップに銃弾を浴びせるためで、連中を絞首刑にするためではないが、まあどちらでも変わりはない、と語った[17]。

減刑の嘆願はマッカーサーに却下された。山下の弁護士たちは、多くの期待を抱かずに、裁判の無効を米連邦最高裁に申し立てた。平時において軍法委員会に旧敵を裁く権限はなく、審理も公正に行われたとは言い難い、というのが彼らの主張だった。最高裁は軍事法廷の法的正当性は問わない判断を下したが、二人の判事は裁判に極めて批判的だった。このうちの一人、ワイリー・B・ラトリッジ・ジュニアは反対意見の中で「誰であれ、その犯罪行為の後で定義された罪状により起訴されるのは、われわれの伝統に反する……。その人物が他者によってなされる不正行為に積極参加したか、もしくは、そうする義務と権限を有しながら故意にそれを防止することを怠ったことが示されない場合、いかなることがあろうと、われわれは集団の罪を個人に帰することはない[18]」と述べた。

山下は、良心に恥じるところはないと宣明した。マニラ大虐殺については発生時、自分は何も知らなかったと主張したが、虐殺の証拠は彼に深い衝撃を与えた。自分の弁護士には、これほど多くの人を死なせてしまった以上、いずれにしても日本に帰るのは難しかっただろうと語っている。

山下は一九四六年二月二三日、マニラ南部の風光明媚な温泉リゾート、ロスバニョスで絞首刑となった。

マッカーサー将軍は、日本人の敵の裁判における自分の執念深さについて、独特な興味深い弁明をしている。彼の見方によれば、山下は軍人という職業の名誉を傷つけたというのだ。

戦士の伝統は長く、栄誉に満ちている。これは人間のもっとも高貴な形質――自己犠牲に基づいている。この将校は……この不変の規範を裏切った。自らの部隊と国家、敵、そして人類に対する義務を裏切った。戦士としての信義を完全に裏切った。公判で明らかになったように、そこから帰結する逸脱は、軍人という職業についた汚点、文明についた汚れであり、決して忘れることのできない恥と不名誉の記憶だ。(19)

大仰な言い方で、マッカーサーは彼の時代に共通する心情を表明していた。つまり、ドイツと日本の戦犯とその共犯者に対する裁判は、単に法の支配の復興だけでなく、「文明」の復興が問われているというのだ。これは、ニュルンベルクと東京の裁判における検察官らの語法でもあった。文明と「戦士としての信義」を同一視したところが、マッカーサーらしい。他方で、裁判を通じて「恥と不名誉の記憶」をぬぐい去るという考えは、外国の占領によって屈辱を味わった国では、最も重要だった。マッカーサーはおそらく、フィリピンを念頭に置いていただろう。だが、そうした記憶は、敵に協力した国家指導者を裁くすべての法廷を影のように覆っていた。たとえ指導者たちが、自分の意識としては高潔な理由のためにそうした場合でもである。

フランスのヴィシー政権で二回にわたり最高位閣僚を務めたピエール・ラヴァルと、「オランダ国家社会主義運動」(NSB)の「指導者」アントン・ミュッセルトに一つ共通するのは、彼らが自分自身を高潔な人間で、祖国の利益に奉仕するため自分の権能内で全力を尽くした愛国者だ、とみなしていたことだ。二人とも一九四五年の秋から冬に、国家反逆罪により速やかに裁かれ、死刑が執行されたが、彼らは自分が殉教者として死に赴くこと、いつの日か無実が証明されるだけでなく、救世主として認められることを信じて疑わなかった。二人に共通するもう一つの点は、それぞれの国で最も憎まれた男として死ぬということだった。もっと邪悪で凶暴な人間はいた。ラヴァルもミュッセルトも暴力は好まなかった。それどころか、ラヴァルは第一次大戦時には左派の平和主義者であり、これには異論もあるだろうが、たとえ祖国防衛のためであっても、軍事行動への個人的な嫌悪感を失ったことはなかった。彼は生まれながらの宥和政策推進者であり、悪魔を相手にしても交渉で裏をかく自信があった。弁護士には「私にとって、対敵協力とは交渉を意味していたのだ」と語っている[20]。実際に二人とも祖国の利益を守るため、大抵の場合うまくはいかなかったのだが、時にはドイツ人に抵抗した。それでも、彼らはほとんど全国民から嫌われた。彼らの裁判の結果が既定の結論たらざるを得なかったのは、このためである。

ラヴァルもミュッセルトも山下奉文のように、外見の魅力には乏しく、そのことは彼らのためにならなかったかもしれない。ミュッセルトはずんぐり体型で丸顔、短軀で、ファシスト政党の黒い制服や革製のコートが全く似合っていず、常に滑稽に見えてしまった。ラヴァルは制服とブーツ姿の民衆扇動家ではなく、ストライプのズボンに白いネクタイを常用する職業政治家であり、いかがわしい商品を扱う評判の良くない商人のような雰囲気を漂わせていた。髪は短く黒色で脂ぎっており、目は細く、絶え間なく吸うたばこのせいで並びの悪い歯とふさふさしたひげは茶色に変色していた。ミュッセルトはエンジニアとして（特にアウトバーンの設計）、ラヴァルは弁護士として職業人生をスタートした。ラヴァルは当時としては最も成功した政治家だった。戦前、二度にわたり首相として政府を率いており、一九三一年には、世界大恐慌期にフランスを巧みに舵取りしたとして米誌タイムの「マン・オブ・ザ・イヤー」――「冷静で権威があり人気も高い」――に選ばれている。[21] ミュッセルトは一九三〇年代終わりには既に、大方のオランダ人からやや奇矯な人物と見られていた。黒いシャツを着て集団で歩き回るのは、オランダの流儀ではなかった。

どちらの男も、ドイツによる自国への侵攻は望んでいなかった。何と言っても、ナショナリストだったのだ。マン・オブ・ザ・イヤーの横顔紹介で、タイム誌は実際、ドイツに毅然とした態度で臨んでいるとしてラヴァルを賞賛している。彼は一九三五年、英国、イタリア両国とドイツの再軍備阻止を目指す短命に終わった協定を結んだ。二度目の大戦を回避するために、あらゆる手を打った。だが、大戦が勃発したとき、ミュッセルトもラヴァルも、ドイツによる占領をまるで、わが世の春がついに到来したかのように好機ととらえた。ミュッセルトは「ゲルマン諸民族」に支配される新しいヨーロッパ像を抱いていた。それは確かにヒトラーに率いられてはいるが、ミュッセルト自身が指導する国家社会主義のオランダの自治が前提にあった。ラヴァルは、ファシズムの理想主義には何ら魅力を感じなかった。だが、一九三〇年代末の野党暮らしを経て、彼は困難な時期におけるフランスの救世主たることが自分の役回りだと考えた。年老いたペタン元帥を名目上の国父にして、ラヴァルは交渉でフランスのためにできる限り最高の条件を引き出すつもりだった。それ以上に、彼もまた、新しいヨーロッパの可能性を見ていた。それは、大陸から現代の二つの厄災――アングロ・ユダヤ資本とロシア・ボリシェヴィズム――を放逐する事業において、フランスがドイツの主要同盟国になるヨーロッパである。一九四二年のラジオ演説で、彼はこう述べている。「私は、ドイツの勝利を望んでいる。なぜなら、そうでないと、ボリシェヴィズムが明日にも至るところにはびこることになるからだ」。[22] この言葉が三年後、舞い戻ってきて、彼に付きまとうことになる。

戦争前、ミュッセルトもラヴァルもユダヤ人に対する個人的な敵意の片りんすら示したことはなかった。ミュッセルトには親しい友人がほとんどいなかったが、数少ない友人の一人はたまたまユダヤ人であり、一九三〇年代、彼はユダヤ人に自分の運動のメンバーになるよう勧めている。彼の頭の中には、「良いユダヤ人」と「悪いユダヤ人」がいた。悪い方は、彼の運動に加わることを拒否したか、またはオランダ国家社会主義運動（ＮＳＢ）に批判的な人びとであり、従って、彼らは「非オランダ人」なのだった。不運なことに、ミュッセルトのドイツ人同志たちは、この問題についてもっと厳格な考え方をしており、彼とドイツ・ナチス親衛隊の間にある論争点の一つであった。一九四〇年に、彼はＮＳＢに残っていた数少ないユダヤ人メンバーの除名を余儀なくされる。このことをミュッセルトは深く後悔していると主張した。どの程度深くかは、分からない。というのは、彼は一九三八年に、ヨーロッパのユダヤ人をオランダ領、フランス領、英領それぞれのギアナに移住させる詳細な計画を実際に練ったからだ。それはヒムラーやヒトラーの関心を引く構想ではなかった。（英国やフランスがどう考えていたかは記録がない）。それに、ミュッセルトはユダヤ人の財産を奪って自分や友人、親類の懐に入れることに心の痛みを覚えることはなかった[23]。

ラヴァルはフランス極右の強烈な反ユダヤ主義に共感したことは一度もなかった。彼にもまたユダヤ人の友人がおり、仕事でもユダヤ人の同僚たちと親しくしていた。ただ、ヴィシー政府がドイツと関係なく自発的にユダヤ人規定《スタチュ・デ・ジュイフ》を策定し、ユダヤ人から市民権を剥奪した一九四〇年、彼は閣外相を務めていた。その後、彼はフランスで生まれたユダヤ人の国外追放を阻止しようとするが、外国生まれのユダヤ人数万人を第三帝国の胃袋の中へ送り込むという代償を払ってのことだった。この中には、大戦中に市民権を剥奪された帰化フランス市民も含まれていた。

対敵協力を通じて自ら救世主になろうとしたことにより、ミュッセルトやラヴァルのようなうぬぼれの強い人物は、ドイツが仕掛けたわなにもろにはまり込むことになった。ミュッセルトはイデオロギー上の思い込みと虚栄心の混交によって、ラヴァルは道徳的鈍感さと自分の才覚への過信によって。フランスとオランダが新しいヨーロッパの重要なパートナーになるという国家主義的幻想が、完全支配を目指すドイツの計画とはほとんどかみ合わないことに二人とも気付いていなかった。こうした愛国的な売国奴は、評判のよくない実に犯罪的なドイツの企ての矢面に立ってくれる限り、ドイツにとって有用だった。少しずつ、彼らは譲歩していった。時には不承不承、時には不用意に。ミュッセルトは、自分の突撃隊員らをドイツの親衛隊に組み入れ、ヒトラーへの忠誠を誓った。ミュッセルトのぼやけた想像の中では、ヒトラーは単にドイツだけでなく、すべての「ゲルマン諸民族」の総統だった。ラヴァルは、一部のフランス人戦争捕虜と引き換えに、フランス人労働者をドイツの工場に送り込んだだけではなく、フランス人パルチザンに対抗する民兵組織を創設し、多くのユダヤ人を死地へ追いやったことでも、ドイツに協力した。一九四二年七月、ユダヤ人の子どもを大人と一緒にポーランドへ追放すべきだと主張したのは、ドイツではなくラヴァルだった。家族が一緒にいられるというのが、表向きの理由だった。

こうした振る舞いの結果、両者ともドイツ人からは「ブルジョアのナショナリスト」としてさげすまれて不信感をもたれ、自国民からは、占領にまつわる汚らわしく、恥ずべきことすべての化身として嫌悪されることになった。彼らは、ヒトラー帝国のために熱心に働く自国内の最も過激な親ドイツ・ナチ派からも憎悪された。ミュッセルトもラヴァルも、味方の数が極めて少なかったため、解放後は裁判と処罰の格好の候補になった。対敵協力の最も目立つ二つの顔を見せしめにすることで、目立った勇気を示してこなかった数百万の人びとは、気分が楽になったのだ。

ペタンも戦犯裁判にかけられ死刑判決を受けたが、高齢と過去の栄誉に救われた。彼の裁判はドゴールが企図したものではなかった。ドゴールにとっては、この老人がスイスで亡命生活を送ってくれた方がずっとよかっただろう。裁判はペタンが自ら要求していたのだ。もし、これが困りものだったとすれば、それはフランス人がヴェルダンの英雄を銃殺刑にすることなどできない相談だったからだ。そこで、彼は代わりに流刑となった。ある意味で、ラヴァルはペタンの身代わりとして非難の対象となったのだ。この時期、フランスで流行した歌の一節にはこうある。「ペタンは眠れ、ラヴァルは火あぶりに、ドゴールは働け」。一〇年以上前にラヴァルを大げさに持ち上げて見せた同じタイム誌が書いている。

先週、ピエール・ラヴァルは審判に現れた。彼に対して、老いたペタン元帥の判決と終身刑への減刑のときのように、フランス人の心の中に大いなる同情心と切迫した義務の感覚が芽生えることはなかった。ピエール・ラヴァルの排除は必要な作業であり、それは満足感を与える復讐になってもいいところだった。ところが彼はそれを、恥ずべき笑劇にしてしまった。(24)

この記述はいささか不公平だ。裁判は確かに笑劇だったが、ラヴァルが主な原因ではなかった。ドゴールは公職追放や戦犯裁判といった仕事が性に合わなかったが、流行歌が求めているように、仕事に取りかからなければならず、これをできる限り速やかに終わらせたかった。戦後憲法をめぐる国民投票が一〇月二一日に予定されており、そこで、ラヴァルの評決はそれ以前に言い渡す必要があったのだ。ラヴァルは自分の独房に座り、米国製たばこを一日五箱吸い、公判での弁明に備えて注意深く集めた文書類の閲覧を拒否されたため、苛立っていた。彼がドイツでの一時的な避難生活から空路フランスへ戻されたとき、スーツケースから抜き取られた覚書には、彼の苦渋の気持ちが表れていた。「おかしな逆説だ。このわたしが、国民から感謝されたはずの自分の政治と行動を法廷で弁明しなければならない立場になって、ここにいるとは。大戦前も、不幸な占領の最中も、わたしは自分が職務を全うしたと承知している」[25]。

相変わらず妄想傾向のあるミュッセルトは、オランダの北海海岸に面した刑務所の独房で、すでに新たな空想を見つけていた。巨大な潜水艦を考案したのだ。彼の考えでは、米国は間違いなくこの発明品を充分に活用したいと望むはずなので、彼は自分が米国に移送されることを期待していた。彼の人生最後の数週間は、英語学習に費やされた。これは結局水泡に帰するもう一つの冒険的行動であった。

ラヴァル裁判の欠陥の一つは、彼自身が直ちに指摘したのだが、判事や検察官らが彼と同様にヴィシー政府に仕え、ペタンに忠誠を誓っていたという事実である。検事総長を務めたアンドレ・モルネは、かつてはユダヤ人の市民権剝奪委員会に座っていた。陪審員は、議会議員とレジスタンスのメンバーで構成されていた。

パリの弁護士会長を務めていたジャック・シャルパンチエは、スペインの闘牛場で繰り広げられる死闘のような儀式めいた雰囲気に気付き、回想している。「闘牛場のアリーナに飛び込んだアンダルシアの悪童たちのように、陪審員たちは被告人をののしり、裁判手続きに干渉した。裁判官は［ラヴァルに］発言の機会も与えぬまま、審理を進めた……。ちょうどロベスピエール〔フランス革命の指導者の一人。革命末期のクーデターの際、自殺を図り失敗〕が処刑台に引き出すため活を入れられたように、生きた裏切り者を人民というライオンの中へ投げ入れられるようにと、ラヴァルの生気を失った体にも活が入れられた」[26]。

この裁判で最も劇的な場面は、判事たちの先入観に対するラヴァルの抗議だった。「諸君は、わたしに有罪を宣告することができる」と彼は政府首班の肩書が彫り込まれた書類カバンでテーブルを叩きながら叫んだ。「わたしを処分することはできる。だが、諸君にわたしを中傷する権利はない！」すぐに陪審員の一人が叫ぶ。「黙れ、裏切り者！」ラヴァルはかんかんになって、自分は祖国を愛するフランス人だ、と絶叫した。陪審員らが、おまえは銃殺隊から「一二発の銃弾を受けるに値する」「ろくでなし《サロー》」だ、と叫び返す(27)。ラヴァルは「司法犯罪」の「共犯者」になるくらいなら沈黙する、と陳述を締めくくった。「彼は絶対変わるまい！」と陪審員の一人が叫ぶと、ラヴァルは同じく率直さと信念を持って返答した。「その通り。私は絶対変わらない(28)」。

ハーグの王宮でのミュッセルト裁判は、もっと厳かな雰囲気だったが、こちらの結論もまた疑問の余地がなかった。検察官のJ・ザーイェルは、冒頭陳述で「たとえ裁判が開かれなくても、われわれは既にミュッセルトにふさわしい判決を知っている」と述べた。法手続きを開始するにしては、いささか異様なやり方だった。「オランダ国家社会主義の精髄とされたミュッセルトを筆頭に、最悪の国家社会主義者を死刑より軽い刑罰で済ませることはできない(29)」——ミュッセルトの有能な弁護士、ヴァイケルヘルド・ビズドムは後に、大戦直後のあの日々にはこんなコンセンサスがあったと回想している。裁判は大衆の感情に左右され、法は街頭に呼応していた。

ミュッセルトは国家反逆罪の罪状に対し、熱弁を振るって自己弁護した。まるで、今も党員集会で演説しているかのように両腕を振り回し、自分の国を外国人の支配に明け渡す狙いは全くなかったと主張した。逆に、自分の理想は常に、戦勝国ドイツがヨーロッパの秩序を変えるとき、オランダの国益を守るためにオランダ政府を樹立することにあったのだ。「ヨーロッパの入り口にアジアを寄せ付けないために」ドイツの国家目標を支援することが不可欠だったのだ、と彼は説明した。自らのレトリックの炎に酔いしれ、ミュッセルトは我を忘れて、判事たちに「わが忠実な信奉者諸君」と呼びかけてしまった。この一句のために、そうでなければかなり厳しい雰囲気の公判に、ざわめき笑いが起きた。[30]

オランダの元指導者の処刑もまた、ラヴァルの最期に比べると、ずっと厳かだった。彼はハーグ郊外の砂地に連れて行かれ、間に合わせの杭に縛り付けられた。そこは、かつてドイツ人が、多くのオランダ人パルチザンを銃殺した場所だった。プロテスタントの牧師が彼に別れを告げると、ミュッセルトは自分がもはや握手もできないことを詫びた。一二人の男がライフルで狙いを定め、ミュッセルトは絶命した。

ラヴァルは、銃弾に顔を打ち抜かれて、自分の外観が醜くなってしまうことを長い間心配していた。彼の弁護士は、最近では死刑執行もかなりきれいに行われるようになっていると請け合った。ラヴァルはその後、古い青酸化合物のカプセルを飲み込んで自殺を図ったが、それは古すぎて直ちには死ねなかった。蘇生措置が取られたが、まだ弱ったまま、ラヴァルは刑務所の外壁近くの場所へ連れて行かれた。ダークスーツにいつもの白いネクタイ、フランス国旗の赤白青のスカーフを巻いていた。彼は弁護士に「死ぬときに、諸君を見ていたいんだ」と言って、見える場所にいてくれるよう頼んだ。最期の言葉は「フランス万歳《ヴィヴ・ラ・フランス》！」だった。銃声が響き、ラヴァルの身体は右側に傾いた。その後で、一人の軍曹が、ラヴァルの最も恐れていたことを実行した。とどめとして、再び銃撃し、彼の顔をめちゃくちゃにしたのだ。その場にいた若いジャーナリストが、その光景を描いている。「人びとが杭の方へ殺到し、木片を拾った。血に染まった木っ端に一番価値があるのだった」[31]。

ミュッセルトやラヴァルをスケープゴートと呼ぶのは、あまり正確ではない。敵の手助けをしたことで、彼らが有罪であったことは疑いない。彼らは、ナチスの占領に協力することを選択した。そして、彼らの裁判は主として意図された目的に役立った。ミュッセルトの場合は、フランスでは多くの命を奪ったあの「野蛮な」復讐を回避することだった。彼の迅速な、あまりに迅速すぎる裁判は、既に刑務所や拘置キャンプからあふれ出そうになっていた大勢の下級の人物らを、オランダ政府が釈放する言い訳にもなった。ミュッセルトとラヴァルの無残な死は、正義のための見せ物だった。処刑は、戦後の政府が機能していることを誇示するものだったのだ。ラヴァルの宿命的な最期は、ミュッセルトの場合もそうだが、報復を鎮め国家再建をスタートさせるための一つの手段だったのである。

しかし、これらの裁判が、復讐への渇望を癒すという『慈しみの女神たち』におけるアテナ神の狙いのひとつを満たしたとしても、審理のスピードとあらかじめ決まっていた結論、そして特にラヴァルの裁判では、極めてずさんな裁判手順は、適正な法手続きという理念をかなりあやふやなものにしてしまった。裁判の傍聴者の一人は、やや誇張された表現でこう結論している。「ラヴァルの裁判は、それがフランス人にフランス司法の現実に対する疑念を抱かせたため、容認することはできない。……今や害がなされた。フランス司法は信用を落とした。ラヴァルは最後に勝利し、国の道徳的堕落を仕上げたのである[32]」。

法律上の細則は完全に省いて、主犯をさっさと銃殺してしまえば、法の理念のためにはもっと有益だったのではないか。一九四五年にはそんな議論が一部にあった。米国の外交官としてヨーロッパ政策に積極的にかかわったジョージ・F・ケナンは、回想録の中で戦犯裁判への嫌悪感を書き留めている。ナチス指導者の場合、犯罪があまりにすさまじいため彼らを生かしておいても得るものは何もない、と彼は言う。彼は書いている。「もし、こうした連中の誰かが連合国軍の手に落ちた場合、身元が疑う余地なく確認され次第速やかに処刑せよ、という不変の指示が連合国の司令官たちに出ていたなら、それが最善だったろうと個人的には思った[33]」。

こうした見方は、他の人びとも共有していた。例えば、米国務長官コーデル・ハルは英国やソ連の同役たちに、「ヒトラーとムッソリーニと東條、それに主要な共犯者を捕らえ、略式の軍法会議にかける。そして翌日の夜明けに、歴史的な出来事が起こる」のが理想だと語った[34]。ちなみにハルは、一九四五年のノーベル平和賞受賞者である。英国外務省は戦争中、ナチス親衛隊（ＳＳ）指導者ハインリヒ・ヒムラーのような人物を裁判にかけることには反対するという内容の覚書を回覧している。彼らの「罪はあまりに悪質」なため「あらゆる司法手続きの埒外[35]」という理由だった。チャーチルも「連中を一列に並べ、銃殺する」のが最善だろうという考え方をしていた。これは苛酷に聞こえるが、特に手が汚れていないとは決して言えないソ連の判事らとともに、結末が一つしかあり得ないことを知りながら人を裁くのは、法の支配のためには百害あって一利なしかもしれないのだ。ソ連人は、チャーチルが依然として抵抗しているときに戦犯裁判を主張していたのだが、まだニュルンベルク裁判が始まりもしないうちにドイツ指導者の処刑に乾杯しようと提案し、連合国の判事たちを仰天させた。

奇妙なことに、一九四五年にはドイツ人も、即刻処刑が行われていた方が、もっと好印象を受けていたのかもしれない。ハンブルクを訪問した英国の詩人スティーヴン・スペンダーは、大方のドイツ人は、ベルゲン－ベルゼン強制収容所での残虐行為に責任のある男女の裁判を、単なるプロパガンダと見ている、との声を聞いた。「これらのドイツ人は、もし被告が本当に有罪であり、われわれが彼らの有罪を分かっているなら、どうしてこの問題にさっさとケリをつけて、有罪を宣告しないのか、と話すのだった[36]」。

ヒムラーの罪の途方もない本質について語ることで、英国外務省の覚書はある深刻な問題のことを言おうとしていた。当時有効だった法律は、通常の戦争犯罪をはるかに超えた犯罪を扱う能力を本当に備えているのかという問題だ。人びとはまだ、イデオロギー上の理由で一民族全体を絶滅するナチスの計画の全体像と本質に気付いていなかったかもしれない。「ホロコースト」という言葉は、まだ使われていなかった。だが、連合国は、自分たちが前代未聞の事柄に取り組んでいると認識できるだけの、多くのことを目にしていた。その法律上の意味合いは、すでにニュルンベルク裁判前からはっきりしていた。

ポーランド国内にあるナチスの絶滅収容所の跡を実際に目撃していたのはソ連軍だけだった。だが、西側連合国はダッハウやブーヘンヴァルト、ベルゲン-ベルゼンなどの強制収容所で発見した物事に激しく動揺していた。アイゼンハワー将軍は一九四五年四月一二日、ブーヘンヴァルトに付随するオールドゥルフ収容所を訪れた。SSはワイマールに近いこの収容所から撤退したばかりだった。彼らにはすべての死体を焼却している時間がなく、死体は衰弱して起き上がることもできない囚人に交って、壊れた人形のようにころがっていた。ヤンク紙の記者は書いている。「寒気が死体を保存し、死臭を和らげていたため、遺体の周囲を歩き回って、かなり近くから検分することができた」。この記者、ソール・レヴィット軍曹は「死体の周りの地面が血で固まり、赤い土のパンケーキ状になっていた」とも書き留めている。(37)

アイゼンハワーは妻のマミーに、「この世界に、これほどむごたらしく、野蛮で、残忍な行為が本当に存在し得るとは、想像したことすらなかった」と書き送った。彼は米兵がこの戦争を戦った理由に疑問を抱かないように、彼らにそれを見てほしかった。いやしくもこれら身の毛のよだつ犯罪がプロパガンダのための作り話だと誰も思わないように、彼は記者たちに収容所を取材してもらいたいと思った。米国の上下両院議員と英国国会議員は、収容所を訪問するよう要請された。アイゼンハワーがすべてのこと――腐乱死体の山、死体焼却炉、拷問室――を記録にとどめたいと考えたのは、これが「米国人の頭では理解を超えた」(38)ことだからである。チャーチルはアイゼンハワーから「さまざまな発見、特にワイマールでの発見は、これまで明らかになった何事をも超えています」(39)との電報を受け取った。

地元ドイツの市民がハンカチで鼻をつまみ、目を背けつつ、黒ずんだ遺体のあふれた穴の回りで嘔吐しながら、収容所の中をめぐるよう強制されただけではなかった。連合国の都市の住民もまた、ドイツ人の所業を見ることを義務付けられた。それは、必ずしも歓迎されたわけではなかった。ロンドンでは、「残虐なニュース映画に耐えられなくなった」観客が、レスタースクエア劇場から外に出ようとして、ドアのところで英軍兵士に制止された。デイリー・ミラー紙は「全国いたる所で映画館から観客が外へ出てきたが、多くの場所には兵士がいて、席に戻り直視するよう説得していた」と伝えている。ある兵士の話が紹介されている。「多くの人は、こんなことがあり得たとは信じない。この映像が証拠だ。知ることは万人の義務だ」[40]。

ロンドンのタイムズ紙がこうも伝えている。「文明世界が、このような残虐行為に対する懐疑的な、したがって無関心な反応に固執する最後の口実と決別すべきことは、文明そのものにとって至高の重要性がある」[41]。人間がどこまで悪に染まるか知ることで、われわれの振る舞いがより善良になる、また最悪を学ぶことが文明化のプロセスになるという考え方は、アイゼンハワーが特に信奉したのだが、これが次に続く戦犯裁判の主要な動機の一つになった。

それでもオールドゥルフの恐ろしさが、ポーランドの死の工場と比較すれば色あせてしまうことは、まだはっきりとは認識されていなかった。当時の報道の中に、ドイツの強制収容所を「死の収容所」と呼ぶものがあるのはこのためである。こうしたキャンプの犠牲者の多くはユダヤ人だったという事実も、当時の報道ではめったに強調されなかった点だ。だが、アイゼンハワーは文明のために世界に知らしめたいと考えており、実際に起きたことを記録し、ドイツおよび世界のすべての人びとに道徳教育をほどこす手段の一つが、戦犯裁判の範囲を広げることなのであった。六月二日、アイゼンハワーは統合参謀本部にこれらの残虐行為の責任者たちを訴追するよう求めた。

強制収容所に関する最初の裁判は、米国ではなく英国の司法管轄権の下、ベルゲン－ベルゼンで開かれた。言うなれば、一九四五～四六年のニュルンベルク裁判に向けたこの最終リハーサルは、ナチスの犯罪に既存の法律や法手続きを適用することがいかに難しいかを見せつけた。ベルゼンの恥ずべき収容所長ヨーゼフ・クラーマーや収容所付き医師フリッツ・クラインら何人かの被告は、アウシュヴィッツ・ビルケナウでも働いていた。彼らはアウシュヴィッツの行為でも裁かれることが決まったため、彼らが集団絶滅で果たした積極的役割は、超過密の強制収容所で数千人の飢餓者がチフスその他の疾病で死ぬにまかせておいた犯罪的放置行為と、併合審理されることになった。新聞は、タイムズ紙の八月の紙面でも、毎日のように「ダンテに匹敵する光景」〔『神曲・地獄編』〕「ガス室の目撃者」「数百万人が死亡」「絞首刑になった少女たち」「殴り殺された少女の物語」といった見出しが躍っていた。クラーマー（「ベルゼンの怪物」）と二二歳のブロンドの女性看守イルマ・グレーゼ（「美しき野獣」「アウシュヴィッツのハイエナ」）は、ナチスの恐怖の部屋のために誰もが知る名前となった。これが本当に、人びとがナチス犯罪を理解する助けとなったかどうかは疑わしい。「野獣」や「怪物」ら個人の悪行に衝撃を受けることは、ある意味で、彼らの行為をほとんど正常に見せてしまうような犯罪システムの核心を見過ごすことになる。一九六一年にエルサレムで行われたアイヒマン裁判についての、厳しい批判を浴びたハンナ・アーレントの報告〔『イェルサレムのアイヒマン』〕は、この点についてはるかに明快だった。イデオロギーを根拠とする集団殺戮が政府の政策となるとき、上は親衛隊中央指導者《ライヒスフューラーSS》から、下は鉄道運行表を担当する小役人に至るまで、全員が共犯なのだ。野獣たちはただ、大方の連中より一段と汚れているに過ぎない。

　ベルゼンの裁判は、他の戦犯裁判と同じように、可及的速やかに終える必要があった。憤激した大衆は、まさにそれを要求していたからだ。だが、英国人たちは、公明正大な裁判を開くと自負していた。ラヴァルに対する裁判手続きの信用を失墜させたような、ぶざまなことをするつもりはなかった。問題は、法そのものにあった。英国の軍事法廷――その一つはリューネブルクにある一九世紀建造の人目を引く学校校舎で開かれていた――は、「法および戦争の慣習法に対する違反」と定義される戦争犯罪しか訴追できなかった。(42)

そもそも、被告を裁く権限が法廷にあるや否やをめぐって法律専門家の間で延々法律論争が続いた後、何人かの証人が自分たちの目撃した事実について衝撃的な報告を行った。ポーランドのルブリン出身のソフィア・リトヴィンスカは、ベルゼンとともにアウシュヴィッツを生き延びた生還者だった。彼女は、一九四一年のクリスマスイヴに女性たちがみすぼらしい衣服をはぎ取られ、バラックから追い立てられ、ダンプカーに乗せられてガス室の前で捨て置かれた後、クリスマスの朝五時まで凍てつくような寒気の中で裸のまま立たされていた様子を説明した。

ソスノヴィエツ出身の医師ハダッサ・ビムコは、後にシオニスト運動の指導者ヨセフ・ローゼンサフトと結婚するのだが、彼女は九月二一日に三〇〇〇ワットのランプの列に照らされた証人台に立った。彼女は両親と兄、夫、六歳の息子をアウシュヴィッツで失っていた。病院の用務員として、彼女はそこで何が起きているかをつぶさに目撃していた。クラーマーとクラインの両者が加わった収容者の選別、医学実験、そして特別班《ゾンダーコマンド》（死のキャンプの作業単位）のユダヤ人収容者が最も恐ろしい作業をさせられたガス室。それは髪を切り、死体を移送し、死体焼却炉を稼働させる作業である。ガス室送りに選別された収容者は、と彼女が法廷で語っている（タイムズ紙報道による）。「裸で引っ立てられ、食べ物も飲み物も与えられないまま、彼らを死体焼却炉へ運ぶトラックが到着するまで数日待たされました」。ガス室で息の根が止まると、と彼女は続ける。「死者は更衣室の反対側にある部屋から外につながったレールを走る台車に乗せて、片付けられました。特別班のメンバーは時々殺され、仕事は別の収容者たちに取って代られました。でも、ある種の記録を保存しておくことは通常可能でした」。これをもとに、収容所の友人たちは四〇〇万人のユダヤ人が殺害されたと推計した、と彼女は語った。[43]

ビムコ医師の友人らは数を過大評価したが、ユダヤ人集団抹殺《ジェノサイド》の赤裸々な事実が、英軍事法廷の前に明かされた。被告弁護団は、証言の矛盾や証人らの記憶違いを突こうと努めた。クラーマーの弁護士、ウィンウッド少佐は、おそらく当時はまだ珍しくなかった偏見に合わせて、ベルゼンの収容者を「中央ヨーロッパのゲットーのくず」と形容した。彼が後に「ただ被告の代弁者として振る舞っただけだ」[44]と弁解して謝罪することになった発言である。しかし、証言されたような残虐行為があったことについては、誰しもまず疑いようがなかっただろう。ところが、これは軍事法廷であり、弁護士の何人かは軍事用語でしか思考できなかった。ウィンウッド少佐は、彼の依頼人を「管轄地域に収容所を抱え、その収容所への命令を司令部から受け取っている大隊司令官」に例えた。親衛隊大尉のクラーマーは、命令に従う一兵士に過ぎなかったというのだ。「収容者を虐待」しようとする「意図的な企て」[45]の証拠は一切ない、と。

ロンドン大学の国際法教授ハーバート・A・スミス大佐が、いかなる戦争犯罪も行われていないことを証言するため、弁護側から証人申請された。収容所で起きたことは「戦争とは無関係」であり、その行為が行われた場所と時においては犯罪とは全くみなせない、と。結局のところ、ヒムラーが警察のトップであり、「それなりに法的効力を持った」命令を出す権限を有していたのだから。[46]

こうした議論のどれも、クラーマーやグレーゼ、クライン医師を絞首台から救いはしなかった。しかし、少なくとも二つのことは、ベルゼン裁判から結論できた。人びとは依然、死の収容所と強制収容所の違いを完全には理解していなかったかもしれないし、ガス室が稼働を始めもしないうちに、すでに東ヨーロッパでどれだけ大量の殺害が行われていたかを知らなかったかもしれない。とはいえ、ナチスの殺人マシンが組織的であったことは、一九四五年に新聞を読んでいたものであれば誰でも知っていたはずだ。意図的な「虐待」云々の発言が、鋭さを欠くことになったのはこのためだ。もったいぶった言い方で、スミス教授はもう一つのことをはっきりさせている。つまり、ナチスが行ったことの性質と規模を扱うには、戦争犯罪に関する現行の法律や慣例ではもはや十分ではないということだ。こうして、一一月二〇日からニュルンベルクで始まる史上最大の戦犯裁判の舞台が整った。ベルゼンの「野獣」たちが死刑判決を言い渡されて四日後のことである。

ニュルンベルクの二一人の被告に関して一つ言っておかなければならないのは、彼らが野獣のようには見えなかったということである。傍聴人らは、青ざめ、疲れた体をくたびれたスーツに包んだ彼らの様子は、まったく平凡に見えたと語っている。尊厳を傷つけられた様子で、あごを上げ、目を閉じるヨアヒム・フォン・リッベントロップ。椅子に沈み込み、薄ら笑いを浮かべた口元のつばをハンカチで拭き取るヘルマン・ゲーリング。サングラスで目を隠すハンス・フランク。気弱なコンシエルジュのように見える奴隷労働の責任者、フリッツ・ザウケル。自分が汚れるのを恐れているかのように他の被告から目を背けるヒャルマル・シャハト。そして、びくびく、そわそわするユリウス・シュトライヒャー。体を前後に揺すり、太い眉の下に狂ったようなまなざしのルドルフ・ヘスは、いささか異様だが、彼はおそらく精神を病んでいた。

ニュルンベルク司法庁舎には、証人を別にして、これらの男が企んだことを身をもって感じてきた人物がたった一人いた。彼の名を知っている者はほとんどいなかっただろうし、弁護士や通訳、法廷書記官、判事、軍警察関係者、ジャーナリストら数百人がひしめく中で、彼の存在に気付いた者さえなかったろう。ドイツの通信社の若手記者だったエルンスト・ミヒェル。彼の記事署名の隣には、数字で104995とあった。アウシュヴィッツに収容されていたときの識別番号だ。ドイツの故郷マンハイムで一九三九年、単にユダヤ人だという理由で逮捕されたとき、まだ高校生だった。

アウシュヴィッツ収容所にソ連軍が到達する直前、ミヒェルはドイツのブーヘンヴァルト収容所まで、凍てついたポーランドの国境地帯を越える命懸けの行進をさせられた。米陸軍がブーヘンヴァルトに迫ると、またも収容所を出て歩かされた。体重は八〇ポンド〔約三六キロ〕まで減っていた。ともかくも、まだ森の中へ駆け込む力が残っており、ソ連の占領地域でしばらくの間生き延びた。ユダヤ人だと気付かれるのを恐れ、強制収容所の囚人服の上に別の服を着込んでいた。やっとのことで、マンハイムに帰り着くと、両親は殺されたことを知った。親せきも全員、姿を消していた。高校程度の英語ができたため、彼は米国の戦争犯罪捜査官から通訳の仕事を得た。ニューヨークで会ったとき、彼はわたしにこう語った。「ドイツ人は常に、自分はユダヤ人を助けたと言っていたよ。助けただって！ わたしは、そのように触れ回る連中の一人を知っているが、彼は本物のナチだったよ」。

ミヒェルの次の仕事は、ニュルンベルク裁判の報道記者だった。専門的な資格を欠いているのが心配だったが、自分の目で見たままを書けと言われた。こうして、ブーヘンヴァルトの死の行進から脱出して六カ月後、アウシュヴィッツの囚人104995号の彼は、ゲーリングと同じ部屋にいることになった。彼は六〇年以上たって、ニューヨークで回想した。「わたしは彼ら全員の顔を知っていた。確かにわたしは自由の身であり、裁判に出席している唯一の生還者だった。このわたしのことが話されていたのだ」。

エルンスト・ミヒェルはドイツの通信社ドイツ公共通信（DAN）の第一報でこう書いている。

収容所でのあの困難な時期、わたしはこの体制の責任者たちが、いつか裁判所に召喚される日が来るとの信念で何とか持ちこたえていた。この信念が、わたしに辛抱する強さを与えてくれた。きょう、ついにその日が来た。きょう、わたしからわずか数フィートのところに、収容所のすべての囚人にとって殺戮の象徴だった男たちがいて、自らの行為のために裁かれようとしている。[47]

連合国の戦争犯罪裁判が、いかに欠陥に満ちていたものであったとしても――そして東京では確かにニュルンベルク以上に欠陥があったのだが――ミヒェルの記事は、なぜこれらの裁判がそれでも公正だったのかという、一つの論拠になり得た。ニュルンベルク裁判のためにもう一つ言っておかなければならないのは、審理のほとんどが途方もなく退屈だったということだ。評決前の最後の数週間、法廷にいたレベッカ・ウエスト〔英国の批評家・作家。一八九二～一九八三年〕はこの司法庁舎を「退屈の城」と形容している。「歩いて行ける範囲内にいる」すべての人が、と彼女は書いた。「極度の倦怠感にとらわれていた……。巨大な歴史的規模の退屈さだ。一つのマシンが徐々に動きを止めようとしていた。意志薄弱やしばしば訪れる死への願望にもかかわらず、それによって人間がその命を支えてきた、偉大なマシンが」[48]。

少なくともニュルンベルクでは、法は真剣に受け止められた。これは、大衆の激怒によってせき立てられる即決裁判ではなかった。すべてを突き詰めることが必要であり、そこで、すべての議論が延々と続き、退屈さは、誠実の印になった。後に、ハーグの国際刑事裁判所（ＩＣＣ）で開かれる数々の裁判は、とりわけこの点でニュルンベルクのイメージが鋳型になる。退屈さが、復讐の銃口をふさいでいた。そこが肝心な点だった。既に一九四二年、連合国戦争犯罪処罰委員会が在ロンドンの九カ国の亡命政府によって設立されていた。会合を持った宮殿の名前にちなみセント・ジェームズ宣言と名付けられた文書は、「一般大衆の報復行動」の危険性を念頭に書かれていた。自由諸国政府が「主たる戦争目的の中に、こうした犯罪に関し有罪か、もしくは責任がある者に対する――組織立った司法を通じての――処罰を据える」ことを「文明世界の正義感」が要求している、とされた理由はこれである。(49)

ニュルンベルク裁判当時、ナチスによるユダヤ人集団抹殺《ジェノサイド》についての認識はまだ低かったかもしれない。しかし、なかったわけではないのは確かだ。一九四二年一二月、死の収容所でガス室が稼働を始めて数カ月後に、ドイツ政府は米国やヨーロッパの連合国から、「ヨーロッパのユダヤ人絶滅を図る野蛮な政策」を糾弾されている。これが世間一般に広まらなかったのは、次のような理由による。起きていることがまだ、想像を絶していたことと、米英両政府が、それをあまり広めるのは具合がよくないと考えたことだ。両政府は国民に、ユダヤ人を救うための戦争を戦っていると思わせたくなかったのである。(50)

ソ連は、一九四二年の西側連合国によるユダヤ人ジェノサイドに対する非難には加わらず、戦後も長い間、ユダヤ人には特に触れずに、ファシズムの犠牲者について語ってきた。だが、ニュルンベルクではソ連の検察官も、ジェノサイドにはっきりと言及している。ニュルンベルク主任検察官の一人ロマン・A・ルデンコ将軍は、自身が残忍な見せ物裁判を実行した経歴があり、ニュルンベルクでは平然と嘘の宣伝をした。一九四〇年のカティンの森におけるポーランド将校二万人以上の殺害は、実はソ連秘密警察が実行したことを重々知りながら、ドイツの仕業だなどとする嘘である。だが、ユダヤ人ジェノサイドの本質に関しては、彼は疑う余地を残さなかった。エルンスト・ミヒェルが記事の中で、ルデンコの弁論を引用している。「ファシストの共謀者たちが、世界中のユダヤ人を最後の一人まで絶滅する計画を立て、一九三三年以降、彼らの全活動を通じてその絶滅を実行した。野蛮なユダヤ人抹殺が、ウクライナやベラルーシ、バルト諸国で行われたのである」。(51)

この発言には、実は若干誇張がある。絶滅の開始は一九四一年であり、一九三三年ではなかった。ルデンコはおそらく、ユダヤ人殺害だけでなくソ連への侵略戦争遂行をめぐるナチスの共同謀議という概念を強調するために、より早い日付を用いたのだ。

ベルゼン裁判で既に留意されていたように、現行の戦争犯罪法は戦争行為にしか適用されないため、一九三九年以前の第三帝国に網をかけ、一民族の組織的な絶滅を対象とする法律を立案する必要があった。ユダヤ人や他の無実の民間人殺害を禁ずる法律がナチス・ドイツには存在していなかったという事実が、言い訳として許されてはならない。上司の命令に従ったという言い訳も、集団殺戮に加わった正当な理由として受け入れるわけにはいかない。一九四五年八月、国際軍事裁判所憲章（ロンドン憲章）で策定された、新たな法的範疇「人道に対する罪」によって、戦争犯罪の概念が拡大した。もう一つの法的新機軸は「平和に対する罪」で、侵略戦争の立案と遂行を意味した。立案は、実際の戦争行為に先立つ。ここに、共同謀議という概念が入り込む余地が生まれた。英米法においては、犯罪行為を共謀することで有罪が成立することもあり得る。この法がナチスに適用された。（後には、はるかに曖昧な根拠で日本の軍部や政府にも適用される）。

その犯罪が実際に行われた後で作られた法律に違反したとして、人に刑を科すのは、法的には疑問がある。敗戦国の被告を戦勝国による裁判にかけるのも、同様に批判の対象となりやすい。一九四六年の東京裁判は、戦時中の日本があたかもアジアにおけるナチス・ドイツの鏡像であるかのようにして行われ、大変なひずみを生んだ。右翼ナショナリストの作家エルンスト・ユンガーは、悪党どもを不公正の犠牲者にしてしまうことに道徳上の大きな危険を見ていた。彼はニュルンベルク法廷を「殺人者とピューリタンで成り立っており、彼らの肉切り包丁は道徳という柄《え》に握られている」[52]と評した。

だが、次いでユンガーなら、ソ連のボリシェヴィズムへの憎悪より対米蔑視のほうがまさる頑迷なドイツ・ナショナリストとして、こう言うだろう。差し引きをすれば、裁判が開かれたのは、たとえそれが血に染まった判事か、あるいはピューリタン的な判事らに統轄されていたとしても、チャーチルやハル、ケナンが提案していたことを実行してしまうよりはましだったのだ。即決の処刑を行っていれば、戦勝連合国を、敗北したナチスと同じ道徳的地平に置いていただろう、と。大方のドイツ人がようやくニュルンベルク裁判の真価を認識するのは、敗戦の苦痛が和らぎ、生活がもっと安定するずっと後のことであるとはいえ、この裁判はドイツ人にナチスの戦争犯罪を自ら裁くモデルを提供した。日本人が後に続かなかったのには、多くの理由がある。東京裁判では勝者の裁きが一層あからさまだったこと。より多くの誤りが犯されたこと。戦争そのものに対する理解の仕方が、ドイツと違っていたこと。さらに日本にはナチス体制もホロコーストもヒトラーも存在しなかったことだ。

それでは正義は行われたのだろうか？　公職追放や戦犯裁判は、正義が行われるのが目に見えるほど十分だったのだろうか？　答えはノーに違いない。あまりに多くの犯罪者が無罪放免となり、何人かは華々しい経歴を歩むことになる一方で、はるかに罪の軽い人びとが、スケープゴートとして処罰された。しかしながら、完全な正義というものは、たとえもっとも好ましい環境が整っていたとしても、ユートピア的理想に過ぎない。それは実際上と政治上、双方の理由で実行不可能だっただろう。数百万人の人間を裁くことはできない。罪ある者の処罰は、ほかの利益と比較衡量する必要があった。熱意が行き過ぎると、社会の再建を不可能にしてしまったことだろう。最悪の犯罪者の責任を問う努力が足りなければ、多少なりとも品位を損ねることになろう。それは狂いが生じるのを避けられない繊細な目盛りだった。大戦後のドイツで、元ナチの教師や医師、大学教授、外交官、産業家、政治家らの中で成長し大人になるのは、苛立ちの募ることだったに違いない。それも、ドイツと日本だけではない。ドイツの占領を受けた多くの国々で、第三帝国と折り合いを付けていた旧エリートたちが、ナチスの去った後、高い地位からはるか奈落へ転落することはまれだった。

だが、おそらく、人間の日和見主義というのは時に最も有益な資質なのだ。一九四五年六月、ベルリンの元レジスタンス闘士ルート・アンドレアス＝フリードリヒは、まさにこの問題を、これも勇敢なレジスタンス闘士だった親友と話している。彼女の友人フランクはこう述べる。

その総統は死んでしまった。生きようとする者は、食わねばならぬ。食おう――満足に食おう――とするものは、ナチであってはならぬ。だから彼らはもはやナチでなく、これまで一度もナチでなかったと誓うのさ……弾劾しても罵倒しても人間を良くしはしない。倒れた時は助け起こせ。過去に過ちを犯した人間には、その過ちを償う機会を与えよ。報復することはもう止めた方がいい。永遠に。[53]

命の危険を冒してナチスに抵抗した男の言葉だからこそ、道徳的な重みを帯びる。残忍な体制に順応して、徴用労働者を搾取し死の収容所近くに工場を建設する企業に融資した銀行家の、あの同じ日和見主義が、彼を戦後のドイツ民主主義国家の忠実な市民、国家再建の代理人に変身させることができたのである。これは、正義にもとり、道徳的に不快でさえあるかもしれない。そこで、日本と同様に、ドイツ、さらにイタリアも、最終的にその代償を支払った。これらの三カ国はいずれも一九七〇年代に、革命的過激派の活動に苦しめられた。その暴力行為は、自分たちの国がいささかも変わっておらず、ファシズムは異なる装いでなお生きていて、一九四〇年代に戦争を起こしたのと同じ連中の一部によって維持されている、という熱い信念を動機としていた。彼らは、まさしく彼らの親がかつてそうするのを怠ったゆえに、抵抗することを義務と考えたのだ。

ニュルンベルク裁判のもう一人の主任検察官（米連邦最高裁判事でもあった）ロバート・H・ジャクソンは、決して革命的過激派ではなかった。だが彼は、この裁判は罪状を立証し、罪人を罰する行為以上のものとの信念を抱いていた。彼は文明を代表していると信じていた。世界はニュルンベルク以後、より良い場所になるだろう、と。冒頭陳述で、彼は誇り高く弁じた。「四大国が、勝利に上気し損害に苦しみながら、復讐を手控え、捕虜となった敵を自発的に法の裁きに差し出すことは、かつて『権力』が理性に対して捧げた最も重要な賛辞の一つであります」。だが、こう付け加えたとき、彼が考えていたのは未来のことだった。「われわれがこれらの被告を裁く根拠としている記録は、歴史が明日われわれを裁く根拠となる記録であることを決して忘れてはなりません。毒杯を被告人に手渡すことは、それをわれわれの唇に当てることでもあるのです[54]」。

ジャクソンは理想主義者だった。裁判は、過去の恐怖が再び繰り返されることのない、より良き世界を建設する努力の一環だった。裁判がついに終わると、ジャクソンは英国人弁護士ピーター・カルヴォコレッシと連れだって、ザルツブルクへ旅行した。一九三九年以来、初めてとなる音楽祭に行くためである。彼らは歌劇『ばらの騎士』を鑑賞し、美しい歌声をしたエリーザベト・シュヴァルツコップという若いドイツ人歌手に特に感銘を受けた。

この偉大なソプラノ歌手は当時、ある悩みを抱えていた。彼女は一九四〇年以来、ナチ党員であり、東部戦線で親衛隊将校のためにリサイタルを開いたことがあり、親衛隊将軍であるオーストリア・ニーダーエスターライヒ州のナチ党州知事と恋愛関係にあった。ひょっとすると彼女は、信念に基づいてこれらのことをしていたのかもしれない。ひょっとすると、日和見主義者だったのかもしれない。彼女の評判はしかし、戦後すぐに回復する。この復活に最も重要な役割を果たしたのは、彼女が一九五三年に結婚した人物だった。英国の音楽興業主ウォルター・レッグ、ユダヤ人である。

第3部

二度と再び

第7章　明るく確信に満ちた朝

ニュルンベルク裁判の報道記者エルンスト・ミヒェルは一九四五年四月八日、凍てつく寒気の中、ブーヘンヴァルト収容所から追い立てられ、命懸けの行進を強制された数千人の中の一人だった。数の減ったナチス親衛隊（ＳＳ）隊員とともに収容所に残された人びとは、もし米軍が近いうちに到着しなければ、間違いなく自分たちもおぞましい行進をさせられるか、あるいはその場で殺されることを知っていた。風光明媚なエッテルスベルクの丘の頂きに建設されたブーヘンヴァルトは、ドイツで最悪の強制収容所の一つに数えられていた。親衛隊が考え出した数ある拷問の一つは、両肘を後ろに回して背中で縛り、木からつり下げるというものだった。苦痛の叫び声で、この身の毛がよだつ場所は「歌う森」と名付けられた。そこはかつてゲーテが美しい自然を観察し、友人の年若い詩人と談笑し、詩人が偉大な作家の所感を書き留めていた場所だった。〔エッカーマンの『ゲーテとの対話』を指す〕

収容所には共産党員が指導する小さな地下組織があり、バラックの中に何丁かの銃とポーランドのエンジニアが組み立てた短波送信機を隠し持っていた。四月八日、切羽詰まったメッセージがそこから発せられる。「連合軍へ、パットン将軍の部隊へ。こちらはブーヘンヴァルト強制収容所。ＳＯＳ。助けを請う。連中はわれわれを疎開させるつもりだ。親衛隊はわれわれを殲滅するつもりだ」。三分後、返信があった。「ブ強制収容所《KZBu》。持ちこたえろ。急ぎ救出に向かっている。こちら第三軍参謀部[1]」。

SS衛兵を攻撃するどころか、米軍がついに到着したとき、それを喜び祝う体力が残っていた収容者は、ほとんどいなかった。だが、収容所のレジスタンス組織に所属する若干壮健なメンバーは、第三軍の到着を座して待たないことに決めていた。解放近しとの情報が十分励みになった。そこで、彼らは監視塔を急襲し、この時のために隠し持っていた銃を使って残った警備兵を殺害した。

米兵らが、重篤で瀕死の人びとへの水と食べ物の世話に追われている間、共産党員のレジスタンス指導者はすでに未来へ関心を向けていた。鋳鉄製の文字「各人に応分のものを《イェーデム・ダス・ザイネ》」が掲げられたブーヘンヴァルトの門には、ほどなくして「二度と再び！《ネヴァー・アゲイン》」の標語がはり付けられた。

「二度と再び」は、人類史上最悪の人間の争いで辛酸をなめた者なら誰にも共通する感情だっただろう。だが、それは多くの者にとり、感情を超えるものだった。つまり一つの理想、おそらくユートピア的な理想、灰の中から新たなより良き世界を創造することは可能だという信念であった。わたしの父を含め多くの人が、正常な生活の再開を切望していた時期でさえ、それが二度と戻ってこないことを理解している人びとがいた。世界はただ単に以前の状態に復することはない。ヨーロッパの大部分とアジアの数多くの場所に及んだ破壊。植民地体制を筆頭とする旧体制の道徳的破綻。ナチズムとファシズムの崩壊。こうしたすべてのことが、全く新たな出発があるという信念を後押ししていた。一九四五年という年は、白紙状態になるだろう。歴史は喜んで打ち捨てられよう。どんなことでも可能なのだ、と。それゆえ、「ドイツ零時《ドイッチェラント・シュトゥンデ・ヌル》」のような言葉が、ベルリンの廃虚における生活を描いたロベルト・ロッセリーニ監督の映画のタイトル〔『ドイツ零年』〕に採用され、ロンドンに亡命していたドイツの社会民主主義者は「グループ再出発《グルッペ・ノイベギンネン》」を結成したのである。

もちろん、すべてが可能であったわけではない。人間に関する事柄に、白紙状態のようなものはあり得ない。歴史をぬぐい去ることはできないのだ。そのうえ、ほぼすべての人が、過去の恐怖を繰り返してはならないとの点で一致していても、ではそれをどう確かにするのかとなると、一致点は少なかった。ユートピア的理想、あるいは政治変革へのもっと控えめな望みでさえ、さまざまに異なった形を取るのである。

ソ連や中国の共産主義者がどのような考えを抱懐していたかを、われわれは知っている。ヨーロッパ諸国の植民地で、アジアの民族主義者たちが何を目指していたかも明らかだ。西ヨーロッパ諸国における共産党の目標は、スターリンが自らの地政学的理由でこれを抑制していたため、より込み入っていた。いずれにせよ、フランスやイタリアのパルチザンが示した比類ない勇敢さにもかかわらず、情勢を左右する力は依然として、共産党の手の届かないところにとどまることになる。だがそれでも、西ヨーロッパでは注目に値する変化が確かに起きていた。それは、大戦終結のはるか以前から平和を構想してきた社会民主主義者によって進められた。最も急進的な変化は、かつての被占領国ではなく、あの保守的な島国で起きた。ナチスが無敵に見えた大戦の最も陰鬱な時期に、その英雄的な抵抗がヨーロッパに希望をともし続けたあの伝統の砦、英国である。

英国人のわたしの祖母は、移民の娘によく見られる愛国的情熱を高ぶらせながら、怒りを爆発させた。一九四五年七月、彼女の同国人たちが、不遜にもウィンストン・チャーチルの保守党に反対票を投じた時だ。ウィンストンは去り、労働党の指導者「リトル・クレミー」こと、クレメント・アトリーが地滑り的勝利で、政権を奪取した。彼女は、インドで軍務を解かれる日を待っていたわたしの祖父への手紙で、「何もかもこの人のおかげというあの偉人」に対して英国民が示した「悪意に満ちた忘恩」を嘆いた。やはりユダヤ人の移民一家に生まれた祖父は、それほど怒りを示さなかったが、当時彼は軍隊にいて、別の見方に触れてきていた。

七月総選挙の勝者たちでさえ、あまりの圧勝に驚き、祝賀の前に一種の沈黙があった。すきま風が入る北部のホテルに集まった労働組合の代表らは、大きなついたてに掲示された議席数が見る見る伸びていくのを眺めながら言葉を失っていた。最終結果は、労働党三九三議席に対し、保守党は二一三議席。マンチェスター・ガーディアン紙はこう報じている。「選挙結果が労働党の勝利を告げた瞬間、左派陣営の雷鳴は稲妻に代わった。きょう、たった一つゆっくりしていたのは、人びとがそれをすっかりのみ込む際の呆然たるさまであった……。その間ずっと、アトリー氏は冷静かつ慎重だった。彼は少し疲れているように見えた(2)」。

見た目は穏健ながら、真に急進的な計画が始動した。勝利感の最も有名な調べが奏でられたのは、一年後のことだ。ニュルンベルク裁判の首席検事の一人で、自党の指導者よりかなり魅力に富んだ人物、ハートリー・ショークロスは議会演説でこう述べた。「現時点ではわれわれが主人であり、今後もかなりの期間、そうなりましょう(3)」。この一場の鬨《とき》の声が、彼のその後の生涯を通じて、逆風として作用し続けたことは、新たに守る側に回った陣営が、あまり尊大に見えないようどれほど慎重にすべきかを示している。

選挙の後で、ガーディアン紙が米国のコメントを伝えている。「米国がニューディーラーたちを一掃し、右転回して中道に戻ろうとしているときに、英国が社会主義になるとは奇妙だ(4)」。

外国からは、ほかにも興味深い反応があった。労働党が保守党より親シオニズムとみなされていたため、パレスチナではユダヤ人らが喜んだ。ギリシアの王党派は動揺したが、四面楚歌の左派は大喜びし、自らの運命も変わるのではないかとぬか喜びした。ソ連のニュース報道は労働党の勝利を論評抜きで伝えた。スペインのフランコ将軍のファシスト政府は、外交関係の断絶を予期した。インドでは、イスラム教徒の大物で元ベンガル州首相のカワジャ・ナジムディンが意見を述べている。「英国の有権者は、自分たちを全滅から救ってくれた一人の人物を見捨てたようだが、しかもこれは、戦争が終わってもいないうちに起きたのだ(5)」。

フランスのある政治家が当時述べたことが恐らく真実なのだろう。つまり、忘恩とは強い国民の特質なのだ。実際のところは、チャーチルは依然として尊敬の対象だった。多くの有権者が、チャーチルを首相とする労働党政権というあり得ない理想を抱いていたとしてもおかしくないところだった。だが、ガーディアン紙の政治記者が書いているとおり、「国民は、保守党政権の存続という代償を払ってチャーチル氏を地位にとどめるより、彼なしでやっていくほうを選んだのだ」。保守党は「ただ単に、その過去を非難されただけではない。時代のメッセージを持っていないがために拒絶されたのだ。グレート・ブリテンは、ヨーロッパ大陸と同様、はっきりと新体制を求めて全力を尽くしているのだ」。

チャーチル自身は、やや放心状態にあったが、自身の敗北については比較的上機嫌に受け止めていた。妻のクレメンタインは、恐らく夫がもっと家にいてくれることを望んでおり、変装した幸福〔「災い転じて福となる」ほどの意味〕かもしれないわよと彼に語った。チャーチルはこう答えた。「今のところ、実に見事に変装しているようだね」。少なくとも日本の敗北まで、戦時の挙国大連立内閣を維持したいと彼は考えていた。実のところ、彼は政党政治にあまり気が進まず（二度にわたり所属政党を変えている）、恐らく、単一政党政府より挙国一致政府を主宰する方が性に合っていると感じていたのだ。だが、日記作家で今回の選挙で議席を失った外交官ハロルド・ニコルソンによると、チャーチルは不平を漏らさなかった。彼は「静かで平然として、受容の態度を見せた。運命がかくも劇的ないたずらをすることがあるのを面白半分に茶化し、有権者が自らの独立性を示したことにかすかな称賛をにじませながら[6]」。

保守党のチャーチルの同僚の中には、わたしの祖母よりは対立党派に理解がある人びともいた。英国軍内の雰囲気を察知していたに違いないハロルド・マクミランは回想録で、国家の再建に伴うとてつもない困難に直面して「たぶん英国民は本能的に、左翼政権が統治するのが賢明だと感じたのだろう」と書いた[7]。しかしながら彼は、多くの国民は大戦の間、「戦争が終わればすぐに自動的にユートピアがやってくる」と信じ込まされていた、と付け加えている。マクミランの解釈では、多くの国民は、英国の指導の下、社会主義的な国家が「世界平和の世に前例のない繁栄をもたらす」と考えていたのだ[8]。そんなナイーヴな理想主義が漂っていたのかもしれない。だが、チャーチルの英国が終わり、より公平な社会を目指すときが来た、という考えを単なる夢想としてはねつけることはできなかった。おそらくマクミランが認めたくなかったのは、もっとも骨身を削ってきた国民が彼の属する階級の人びとに対して感じているルサンチマンであった。

このことはハロルド・ニコルソンも気付づかずにはいなかった。別種の階級的不機嫌をはっきり示す口調で、ニコルソンは五月二七日の日記に書いている。国民は「自分たちが支払った犠牲は……すべて『彼ら』のせいだとうっすら漠然と感じている。まったく不合理な論法によって、『彼ら』とは上流階級、つまり保守党を意味すると考えているのだ。階級感情や階級的な恨みはとても強い[9]」。

だが、物事が以前のようなあり方に戻ることはあり得ないと考えるのは、それほど不合理だったろうか？　以前のあり方とは、階級に敬意を払うことが「正常」で、特権の有無や、生まれによってまっとうな教育と実直な家庭、あるいは適切な医療の恩恵から疎外される状態を自然に受け入れることなのだ。国家存亡の危機下での、国民の連帯、全員が協力し合った際の、『不屈のロンドン』〔一九四〇年、空襲下の市民生活を描いた英情報省製作のドキュメント映画〕に描かれた英国の善良な勇猛精神については、戦後、多くのことが書かれてきた。

だが、皆が等しく分かち合ったそうした経験は、新たな権利意識も生み出していた。かつての不平等はもう通用しないという感覚だ。それは、英国版の「二度と再び」だったのである。

米国の批評家エドマンド・ウィルソンは、炭ですすけた長屋の並ぶある工業町で労働党の集会に出席した。薄暗い午後、労働党議長でマルクス主義学者ハロルド・ラスキが、険しい顔をした男女に向かって演説しているのを見ていた。人びとは軍払い下げのくたびれた服か、身の丈に合っていない「復員兵」の制服を着ていた。ラスキは聴衆に向かって、ウィンストン・チャーチルは「実際の復興施策をいくつか実施した上での、伝統的英国を支持しているのであります」と注意を促した。しかしその「伝統的英国」では、と彼は民衆に知らしめようとした。人口のわずか一パーセントが富の五〇パーセントを保有し、労働者階級出身の軍将校はわずか一パーセントしかいないのだ、と。

ラスキが社会主義政権の福音について話しているのを聞いていたとき、ウィルソンはある年配の女性（実際の年齢よりも老けて見えたかもしれない）が食い入るような目つきで演説者を見つめているのに気付いた。その目つきでウィルソンは、青ざめてやせた他のヨーロッパ人たちを思い出した。平時における困窮者とは違う、「動物のように貪欲な眼をした」変わった「種類」に属しているような人びとであり、その目は、「単純で差し迫った食欲だけ」で見ている目なのだ。そして、「この女性と寡黙な仲間たちの前に」ラスキが真っ直ぐ立っており、彼は「痩身で、眼鏡をかけ、額が高く、おそらく必ずしも実現できるとは限らない公約を聴衆にし」、「ある程度は、うわべだけの政治の言葉を話していた」。それでも、「彼は自分に魅力を持たせ、首を伸ばしている蒼白のニワトリのような目のあの女性の方を向くだけのいくらかの気力によって、自分の立場を守った」[10]。

ギリシアで、ウィルソンは英軍兵士たちと交流する機会を得た。いささか驚いたことに、兵卒らの間には上官に対してばかりか、チャーチルその人に対する敵意があることが分かった。ある兵士は「チャーチルの葉巻問題について、自分の考えを激しくまくし立てた」。英軍兵士は米兵と一緒になるといつも、GIに対する上官の扱いがいかにいいかに、いやでも気付かされるという。よりによってデルフォイ〔古代ギリシアで神託を聞いた神殿のある場所〕で、ウィルソンは「チャーチル政権の問題に関して、英軍将校と兵士の間にあるほぼ完全な階級陣立て」を見いだした。彼は「労働党に投票しなかった英軍兵士はおらず、労働党に入れた将校はたった一人」であることを知ったのだった[11]。

この見立ては反証することができないが、ここには少しばかり心理投影の要素があったかもしれない。つまり、英国人が下級兵士と同じく米国人に、優越的地位を陰に陽に表明するそのやり方に対し、エドマンド・ウィルソン自身がいささか敏感になっていたのだ。実は、英国社会の地殻変動は階級闘争では十分に説明できないのだ。ウィルソンには全体の一部しか見えていなかった。一九四五年に軍情報機関の上級将校を務め、後にケンブリッジ大学キングスカレッジの学長など重要ポストを歴任するノエル・アナンは、その強い知的関心を別にすれば、ほぼあらゆる点で英国有産階級《オート・ブルジョワジー》の典型だった。彼は極少数の若手将校がそうしたように、一九四五年の総選挙で労働党に投票した。アナンはその理由を回想録で説明している。彼自身がチャーチルに敬意を抱いていないのではなかった。彼はただ単に「国家が戦後、何を必要としているかを、［チャーチルが］理解しているか疑っていたのだ[12]」。

階級意識を別にすると、大戦が社会や政治に対する国民の姿勢を変えたもう一つの理由は、教育の向上だ。英国の戦時内閣は文化の向上に力を入れた。音楽芸術振興評議会（CEMA）が工場や教会、防空壕などでクラシック音楽のコンサートや、演劇上演を段取りした。海外派遣された兵員の知識向上を目的として、討論や教育プログラムが設けられた。多くの兵士が駐留したカイロでは一九四三年、左翼の軍人が模擬国会を組織して、政治を討論した。ある空軍兵士は「われわれはまるで、切望していた平和の下で暮らしているみたいだった[13]……」と言っている。

一部保守党員は、こうした変化に心の底で不安を覚えていた。ペンリン・ファルマス選挙区選出の議員は、チャーチルの政務秘書官に書簡を送った。「わたしは軍隊に対する講義と教育の仕方に、だんだん疑い深くなっています……。連中をなよなよした男にしたくないなら、後生だから、何らかの手を打っていただきたい[14]」。

イートン校出身で、フランスびいきの耽美主義者シリル・コノリーは一九四〇年、文芸誌ホライズンを創刊した。彼の表現によれば、明かりの乏しくなりつつあるヨーロッパにも、芸術と文化の炎を燃やし続けるためだった。兵士や水兵は大幅な割引料金で定期購読するよう奨められた。コノリーも今こそ高尚な高みから降りていき、人びとに文化をもたらすべき時だと固く信じていた。ホライズンは驚くほど多くの兵士の背嚢に詰め込まれた。一九四五年六月、コノリーは自分が労働党に投票する理由を記事に書いた。それは、労働党の政治家が保守党議員よりも進んで芸術を支援してくれるからではない。多くの場合、逆だ。それでも彼が労働党に投票するのは、すべての人が文明的な生活を送る権利があるからだった。「英国を幸せな国にするには、社会主義だけがもたらすことのできるレベルアップが必要だ[15]」。

大戦中の英国で制作された最も興味をそそる映画のひとつは——実はいつの時代でもそうなのだが——、『カンタベリー物語』だ。共同監督を務めたマイケル・パウエルとエメリック・プレスバーガーは、前者が保守的な英国が生んだ天才であり、後者はハンガリーで生まれた英国びいきのユダヤ人だった。一九四四年に封切られたとき、あまりに奇妙な話に芳しい評価は得られなかったが、『カンタベリー物語』はわたしたちに、あの時代の切望を雄弁に物語っている。それは、政治的であると同時に精神的なものだった。英軍兵士と米国のGIが、若い英国女性とたまたまケント州の田舎で一緒になる。ロンドンの店員である女性は夜、「のり男」とされる謎めいた見知らぬ人物に声をかけられる。

彼は女性の髪にこっそり接着剤をかける常習者だった。のり男の正体が判明するのに時間はかからない。それは、地元の教養ある農場経営者であり、治安判事だった。彼の目的は、若い英国女性が兵士たちとのデートで時間を浪費するのをやめさせることだと分かる。代わりに、イングランドの栄光の歴史や田舎のすばらしさに触れてもらいたかったのだ。四人とも現代の巡礼者として、最後はカンタベリーに行き着き、それぞれ一種の個人的恩寵を受け取る。

のり男は一見、頭のおかしい変質者のように思われるかもしれない。確かに変わり者ではあるのだが、彼は一方で理想主義的な、ほとんど聖人のような人物でもあって、独特のやり方で、なぜイングランドのために戦う価値があるのかを伝えようとしている。それは、極めて愛国的であり、ロマンティックであり、階級の伝統的障壁が解消されていることを別にすれば、おそらく英保守党版の「血と土」〔民族主義的概念としてナチス・ドイツで使われた言葉〕なのである。若い女性がのり男に、婚約者は家柄がいいのに、自分はしがない女店員に過ぎず、婚約者の両親から受け入れてもらえないと打ち明けたとき、のり男は、そんな区分は「新しいイングランド」では、もはや何の意味もないと答える。この映画で、新しいイングランドとは霊的な場所であり、その風景は霊感の源泉だ。若い女性が、それなら地震が起きるわと言うと、のり男は、われわれは現に地震の渦中にいるのだと答える。のり男にとって、この地震はただ単なる社会的、政治的な意味を超えたものだ。それは、イングランドの緑の草原に現れた宗教的啓示なのだ。

クレメント・アトリーの社会主義は、パウエル＝プレスバーガーのコンビが描いた保守党ロマンティシズムとは、かけ離れているように思われる。事務弁護士の息子で静かにパイプをふかしているアトリーは、いかなる意味においてもロマンチストではなかった。だが、彼の政策は、『カンタベリー物語』とそれほどかけ離れてはいない。英国の社会主義は、キリスト教と強く結びついた来歴を持っていて、ヴィクトリア時代の改良主義の伝統に漬かり、芸術や工芸を通じてイングランドの汚れなき田園地帯という観念と審美的につながっていた。『エルサレム』は、「闇のサタンの工場」の間に広がる「イングランドの心地よい緑の大地」へのウィリアム・ブレイクの頌歌だが、それはキリストがイングランドをある種の天国に変えるという、愛国的な信心深さの表現だ。ブレイクは、英国国教会の信徒ではない。彼の頌歌は労働者階級が抑圧者に抗議して行進する際にしばしば歌われた。社会主義の英国は時に、「新しいエルサレム」と呼ばれた。ケント州の陰影に富んだ草原に始まり、カンタベリー大聖堂で終わる、パウエル＝プレスバーガーの映画の精神は、ブレイクの視点と驚くほど似通っている。

　七月の総選挙に先立つ一カ月、チャーチルとアトリーはイングランドに関する、それぞれ全く異なった愛国的将来像を提示した。チャーチルは、労働党が「英国の自由の理念にとっては許し難い」外国の意見の虜になっていると非難し、まず一発見舞おうとした。彼は、「社会主義、あるいはより暴力的な形態では共産主義と呼ばれるこの大陸ヨーロッパ的な人間社会の観念」は、必ず警察国家へ行き着くだろうとまくしたてた。つまり、社会主義政権は「ある種のゲシュタポのような組織に頼らざるを得なくなる」。これは「ここ、長い歴史のあるイングランド、大ブリテン、この栄光に満ちた島……自由な民主主義のゆりかごにして砦」では、絶対にうまくいかないのだ、と。英国人は、とチャーチルは国民を奮い立たせた絶妙な戦時演説の口調で述べた。「統制されたり、指図されたりするのを好まないのであります(16)……」。

　国家の危急の秋《とき》において統制はまことに結構だが、とチャーチルはさらに続けた。「われわれは皆、自分の国を救うため、命じられたことに従ってきたのです」。しかし、戦争がいったん終結すれば、誇り高き英国人は、自らを縛り付けていた足かせや課せられていた重荷を打ち捨て、「戦争の薄暗い洞窟に別れを告げ、すがすがしい風の吹く草原に歩み出る。そこでは、太陽が輝き、暖かい黄金色の光の中、すべての人々が喜びに満ちあふれて歩くのです」。

これが、チャーチルの描く、心地よい緑の大地が広がる自由放任主義《レッセ・フェール》の心象風景だった。それはひどい失敗に終わった。平和を目前にした今回に限って、チャーチルは国民が感じていることを感受できなかったのだ。ガーディアン紙によれば、海外派遣された英軍兵士の間では「大変な混乱が広がった」。「国家指導者チャーチル氏が、『労働党はゲシュタポ』演説のチャーチル氏に変身したことは、いたる所で人びとを当惑させている」(17)。

これに対し、アトリーもまた、自分の政敵が怪しげな外国筋から考えを借用していると非難した。チャーチルの場合は、ウィーンの経済学者フリードリヒ・ハイエクで、彼は一九三〇年代に母国を離れ、大陸ヨーロッパの全体主義の原因を中央計画経済の愚劣さに帰していた。チャーチルはハイエクの独創に富んだ著書『隷属への道』を読んでいた。アトリーはラジオ演説で、「一オーストリア人教授の学問的知見の二番煎じに過ぎないこの仮想の代物をめぐって、時間を無駄にするつもりはない」と語った。

チャーチルが戦時の計画と統制の廃止に、日の当たる英国の草原への最短ルートを見ていたときに、アトリーは戦時の統制を「新しいエルサレム」建設に拡大すべきだと考えていた。公益を私人の手に委ね、個人的利益を膨張させてはならない。実際、「わが国民全員の努力で戦争に勝利したのであります。国民はほとんど例外なく国家を第一に考え、個人的・地域的利害ははるか後方の二番手に置いた。個人的利益を第一に考えて、平時におけるわれわれの目標、食糧や衣服、住宅、教育、余暇、社会保障、そして万人のための完全雇用といった目標を達成できるなどと、どうして考えなければならないのか(18)?」

アトリーは、この時期の多くのヨーロッパ人と同様、政府による計画に信頼を置いていた。これは、戦争で必要になった諸条件を便宜的に利用するというだけではなかった。好況と不況、そして一九三〇年代の大きな政治的混乱を引き起こした高失業率の原因として、自由経済への不信感は、この数十年間、左派だけでなく右派の間にも存在していた。ヒトラー政権で初の経済相を務めたヒャルマル・シャハトは、アトリーと同程度に国家管理経済に信を置く計画立案家だった。東アジアでは、社会民主主義者というより国家社会主義者である日本の「革新官僚」がそうであった。彼らは西ヨーロッパ型資本主義を一掃するために帝国陸軍と協力していた。完璧な社会を計画することは、二〇世紀の偉大な信念の一つだったのである。

英国の大改造計画は、すでに大戦初期の段階で立案されていた。国民健康保険と完全雇用を求めた、社会保険と関連サービスに関するベヴァリッジ報告書が一九四二年にまとめられていた。すべての子どものための中等教育制度は、一九四三年発表の文書で概要が示された。社会保険が一九四四年に、住宅政策に関する文書が一九四五年に続いた。だが、こうした計画を実行に移すための圧倒的な国民の負託が示されたのが、一九四五年七月だったのだ。英国だけでなくヨーロッパのほとんどが疲弊し、破産状態にあり、廃墟と化していた時期である。これこそ、すべてを一からやり直す夢にとっては、完璧な風景だった。

フランスで、「新しいエルサレム」に対応する言葉は「進歩主義《プログレシスム》」だった。愛国主義をたっぷりと注入された左翼の理想が、ちょうど英国の社会主義者を刺激したように、レジスタンスの元メンバーらを刺激した。共産主義者、社会民主主義者、そしてドゴール主義者でさえ、ただ伝統的な「優しきフランス《ドゥース・フランス》」への愛だけで、ヴィシー政権やドイツ人と戦ったわけではなかった。彼らの多くが命を捧げた政治的理想を抱いており、戦後に、できれば元レジスタンス自身の手で、それを実現したいと考えていた。左派が支配していた全国抵抗評議会（NCR）は、一種の次期政権に擬されていた。

ユダヤ人の若きレジスタンスで、ゲシュタポの拷問とブーヘンヴァルト強制収容所を生き延びたステファン・エセルが、六六年後にこう回想している。「一九四五年、一つのすさまじい出来事の後で、全国抵抗評議会のメンバーらは野心的な復興計画に専念した」。評議会は、アトリーのプログラムをそのまま反映する言葉で、「個人の利益が公益に従属することを保証する合理的な経済機構」を提案した。国民全体に対する社会保険を確立する新たなプランを策定することが必要になる。石炭、ガス、大銀行、電気の各産業は、国営化される運びだった。これらはすべて「ファシズム国家をひな型とする独裁から、公益を解放するため」だった、とエセルは回想している。[19]

エセルは共産主義者ではなかった。彼は、ロンドンでドゴールの自由フランス軍に合流し、一九四四年三月に占領下のフランス国内へパラシュート降下した。偽造旅券を持っていたとはいえ、特にユダヤ人にとっては、並外れて勇敢な行為だった（彼は仲間の裏切りに遭い、七月に逮捕される）。エセルの政治的理想は確かに、ドゴールの頭にあったフランスよりかなり左寄りだ。ドゴールはフランスの左派からは、大方の英国人がチャーチルを見るような視線で見られていた。同時代の偉大な人物であることは疑いないが、進歩への反動的な障害というわけだ。左翼のレジスタンス・グループに所属していたマルグリット・デュラスは、ドゴールを「本質的に右翼の指導者」と形容した。彼女によると、ドゴールは「国民から活力を奪い、彼らを弱い、信心深い民にしておきたがっている。彼は国民をブルジョワ階級のように、ドゴール派に仕立てたいのだ。彼は国民がブルジョワ化することを望んでいるのだ[20]」。

彼女がこれを書いたのは一九四五年四月だ。こうした印象はその後も生き残り、北アフリカやインドシナで植民地紛争が深刻化した際に、一層強まることになる。しかしドゴールは、疑いなく保守派で、元レジスタンスの政権奪取をいち早く阻止したとはいえ、進歩主義《プログレシスム》との妥協が必要であることは分かっていた。一九四五年、石炭、ガス、公共交通と並んでルノー自動車の工場や五大銀行が国営化されたのはドゴールの政権下だ。さらに同年一二月、コニャック地方出身のテクノクラートで大戦期間のほとんどをワシントンで過ごしたジャン・モネが、フランス経済の近代化計画を示したのも、ドゴールに対してだった。鉱工業、金融を国家の管理下に置くという彼の構想は、計画への信頼を象徴している。計画に次ぐ計画が、より良き未来へ続く道だった。それは、公正さの拡大を約束するという理由にとどまらず、ヨーロッパ人が再び破滅的な戦争に突き進むのを防ぐためでもあった。

かくして、こうした潮流がヨーロッパ全土を覆っていた。ユダヤ人の元共産党員で、スペインのファシスト政権の監獄から脱出した比類ないヨーロッパ人生還者アーサー・ケストラーは、かなりの懸念を込めて書いている。「われわれが管理型超国家の時代に向かうなら、知識人層は公共サーヴィスの一特別部門と化す運命にある」[21]。レジスタンス諸組織は、自らが望んでいた政治勢力の形成には失敗したが、彼らの左翼的な理想の多くが実際に実現した。オランダとベルギーでは、社会民主主義政権が選挙で誕生した。シチリアやルーマニア、チェコスロバキア、ハンガリー、ポーランドの農地改革は、数百万人の小作人を小規模自作農に昇格させたが、東プロイセンやズデーテンラントのドイツ人のような、嫌われた少数民族がしばしばその犠牲にされた。ドイツのソ連支配地域では社会民主主義者が、共産主義者との共闘を模索していたが、結局無駄に終わった。

事実、こうしたすべてに、強い汎ヨーロッパ的な要素があった。単なる国家の理念を超えた、ヨーロッパの理念としての「新しいエルサレム」だ。後に複数の労働党政権で重要閣僚を務めることになるデニス・ヒーリー少佐は、英軍とともにシチリアやアンツィオに上陸した。同僚兵士が左翼思想に傾く理由を彼は、「レジスタンス活動と接触し、革命がヨーロッパを席巻しつつあるという気分に触れるからだ」と説明している。[22] ヒーリーはかつて共産党員だったが、モロトフ＝リッベントロップ協定としても知られる独ソ不可侵条約をめぐって、党とたもとを分かった。しかし、元共産主義者の心の冷めたかけらは、一九四五年にもまだ残っていて、彼は労働党大会で、ヨーロッパの社会主義革命を支援するよう訴えた。労働党は、と彼は強調した。「大陸ヨーロッパの同志たちが急進化しつつあるとの事実に時として注意をうながされることがあっても、偽善的・独善的」になってはならない、と。[23]

シリル・コノリーの場合、政治的見解に劣らず、そのフランスびいきとヨーロッパ文化への愛着から、唯一統合ヨーロッパだけが次の自滅的な戦争を阻む障壁になる、との結論に達した。彼は一九四四年一二月のホライズン誌で、「ヨーロッパのあらゆる戦争は、ヨーロッパの敗戦である」と書いた。「ヨーロッパの敗戦は英国の敗戦であり、英国の敗戦は世界を一層貧しくする」。彼にとって「二度と再び」は「ヨーロッパ連邦」を意味した。「名目としての連邦ではなく、パスポートなきヨーロッパ、誰もが行きたいところに行ける文化的な実体……。もし、ヨーロッパが経済的ナショナリズムを国際的地域主義に置き換えられないなら、ギリシアの都市国家が侵略者の抑圧の下で互いに憎悪と不信を募らせて滅亡したように、ヨーロッパも滅亡するだろう」。

コノリーだけが常軌を逸したヨーロッパ統合論者でなかったことは、ほかにも多くの人が彼の考えを共有していた事実から証明される。そこにはチャーチル本人も含まれていた。もっとも元首相が、英国が新たなヨーロッパ構造の一部になることを望んでいたかどうかは、あまりはっきりしていなかったが。恐らく、望んでいなかっただろう。戦後一年たってチューリヒで行った演説で、チャーチルは「ヨーロッパ合衆国」への熱意を表明した。しかし、それは「英国と英連邦諸国」が「友邦国、賛同国」になる統合ヨーロッパだった。[24] とはいえ、左派の役割が大きな論点として残っていた。コノリーは、ヨーロッパ連邦が左翼によってのみ、もたらされ得ると信じていた。すなわち「強力たらんことと、第三次大戦を回避することを決意しているヨーロッパ人民戦線」である。似たような理念は、特にドイツでソ連が広めていた。ソ連の見地では、ドイツの統一は共産主義体制下で達成されるはずだった。ロンドンのフランス大使館で昼食を取った後、ハロルド・ニコルソンは日記に共産主義プロパガンダの危険性について書き付けている。「これと戦うために、われわれは何か別の理想を与えなければならない。可能な唯一の理想は、連邦的ヨーロッパにおける連邦的ドイツだ[25]」。

ヨーロッパを支持するもう一つの議論は、愛国心に発するもので、国家の偉大さは、統一ヨーロッパの中でのみ取り戻すことができるとする考えだった。この見解はフランスでもっとも喧伝され、反ヴィシー派に劣らず、ヴィシー体制のテクノクラートによって抱懐されていた。中心人物は、またもやジャン・モネであり、ヨーロッパ統合を目指す彼の夢はフランス国境を超えていた。彼の人生は、回想録によると、相違を乗り越えて統一を築くための「またとない時」をつかもうという試みの連続だった。ドイツがフランス全土を蹂躙した一九四〇年五月が、そうした時の一つだった。その一年前、モネは英首相ネヴィル・チェンバレンに、英仏国家連合への関心を高めてもらおうと努力していた。一九四〇年、チャーチルはこの考えに協調する用意があったが、多くはフランス側の疑念に遭って挫折した。

国家計画はフランスに対するモネの愛国的な貢献だった。彼はドゴールに、これだけがフランスの「偉大さ」を取り戻す唯一の道だと説いた。これを達成するには、フランス全国民の団結を十分に生かすことが肝要だった。この度は、一九四五年の今がこうした「集団的努力」にはうってつけの時だった。「というのは、解放で愛国心がまだ盛り上がっており、それを積極的に表現できる大事業がなかったからだ[26]」。最初の大プロジェクトは、経済の国営化とドイツの石炭をフランスの工場に振り向けることによるフランスの近代化だった。次のプロジェクトはヨーロッパ向けで、ヨーロッパ石炭鉄鋼共同体（ECSC）、そしてヨーロッパ経済共同体（EEC）、そして最後がモネの夢では、気宇壮大な統合ヨーロッパだった。

ドゴールは、このヨーロッパの夢想家を多少の好意を込めて「あのアメリカ人《ラメリケン》」と呼ぶのを好んだ。モネはフランス人には珍しく、ワシントンやロンドンにいても、パリにいるときと同様にくつろいだ気持ちになることができた。それでも、モネの統一への妄執には、何か大陸ヨーロッパ的で、かすかにローマ・カトリック的で、自由な民主主義と完全には同調しないものがあった。彼のヨーロッパにかけた夢には、神聖ローマ帝国の香りがほんのりと漂っていた。当然ながら競争的な政党政治や、国家官僚機構の規制を受けない自由市場経済に対する彼の不安感は、左側と同程度に右側でも経験を積んだテクノクラートとしての信念を示していた。というより、むしろ右とか左とかいう分類は、テクノクラートの理想郷にあっては、ほとんど意味をもたないのだ。それはむしろ、社会的公正は穏健な権威主義的政府の手で最も効率的にもたらされるという信念であった。一九四五年の左翼の計画立案家たちが期待しているほど、これは英国人にはなじむまいと考えたチャーチルは、あながち誤っていたわけではなかった。

ドイツ第三帝国のテクノクラートたちもまた、偉大な計画家だった。第二次大戦の裏物語の一つは、ドイツの計画家たちと被占領国の相方たちとの協力だ。建築家、都市計画者、ダムや自動車道の建設者は、お互いをナチの同志ではなく、気の合う仲間、新しいヨーロッパ秩序を建設するエンジニア仲間と見ていた。彼らにとっても、破壊はしばしば「またとない時」であった。

ロッテルダムは爆撃により市街地が破壊された西ヨーロッパで最初の都市だった。損壊の程度は、ロッテルダムの八か月前、一九三九年九月に爆撃されたワルシャワほどひどくはなかったが、市の中心部はほぼ壊滅していた。ロッテルダムの再建計画が、ほぼ間髪を入れずにまとめられた。オランダの都市計画家とエンジニアからなる委員会は、民主的手続きや個人の利益に妨げられることなく、がれきの除去と私的財産の没収、そして合理的な設計図に基づいた都市の再建に着手した。彼らはナチではなかった。実際、彼らのほとんどはドイツの占領者たちに少しも共感していなかったのだが、実務能力の極めて高いこれらの男たちは、優柔不断と延々と続く論争、自由民主主義の全般的混乱に我慢がならなかった。ジャン・モネがそうであったように、彼らは強い指導力の下での統一した行動を信奉していた。この意味で、ナチス政権は当初から、彼らが長年望んできたことを実行する機会を与えたのだ。

オランダ人テクノクラートには必ずしもそうではなかったが、ドイツ人にとっては重要な汎ヨーロッパの側面もあった。ロッテルダムは、ゲルマン諸民族の大地域圏で重要拠点のひとつとなる運びだった。ドイツ人占領者の人種差別的特殊用語では、「オランダはヨーロッパの生存圏《レーベンスラウム》の一部を形成する。ゲルマン民族の一員として、オランダ国民はこの自然な絆で結ばれた運命に従うだろう」[27]。新体制には、大戦前の「金権主義的」自由市場経済など、入り込む余地はない。オランダを含め、あらゆる国の経済は大陸型計画経済《コンティネンタールヴィルトシャフト》に適合させられることになる。共同体の利益はいかなる個人的利益にも勝る。もっとも、言うまでもなく、その個人的利益がナチス指導者たちのものでない限りだが。

ゲルマン諸民族についての与太話は、一九四〇年にロッテルダム再建を担当したエンジニア、J・A・リンゲルスのような男には、何ら訴えるものがなかった。実際、彼は後にオランダのレジスタンスに手を貸したとして逮捕される。だが、彼は計画に沿った都市建設は、推し進めるべき正しい道だと確信していた。そこで、大戦初期の二～三年、ドイツ人はリンゲルスらオランダのテクノクラートと重要な専門的知見を喜んで分かち合った。これは、彼らが常に意見の一致を見ていたことを意味してはいない。ロッテルダムを記念碑的なファシスト・スタイルで再建しようとするドイツ人の計画は、オランダ人が考えていたものとは全く異なっていた。さらに加えて、ロッテルダムの近代化が、ハンブルク、ブレーメンといったドイツの港湾都市の地位を損ねるかっこうで実現することは許されなかった。そこで一九四三年――この年までにリンゲルスは逮捕されていた――再建計画は中断に追い込まれた。だが、リンゲルスは、ドイツの強制収容所での辛酸の時期を生き延びた。戦争が終わるとすぐに、彼はオランダ再建を担当する公共事業相に任命された。リンゲルスはオランダ版「新しいエルサレム」のチーフ・エンジニアのひとりとなる。その設計図は、いくらかカール・マルクスと戦前の社会主義的計画に負っており、そして人びとがなるべく思い出したくないナチス占領時代の面影があった。

世界のいかなる国よりも大がかりなプランを描いたのは、日本人だった。一九三〇年代と四〇年代の初め、満州に築いた日本の傀儡国家「満州国」は、世界で最も完璧に計画された植民地であり、日本の汎アジア主義を体現する一種の夢の宮殿だった。公式にはもちろん、植民地と呼ぶことはできなかった。日本は表向き、西洋帝国主義に対抗するアジアの解放者だったからだ。さらに、日本帝国は「自己中心的な」西洋流の自由市場経済にも反対していたため、満州国はアジアの疑似独立国家であるだけでなく、集団的社会正義と平等主義のショーケースになるはずであった。実態はまるで違った。日本が建設した鉱工業施設は中国人の徴用労働に依存しており、日本の関東軍支配下の中国人や韓国人の生活は過酷だった。しかし、経済はこの傀儡国家のその他すべての面と同様、軍事政権によって厳格に管理され、この事業では政府の優遇策を受けた日本の事業会社や銀行にしっかり支えられていた。

日本語で新しい都を意味する「新京」として知られる満州国の首都は、日本が一九三二年に傀儡国家を樹立したころは、長春と呼ばれる鉄道分岐駅のある小さな町に過ぎなかった。直ちに、日本の計画家やエンジニア、建築家、さらに南満州鉄道や関東軍の官僚たちが、「興亜」様式で建設される、アジアで最も近代的で、効率的で、清潔で、秩序ある都市の設計に取りかかった。新京の設計図は、西洋の影響の痕跡――オスマン様式のパリ、一九世紀英国の田園都市理念、ドイツのバウハウス――を帯びていたが、巨大かつ近代的な政府機関のビル群は、様々な日本の寺院や中国の宮殿を模した東洋の切妻屋根で装飾されることになる。

冬の間中、雪に覆われる中国北部の平原に、真新しい都市が立ち上がった。満州国国務院の支援を受け、工期わずか五年という超高速の都市建設だった。もしアルベルト・シュペーア〔ベルリン改造計画に携わったナチ党の建築家、軍需相〕が日本人だったら、これは彼の全体主義的プランニングの記念碑になっただろう。興亜様式による壮大かつ官僚的で堅牢な建物群が、巨大な車輪のスポークのように、複数の広大な円形広場に通じる広く、どこまでも真っすぐな大通り沿いに並んでいるのだ。★すべては数学的な厳密さで仕上げられていた。さらに、常に時刻表通りに走る南満州鉄道の流線型高速列車「あじあ号」から、本国日本の住宅ではほとんど聞いたこともない公営住宅の水洗トイレに至るまで、すべてがうまくいった。

満州国の表の顔は中国だった。頂点に立つのは清王朝の生気のない「ラスト・エンペラー」愛新覚羅溥儀だ。彼の王座とすべての中国人官僚の背後には、日本人の操り人形師すなわち「副官」が控えていた。日本の統治者をファシストと呼ぶのは正確ではないだろう。彼らの多くは軍国主義者であり、全員が日本のナショナリストだった。そして、かなり多くの者が公式プロパガンダである汎アジア主義の理想、すなわち西洋流資本主義と帝国主義から解放された、日本が指導する新しいアジアを信じていた。

軍や行政府のあらゆる官僚が、民主的手続きや、多くは中国人である満州国の個人的利益や要求に妨げられることなく、計画に専念していた。悪辣な関東軍部隊や残忍な憲兵隊、雑多なやくざや渡り者の背後には、高度に洗練された官僚や企業経営者、エンジニアの集団がおり、傀儡国家を完璧に計画された経済運営の製図板に見立てていた。彼らのプランは、神聖な日本の天皇と新京の古い「塩宮」〔宮殿の一部の名称。もともと塩税を徴収する施設だったためこう呼ばれた〕にいる天皇の忠実な臣下——途方に暮れ、不運で完全に面目をなくした傀儡皇帝、溥儀——を中心に展開する狂信集団に似た帝国主義の衣をまとっていた。

日本人の計画家の何人かは、保守的軍隊秩序に献身する点で、はっきりと右翼的だった。自由市場資本主義への嫌悪感を軍国主義者たちと共有する社会主義者もいた。だが、右翼官僚も、ソ連流五ヵ年計画の価値を信じていた。満州国の典型的な「革新官僚」を呼ぶとすれば、右翼急進派が最もふさわしく、彼らには、自由主義者よりも共産主義者との共通点が多かった。岸信介がこのタイプだった。穏やかなウサギ顔をした、やり手官僚の岸は、産業界で働く膨大な数の産業奴隷を支配する強権指導者にはほとんど見えない。しかしながら、彼は四〇歳そこそこで、日本帝国でも最も影響力を持つ男の一人だった。彼の任務は満州国を国家が管理する鉱業、化学、重工業の強力国家に変えることだった。

産業政策の狙いは、企業や事業所の利益ではなく（少なくともそれが第一ではなく）、戦時の配給制でますます締め上げられている消費者を満足させることでもなおさらなく、国力を拡大することにあった。いくつかの企業は、このことからたっぷり収益を上げた。例えば日産は一九三七年に本社を満州国に移転。そこで政府と組んで、新たな産業・金融複合企業体、いわゆる財閥を設立し、五ヵ年計画を策定して、軍用車両から魚雷艇まであらゆるものを製造した。三菱財閥は戦闘機を製造し、三井は中国でのアヘン取引の独占によって、自社と満州国政府を潤した。この卑しいビジネスにおける二人の主要人物が、日産コンツェルンの創設者鮎川義介と、犯罪的な地下世界との関係を常に、用心深く維持していく産業政策官僚の岸信介だった。だが、財閥と軍の利益が常に一致するとは限らなかった。鮎川でさえも、ナチス・ドイツと日本の同盟に否定的だった。米英両国との戦争は実業界にとり必ずしも好都合ではなかったし、企業は特別減税や助成金で恩恵を受けていたものの、官僚の干渉を必ずしも進んで受け入れていたわけではなかった。

岸らが満州国で先駆けた政策は、後に日本本国で実行に移された。一九三七年の日中戦争開始から太平洋戦争の終結まで、日本経済は企画院や大蔵省、商工省のような政府機関により、効率的に支配された。戦時経済を運営する男たちは、冷酷無比な効率性で満州国の産業化を進めた革新官僚や戦略計画家たち、左右両翼の反リベラルな理論家たちの同じネットワークから抜てきされた。商工相は、岸信介その人だった。一九四三年、商工省は日本の戦時経済の本質と一層歩調を合わせて、軍需省と改名される。岸は軍需次官の肩書きで、引き続きもう一年間戦時経済を運営した。日本の敗戦から何日も経っていない八月二六日、帝国政令で軍需省は消滅、再び商工省となった。

米国の日本占領における謎のひとつは、米国はどうして、日本人がそんな手品を使って逃げ切るのを許したかである。何しろ「二度と再び」は、戦勝国が日本についても念頭に置いていたことなのだ。日本でも一九四五年は「零年」、廃墟の上に新しい社会を創造する絶好の時になるのだ。何人かは、明らかに追放する必要があった。岸信介はA級戦犯として逮捕され、鮎川義介も同様だった。しかし、満州国の産業資産がソ連赤軍の組織的な略奪に遭っているときにも、彼らが日本で作り上げた組織は、ほぼ無傷のまま残された。

日本をいったいどのように再建するかは、多くの論議の的だった。日本はもはや重工業にかかわらせるべきではなく、代わりにおもちゃや陶製の置物、絹織物、紙製品、丼鉢といった東洋の古風な国にふさわしい生産物に特化すべきだという意見が、ワシントンでは強い潮流になっていた。米国向けの輸出用にカクテルパーティー用紙ナプキンはどうかという、有用な提案もあった。(28) 日本人は異なる考えを持っていた。米軍が到着する直前、三菱財閥のトップは、幹部の一人への手紙で「百年の大計(29)」について語った。中国の古典から借用したこの言葉は、字義通りのことを意味するわけではなかったが、計画はなお多くの日本人の念頭にあった。一年後、日本外務省が準備した報告書は、自由放任《レッセ・フェール》主義の時代が終わり、世界は「国家資本主義、あるいは統制された組織資本主義の時代に入った」と解説した(30)。

これは、日本を平和な民主国家に作り替えるマッカーサー将軍の仕事を支援するために派遣された、何人かの有力なニューディーラーたちが考えていたことと似ていた。彼らの初期計画案のいくつかは、レーニン主義者が書いたかと見紛うばかりだ。米ジョンズ・ホプキンス大学の米国人中国学者オーウェン・ラティモアは、一時期影響力を持っていた。彼はアジア人が、「無慈悲な帝国主義と対をなして」やってくる西洋型民主主義理論より、「ロシア国境の向こうで展開されているような現実の民主主義実践」に多くの関心を抱いていると信じていた。中国における真の民主主義は「共産党支配地域」のみに見いだすことができると主張した(31)。国務省内の他の「中国班《チャイナ・ハンズ》」は、日本共産党の指導者で、大戦中を中国で過ごし日本人戦時捕虜を洗脳していた野坂参三の戦後日本に関する考えを注視していた。工場委員会と労働者グループが、「ファシストの」官僚たちから食料の分配やその他生活に必要なサービスの運営を引き継ぐとされていた。この特異な考え方は退けられたものの、ニューディール派行政官たちは、農地改革や独立労働組合について真剣であり、米占領当局は「所有権と経済システムの管理・支配権の配分について、一層の拡大を支持すべきだと確信していた(32)」。

日本とってのニューディール政策は、英国にとってのアトリーのプランとやや似通っていた。もちろん、アトリーもニューディーラーたちも共産主義者ではない。逆に、彼らは大方の社会民主主義者と同様に、かなりの反共主義だった。ニューディーラーを含む米当局者の間にあった深刻な懸念は、日本人が経済的貧困によって極端に走り、共産主義の誘惑に感染しやすくなることだった。解決策は、日本が軍部の利害や大企業の貪欲に足を取られることなく、生産力を再建することによって、可及的速やかに自活できるよう仕向けることだった。そして、これを実現する最善の方法は、最も経験を積んだ日本人、未来に向けた計画の作成方法を知り、公益を個人の利益より優先し、愛国主義的で平等主義的な理想を抱く公務員に経済政策を委ねることだった。つまり、ほとんど公職追放を受けていない大蔵官僚と商工省官僚に、である。

岸信介は一九四八年、裁判にかかりさえせずに巣鴨刑務所から釈放された。刑務所での日々、彼は右翼や組織犯罪世界の古い友人と交流を続けていたが、中には同房だった者もいた。一九四九年、商工省は廃止された。代わりにMITIとして知られる通商産業省が設立された。一九六〇〜七〇年代の日本経済の奇跡を支えた最も有力な政府機関である。岸は一九五七年、首相に選出された。

一九四五年八月一五日、朝鮮人たちがラジオで日本の降伏を聞いて、その多くが最初にしたのは、戦時中の日本の国民服――女性は見栄えの悪い農民ズボン、男性はカーキ色の毛織りの半ズボン――を脱ぎ捨てることだった。朝鮮の白い伝統服に着替えた何千人もの人びとが通りを埋め尽くし、朝鮮の旗を振り、愛国的な歌を歌い、「朝鮮の独立万歳！」と叫んだ。ソウルの街路は荒廃し、電気は通じておらず、十分な食料もなかったが、人びとはうれし泣きしていた。長い年月を経て初めて、おおっぴらに朝鮮人として振る舞うことが可能になった。日本の天皇のご真影に頭を下げなかったとか、日本名の使用を拒否したとかの理由で処罰されることはなくなったのだ。

最初は、多少の誤解があった。人びとはソ連人が間もなくやってくると考え、ロシア人の解放者を迎えるため歓迎団がソウル駅に派遣されたが、ロシア人たちは結局来なかった。同様の歓迎団は、大邱や光州、釜山など朝鮮半島南部各地の都市の鉄道駅にも派遣され、ソ連と朝鮮の旗を振り横断幕を掲げながら、朝鮮の独立回復に対するソ連の支援に謝意を示そうと、むなしく待ち構えた。

植民地における抑圧の主たる象徴であった最寄りの日本の神社へ駆けつける人びともいて、ハンマーやこん棒、時には素手で社を壊そうとし、最後には火を放った。神社焼き討ちは北部の平壌で始まり、その後朝鮮半島全域に広まった。憎しみの対象であった神社は一晩中赤々と炎を上げ、これを神聖視していた日本人の間に戦慄が広がった。

あらゆる年齢の女性、少女がソ連軍兵士によって戦利品の扱いを受けた北部を除けば、日本人はおおむね暴行を免れた。八月一六日朝ソウルで、左翼的な考えを持つ敬虔なクリスチャンで、趣味のいい英国製のツイードのスーツを着こなす朝鮮人レジスタンスの英雄、呂運亨《ヨ・ウニョン》が、他の愛国者たちと朝鮮建国準備委員会を結成した。日本の刑務所から解放されたばかりの共産主義者たちも加わっていた。高校の校庭に集まった数千人の群衆を前に、彼が行った演説は二つの理由で注目に値した。一つは寛容の精神だった。「日本人が朝鮮人に別れを告げようとしているまさに今、過去を水に流し、友好的に別れるべきだ」。もう一つは、空想的理想主義の強い調子だった。「われわれが過去に受けた苦痛は忘れよう。われわれは自分たちのものであるこの地に、理想的な社会、道理に基づく理想郷を築かなければならない。個人的なヒロイズムを退け、揺るぎない団結の下、共に前進しよう[33]」。

群衆は『オールド・ラング・サイン』〔スコットランド民謡で、日本の「蛍の光」の原曲〕の旋律に合わせて、愛国的な朝鮮民族歌を斉唱。祖国への不滅の愛を表したが、このことから日本人の一部は、朝鮮人が主人である自分たちに惜別のあいさつをしていると錯覚したようだった。

ソウルの北方、後に「北緯三八度線」として知られるようになるラインの北側では、ソ連軍が平壌に到達する約一週間前、同じく人望のあった左派寄りのクリスチャン愛国者、曺晩植《チョ・マンシク》――その穏和なやり方と朝鮮の民族服姿から「朝鮮のガンディー」として知られる——もまた、民族独立の準備をしていた。南部の呂と同様に曺の取り巻きにも、共産党出身の元政治犯が大勢いたが、まだ彼らに支配されていたわけではなかった。北でも南でも、朝鮮人民委員会が日本の行政官から実権を速やかに引き継いだ。委員会メンバーのほとんどは共産党員か穏健左派の、多くはキリスト教徒の民族主義者だった。

ヨーロッパでも東西ともそうだったように、共産主義者を含む左翼は最良の愛国的資質を持っていた。行政や実業界、高等教育機関の保守的エリートは、時には嫌々ながら、時には抜け目なく、近代化や進歩といった名目で、あるいは私腹を肥やすために日本人に協力してきており、一九一〇年の日本帝国への併合以来、対日レジスタンスは左翼的な傾向を強く帯びていた。日本人や同胞エリートに対する朝鮮人の反逆は、しばしば救世主的な性格があり、朝鮮のシャーマニズムとキリスト教の影響がない交ぜとなっていた。日本支配に対するマルクス主義を基盤としたレジスタンスは、いろいろな意味で、朝鮮の地主貴族に対する旧来の農民の反抗が近代的に変身したものだった。

呂運亨の訴えた団結はしかし、言葉としては立派だが、もろかった。実際、団結は朝鮮史上、まれであった。同国は地域間、とりわけ南北間の差異と、激しい政治的対立によって引き裂かれていた。一九四五年も、変わらなかった。曺晩植と呂運亨は、朝鮮人の団結という共通の理想を抱いていたものの、左翼は諸党派に分裂しており、共産党はすきがあればいつでも権力を奪取する準備を整えていた。呂運亨がソウルで「朝鮮人民共和国」を樹立すると、地主や旧エリート層に率いられた韓国民主党を形成した右翼からも異議申し立てを受けた。彼らの多くは日本人に協力してきていた。中国や米国に亡命したさまざまな朝鮮人政治家もいて、彼らは団結にはほど遠い状況だった。

だが、政治的見解がどうであれ、ほぼ全ての朝鮮人が一致していた点があった。彼らにとっての「二度と再び」は、二度と外国勢力の支配を受けないことを意味した。朝鮮人民共和国が九月一四日に布告した檄文には次のようにある。

われわれは、日本の帝国主義とその残存する影響、反民主的諸派、反動分子、およびわが国における望ましからざるいかなる外国の影響をも粉砕し、完全な自治と独立を打ち立て、もって真の民主国家の実現を期するものである。(34)

朝鮮語に「事大《サデ》」という言葉がある。字義は「身分の高い者に仕える」ことだが、中国皇帝の皇位に対し朝鮮など周辺の王国が払った伝統的な敬意を指して使われる言葉だ。近代では、「事大」は朝鮮内部の敵対勢力より優位に立つため、なんらかの外国勢力にひれ伏すことを意味するようになった。対日協力者は、「事大」の罪があるのだ。呂運亨が心に描いた「道理に基づく理想郷」では、「事大」の恥辱は永遠に払拭されるはずだった。

朝鮮人はチャンスをつかむことがなかった。

米軍部隊は日本の降伏から数週間後、ついに南部の港湾都市仁川に上陸したが、彼らはこの国や国民の願望について何も分かっていなかった。ジョン・R・ホッジ中将がこの任務の指揮官に選ばれたのは、たまたま彼が近隣――日本の沖縄――に進駐していたという理由にすぎなかった。彼の政治顧問らは、彼と同じく朝鮮のことをほとんど知らなかった。誰も朝鮮語を一言も話せなかった。だが、朝鮮側には確かに、友好親善の気持ちがみなぎっていた。米ヤンク誌は、「朝鮮の地元民たちが」米軍のジープやトラック、偵察車を「歓声と笑顔と万歳とお辞儀、そして『いいぞ、いいぞ』の叫び声」で大歓迎したと伝えている。(35)

厳格な交遊禁止命令にもかかわらず、日系米国人の情報将校ウォーレン・ツネイシは、ソウルのホテル支配人のキム氏とかいう人物と会話を始めた。キム氏は言った。「わたしたちは解放されたことをあなた方に感謝しなければなりません。深く、深く感謝します。われわれを解放し独立させるためにあなた方は大変苦労された」。キム氏の目に涙がわき上がり、ツネイシは急に「不快に」なった。(36)

この時までに、米国はもう最初の失敗を犯していた。ホッジ中将はまだ搭乗艦から降りないうちに、呂運亨の弟で、朝鮮臨時政府を代表する穏健な人物、呂運弘《ヨ・ウノン》と会見してほしいとの要請を受け取っていた。中将は、日本かひょっとして共産主義者の策謀ではないかと疑い、これを拒否した。翌日、ホッジはソウルで、日本の朝鮮総督と総督府の行政機構は追って命令があるまで職務にとどまると発表した。朝鮮人は激高し、この侮辱に抗議するため街路を埋め尽くした。この反応に困惑して、米国務省は直ちに、やっぱり日本人はもはや権力を持たないと発表した。米国が責任を持つ、と。だが、米国はまだ十分な兵力を欠いていたため、日本人はとりあえず現在のポストにとどまるよう命じられた。

ヤンク誌は、日本の降伏式典をこう伝えている。「ソウルの日本の朝鮮総督府の外で、国旗掲揚台を囲み、簡単な撤退式典が行われた。第一八四師団の疲労の色濃い男たちが、まばらな方形の隊列を整え、第七師団が『アメリカンズ・ウィ』行進曲を演奏した。ジャップの旗が引き下ろされ、お決まりの写真撮影が短時間行われた後、バンドが米国国歌を演奏する中、米国旗が掲揚された」。その後、米軍部隊は「総督府から市内へ出て行った。朝鮮人が彼らの古代三国時代の土地に招き入れた『正義をもたらす者たち』が、占領任務を開始した」。(37)

ソ連赤軍は、朝鮮の北緯三八度線以北を占領したが、ソ連の権威をそれほど露骨に押し付けてはいなかった。あるソ連当局者は、米国人ジャーナリストに、ロシア人は米国人や英国人が好きだと語った。「彼らは、外見がわれわれに似ているから」と。だが、と彼は続けた。「朝鮮人は好きじゃない。われわれは適切で安定した政権が樹立されるまではとどまって、その後は出て行くよ」[38]。ちなみに、ホッジ将軍も朝鮮人が好きでないのは変わりなかった。彼は、大方の朝鮮人を「四〇年に及ぶジャップの支配に強く感化された……理を説くのはまず無理な教育程度の低い東洋人」とみなしていた[39]。

ソ連人は、約束を守ったが、彼らの考える適切で安定した政権とは、呂運亨や曺晩植のような愛国者が望んでいたものではなかった。朝鮮北部は当初、朝鮮人民委員会が管理していた。対敵協力者や「反動分子」を粛清するため、人民法廷が設置された。植民地経営にかかわった当局者は、時に激しい暴力をもって追放された。朝鮮人の地主や、その他ソ連当局に後押しされた革命政治から何も得るものがない人びとは、速やかに南への移住を始めた。曺晩植はなお、人民政治委員会を任されていたが、この中央組織は、極めて限られた範囲でしか地方委員会を統括できなかった。また、ソ連人が日本人の建てた工場を解体し、略奪するのを阻止することもできなかった。

南部では、米軍当局がソ連と違って直接支配を行使し、地元民に良い統治を授ける方法は米国が一番よく分かっているのだと判断する多くのケースで、この先繰り返されることになる一つの政策に着手した。一部は無知から、一部は共産主義者の意図に関する必ずしも不合理とは言えない不信感から、米軍政当局は、英語を話すか、さらに望むらくは米国の機関で教育を受けた保守的な朝鮮人エリートに頼った。将来の朝鮮政府を率いる人物として、彼らは米国から一人の男を呼び寄せた。間違いなくナショナリストであり、確固とした反共思想の持ち主でもある男。キリスト教徒であり、ハーヴァード、プリンストン両大学で教育を受けた李承晩《イ・スンマン》だ。李は朝鮮内で全く無名というわけではなかったが、国内に人気の基盤があるわけではなかった。亡命中は、米当局者から厄介者とみなされていたが、国務省のパスポート担当の女性が、李を「愛国的で素敵な、高齢の紳士」と考えた。彼女の意見は、李の反共的資質と相まって、必要十分とみなされた。李は一〇月一一日、祖国へ戻り、ホッジ将軍の歓迎を受けた。ホッジは李を「自分の全人生を朝鮮の自由に捧げた偉大な男」[40]と呼んだ。

似たような光景は三日後、平壌でも見られた。知名度のあまり高くない朝鮮人ゲリラ闘士、ずんぐりした体型で、プディングのような髪形をしていて、大戦のほとんどの時期をハバロフスク近くのソ連軍訓練基地で過ごしていた三〇代の男が、「民族の英雄」「傑出したゲリラ指導者」としてソ連の高級指揮官らに迎えられた。七万人の人びとが「金日成《キム・イルソン》将軍」をたたえるために動員されていた。金は、「感謝の気持ちを表す朝鮮人民の代表として」の立場で、彼を担当するソ連人が書いたソ連軍を褒めたたえる演説文を読み上げた[41]。

そのちょうど一週間後、金日成崇拝の最初の兆しが平壌の新聞に現れた。その記事は、朝鮮史上極めて多くの政治運動が持っていた救世思想を反映し、間もなく朝鮮半島におけるあらゆる天の配剤をたたえる疑似宗教的崇拝の要素となる英雄的業績を描いていた。一二月に、金は北朝鮮共産党の指導権を握った。だが、朝鮮政治の中心は依然南部にあった。独立した二つの朝鮮国家など、まだ問題外であった。

事大《サデ》という自分たちの民族史を常に意識している朝鮮人たちには、この点を懸念する理由が十分にあった。一九四五年一一月、まだ中国の青島に駐留していたドナルド・キーンはある晩、数人の在留朝鮮人と一緒に夕食をとった。今回に限っては、朝鮮の独立に関しては言い争いはなかった、と彼は手紙に書いている。「論議の的となった唯一の項目は米ソ関係のことだ」。キーンは「米ソ間にはいがみ合いなどなく、仲良く手を取って行ける」と朝鮮人の友人に納得してもらうのは、「すこぶる難しい」と思った。彼の説明では、これらの朝鮮人は「戦時中［日本人による］厳罰を冒して米国の短波放送を聞いていた」。そこで彼らは、米国がロシアに対して自分たちの祖国を助けてくれるべきだと考えていた。キーンは若干イライラしながら意見を述べている。「協調に基づく解決は問題にされていない。

朝鮮で互いに相手を完全に叩き伏せようと争っている二つの異なった党派しか彼らには見えない。この場合、協調は裏切りだとみていた[42]」。

彼らの方が正しかった。朝鮮人の運命は本当に、外国勢力によって決められることになる。だが、党派は二つよりもっと多かった。一二月のモスクワの外相会議では、当初キーンの楽観主義が正しく、米国とソ連は合意に達することができるように見えた。米ソ両軍司令部から選ばれた合同委員会の下、朝鮮に「信託統治」が樹立される。米ソ両当局は、朝鮮人の臨時政府結成を助け、英国と中国の支援を得て、同国を完全独立へ導く。この取り組みは、最長五年を要するとされた。

ソ連は、さほど苦もなく北部の朝鮮人同盟勢力に、この合意をのませた。反対する者は、速やかに処分された。曺晩植は信託統治に、朝鮮問題に対するもう一つの植民地主義的干渉の臭いをかぎ取って抗議し、自宅軟禁になった。自宅軟禁は後に投獄に代わり、朝鮮戦争の頃には、彼は完全に姿を消し、再びその姿を見た者はいなかった。

南部の状況は、もっと困難だった。南部の朝鮮人たちは、民族主義的または政治的理由から、ほとんどが信託統治に反対だった。保守派は、ソ連の干渉を一切望まなかった。政府に朝鮮共産党が入ることなど考えられなかった。ところが、保守派は国民の支持を欠いていた。左派の「朝鮮人民共和国」が、それをつぶそうとする米国の努力にもかかわらず、依然としてより大きな愛国主義的信頼を得ていたのだ。だが、信託統治問題は、共和国破滅の元となることが明らかになる。

左派と保守派による連立樹立の試みが潰えると、左派は信託統治に一段と賛同するようになった。大混乱がそれに続く。「暗殺者」の異名を持つ別の亡命ナショナリストによるクーデターの企てが阻止された。労働者たちは、米軍政当局に抗議してスト入りした。そして、李承晩の保守派が真の愛国者として浮上し、朝鮮の左派をソ連の傀儡——他の言葉で言えば事大《サデ》——と非難した。米国は当然のことながら李を支援。今度は信託統治が当初からソ連の策謀であって、南朝鮮は米国の善意の管理下で、独自の保守政府を樹立しなければならないと主張した。これはもう一つの「事大」と言われかねず、実際、左派の残党からは後年、もう一つの「事大」と言われることになる。

こうして「朝鮮人民共和国」の命脈は尽きた。次に起きたのは悲劇だった。国家は事実上、金日成が率いる北朝鮮の臨時共産党政府と、李承晩が支配する南朝鮮（韓国）の二つに分断されることになる。青島にいたキーンの朝鮮人の友人たちは、彼らが予想していた以上に正しかったことがまもなく判明する。一九五〇年に北側の侵攻で始まった恐ろしい朝鮮戦争は、二〇〇万人以上の民間人死者を出した後、膠着状態で中断した。第二次大戦をおおむね無傷で生き延びたソウルの街は、廃墟と化した。北部の平壌も同様だった。北側は専制的な疑似帝国的王朝による支配が続き、南側は数十年に及ぶ軍政を耐え忍んだ。

東西冷戦が最高潮に達した一九六一年、強硬な反共主義者がクーデターで韓国の政権を奪取した。韓国経済は軍政下における計画経済という戦時中の日本型モデルに従い、政府と協力する韓国の財閥に下支えされて急成長した。くだんの政治指導者は一九四二年、新京の満州国軍軍官予科を首席で卒業し、日本の関東軍中尉になっていた。一九四八年、彼は李承晩に敵対する謀議に加わったとして韓国軍から追放される。戦争中、彼の日本名は高木正雄だった。本名は朴正熙《パク・チョンヒ》。日本における彼の最大の支援者の一人が、傀儡国家満州国の老練な仲間、岸信介だった。

ユートピアの夢というものは、粉々に砕け散った空想の廃品置き場で終幕を迎える運命にある。だが、その全てが同じ終わり方をするわけではない。そして、夢は痕跡を残しがちだ。英国の「新しいエルサレム」は、同時代の最も偉大な経済学者ジョン・メイナード・ケインズが呼んだ「フィナンシャル・ダンケルク」〔財政の緊急事態〕のために崩壊した。ケインズは、少なくとも一九四五年末まで、英国が武器貸与法に基づいた米国による支援の恩恵——かなり寛大な条件による物資の持続的供与——を受けられるだろうと期待していた。そうなれば、英国政府は破産回避のための時間稼ぎができていただろう。それに失敗すれば、英国の社会主義者の夢に回る資金はおろか、破局の瀬戸際にあった財政収支の赤字を埋め合わせる資金源を見つけるのは困難だった。ケインズは「日本が早く降伏しすぎて、われわれを見捨てることがないように」と祈った[43]。

彼の希望は広島・長崎への原爆投下で打ち砕かれた。ハロルド・ニコルソンが妻ヴィータ・サックヴィルウェストの反応を描いて、日記に次のように書き付けることになった事件である。「ヴィティは原爆に興奮している。彼女はこれが全く新しい時代の到来を意味していると考えているが、それは正しい[44]」。

日本の戦争は八月に終わった。

緊縮経済の悲惨。他国よりも長く続いた英国の物資配給制。貧弱なサービスを受けるために延々と途切れない行列。生活の何とも言えぬわびしさ。さらに、英国はその資産を使い果たしただけでなく、世界の大国の立場からみるみる滑り落ちていくという実感と相まった戦後の疲労感。これらすべてが、楽観的な気分をしぼませるのにあずかった。公営住宅や教育、文化、保健、さらに完全雇用などの計画はなお進行中だったが、国家財政はひっ迫し、一九四五年の熱狂は早々と雲散霧消した。対日・対独戦の勝利から二年後、労働党政権の蔵相ヒュー・ダルトンは日記に書いている。「明るく確信に満ちた朝は二度と来ないだろう[45]」。

一九五一年、ウィンストン・チャーチルが首相に返り咲いた。労働党は、今度はアトリー内閣で商業相を務めたハロルド・ウィルソンの下で二度目の統治の機会を手にするまで、一三年間待たねばならなかった。

似たようなことは、他の西ヨーロッパ諸国でも起き、カトリックおよびキリスト教民主諸党が約束した安定と連続性――ある種の平常性――が、左派の革命的活力を陰らせてしまった。オランダの労働党は一九五六年に政権を失った。シャルル・ドゴールは一九五八年に、フランス第五共和制を創設した。イタリアのキリスト教民主党による事実上の覇権は一九四八年、米国の反共プロパガンダと財政支援をてこに始まった。西ドイツに最初の社会民主党政権が発足するのは、ようやく一九六九年のことだ。東ドイツでは、反ファシズムのより良いドイツを築くため、社会民主党が夢見た共産党との共同戦線は、ドイツ民主共和国が発足する一九四九年以前に早くも潰えた。ソ連占領地域に住むドイツ人は一九四五年時点では、共産党への支持を頑固に拒み、社会民主党の方をはるかに好んだ。結果として、その翌年、ソ連当局は東部ドイツの社会民主党に共産党との合同を強制し、共産党はたちまち同党を吸収してしまったのだ。

朝鮮で、あるいは社会党政権が一九四七年から四八年までちょうど一年続いたまさに日本で、非共産系左派が終焉したわけについて、一つの見方はそれを冷戦のせいにすることだ。東アジアの米占領当局はへまをやり、概して保守的であったかもしれないが、穏健左派の総崩れにはソ連も同じように責任があった。中央・東ヨーロッパにせよ北朝鮮にせよ、ソ連が支配したところでは、社会主義者たちは粉砕されてしまったのである。

スターリンは米国の利害領域では革命をあおらないことに、確かに同意していた。フランスとイタリアの共産党は、政権奪取の夢を諦めるよう説得された。実際、イタリアの共産党指導者パルミーロ・トリアッティは、右派がなおムッソリーニの遺産に汚されているときでも、保守派との暴力的衝突を回避したむしろ穏健な人物だった。だが、米国とその保守的な同盟国は、洋の東西を問わず共産主義者の意図に極めて懐疑的であり、左翼的な勢力は何であれ権力から遠ざけておくために手を尽くした。これは特に冷戦の最前線に位置する国々にあてはまった。それがたまたまドイツであり、イタリアであり、日本だったのだ。一九四〇年代後半以降、日本は西ドイツのように共産主義に対する砦として再編されなければならなかった。一九四五年のニューディール的な熱狂はあっという間に消滅し、再軍備と産業の発展、労組への弾圧、行政府と教育界における「レッドパージ」が、保守政治家――このうち何人かは少し前まで戦犯として裁判を待つ身だった――への積極的な支援と並んで、新しい政策となった。占領当初には日本の左派を大いに鼓舞した米当局による、このいわゆる「逆コース」は、一九四五年の理想主義に対する裏切りと見られ続けた。

それでも、英国の「明るく確信に満ちた朝」の終わりを嘆いたヒュー・ダルトンは、やや悲観的に過ぎた。解放の有頂天は勢いを失ったかもしれないが、あの明るい新たな出発で設けられた多くの制度は、直ちに反古にされたわけではなかった。いくつかは、善かれあしかれ、今日まで命脈を保っている。英国の保守党にせよ、大陸ヨーロッパのキリスト教民主主義諸政党にせよ、戦前の計画家や理想主義に燃える戦時レジスタンスの活動家が着想したヨーロッパ型福祉国家の土台を、本気で取り壊そうとはしなかった。実のところ、チャーチルの保守党は、アトリーの労働党よりも多くの公営住宅を建設している。キリスト教民主主義者の多くは、社会主義者と同様に、自由放任経済にかなり懐疑的だった。西ヨーロッパの福祉制度は、一九七〇年代になってはじめて周縁部から腐食が始まり、一〇年後、特にマーガレット・サッチャーの英国において深刻に後退し始めたのである。日本と韓国の経済は、大陸ヨーロッパの国々と比べてもなお、政府の計画家にしっかり管理されている。

だが、戦後プランニングの主たる記念碑は、ヨーロッパそのもの、さらに言えば、朽ちたり傷付いたりしながらなお立っているヨーロッパ連合（EU）である。。一九四五年には、大方の人びとは気高い理想としてのヨーロッパ統合を信じていた。それは神聖ローマ帝国の残響から着想を得て、常にカトリックの人びとに訴えてきた。フランス人やフランスびいきの人びとは、米国の俗っぽい物質主義に抵抗し得る――パリを中心とする――西洋文明の核心として、ヨーロッパという理念を好んだ。社会主義者や他の経済計画家たちは、EUの中核機関が集中する新たなテクノクラシーの首都としてのブリュッセルに引き寄せられていった。しかしながら、何よりまず、統合ヨーロッパはヨーロッパ人が互いに二度と戦争をしないことを保証しようというものであった。少なくともこの意味では、これまでのところ、一九四五年の理想主義は報われてきたのである。

原注

★これらの建物は今なお健在だ。仰々しいスタイルは中国の共産主義者にアピールした。移譲は完全に自然な形で行われたようだ。旧関東軍ビルは、現在の共産党の本部になっていたりする。

第8章 蛮人を文明化する

一九四三年に、ノエル・カワードは「ドイツ人に残忍になるまい《ドント・レッツ・ビー・ビーストリー・トゥ・ザ・ジャーマンズ》」という歌を書き、誤解を生んだ。その歌は、敵国に対し過度に同情的に見えるとの理由で、英BBC放送から一時期放送禁止の処分を受けた。

ドイツ人に残忍になるまい
われわれが最後に勝利したあかつきには。
彼らを戦いに駆り立てたのは
あの汚らわしいナチスなんだ。
彼らのベートーヴェンやバッハは
実は見かけほど怖くない！

実は、カワードがステージで歌う前に用心深く指摘したように、これは「われわれの敵に対して寛容すぎる考えを持つ少数派の人道主義者」に向けられた風刺だったのである。

ドイツや日本に対する連合国の占領が、まったくそうした人道主義の精神に基づいて実施されたと言えば、少々誇張にはなっても、言い過ぎではないだろう。というのは、少なくとも最初の二年間、占領は復讐するのではなく、再教育と文明化、精神と思考の入れ替え、そして二度と世界に破壊をもたらさないよう独裁国家を平和な民主主義国に変えることに、真剣に努力した点で際立っていたからだ。

確かに当初は、旧敵を処罰し、近代産業国家になるのに必要ないかなる手段も破壊して、彼らを無害化するという、主にワシントンで策定された計画があった。既に述べたように、ルーズヴェルト大統領の下で財務長官を務めたヘンリー・モーゲンソーにちなんで名付けられた「モーゲンソー・プラン」は、ドイツの工業を解体し、国家を細分化して、ドイツ人を自衛のために辛うじてこん棒しか持たない牧畜民の状態にまで弱体化させようとした。日本に対しても似たようなアイデアがあった。

これらの構想は失敗に終わり、代わりに採用されたのが三つのD、非軍事化《デミリタリゼーション》、非ナチ化《デナチフィケーション》、民主化《デモクラティゼーション》である。このうち、軍国主義的・独裁的政府に扇動され刷り込まれた行動パターンを変えるだけでなく、被征服諸国民の心の内まで分け入って、思考方法（国民性）を変えてしまおうというのが、再教育を含む三つ目のDだった。米陸軍省が制作した教育映画『日本でのわれわれの任務《アワ・ジョブ・イン・ジャパン》』が、極めて正確に課題の所在を指摘している。「われわれにとって問題は」と、日本人の頭部の映像が流れる中、ナレーターが説明する。「日本人の頭のなかにある脳なのだ」。映画の最後で、ナレーターが任務を要約する。「われわれがここにいるのは、こういう血なまぐさい野蛮な行為はもうたくさんだということを、日本人の脳にはっきりとわからせるためである[1]」。

原住民を改心させるというのは、歴史をたどれば古代ローマ人による文明化の取り組みにまでさかのぼり得る戦略だ。ある者は、これが人間の本質は理性的であり、正しい教育によって作り変えることができるという啓蒙主義の信念に由来すると主張する。ある者は、フランスの文明普及任務《ミッション・シヴィリザトリス》のような、植民地戦略を想起する。あるいは、キリスト教の伝道熱。あるいは、移民教育を通じた良き米国市民の形成。英国人の説明は、実用的古典知識を備え正々堂々としたジェントルマンの創造という、ヴィクトリア朝時代の寄宿学校で発展した人格形成への信念まで持ち出してきた。再教育はまた、心理戦の延長、プロパガンダの軍事利用ともみなされていた。

英パンチ誌は一九三九年に、再教育プログラムの必要性を暗示するＡ・Ｐ・ハーバートの詩を掲載した。

われらはドイツ国民に文句はない
信頼できる羊ならば文句はない
ところが、世代を継いで
彼らは、われらの眠りを妨げる支配者たちを吐き出すのだ……

われらはドイツ国民に文句はない
彼らの事情に口出す権利はもちろんない
ところが、どうやら、(頭と心への)何か大手術が
たった一つの方法のようなのだ

五月八日、ヨーロッパで群衆が勝利を祝っている時にもう、以下のような投書がロンドンのタイムズ紙に掲載された。差出人は有名私立寄宿学校チャーターハウス校の校長ロバート・バーリー。占領

下のドイツで教育政策に大きな影響力を持つことになる人物だ。「拝啓」と彼は書き出していた。「連合国によるドイツの再教育は、単に高潔な願望ではなく、避けられない義務であることが明白になりつつあります」。ドイツ人に関する問題とは、A・P・ハーバートが詩の中で指摘し、当時、大方の人びとが信じていたように、一世紀以上にわたり彼らが「独力で決断する必要から解放してくれるなら、どんな政府でも宿命的に受け入れる用意」があったことだという。バーリーの考えでは、彼らは羊のように従順になってしまい、個性を欠いて、軍事用ロボットのように常に指導者に従ってきた。

結局、英軍事占領当局の関心を引くことはかなわなかったものの、バーリーはさらに、もうひとつのより興味深い主張をしている。すなわち、再教育を成功させるためには、民族的伝統に基づかなければならないということである。ドイツを白紙状態として扱うべきではない。ドイツ人に説得すべきことは「今は完全に忘れているとはいえ、彼ら自身が優れた社会を築き得る伝統を持っているということ。かつてはゲーテのドイツがあり、その国は若きジョージ・メレディス〔英詩人、一八二八―一九〇九〕が自由主義思想家の国として訪ね、ジョージ・バンクロフト〔米歴史家、一八〇〇―一八九一〕のような米国人に刺激を与えた大学を持つ国だったのであります」。

バーリーの考えは、ドイツ人の間では確かに受けがよかった。彼らはナチスの褐色の上着を脱ぎ捨てて、全身をゲーテやカント、ベートーヴェンの栄光で包みたがっていた。一九四五年、在ドイツ英軍政当局の教育顧問として、バーリーは英文学、ドイツ文学の適切な書籍を十分にそろえた図書館や、英独両国の知的文化的交流を促進する成人教育センター「架け橋《ディ・ブリュッケ》」の設立を支援した。残念なことに、この前途有望な計画は間もなく、英当局者の反対に出合った。彼らの一部は相当に異様な考え方をしていた。「他民族との大々的な混血」のみがドイツ病を治す、というのがそうした考えのひとつだった。[2] 別の狂信的な中級幹部は、元ナチ党員全員とその家族を、北海の島に閉じ込めてはどうかと提案した。バーリーは、もっともな皮肉を込めて、すると彼らの子どもが本土で学校に通うようになって、無垢なクラスメートにナチ思想を感染させることになりかねませんな、と応じた。モーゲンソー・プランと同様に、これも早々と却下された。

最良のドイツ文化を再生させようというバーリーの計画に対するもっと真剣な批判は、それでは最良の英国文化を普及させるには十分でないということだった。バーリーの直属の上司であり、たままチャーターハウス校の元生徒でもあったブライアン・ロバートソン将軍は、軍政当局はドイツでの政策に関する批判に対し、いっそうの防御が必要であると裁定した。別の将軍の言葉で言うと、「英国文明」をもっと「放射」し、英国の政策を宣伝する必要があるということだった。[3] バーリーは辞任し、イングランドに戻っていった。

米国占領地域の当局は当初、教育より処罰に傾斜していた。ドイツ人の精神をつくり直すことよりも、ナチの汚点が疑われる教師たちを追放することに多くの労力が費やされた。米国に亡命していたドイツ人の一部は米当局に、再教育しても無駄だと助言した。小説家アルフレート・デーブリーンは「知的職業階級の大多数はナチだから、ドイツ人を教育するのは、ほとんど無理だ」と言った。彼の友人で、同様に著名なドイツ人小説家のリオン・フォイヒトヴァンガーは「三〇〇万人のナチスを逮捕し、殺すか強制労働に送り込むべきだ」と確信していた。[4] ドイツ人をより良き人間に教育するのは、ヒヒに文明を授けようとするぐらい見当違いだと言わんばかりの声もあった。

それでも、ポツダム宣言が連合国の公式な立場を明らかにしていた。「ドイツの教育は、ナチと軍国主義の教義を完全に抹消し、民主主義的理念の順調な発展を可能にするよう統制されなければならない」。[5] 日本に関しては、ポツダム宣言の目標はこれほど手厳しくはなく、少なくとも統制はより緩やかな響きがあった。「日本政府は、国民の間の民主的傾向の復活と強化を阻む障害物を取り除かなければならない。言論、信仰、および思想の自由と、基本的人権の尊重が確立されなければならない」。特に、占領期間中実際に起きたことに照らし合わせた場合、この語調の違いを説明するのは難しい。それはドイツより日本での方が、はるかに急進的だったのである。

それでも、ドイツ人の再教育（ところでバーリーはこの言葉を嫌い、単なる「教育」の方を好んだ）は、日本人の再教育ほど面倒事ではないとみられていた。ドイツはなんと言っても西洋文明に属し、ほとんどがキリスト教徒であり、ゲーテとカントの国だ。土台はしっかりしていると信じられていた。やる必要があるのは、ナチ思想と「プロイセン主義」の解体である。非ナチ化と非軍事化が、ドイツ問題の解決に大きな役割を果たすだろう、と。この目的達成のため、最近の犯罪におけるドイツ人の罪が、米軍依託の『ナチ強制収容所』や『死の工場』のような映画の配給を通じて強調される必要があった。後者では、次のようなナレーションが流れた。

> これは、ガルデレーゲンのよくあるドイツ風納屋です。一一〇〇人の人間が、この中に集められ、生きたまま焼かれました。苦しさのあまり逃げ出した人びとは[6]、倉庫から出てきたところを射殺されました。どんな下等人間が、こんなことをしたのでしょう？

こうした映画はドイツでは受けがよくなかった。人々は鑑賞を拒否するか、プロパガンダとして退けた。ギュンター・グラス〔小説家、一九九九年ノーベル文学賞受賞〕は一九四五年当時は一七歳。SS機甲師団で短期間兵役に就いた後、米国の戦争捕虜収容所にいた。彼は捕虜仲間とともに、「ぱりっとアイロンをあてたシャツ」を着た米軍教育将校から指導を受けた。彼らは、ベルゲン＝ベルゼンやブーヘンヴァルト、遺体の山、生きたがい骨の写真を見せられた。彼らは何一つ信じなかった。「私たちの言う言葉は同じだった。『それで、これをドイツ人がやったって言うのかい？』『絶対、ドイツ人のしわざじゃない』『ドイツ人はそんなことはしないよ』。そして、私たちは互いに言い合った、『プロパガンダさ。こんなのはみんな、プロパガンダにすぎないのさ[7]』」。

人のいい米当局者が開くグループ討議は、しばしば実りなく終わった。「いかにしてわれわれは、米国で［民主主義を］実践しているか」というまじめな講義は、必ずしも面白くなかった。というのは、講義は英語で行われ、「ナチ国家」のような話題は、われわれは知らなかった、ヒトラーはいいこともたくさんしているといった防御姿勢に出合って行き詰まったからだ[8]。ギュンター・グラスのいた収容所では、教育将校がドイツ人に人種差別の恐ろしさを講義すると常に、戦争捕虜たちは米国の「黒んぼ《ニガー》」の扱いを質問して彼を当惑させた。

飢えた人びとは、他にも気掛かりなことがあった。凍てつくような冬が迫っていた。ハンガリー系米国人ジャーナリストで、戦後ドイツで新聞社の設立を任されていたハンス・ハーベはこう話している。「国民は過去を振り返り、自問とざんげをすべきだという考えは、征服者が考えることだった……。人びとは、腹とストーブをどう満たすかをひたすら心配していた……[9]」。ユダヤ人であり強制収容所で過ごしたことのあるハーベが、ドイツ人に対して親身になる理由は特段なかったのだ。

民主主義の恩恵を教えることの方が、必ずしも楽というわけではなかった。「ドイツの再教育」と題したヤンク誌の記事の中に、アーヘンに住むエルンストという一〇歳のドイツ少年との優れたインタビューが載っている。ドイツ軍は完全に敗北したことを知っているかと問われて、彼は答えた。「アメリカ人には多くの銃砲があり、ユダヤ人もいっぱいいたからね」。次の質問。「誰か、民主主義について教えてくれた人はいる？」答え。「先生たちがそれについて話している[10]」。それじゃ、民主主義に関して聞いた事に興味を持った？「歌を歌うほど面白くはなさそうだね」。

ヨーロッパのど真ん中に位置するシャルルマーニュゆかりの古都アーヘンは、ドイツの再教育が始まった都市だ。感傷的な歴史的理由からではなく、連合軍の占領下に置かれた最初の都市だったからである。爆撃の後で、まともに建っている学校はほとんどなかった。戦前の人口一六万人のうち、残ったのはわずか一万四〇〇〇人だった。街の八五パーセントは廃墟となった。シャルルマーニュが埋葬された、中世初期の美しい大聖堂は何とか損壊を免れていた。だが今や、ヤンク誌の言葉を借りれば「爆弾による戦争は、理念をめぐる新たな戦争に道を譲った。ドイツの若者を更生させる努力は、全世界が注目する実験だ」。

米軍政当局を代表するジョン・P・ブラッドフォード少佐は、追放を免れたドイツ人の市当局者に対し、これは絶好のチャンスだと語った。「あなた方は、ドイツの若者を指導し、再教育し、ナチズムの卑しさから彼らを引き離すことができるのです(11)」。

最初の問題は適任の教師の不足だった。徴兵された男たちは死亡したか、あるいは各地の戦線で戦争捕虜として、まだ身動きが取れないか、ナチだとして免職になっていた。詩人のスティーヴン・スペンダーはハンブルクで生徒のグループに、学校で何を習っているのか聞いてみた。ラテン語と生物、と生徒たちは答えた。他には何も？　ええ、と彼らは答えた。「だって、歴史と地理、英語、数学の先生たちはみんなクビになってしまったもの(12)」。

次の問題は教科書だった。多くは爆撃で灰になっていた。残っているのは大抵、ひどく不適切なものばかりだった。総統とその支配民族をほめ讃える本や、ドイツからユダヤ人を排除する生物学的必要性についての本だ。ナチ以前の教科書にも、ドイツ人の勇敢な精神や、フリードリヒ大王のような人物の英雄的業績を称賛する内容が含まれていた。しかしながら、他にろくなものがないという理由で、これらでよしとしなければならなかった。これらワイマール時代の本のうちの一冊は、刷版がロンドンで作られ、それをドイツに返送。アーヘンの古い新聞印刷工場で刷られた。

アーヘンの教育長カール・ベッカース博士は、小さい子どもたちについては自信があった。彼らに対しては、自分たちの将来が『より偉大なドイツ』の国民ではなく、あらゆる場所のすべての人びとと共にあることをかなり容易に納得させられる。ところが、年長の子どもたちについては、「相当断固とした」対応が必要かもしれない、とベッカース博士は考えた。とはいえ、「教室で罰を与える際にも、われわれは民主主義の行使を試みなければならない。教室内で少年少女が問題を起こしたときには、問題の子をどう処罰するのが最善なのか、クラスに決めさせよう」と彼は述べた。ベッカース博士は「もっとも極端なケースでない限り」、「むち打ちの体罰には反対」と述べた[13]。

ベッカース博士は、カトリック保守主義者だった。「ナチスの象徴を何か具体的な良質のもので置き換えよう」と腐心し、彼は答えとしてキリスト教の精神的価値の復興に着目した。多くのドイツ人がそう信じており、このことは後年の西ドイツの選挙でキリスト教民主同盟が支配的となった理由を説明している。キリスト教民主同盟の将来の指導者で戦後の初代首相も、カトリックのラインラント人、コンラート・アデナウアーである。スティーヴン・スペンダーはケルン市役所の彼に会いに行った。そこはアデナウアーがヒトラーの権力奪取以前に市長を務め、一九四五年に再び舞い戻ったところであった。

アデナウアーの執務室の窓から、スペンダーはほとんど何も残っていないケルンの街路を見詰めた。今なお壁は建っているものの、それらは「内部をくり抜かれ、湿気を帯びて、うつろで、悪臭を放つ空虚を覆い隠している薄っぺらな仮面」に過ぎなかった。だが、アデナウアーはインタビューで、廃墟の光景を違った見方で強調した。「あなたも見落とされたはずはないでしょう」と彼はスペンダーに言った。「ナチスはラインラントやルールの廃墟のように、ドイツ文化もぺしゃんこにしてしまったのです。ナチ支配の一五年は、ドイツを精神の砂漠にしてしまった[14]」。だから、必要なのは食料や燃料と同様、より多くの学校であり、本であり、映画であり、音楽であり、演劇なのだ、と。「想像力を養わなければならないのです[15]」。

文化への飢餓感は確かにあったが、かなり変わった動機もあった。多くのドイツ人が読書をやめてしまった一つの理由は、ナチ文学が全体的にひどく退屈だったからである。今や一部の人びとは、まるで一種の罪滅ぼしのように、上級文化の必要性を口にしていた。スペンダーはボンである女性と会った。「上品で信心深い、極めて丁寧な物腰の主婦《ハウスフラウ》」で、彼女は大衆娯楽に対する軽薄な嗜好に柳眉を逆立てていた。第三帝国の道徳的廃墟の中に、ジャズ音楽は言うまでもなく、キャバレーも許してはならない、と彼女は考えていた。ドイツ文化は厳粛でなければなりません。というのは、「ドイツ人があんなことをしてしまった後では、それが私たちのせめてもの期待」ですもの。ドイツ人は、ただ「良質の」文化のみを持つよう「強制され」なくてはならない。「モーツァルト、ベートーヴェン、ゲーテ。これ以外を認めるべきではありませんわ[16]」。アデナウアーがここまで厳格に考えていたかどうかは疑わしい。

文化への飢餓感は、おそらくブレヒトの『三文オペラ』がベルリンで戦後初めて再演されたことに、もっとよく表れている。ナチス政権下ではもちろん上演禁止だった。人びとは何時間もかけて歩いて米占領区域にあるヘッベル劇場までやって来た。戦争を多少なりとも無傷で生き延びた数少ない劇場の一つだ。犯罪者たちが夜、通りを跋扈《ばっこ》する前に人びとが安全に帰宅できるよう、劇は午後四時に始まった。初演は八月一五日。（日本が降伏した翌日だが、これはきっと偶然の一致だ）。リハーサルは、極めて困難な条件下で行われていた。天井からは雨漏りがして、俳優たちは腹をすかせており、衣装は盗難に遭い、小道具は壊れていた。

かつてのレジスタンス闘士、ルート・アンドレアス＝フリードリヒが観客の中にいた。「のどもとが締めつけられる思いがする」と彼女は日記に書いた。「私たちの非合法時代」の歌は「長い長い苦しかった時間の慰めであり励まし」であったが、今や自由に聴くことができる。だが、こうした心温まる瞬間でさえ、興ざめな言葉や不誠実の兆しを聞き分ける彼女の感受性は健在だった。ブレヒトの「まず食うこと、それから道徳」〔千田是也訳、岩波文庫〕という有名な台詞に、嵐のような拍手が起きた。彼女は瞬時に「物思いの中から」覚めてしまった。一斉にわき起こる自己憐憫は、彼女には不快だった。「最初の民主主義的発言を、よりによって他者への批判から始めなければならないのか？」(17)

左翼の道徳観に満ちたブレヒトのかなり政治的なオペラは、ベルリンの米国占領地区であるクロイツベルクより、むしろソ連占領地区で再演されていた方がある意味で、理にかなっていただろう。一九四九年以後、ブレヒトが新たに取得したオーストリアのパスポートを用心深く持ち続けながらではあれ、自前の劇場を建てたのはまさに「民主的な」（共産主義の）ドイツの方だった。ソ連もまた、ドイツ人再教育のため大変な努力をした。ソ連は実際、文化というものを米英の連合国よりもっと重大にとらえていた。ある英占領当局者は外交公文の中で、西側が推進する「自由で私的な文化」は、ソ連の「政治化された文化」と張り合うことができないと嘆いている。彼によれば、ソ連占領地区では、「演劇や書籍出版、美術、音楽活動が精力的に行われ、何か新しくてはつらつとしたことが今まさに起きているとの印象を広めている」のであった。(18)

実際に何かが、起きつつあった。ドイツの知識人層の「民主的」分子は、特殊クラブへの入会や特別な食料供給、芸術的活動に対する全面的補助でソ連当局から積極的な勧誘を受けていた。「民主的」文化はしばしば、ドイツのナショナリズムと共産主義イデオロギーの混合を特徴としていた。そんなドイツ文化の主要な促進役の一人は、マルクス主義詩人で、ソ連が主導する「文化同盟《クルトゥーアブント》」、正式名称「ドイツの民主的刷新のための文化協会」の会長、ヨハネス・ベッヒャーだった。英国の教育者ロバート・バーリーのようにベッヒャーも、「ドイツ精神」は、それが「進歩的である」限り、刷新のための適切な基盤になると見ていた。彼はナチの監獄で亡くなった共産党の殉死者のことほど、ゲーテを重視してはいなかった。「反ファシズム芸術」こそが「真の」ドイツ芸術だったのである。

実際にはこの公式では、ソ連軍政治委員には柔軟すぎることが判明した。彼らは、進歩的芸術をもっと狭義の偏狭な概念でとらえていた。彼らは、ドイツの劇場でのチェーホフやゴーゴリのようなロシア古典作品とソ連の現代作品、さらにはソ連流にプロデュースされる限り、フリードリヒ・ヴォルフ――後に東ドイツのスパイの元締めとなるマルクス・ヴォルフの父――のようなドイツの進歩的劇作家の作品の上演を熱心に推進した。この目的ため、ソ連軍政治委員はドイツの作家とプロデューサーに対し、どのような内容を含んで、どのような要素をそぎ落とし、どう演出するか細かく指示したがった。

ソ連占領地区でのミュージカルや映画、演劇の興行には、パンフレット配布と、正しい政治路線を解説する政界のお偉方による舞台上での長々とした前口上が伴わなければならない――とする当局の指示によって、それらの興行の大衆的アピール度が高まることは、おそらくなかった。共産党当局者たちは、『一〇月のレーニン』や『一九一八年のレーニン』といった映画を宣伝するのにやぶさかではなかったが、観客は娯楽に飢えていたとはいえ、概して得心がいかなかった。ドイツ社会主義統一党（SED）〔ソ連占領地区で共産党と社会民主党が合同し一九四六年に設立〕の党員でさえ、ソ連の多くの公式文化に熱狂することはできなかった。共産主義者として非の打ちどころのない資質を持っていたヨハネス・ベッヒャーだが、ソ連からは決して真の意味で信用されてはいなかった。ドイツ人であると同時に、おそらく彼はあまりにも「コスモポリタン」に過ぎた。その上、彼の過去には、トロツキズムの危険な名残があった。一九四五年一一月、ポッダムのソ連文化当局者は、「未来主義や印象主義など芸術と文学におけるブルジョア的傾向」を許容しているとして、文化同盟を非難した。[19]

東側地域の生活と文化にはもう一つの側面があって、これが一九八九年のベルリンの壁崩壊まで、一つの特徴として残ることになる。ナチの公式レトリックにある居丈高で大仰な調子が、継ぎ目なく共産党のスタイルに持ち込まれ、足を伸ばしたままの行進やマスゲーム、友情や平和をたたえ拳を突き出す大群衆がスローガンを叫ぶ中での、軍隊行進への強い嗜好性として引き継がれた。ルート・アンドレアス＝フリードリヒは『三文オペラ』の戦後初公演を見たほか、文化同盟の発足式にも参加した。延々と続くスピーチの退屈さは、間もなく嫌悪感に転じた。彼女は七月三日の日記に書き留めている。

> 過去を清算し、私たちの文化生活の浄化をめざしている八人のお歴々のうち誰ひとりとして、自分の言葉づかいの浄化がまるでなっていないことには気がついていないらしい。彼らにはあいかわらず、最高級のもの、究極的なもの、暴力的なもの、至高のものが関心事らしい。……『平和主義のための闘いに、さらに確固たる足どりで歩むこと』と最近ある政治家が呼びかけたが、この政治家は自分の抱負が、そのような文句でどれほど矛盾した外見を取っているかには気がついていないらしい。自分の力で誇張を抑えるのは、容易なことではないらしい。[20]

ソ連当局が普及に努めた文化に比べれば、米国文化は全体として娯楽中心だったが、欧米占領地域で刊行されたごく初期の雑誌からは、必ずしもそのような印象を受けないだろう。米占領当局はこの仕事をドイツ人自身に任せるのではなく、ドイツ人読者向けに自前の雑誌を発行することから始めた。

ドイツ知識人に狙いを定めた月刊誌『アメリカン・オブザーヴァー』の創刊号は、ヒューマニズムや信仰、トマス・ジェファーソンの政治哲学、「テネシー渓谷の再生」といった記事で埋められていた。『ホイテ（今日）』という雑誌は、ナチスのオランダ占領に関する記事（「強制収容所地獄の男たち」）、「テネシー峡谷開発公社の社会事業」といった特集を組んでいた[21]。

こうした雑誌に対するドイツ人読者の受け止め方は、ある米国人観察者の言葉を借りれば「まちまち」だった[22]。

他方、ソ連は、信頼できる「民主的」ドイツ人に最初から独自の雑誌発行を認めた。実に有効な戦略である。『アウフバウ』〈再建〉という最初の雑誌は、ドイツの戦争犯罪に関する記事とともに、トーマス・マンやポール・ヴァレリー、エルネスト・ルナン執筆の記事を載せた。これは瞬く間に売り切れた。

ドイツ人は一〇年以上にわたりハリウッド映画を取り上げられていたため、米国の生活様式を広めるために特別に選定された三二本の長編作品は、意図されたメッセージに関係なく人気を博した。映画の選定者は周到に米国社会の暗部面を避けており、従ってギャング映画はなかった。『風と共に去りぬ』（一九三九年）と『怒りの葡萄』（一九四〇年）も、暗すぎるとみなされた。それでも、ドイツ人はこの時期の他の多くの西ヨーロッパ人とほとんど同じ少し時期遅れのハリウッド映画を観る機会に恵まれた。チャーリー・チャップリンの『黄金狂時代』（一九四二年）、ディアナ・ダービン主演の『オーケストラの少女』（一九三七年）、伝記映画『エイブ・リンカーン』（一九四〇年）、ビング・クロスビーがゴルフ好きの神父役で主演した一九四四年のミュージカル『我が道を往く』である。

もっとも、選ばれた映画のうちいくつかは裏目に出て、引っ込めざるを得なくなった。ハンフリー・ボガートがドイツのUボートの攻撃にさらされる商船員を演じる戦争映画『北大西洋』（一九四三年）

は、ブレーメンの映画館で暴力沙汰の原因となった。ナチの残虐行為に関するドキュメンタリー映画を見せられるのはまだしも、無力な米国人が海上で卑劣なドイツ人のUボート乗組員にマシンガンでなぎ倒されていくシーンが呼び物の娯楽映画を見せられるのは、耐えられなかった。ドイツ海軍の復員兵らが激怒し、映画館を自分たちと一緒に出るよう他の観客に迫ったのだった。

米国人による——そして程度の差はあれ英国人による——再教育の主要問題は、おそらくは解決不可能で、実際解決されなかったジレンマであった。その目標は、ドイツ人、そして後には日本人に自由と平等、民主主義の長所を教えることだった。だが、言論の自由の授業を行うのは軍当局なのだ。その権力はほぼ絶対的で、そのプロパガンダはしばしば心理戦の延長であり、目的に沿うならいつでも検閲を行う軍当局なのだ。なるほど、文化と教育がナチ国家や日本の戦時体制ほど抑圧的だった国はどこにもなく、ギュンター・グラスのようなヒトラーの元兵士が、人種差別ゆえに米国をからかうというのは確かに、少々的外れではあったが、連合国は偽善の批判を受けやすかった。『風と共に去りぬ』の上映すら拒み、自分たちの政策に否定的な眼差しを向けるいかなる見解、あるいはほんの事実関係の情報をも容認するのを拒む占領者たちに言われると、民主主義への称賛はややうつろに響きかねなかった。

八月三一日、ドイツ占領に新たな公的地位が与えられた。依然として異なった地域に分割されながら、同国は公式に米国、ソ連、英国、フランスで構成される連合国管理理事会の統治を受けることになった。またしても、興ざめな言葉を聞き分けるルート・アンドレアス＝フリードリヒの耳は鋭敏だった。彼女は日記に書く。

いま私たちは少なくとも、私たちが誰によって統治されているのかを知っている。新聞はどうしてあれやこれや、民主主義について弁じたてるのか？　民主主義とは民衆による支配のことである。ところが、いま私たちを支配しているのは管理理事会である。私たちは民主主義という言葉を台無しにしないよう心しなければならないだろう。[23]

米国占領地域の書店や図書館はすべて、米国の書籍統制チームによる綿密なチェックを受けていた。彼らが撤去した本は必ずしも、ナチス執筆のものだけではなかった。米国人やドイツ人以外のヨーロッパ人を、野暮とか不道徳だとか描写した大衆的な旅行解説書も禁止された。オスヴァルト・シュペングラー（『西洋の没落』）や、確かに激しいプロイセン民族主義者ではあったが、ヒトラーが世間の耳目を集めるはるか前の一八九六年に死去した歴史家ハインリヒ・フォン・トライチュケといった著述家も同様だった。シュペングラーは当初、ナチスに共感したものの、一九三六年に死去する以前に彼らと袂を分かっていた。彼は、自分の著作の一部がナチスからも米国人からも禁止されるという、一風変わった栄誉を受けたわけである。

書籍や映画やその他の娯楽で、ナチのプロパガンダを禁じるのは序の口だった。情報管理局の担当官はニュースの検閲にも関与した。米国人ジャーナリストのジュリアン・バックは、一九四五年の大半をドイツ各地で過ごし、そうした担当官を観察した。彼は担当官らの態度を、鋭い不条理感をもって描写している。ドイツ人はナチ支配の間、自由な思考に組織的に餓えさせられてきた、と彼らは推測していた。ちょうど、強制収容所から解放されたばかりの飢えた人びとが、胃の収縮のため、あまり多くの食べ物を受け付けられないように、収縮した知力もあまりに豊富な情報は消化できないものだ。バックの言葉を借りれば「ドイツ人の心の癒やしを任された米国の『心の外科医』によると、ニュースや新しい考えに対するドイツ人の飢餓感は、徐々に満たしていかなければならないというのだ[24]」。

こうした外科医の大方がドイツの歴史や文化、社会についてほとんど知らなかったことは、必要な投薬量を判断する上で役立ったはずがない。

当初、ドイツ人が読むことのできる新聞は、占領当局者が執筆し編集したものに限られた。たとえそうであっても、ちょっとしたことが大好評だった。これらの新聞は、闇市では原価の二〇倍の値段で売れた。ケルンで最初の新聞が街頭に登場した際は、押し合いへし合いの騒ぎになり、近くにいた神経質な米国人大佐は自分の銃に手をかける必要を感じたほどだった。ナチの新聞とは対照的に、こうした占領当局の新聞でも自由の香りがしたに違いない。そして、米英占領下の全域でオープンした、いわゆる「アメリカ・ハウス」や「ブリティッシュ・センター」で、米英両国の書籍や雑誌を読めるようになったことは、多くの人びとには一種の恩恵であったし、長い間そうであり続けた。

しかしながら、西側連合国は万事うまくやったわけではなかった。民主主義と言論の自由の長所を説き、ドイツ諸政党の再建を奨励することにより、西側連合国はへまな軍検閲官がなんとしても避けようとした批判、とりわけ軍事占領とその諸政策に対する批判を招いてしまった。社会主義的な計画経済より自由な企業活動に好意的な米国の政策は、社会民主党員らをいら立たせた。アトリーの社会主義政府の代表により運営された英国占領地域では、しばしばその逆だった。つまり、ドイツの保守派は、占領者たちの計画した「ボリシェヴィキ的」な経済に抗議したのだ。キリスト教民主同盟からの批判には、時折一段と不吉な含みがあった。米国占領地域のヘッセン州では、若者の集会で演説者の一人が、非ナチ化はドイツの「ボリシェヴィキ化」を招くと警告した。「連合軍の制服を着た国外移住者たち」（言い換えればユダヤ人）が、この嘆かわしい傾向の元凶とされた。

もし米国が追随すべきモデルであって、ビング・クロスビーのミュージカルからラッキー・ストライクまで、スウィング・ミュージックからチューインガムまで、米国の文化が戦後の支配的影響力であったとすれば、このことは多くのドイツ人に一定の両面感情をもって眺められた。それは、宗教と古典的ドイツ文化《クルトゥーア》が精神の刷新と贖罪に向けた唯一の道だという、キリスト教保守主義者が広く共有する考えと衝突したのだ。米国文化に対する猜疑心は、ヒトラー台頭のはるか以前にまでさかのぼる保守主義の血統を持っていた。その大衆へのアピール力の強さのために、長い間米国文化は知識人が定義し奨励する伝統的価値への脅威のように思われていた。戦時中、米国で亡命生活を送ったフランクフルト学派の哲学者、テオドール・アドルノはジャズ音楽など米国の大衆芸術形式を、マルクス主義の見地からではあるが、酷評していた。彼にとってジャズは、彼が言うところの「文化産業」の一環であり、商業娯楽の目くらましによって大衆を搾取する資本主義の策略なのであった〔ホルクハイマーとの共著『啓蒙の弁証法』〕。

このような意見は、ドイツ人に限ったことではなかった。ジョン・メイナード・ケインズは一九四五年夏に英国芸術評議会の初代会長に就任した後、ラジオ番組で「ハリウッドに死を！」と叫び、彼の目標を簡潔に説明した。ドイツ人やオランダ人、その他のヨーロッパ人のように、英国人も米国映画を見に映画館へ詰めかけていた時期に、この発言だ。米ユナイテッド・アーティスツ社が抗議すると、ケインズはタイムズ紙に投書し、自分の「突飛な発言」を許して欲しいと同社に謝罪した。自分が言いたかったのは、各国は「それ自身に特有のものを発展させ」なければならないということ。自分が本当に言いたかったのは「ハリウッドはハリウッドのために」ということなのだ、と。[25]

ケインズは少しばかり正直ではなかったようだ。彼の「ハリウッド」蔑視は、多くのヨーロッパ知識人に極めて特有のものだった。もっとも、彼らは一方で、「新世界」文化への興奮を抑え切ることもできなかったのだが。一九四五年春にホライズン誌に掲載された記事で、シリル・コノリーは、ヨーロッパの文化的復興はどこからもたらされるかを問うた。世界が最も必要としているのは、と彼は論じた。「前向きな、大人のヒューマニズムだ」。米国がそれをもたらすことは可能だろうか。結局、彼の考えはノーだった。というのは、米国は「あまりに金銭指向で、機械のように無味乾燥」だからだった。いや、それは彼のいとしいフランスがもたらさなければならないのだ。ただフランスだけが、「無血の一七八九年〔フランス革命〕を行い、人生が生きるに値し、自由が人生の自然体なのだという古《いにしえ》の真実を、世界に向けて新たに宣言することができるのだ」。

パリは、多くの人びとにとり「ハリウッド」に対する象徴的な解毒剤だった。カフェ・ド・フロールでジャン＝ポール・サルトル〔一九〇五～八〇年。六四年ノーベル文学賞辞退〕が哲学的思索にふけるパリ。レジスタンスに根差した文芸雑誌が発行されるパリ。若い男女が性的、政治的自由を満喫するパリ。この希望に満ちたフランス観は、ドイツ以上に米国文化の大量かつ集中的な投与にさらされているはるか日本にまで広がった。日本の一九四六年の出版物トップ一〇に、三冊の翻訳本が入った。サルトルの『嘔吐』、アンドレ・ジッドの『架空会見記』、エーリッヒ・マリア・レマルクの『凱旋門』だ。[26] そしてベルリンでは、ルート・アンドレアス＝フリードリヒが、戦後若者たちの間でフランスのベレー帽を見せびらかすことが流行していると書き留めている。「何か言論のある者は、黒いベレー帽をかぶっている」。日本では、知識人に受け入れられたこのフランスびいきのファッションは、少なくとも二〇世紀末まで続いた。

しかしながら、フランスびいきは決して大衆的にはアピールしなかった。加えて、多くのフランス人は、東西南北の国の人びとと同様、米国に夢中だった。サルトルその人でさえ、そうである。一九四四年一一月、十数人のフランスの記者が、米国の戦争努力について取材するため米国訪問に招待された。シモーヌ・ド・ボーヴォワール〔サルトルの私的パートナー〕は、サルトルがこの一行に加わるよう要請されたその日ほど「嬉しそうな顔をしたのを私は見たことがない」と回想している。ボーヴォワールは自分の回想録に米国の魅力を描いている。彼女は世界中の数百万人を代弁していたともいえるだろう。

アメリカ、それは実に多くのものを意味していた！　まず第一に、手の届かないものを。ジャズ、映画、文学――アメリカは私たちの青春を培ったが、同時にそれはひとつの偉大な神話だった。……アメリカ、それはまた、われわれに解放をもたらした土地でもあった。それは前進する未来であり、豊穣と無限の地平線であり、伝説的なイメージの錯綜だった。この眼でそれを見ることができる、と思っただけで、頭がくらくらした。私が嬉しかったのは、サルトルのためばかりではなく、自分のためでもあった。なぜなら、こうして突然開けたこの道を、いつか自分も行く日がくると私は信じていたから。[27]

次いでボリス・ヴィアン〔作家・ミュージシャン、一九二〇～一九五九年〕と「ザズー族」〔ジャズ狂〕の彼の仲間がいた。彼らは戦時中、英米流の衣服を身に着け、騒々しいパーティーを開き、ヘミングウェイやフォークナーの地下版を読むことで、薄汚いペタン主義に反逆していた。それは、個人のアパートで禁じられたジャズ音楽をかけて踊り、はるかに大きな危険を冒してナチスに果敢に抵抗していたドイツの「スウィング青年団《ユーゲント》」のフランス版だった。一九四四年の春以降、ヴィアンとザズーたちは、米国払い下げのブルー・ジーンズとチェック柄のシャツを着て、もっぱらジャズの演奏と鑑賞にふけった。

現実の物事に触れると、しばしば幻滅がやってくる。サルトルは米国から帰国すると、ボーヴォワールの説明によれば「いろんなものを見たのでぼうっとなっていた」。彼は、米国の民衆はすっかり気に入り、ルーズヴェルトにも感銘を受けていた。だが、ボーヴォワールによれば「経済機構、黒人差別、人種的偏見などを別としても、大西洋の向こう側の文明の多くのことが彼の気にさわった。アメリカ人の順応主義、価値観の基準、彼らの神話、偽の楽観主義、悲観的なものからの回避など」[28]。

フランスが多くの人びとに、特に当のフランスで、米国に対する疑う余地のない文化的対抗勢力とみなされたのは、道理にかなっている。米国と同様、フランス共和国は普遍救済論的大志を伴った革命により誕生した。つまり、その果実が世界にあまねく利益をもたらすことができ、そして実際もたらすべきである開明的文明としてのフランスだ。米国がその価値観を説き、時に押しつけるにあたり、フランスよりいくぶん有利な立場にあった一九四五年は、確かにその通りだった。ナポレオンがフランスの普遍主義を荒々しい軍事力で、特にドイツの地に広めていた一九世紀初頭は、状況は違っていた。当時のドイツ人の反応は、ロマン主義的ナショナリズムと、そのおぞましい逸脱が第三帝国につながっていくことになる血と土に対する防衛意識の増大であった。

一九四五年の米国流再教育は、当初の加罰への渇望感にもかかわらず、比較的穏やかな企てだった。おそらくこれが、ドイツ人が少々のためらい、あるいは恨みさえ感じながらも、フランス人に比べて容易に米国の世紀になじんでいった理由の一つだったのである。ユダヤ人は言うまでもなく、スラブ諸国に自分たちが何をしたかを自覚し、大方のドイツ人は、自分たちに対する米国人の扱い方に深く安堵するばかりだったのだ。英米占領地域の生活は、ソ連占領地域に比べても、さらに初期について言えば、フランス国境沿いのラインラントのずっと小さなフランス占領地域に比べても、確かに好ましかった。フランス占領地域の中心都市は、現在では湯治客に占拠されている優雅な温泉地バーデンバーデンだった。そもそもフランスが自らの占領地域を持つことは、とても自明とは言えなかった。米国はこれに反対していた。ドゴール将軍（ルーズヴェルトは常に不信感を抱いていた）と自由フランス軍の存在にもかかわらず、フランスがナチス・ドイツ打倒にほとんど重要な役割を果たしていないというのが理由だった。それでも、いつものようにドゴールの意志が勝利した。フランスに関する別の問題は、多くの市民の間にある復讐と、ドイツから持ち去れるだけの戦利品を引き出したいという略奪の欲求だった。

占領の初年は特にそうだった。フランス人は米国人や英国人以上に、征服者のように振る舞った。軍は時に規律を欠いた。石炭などの天然資源がフランスに運ばれた。結局は実を結ばなかったが、フランスにはドイツの一部、特に産業地域であるラインラントとヴェストファーレン、そして石炭の豊富なザールラントを併合する計画があった。この構想は、他のどの連合国も支持しなかったため破棄された。フランスの将軍たちの一部にも反対があった。彼らは、そうした措置が、やっと終わった戦争を引き起こしたのと同じ類のドイツの報復主義を刺激すると恐れたのだ。

だが、例によって文明普及任務《ミッション・シヴィリザトリス》に鼓舞されて、フランス人たちは文化、特にドイツ人を文明化するためのフランス文化の輸出に関しては真剣だった。相手はドイツ人だけではなかった。フランス美術の展覧会やフランス人作曲家の作品を集めたコンサート、フランス映画、フランス文学の普及は他の連合軍占領地域でも進められた。それは、フランスの文化事業のトップであるルネ・ティモニエの言葉を借りれば、「文化的価値の順位において、フランスは依然として偉大な国、実際、おそらくは最も偉大な国である」ことを示すのが目的だった。[29]

非ナチ化の点では、フランスは米国とほぼ同じことをした。ナチの過去を持つ教師その他の追放、図書館での禁書、フランスの管理下で信頼できるドイツ人ジャーナリストが制作するドイツの新聞やラジオ番組の内容チェックだ。バーデンバーデンで、ドイツ現代著作の綿密な調査に当たった一人は、一九三〇年代にフランスの市民権を取得していた小説家のアルフレート・デーブリーンだった。彼は、終戦直後に制作されたドイツの散文作品の不鮮明さ、神秘主義への傾斜、知的混乱の雰囲気に衝撃を受けた。ドイツ人は「あまり本を読まず、勉強もしてこなかった」と彼は推測した。ドイツの土壌は当初、「牧草と雑草ばかりを生えさせた」と。[30]

情報管理局の米国人当局者のように、フランスの当局者も、一九四五年の段階ではドイツ人が政治理念に触れる十分な準備ができているとは思っていなかった。彼らの考えでは、新聞は代わりに日常生活の諸問題や文化の話題、「フランスの現代陶器」や「フランス絵画」といったテーマに集中すべきだというのであった。第三帝国外の世界の現代芸術の発展から取り残されていたドイツ人を、文明世界に回帰させようという発想だった。文明世界の中心はもちろん、ヨーロッパであり、その文化的な首都はもちろんパリである。

これには、フランスの自尊心の回復とは別に、政治的な意味があった。フランスはライン川沿いの国境地帯を併合できなかったとはいえ、もっと重要なことが間もなくその地域で生起することになる。その豊かな石炭や鉄鉱石資源は、ドイツ、フランスなど一九五一年にパリで設立されるヨーロッパ石炭鉄鋼共同体の加盟国の利益のために、汎ヨーロッパ的機構の管理下に置かれることになる。フランス占領地域は、後にヨーロッパ連合（EU）に発展する組織の揺籃の地だった。主権の共有という構想はフランスから発案された。正式にそれを提案したのは、フランス人の父とドイツ人の母を持つルクセンブルク生まれのフランスの政治家ロベール・シューマンだった。ドイツで最も豊かな地域の一つに関して主権の共有に同意した西ドイツ首相は、ケルンの元市長コンラート・アデナウアーである。

一九四五年に、ドイツが連合国の各占領地域に分割されたのは幸運だったと言えば、四〇年間にわたり共産党独裁を耐え忍んだ人びとにとっては酷だろう。だがおそらく、この分割はドイツの連邦的性格にぴったりだった。占領連合国はドイツの教育を中央集権化することも、文化や政治の地域差を平準化することもできなかった。ドイツ人が本当に再教育されたかどうかは疑わしい。連合国の最も偉大な達成は、西部ドイツに恨みを残さなかったことかもしれない。旧敵を再教育したいと望むのは、おためごかしかもしれないが、復讐に比べればより穏当で、はるかに危険が少ない政策である。仇敵の再起支援は、ある部類のドイツ人には過分だったかもしれないが、同国から最後の一滴まで搾り取るよりはよかった。今回は、「背後の一突き」〔第一次大戦時に右派で持ち上がった左翼やユダヤ人の陰謀説〕の伝説も、武装したならず者の一団が国家の敗戦の恨みを晴らしたいと思うこともなくなることになった。しかしながら、ドイツの未来を真に方向付けたのは、文化や教育や司法や、あるいは一般良識よりも、むしろ政治的環境だった。それは冷戦であり、ヨーロッパに強力な民主主義諸国を創設する必要であり、ドイツ人エリートの日和見主義であり、米国の利益であり、さらにロベール・シューマンの言葉で言えば「（ヨーロッパにおける）戦争を不可能にし」、「世界平和を促進する」あのユートピア的プロジェクトだったのである。

軍事的、政治的影響の点では、フランスのラインラント占領は大して重要な意味を持たなかったかもしれないが、それはヨーロッパで最も血に染まった傷口を再び縫い合わせることに寄与した。統合ヨーロッパは、仏独だけでなく、キリスト教民主主義の夢でもあった。ドゴールは、大いに疑いつつも、これを「シャルルマーニュの事業の再開」になぞらえた[31]。ドイツの社会民主党は、フランス共産党と同じく、この計画に反対していた。ドゴールも反対だったが、それはフランスがこの統合体を支配するには、まだ十分に強力でなかったからである。おそらくこの将軍は当時、自分が政権の座にないために苛立っていたのだ。というのは、ドゴールは一九四五年には、ジャン・モネに鼓舞されて、ルールとザールラントをヨーロッパの連邦体に統合する考えを実際に支持する発言をしていたのである。（英国を加えるべきかどうかについては、やや曖昧だった）。今日、問題を抱えているEUの将来がどうなるにせよ、この統合の夢は、すべての再教育プログラムを合わせたよりも、ドイツがヨーロッパ諸国の仲間に復帰することに寄与した。

一九四五年一二月一五日、米サタデー・イヴニング・ポスト紙は日本の占領について、今見れば——当時はそうでもなかったが——驚くべき見出しを掲げた記事を掲載した。「GIがジャップを文明化」。執筆はウィリアム・L・ウォーデン記者。日付・発信地欄は、「東京、軍用機便にて」。欄の上に、ウォーデンの記事の要旨がある。「ニッポン人が考えるべきことの指示を待ち、彼らの当てにならない同国人がその仕事を避けている一方で、米兵の生きた見本の有効性が判明しつつある」。記事の後段で読者は、「平均的な日本人は戦争中明らかになったように、未開人とさほど変わらない素朴な人間だ」という事実を知らされる。

だが、希望はある。というのは、「GIは日本人の制圧で極めて有能であったのに、現時点では、日本人の民主化と文明化で最も有能に思われるのもGIなのだ」。

未開人としての「ジャップ」のイメージは、戦争中に広まっていた。原爆が広島と長崎で約二〇万人を殺害した後で、トルーマン米大統領は友人に、「野獣を扱うときは、野獣として扱わなければならない」と書き送っている。(32)

日本占領で注目に値するのは、こうした考えが何とも素早く消滅していったことだ。これは、日本人を平和的な民主主義者になるよう再教育するという考えが、一部で大いに疑問視されていなかった、という意味ではない。「日本班《ジャパン・ハンズ》」として知られる米国務省の日本文化・社会の専門家たちは早くから、日本の伝統的な日本の生活にまつわる上意下達の集産主義的特質を指摘していた。彼らの主張によれば、日本人は決して個人として振る舞うことがない。彼らは上位の者の命令に従うことに慣れている。天皇は現人神として崇拝されている。その臣民たちは、ある日本専門家の表現によれば、「惰性的で、伝統に拘束されている」。占領下東京の英国代表によると、日本人は「現代の世界で、アフリカの部族と同じくらい自己統治の能力を欠いているが、彼らよりはるかに危険だ」。★[33]

日本人の性格に関する日本班の理論は往々にして日本のエリート層との接触で耳にしたことを基にしていたが、彼らに対抗して、左翼シンパの多い「中国班《チャイナ・ハンズ》」と、ルーズヴェルト前政権以来のニューディーラーたちがいた。少なくとも占領当初の数年間、その意見が優勢を占めたのはこれらの当局者だった。決定的な日付は八月一一日で、この日、日本班の長老で元駐日大使のジョセフ・グルーが、国務次官の地位をディーン・アチソンに明け渡した。アチソンは九月、「戦争の意志を助長する日本の現在の社会・経済システムを、その戦争の意志が続くことがないように変革する」と述べた[34]。

信仰の厚い人物だったマッカーサー将軍は戦時中、「東洋の心」について子どもっぽくて野蛮という、往々にして著しく大ざっぱな見解を抱いており、自分は日本人を再教育する宿命を背負っていると自負していた。この使命における自分の導き役は、ワシントンとリンカーン、それにイエス・キリストだとよく話していた。理想的には、日本人はキリスト教信仰に改宗すべきなのだ。だが、いずれにせよ——そしてこの点で、マッカーサーの見解はコンラート・アデナウアーのそれと同調するのだが——政治、社会、経済と並んで精神面も刷新しなければならない。とはいえ、マッカーサーはドイツのこのキリスト教民主主義者のどんな考えをも超えていた。彼の日本占領は、彼自身の言葉によれば、「精神的革命……世界の社会史に前例のない大変革」をもたらすのだ[35]。元米大統領のハーバート・フーヴァーは、東京を訪問した際、マッカーサーをいささか奇妙に「聖パウロの生まれ変わり」と呼んだ[36]。だが、この米国人総督は日本文化を研究したり、この地について多くを学んだりすることには関心がなかった。彼は、夜は大抵自宅でカウボーイ映画を見ながら過ごした。彼の通訳であるフォービアン・バワーズは後に、マッカーサーの五年に及ぶ日本滞在中、「いやしくも彼と二回以上話した日本人はわずか一六人であり、首相、最高裁判所長官、最大大学の学長より地位の低い人間は一人もいなかった」と回想している。(37)

ドイツと違って、日本は連合諸国の占領地域に分割されることはなかった（ソ連は北海道を要求したが、米国が拒否しても文句を言わなかった）。日本占領は米国の見せ場であり、連合国軍最高司令官マッカーサーはほぼ絶対的な権威を手にしていた。もっとも、実際の統治のほとんどは、選挙で選ばれた日本政府が行い、その政府を彼が支配するという形ではあった。日本の再教育に傾けた熱意が、ドイツの場合より大きかったことについては、いくつか考えられる理由がある。ドイツでの経験が、続いて日本で行われることのお膳立てをしたということかもしれない。ドイツでは、ドイツ人の反抗や地域的な差異、あるいは他の連合国が原因で頓挫した努力が、米国が全能だった日本では、より大きな成功の機会に恵まれた。だが、主たる理由は、日本人を子どものような未開人、改心の機が熟した素朴な人間とみなした最高司令官の観念の中に宿っていたのかもしれない。日本人はキリスト教徒ではなく、その文化も西洋文明に根差したものではない。日本人の精神に関する限り、これは確かに「零年」のように見えたのだ。

太平洋戦争における戦闘の凄まじさと、彼我における戦時プロパガンダの容赦なさを考えれば、日本人は驚くほど意欲的な生徒だった。一九五一年、マッカーサーが朝鮮戦争をめぐる不服従でトルーマン大統領に解任され、日本を去る際、彼に対する日本人のたたえ方は、ドイツでは考えられなかっただろう。彼を日本の名誉市民にする法律が制定された。東京湾に最高司令官の記念碑を建てる計画が持ち上がった。そして数十万人の日本人が空港への沿道に並び、多くは涙を浮かべながら、彼のリムジンに向けて感謝の言葉を叫んだ。日本の主要紙のひとつは、社説で叫んだ。「ああ、マッカーサー元帥、日本を混迷と飢餓から救いあげてくれた元帥、元帥!」[38]

共産主義にかなり傾倒した日本人弁護士が、最高司令官に宛てた手紙がある。「日本民衆の前途に、自由、平等、博愛の、平和的曙光を導いて、民主主義的日本建設を実力的に支援し、良心的に指導する。……業績に心からの感謝を送るため、進駐軍歓迎民衆大会を開く[39]」。しかも、この手紙が書かれたのは一一月、広島、長崎への原爆投下からわずか三ヵ月後だ。

日本人の振る舞いを読み解くひとつの考え方は、それを偽善的・利己的で、強力な支配者を宥める長い伝統に沿った東洋的追従の現れの一例と見ることだ。確かにこれも一つの要素であったかもしれないが、全体像からはほど遠い。わたしは、感謝の念の多くは本物だったと確信している。多くのドイツ市民(非ユダヤ系)が、征服した国々からの略奪品で潤い、戦争の最終段階まで悪くない生活条件だったのと比べて、日本人ははるかに苦しい生活を送っていた。彼らの都市のほとんどが焦土と化した――この点はドイツも一緒だ――だけでなく、日本人は数年にわたり乏しい配給で生きていた。そして、日本の軍当局と治安警察の居丈高な態度は、おそらくドイツの場合よりわずらわしかった。依然として総統に愛着があった一九四五年の多くのドイツ人と異なり、軍国体制のことを良く言う日本人はほとんどいなかった。それは、彼らに悲惨以外の何ものももたらさなかったのである。

このため、米国人――とても裕福で、きちんとした身なりをして、上背も大きく、概して自由闊達――が進駐してくると、彼らは本当に解放者とみなされ、多くの日本人は、いかにして自分たち自身がもっと自由闊達になれるかを学ぶ用意があった。日本の歴史において、人びとが外国の大国から学ぼうと決めたのは、これが初めてではない。中国は長年にわたり模範であり、ヨーロッパと米国は一九世紀後半以降、見習うべき手本であった。二〇世紀の日本の好戦的ナショナリズムは、いろんな意味で、尋常ならざる西洋化への反動であり、その西洋化は経済自由主義やマスメディア、ハリウッド映画、政党、マルクス主義、個人主義、野球、ジャズ等々を意味していた。第二次大戦の災厄の後で、大方の日本人は近代への回帰に有頂天になったが、その近代とは彼らにとっては西洋世界のことであり、一九四五年以降は特に米国のことだったのだ。

これを真に再教育と呼べたかどうかは、議論の余地がある。だが、新しい教師とその生徒の多くは、明らかにそうした言葉で考えていた。いったいどのように日本を「作り替える」かが問題だった。日本班の人びとはこの考え全体をばかげたものとみなしており、そして日本の再教育を引き受けることに極めて熱心な当局者の方は、この国と歴史のことをほとんど知らないのであった。彼らから見ると、非ナチ化に相当すること、つまり最近積もった有毒なイデオロギーの層を成熟した文明から除去するといったことは、あり得なかった。なぜなら、日本はそんな文明を持っているとはみなされないのだから。日本文化そのものが芯まで腐っている、と改革派らは考えていたのだ。

そうは言うものの、国を丸ごと作り替える必要性が見えていないという点では、宮中や官僚機構の古い日本人エリートも、日本班の人びとと五十歩百歩だった。彼らは小さな改革がゆっくり行われれば、それだけで完全に満足したことだろう。だが、チャールズ・ケーディス大佐と最高司令官周辺の他のニューディーラーには、こうした改革ではほとんど不十分だった。彼の言葉では「[日本の指導者たちは]病気になった木をつかまえて、枝を剪定しようとしていたのだ。……われわれはといえば、病気を除去するためには、根も枝も切り落とす必要があると考えていた」(40)。

日本から「封建的」文化を追い出すためには、日章旗(GIの間では「ミートボール」として知られていた)を引き下ろしたり、日本人の武勇をたたえる音楽や映像を禁止したり、さらには日本の軍隊を廃止したり、実に日本の交戦権を禁じる新憲法を書くまでしても不十分だった。

たしかに、こうしたすべてのことは必要不可欠と考えられていた。平和憲法起草の準備は一九四五年からすでに始まっていた。（この斬新なアイデアをいったい誰が最初に考えついたかは、はっきりしない。一説では、それをマッカーサーに進言したのは一九四五年の日本の首相で長年の平和主義者、幣原喜重郎だといわれる）。「封建的」家族法は廃止され、女性の権利が保障された。これは日本の支配層エリートを動揺させた。元外相の重光葵（米国の新聞では「シギー」と呼ばれた）のように比較的リベラルな人物でさえもそうで、彼は日記に書いている。「占領軍はポツダム宣言以上の事を考慮し……。日本を根本的に改造せんとしている」[41]。

彼は正しかった。それこそ改革派がやろうとしていたことだった。「封建的」とみなされた日本の習慣や慣行はすべて、根こそぎにされなければならなかった。公衆の面前で赤ん坊に授乳する日本女性を見かけた米兵や民間米国人は、この習慣を直ちにやめさせようとした。伝統芝居で使われる木刀は差し押さえを受けた。侍の英雄を主題にした歌舞伎は上演禁止となった。後に著名な歌舞伎研究者となるアール・アーンストはある晩、侍が自分の息子を犠牲にすることを余儀なくされる一八世紀の有名な歌舞伎『寺子屋』の上演を禁止するため、東京の帝国劇場に踏み込んだ。この種の演劇の「野蛮さ」は容認できないものだった。代わりに日本の公衆を啓発するため、劇団はウィリアム・ギルバート脚本、アーサー・サリヴァン作曲のオペレッタ『ミカド』を上演するよう要求された。しかしながら、日本の庶民は啓発されるどころか、いささか困惑しているようだった。

「封建主義」を少しでも連想させるものは、何一つ認められなかった。映画や芸術作品、そして公衆浴場の壁――富士山が定番――に、古代の自然信仰である神道の聖地、富士山を描くことさえ禁じられた。一九世紀以来、神道は実際に一種の国家カルトに姿を変え、天皇崇拝と特別な民族としての日本人観――神聖な血統に恵まれ、アジアの劣等民族を支配するよう運命づけられた民族――を促進した。国教として神道を利用することを禁じるのは、実際のところ悪いアイデアではなかった。一二月一五日の最高司令官命令は、次のように述べている。

この命令の目的は、国家から宗教を分離し、政治目的のための宗教の悪用を防ぎ、すべての宗教、信仰、信条を全く同等の機会と保護を享受する、全く同等の法的基盤に乗せることである。[42]

裕仁天皇に対し、自分は他の者と変わらぬ人間だと宣言するよう命じるのも、それほど悪いアイデアとは思われなかった。天皇が実際に言ったのは、自分と日本国民の関係は「天皇を以て現御神とし……架空なる観念に基づくもの」ではないということだった。これは米国人を満足させた。大方の日本人は、天皇が人間であることを疑っていなかったので、この宣言にあまり驚かなかった。だが、日本人は天皇を天照大神の系統に連なる支配者とみなしており、それは天皇も否定しなかったことであった。ともかく、何かにつけこの宣言を気に留めた日本人はほとんどいなかった。超国家主義者だけが動揺し、以来、今日までそれは変わらず、神道を他の宗教のようにではなく、日本文化の神髄として扱うよう主張している。

歌舞伎上演やチャンバラ映画の禁止のように、文化的再教育の一部は、ただ苛立ちを引き起こすばかりで、大抵の場合短命に終わった。あまりに奇抜で、おかしな再教育もあった。日本人にスクウェアダンスを教えることが、民主精神を強化すると考えていた農村派遣の米兵の例がこれだ。しかし、いくつかの物事では、比較的柔軟な日本人からしても、米国人はやり過ぎる場合があった。例えば、漢字を廃止し、日本語の書き方をローマ字化する可能性が大々的に研究され、米国の教育使節団から提言された。これはまったく無駄に終わった。一方で、ドイツとは異なり、教育システムが抜本的に見直された。男女別学のエリート校は、男女共学の普通科学校に道を譲り、小学校六年、中学校三年、高校三年の制度になった。

京都からさほど遠くない近江八幡の町は、アーヘンの日本版と言えるかもしれない。一九四五年秋、米軍の巡察隊が、町の小学校を調べることにした。米兵の姿が見えると、児童たちは震え上がり大声で叫び始めた。彼らに「アメリカ人は好きか」と尋ねると、児童らは激しく首を左右に振った。教室には、まだ戦時中のポスターが貼られ、日本兵が勇ましいポーズをとっていた。教師の一人は軍の元将校だった。机の引き出しからは、血痕の付いた米水兵の帽子が見つかった。こんなことはどれもいけない。そこで小学校の校長は、元将校を解雇し、すべての戦争関連物を確実に撤去するよう命じられた。

六カ月後、同じ米兵の何人かがジープで小学校に戻ってきた。今回、子どもたちは前ほど怖がっていないように見えた。ある将校が口笛で「スワニー川〔邦題・故郷の人々〕」を奏で始めると、子どもたちが彼と一緒に日本語で歌を歌い出し、米兵一行を大いに満足させた。「オールド・ラング・サイン〔同・蛍の光〕」「メーン・スタイン・ソング〔同・乾杯の歌〕」の合唱がこれに続いた。一行は、教科書が適切に修正をほどこされていることにも満足した。戦争や日本の武士の時代、天皇などに触れた「封建的な」文章がすべて、墨汁で黒塗りされていた。校長は親善の意を込めて英語で話した。彼は、戦時中のすべてのポスターを焼却し、さらに何人かの教師——三人は軍隊経験があった——を解雇すると約束した。[43]

多くの日本人が、勝者である米国人の比較的穏健な振る舞いにどれほどホッとし、また政治エリートたちに押しつけられた民主的改革に感謝していたとしても、米国流の再教育に対しては、もっと複雑な感情もあった。ある中学生が朝日新聞に投稿した興味深い手紙が、年長者の豹変ぶりに対する日本の若者に共通の反応を見事に表現している。ある日、彼らは天皇を崇拝しアジアでの聖戦を支持せよと、次の日には全く同じ教師たちから、日本の封建制を非難し「デモクラシー」を支持せよと教わっているのだ。

この生徒は手紙の冒頭で、軍国主義で育った若者たちの心を入れ替えさせることがどれほど困難か、多くの大人たちが心配していると述べる。実際には、直近の経験は十代の若者たちの政治意識を大きく高めたと彼は言う。自分たちが記憶している限り、日本は常に戦争状態にあった。平和は「まるで暗闇から、まばゆい太陽の下に放り出された」ようだった。自分たちが以前教わったことはすべて、完全に誤りであることが分かった。「私たちは指導者たる大人たちの言うことには、信用がおけません」。実は、心配の原因になっているのは、直近の過去についていまだにしばしば混乱し、態度を決めかねているのは大人たちの方なのです。というのは、大人たちは明らかに軍国主義精神から自分を解放することが、より困難なのだから(44)。

彼の声は、日本近代史上、政治的にもっとも積極的であった世代の一つを代表していた。ほとんどの者は左翼に位置し、全員が日本の旧支配層に不信感を抱いており、自由と平和主義、民主主義の教師として日本にやってきた同じ米国人が、冷戦の結果、その旧支配層――多くが先の戦争で手を血に染めていた――を抱き込むと、心底裏切られたように感じた。戦時日本のアルベルト・シュペーアたる岸信介首相が一九六〇年、日本をアジアにおける米軍作戦行動の恒久基地に変える日米安全保障条約を承認すると、朝日新聞に投書した若者のような日本人が、東京の街頭を埋め尽くすことになる。彼らは、ベトナム戦争に対する日本の間接的な――そしてかなり金になる――関与に抗議の声を上げた。ベトナム戦争は、アジアにおけるかつての戦争の残響のように思われたのだ。米「帝国主義」における日本の役割に怒る日本の左翼と、「米国製」平和憲法を順守せざるを得ない現実に、同様に怒る右翼には、一つの共通項があった。どちらの側にとっても、米国の占領は決して終わっていないように思われたのである。

ある人びとからすると、戦後の「デモクラシー」は外国の征服者からの一種の贈り物として、少々安易に実現しすぎた。加藤悦郎のよく知られた漫画の一つは、興奮した日本の群衆を描いている。まだ軍帽をかぶっている者もおり、それぞれが両手を空に向けて上げている。空からは天国からのマナのように、「民主主義革命」の文字が書き付けられた小型容器がパラシュートで降下している。[45] 自力で闘い取るべきだったものを施されるのは、少々屈辱的なのであった。

屈辱は一部意図されたものだったが、それは一般日本国民を直接標的としたものではなかった。一九四五年に公表された占領時代の最も象徴的な写真は、裕仁天皇が最高司令官公邸に、マッカーサー将軍を公式訪問（実際はむしろ拝謁だった）した際に撮影された。四四歳の天皇は、六五歳の最高司令官と比べると、ただの若者であり、正式な礼装モーニング姿で、身を固くして気を付けの姿勢を取っている。その隣にマッカーサーが立ち、自らの権威が上位にあることを、高い上背だけでなく、カーキ色のオープンシャツを着て、両腕をゆったりと腰に当てるという、わざと作ったさりげなさによって見せつけている。

この写真は、日本のすべての主要紙に掲載された。日本政府は、不敬罪のにおいがする画像に衝撃を受け、追加的掲載を直ちに禁じた。翌日、マッカーサーは禁止措置を無効にし、報道の自由を保障する新たな方策を指令した。これは、米軍がドイツで活発に実施しているような、ニュースの検閲をしないことを意味してはいなかった。検閲は行われた。例えば、広島に言及することは禁じられた。米国に関する否定的な報道も、最高司令官の統治に対するいかなる批判も御法度だった。（一九四六年には『日本の悲劇　自由の声』〔亀井文夫監督のドキュメンタリー〕と題された日本映画が、戦時の天皇の役割をあまりに批判的に描いているとして上映禁止になってしまった。何と言っても、マッカーサーは天皇をあらゆる責めから解放していたのだから。）

それでも、民主主義はただの空疎な言葉ではなかった。パラシュート投下された容器に詰まっていたいくつかの革命的な変化は、確かに本物だった。しかし、恥の感覚はなかなか消えず、このことはこの時代最も思索的で率直だった日本作家の一人高見順が、痛切に明言している。彼は、九月三〇日の日記に書いている。

自国の政府によって当然国民に与えられるべきであった自由が与えられずに、自国を占領した他国の軍隊によって初めて自由が与えられるとは……顧みて羞恥の感なきを得ない。日本を愛する者として、日本のために恥ずかしい。(46)

この気持ちは理解できるが、このような話し方はやや誤解を招きかねない。占領に関し、今なおよく耳にする過大評価の一つは、米国人がゼロから近代日本の制度を作り上げたとか、「西洋化」は一九四五年に始まったとか、日本人は米国の慈悲心に満ちた指導のおかげで、敗戦から一～二年で「封建主義」から民主主義へと一気に飛躍したというものだ。実際は、民主的諸制度は、不備と脆弱さを抱えていたかもしれないけれども、すでに一九二〇年代には導入されていたのだ。戦後ドイツの西側管理地域におけると同様、日本でも、西側連合国は、それらの制度がもっとしっかりした基盤の上に復興される条件を作り出したのだ。これは必ずしも、自動的に達成されたわけではなかった。日本の政治家や官僚たちには、大方の国民が歓迎する民主的改革を実行するようしばしば強要しなければならなかった。しかしながら、米国人も日本人も予期できなくても無理もなかったのは、米国人がまったく独自に仕組んだあることが、戦後日本のアイデンティティの土台にも、重荷にもなるということだった。

日本国憲法の第九条は一九四六年に起草され、したがって本書の射程外ではあるのだが、何にもまして一九四五年の理想主義を表現しているため、今なお引用する価値がある。

(1) 日本国民は、正義と秩序を基調とする国際平和を誠実に希求し、国権の発動たる戦争と、武力による威嚇又は武力の行使は、国際紛争を解決する手段としては、永久にこれを放棄する。
(2) 前項の目的を達するため、陸海空軍その他の戦力は、これを保持しない。国の交戦権は、これを認めない。

一九五三年、米国のアイゼンハワー政権の副大統領として日本を訪問したリチャード・ニクソンは、憲法九条が誤りだったと述べて日本人に衝撃を与えた。日本がそれを改定してはならない理由はない。米国は反対しない。実際、米国は日本に、共産主義に対抗するための強力な同盟国になってもらいたいのだ、と。だが、ほとんどの日本人は同意しなかった。彼らは憲法を誇りに思っており、改憲を拒絶した。平和主義は、数度の恐ろしい戦争で数百万人を虐殺してきた国民に、新たな道徳意識、さらには優越意識さえ与えていたのである。日本は世界を新たな平和の時代に導く。日本人の目から見ると、朝鮮半島やベトナムで、後にはイラクやアフガニスタンで、戦争に走る習慣を放棄することを拒んでいるとして非難されるべきなのは、米国の方だった。

これが多かれ少なかれ、戦後少なくとも五〇年間にわたり日本の世論を貫いてきた論調だった。だが、平和主義は代償を伴う。理想と現実は間もなく乖離し、日本は憲法の文言に反して最初は警察予備隊を、後には「自衛隊」を装って軍隊を再建した。これは偽善的であったばかりか、左右両翼の日本人がほぼ等しく憤るもう一つの問題への対処もできなかった。日本は依然、安全保障を米国に依存していた。平和主義は、かつての征服者の核の傘の下で唱えられていた。東アジアには、日本が近隣諸国との間で信頼を醸成し新しい立ち位置を見いだすのを可能にする、北大西洋条約機構（NATO）やヨーロッパ連合（EU）に匹敵するものがなかった。

憲法第九条は依然、ほとんどの国民からは愛着を持たれ、国家主義的な右派からは激しく憎悪され、自国の歴史に対する日本人の態度を混乱させてもきた。リベラル派と左派が、戦時中の罪に対する最も重要なざんげとしてこの平和条項を擁護すれば、右派は、日本の罪は他の参戦国と大差なかったと主張する。もし南京大虐殺やマニラ大虐殺が国権の一つを剝奪する〔戦争の放棄を指す〕理由だとするなら、これらの「出来事」の重大さを矮小化しようとする理由は十分あるのである。このどうしようもなく二極化した議論は、歴史論争の形を装いつつ、数十年にわたり日本とアジア諸国の関係を毒してきた。一方的対米依存だけでなく、これもまた、一九四五年――数々の惨事がかくも大きな希望をもって終わった年――の遺産の一部であり続けてきたのだ。

原注

★彼の首席補佐官は准将のジョン・プロヒューモだった。後に売春婦のクリスティーン・キーラーと関係を持ち、結局失脚する政治家だ。

第9章　一つの世界

本書の初めに触れた英軍の青年情報将校ブライアン・アーカート、一九四四年九月にオランダのアルンヘム近くに連合軍を降下させる巨大なリスクについて、上官に警告したことで病気休暇を命じられたあの人物は、一介の僻《ひが》み屋で終わってしまっていても不思議ではなかった。マーケット・ガーデン作戦は、数千人の若い兵士の命を犠牲にして、結局は実行された。「モンティ」は何としても、米国のライバル、ジョージ・パットン将軍以上の軍功を立てたかったのだ。六カ月余り後、ベルゲン－ベルゼン強制収容所に最初に突入した連合軍兵士の中に、自軍の傲慢な愚かさにとっくに幻滅したアーカートの姿があった。最初は呆然、次いで恐怖が襲ってきた。戦争がついに終わっても、あまり喜べなかった。

それでも、何とか彼は僻みの罠を逃れた。回想録の中で書いている。「私は、物事が旧に復することとは決してないということを深く考えなかった。私は、旧秩序をそれほど多く経験しておらず、それを惜しむ気持ちもなかった。私が思ったのは、そうした大惨事が再び起きるのを防ぐ手助けをすることが焦眉の最大の任務になるということである」(1)。

戦前、アーカートは国際連盟に心躍らせていた。国際主義に対する彼の熱意は、子ども時代に私立バドミントン女子寄宿学校との関係から培われたものだ、と彼は回想している。同校は、ベアトリス・M・ベーカー、通称BMBという変わり者の女性校長が運営していた。アーカートの母は、バドミントン校の教師だった。叔母のルーシーは、同校と人生の両面でBMBのすばらしいパートナーだった。六歳の時、アーカートは二〇〇人以上の少女に混じったただ一人の少年だった。BMBは左派に大いに共感を寄せていた。当時の多くの人びとと同様、「ジョーおじさん」ことスターリンを好意的に見ていた。BMBはまた、一九三〇年代に大陸ヨーロッパからユダヤ人難民を受け入れていたが、これは当時の私立寄宿学校の女性校長ならまずしないことだった。彼女は少女たち——そこには戦時中に生徒であった私の母も含まれていた——に「万国の労働者よ、団結せよ！」と書かれた横断幕を掲げて、ブリストルの街路を行進させることまでした。

戦争が終わった後、アーカートは短期間、英外務省のある特別な部局で歴史学者のアーノルド・トインビーに採用された。ナチスに占領されたオランダから情報を収集するために設立された部局だった。オランダはもはやナチの占領下にないため、たいした仕事はなかった——戦後もそのまま残された数々のお役所的不可解事のほんの一例だ。しかし、この任務は長くは続かなかった。アーカートの次の雇用主は、最近設立された国際連合の組織作りを担当する英国の外務官僚グラッドウィン・ジェブで、彼は国連憲章の起草に携わっていた。アーカートはその運用上の欠陥をまっとうな懐疑の目で見ていたけれども、この後の職業人生をその国際機関の忠実な公僕として務め続け、その理想は彼を突き動かし続けた。

四〇年後、彼は一九四五年秋のあの高揚感あふれた日々について書いている。

国連草創期のはつらつとした感じ、その熱狂をありのまま描写するのは難しい。あらゆる人びとの経験と心の内で、戦争はまだ生々しかった。われわれの多くは軍隊経験があり、ほんの数カ月前にレジスタンスの地下活動から公の場に出てきたばかりの人もいた。平和のために働くことは、一つの夢の実現であり、すべてをゼロから組織しなければならないという事実が、一段とやる気を起こさせたのである。(2)

国連事務局におけるアーカートの親友の一人は、やはり本書に登場したフランスのレジスタンス闘士ステファン・エセルで、彼はゲシュタポに逮捕され拷問を受けた後、ブーヘンヴァルトとミッテルバウ＝ドーラ両強制収容所に送られていた。アーカートと同じ一九一九年生まれだ。エセルもまた、尋常ではない素性の持ち主だった。父親のフランツ・エセルは著名なドイツの作家でありプルーストの翻訳者。フランツは、フランス人とドイツ人の宿命的な三角関係を描き、後にフランソワ・トリュフォーが製作した有名な映画『ジュール・エ・ジム』〔邦題『突然炎のごとく』〕のジュールのモデルだった。アーカートと同様、ステファン・エセルもグローバルな舞台でより良い世界を建設したいと願っていた。彼の大志は、一般的な戦争への嫌悪や平和へのあこがれより、さらに切迫した何かに駆り立てられていた。彼は回顧録の中で、それは「強制収容所のコスモポリタニズム」だったと書いている。収容所にはあらゆる国籍、あらゆる社会階層の男たちが送り込まれており、それが「私を外交の方向へ押しやった」と。(3)終戦から三年後、彼は世界人権宣言の起草に従事した（一九四八年採択）。エセルは二〇一三年、九五歳で死去した。

間違いなく、アーカートもエセルも並外れた人物だった。だが、破壊の体験から生まれた彼らの理想主義が、並外れていたわけではない。国際連盟以上に強固で実効性のあるグローバルな機構が管理する新世界秩序を建設しなければならないという考えは、広く信じられていた。この見解をはるかに推し進める人びともいた。原爆が広島、長崎に投下される前から、世界政府の提唱者たちは終末論的な語法で語っていた。第三次大戦は世界規模の警察力を伴う世界政府によってのみ避けられるという、アーノルド・トインビーが戦争中に表明した考えは、こっけいに思われるだろうが、彼の考えは米国務省の高官らには極めて真剣に受け止められた。一九四五年四月にギャラップ社が実施した世論調査によると、米国民の八一パーセントは、米国が「世界平和を維持するため警察力を伴った世界機構」に加盟することを望んでいることが明らかになった。(4)

世界政府、世界連邦という概念は極めて曖昧だったため、これを支持する思想家たちは未来に対する自分個人の理想を発信する傾向があった。マハトマ・ガンディーは、当然ながら、世界連邦は彼の非暴力主義を基盤にすべきだと考えた。トインビーは、世界規模の警察力は少なくとも当面の間、米英が中心となって運用すべきだと論じた。この考えは、「民主的な英米世界連邦」を創設することにあった。(5)彼だけではない。一九三九年に英国の駐米大使を務めたロシアン卿は、大英帝国を世界連邦政府のモデルと見ていた。これもまた我田引水であるばかりか、全く非現実的との印象を与えるかもしれない。だが、アングロサクソンによる一種のリベラルな覇権という考えは、米英両国では珍しくなかった。チャーチルもしばらくは、それを信じていた。実際のところ、こうした見解は今でも時たま浮上し、一部ホワイトハウスの住人も含め、英語圏の夢想家の自尊心を満たしているのである。

ニューヨーカー誌の記者E・B・ホワイトは、一九四五年春に最初の国連憲章を起草する会議を開く場所として、サンフランシスコはうってつけだと同誌に書いた。何と言っても、と彼は言う。「合衆国はあらゆる国の人びとから、夢が叶う場所、一種の世界国家の縮図とみなされているのだ」と。(6)この種の自己満足は今日では、いささか陳腐に感じられるとしても、完全に消滅したわけではない。そうは言っても、E・B・ホワイトは米国の夢のような情景には、いくつかの欠点があることをよく認識していた。サンフランシスコ会議が始まって一週間後の五月五日、彼はカリフォルニア州のどこかで「保全主義者《プリザーベーショニスト》（新聞で知った用語だ）のグループが、ある特定地域を『白色人種の人びと』だけに居住制限しようと企てている」と書いた[7]。

次いで、ヨーロッパの統合を世界統一へ向けた最初の一歩と見るヨーロッパ人たちがいた。多くは反ナチ、反ファシストのレジスタンス活動家である。すでに一九四二年には、フランスのレジスタンス・グループ「コンバ」（国民解放運動《MLN》としても知られる）がマニフェストを発表し、「ヨーロッパ合衆国――世界連合に至る道の一段階――は間もなく生きた現実となり、われわれはそのために戦っているのだ[8]」と宣言した。「コンバ」の中心人物の一人は、作家アルベール・カミュ〔一九一三〜六〇年。五七年ノーベル文学賞〕。ふだんは誇張癖のある人物ではない。彼は後に、別の反ファシスト・レジスタンス団体と緊密な関係を持つが、この団体はさらに早い一九四一年に、ナポリ沖に浮かぶ小さな火山島ヴェントテーネから、ヨーロッパ統合へ向けた宣言を発した。そこは、ムッソリーニがアルティエロ・スピネッリ〔元共産党員で、一九七〇年代に欧州委員を務めた政治理論家〕らイタリアの左翼たちを、ブルボン家が一八世紀に建てた殺風景な監獄に閉じ込めていた場所だった。囚人の一人で政治思想家のエルネスト・ロッシが書いた、いわゆるヴェントテーネ宣言は、国内政治は反動主義者のものであり、すべての進歩主義者は「強固な国際的国家」のために戦わなければならないと訴えた。最初はヨーロッパ連邦、次いで世界連邦のために。

統合ヨーロッパの理想はもちろん、はるかに古く、少なくとも九世紀の神聖ローマ帝国まで歴史をさかのぼる。それ以来、ヨーロッパという理想は紆余曲折をたどってきたが、二つの主題は不変だった。一つは、ヨーロッパを精神的・政治的な核とする、統一されたキリスト教世界という理想だ。この目標は、カトリック――エラスムスがその一人――の間、特にフランスのカトリックの間で支持され続けることになる。例えばシュリー公爵マクシミリアン・ド・ベチューヌ（一五六〇〜一六四一年）は、キリスト教ヨーロッパ共和国を構想したが、そこにはトルコ人もキリスト教信仰に改宗しさえすれば、加わることができるのだった。

これに関連して、恒久平和の理念があった。一七一三年、もう一人のフランス人カトリック、サンピエール神父は、「ヨーロッパにおける恒久平和創造計画」を著した。ヨーロッパ元老院、ヨーロッパ軍を創設し、比較的規模の大きい加盟国が平等な投票権を持つとされた。

恒久平和とキリスト者の結束は、初期の汎ヨーロッパ主義者たちの心の中では、しばしば同一だった。平和的結合は一つの宗教的概念であり、キリスト教的ユートピアだった。それは、必ずしもヨーロッパ大陸に限定されるものではなく、キリスト教そのもののように普遍主義的願望だった。理想的には、地上の神の王国では、国境線は廃止されなければならないのである。

啓蒙主義の時代以降、この宗教的普遍主義の新しいヴァージョンが、修辞上のわずかな変更を加えただけで、合理主義者たちに採用された。一九世紀のフランスの詩人で政治家のアルフォンス・ド・ラマルティーヌは、ヨーロッパの統合をたたえる合理主義者の頌歌「平和のラ・マルセイエーズ《ラ・マルセイエーズ・ド・ラ・ペ》」（一八四一年）を書いた。「精神の境界が、彼らの唯一の国境線／世界に光が差し、統合に至る……私は、思考するあらゆる人びとと同じ市民／真実、それはわが国！」〔フランス語原文による〕。革命の年一八四八年にフランスの外相だったラマルティーヌは、「ヨーロッパのための宣言」を発表し、フランス共和国をヨーロッパだけでなく、全人類のモデルとして推奨した。

宗教的理想主義から合理的理想主義への似たような転換は、第二次大戦の終結時にも起きた。米国がまだ参戦もしていない一九四〇年、「米キリスト教会連邦会議」という団体が「公正かつ永続的な平和」に取り組む委員会を設立した。おそらくやや時期尚早だったとはいえ、常に追求する価値のあるテーマではあった。この試みには、プロテスタント牧師と信徒にユダヤ教徒やカトリックが加わることもあった。「世界秩序に関する全国伝道団」が米国の主要都市に設けられた。世界機構設立の必要性は、「平和の六本の柱」と題した委員会声明の中で提示された。声明が他愛のない夢想家の仕事と疑われないように、この委員会の委員長はジョン・フォスター・ダレスが務めた。一九三〇年代初頭にはヒトラー崇拝者で、アイゼンハワー政権の国務長官だった一九五〇年代には冷戦の荒武者だった人物だ。

ダレスは、道徳的に疑わしいとは言わないまでも、いくつかの卑しい政策で、重要な役割を果たした。彼はベトナムの民族主義者ベトミンを相手にしたフランスの植民地戦争を支援し、一九五三年には、民主的に選出されたイランのモハンマド・モサデク首相の失脚にも手を貸した。モサデクは、共産主義に甘すぎ、米英の石油利権にとって脅威であるとみなされていたのだ。ダレスの弟アレンが率いる米中央情報局（ＣＩＡ）と英情報機関が仕組んだクーデターが、その結末であった。だが、ダレスの反共主義は産業界の要請によるだけではなかった。彼は、神なき共産主義に対する戦争は何よりも、道徳上の企てだと考えるキリスト教モラリストだった。自らが言うところの国連の「道徳力《モラル・パワー》」を信じると断言してもおり、サンフランシスコ会議では米代表団の顧問を務めた[9]。日本への原爆投下に対する彼の反応は、あの当時としても、米国保守主義に連なる人物としても、異例に見えるかもしれないが、それは彼らしくなくもなかった。「もしわが国が、キリスト教徒を自認する国民として、そうしたやり方で原子力を道徳的に自由に使えると思うなら、ほかの国の人びとはその判断を受け入れてしまうだろう[10]」。

「一つの世界」というレトリックを、何か往々にして宗教的道徳観に霊感を与えられたものから、もっと現世的で切迫したものに変化させたのは、実にこの広島の壊滅だった。自ら製造にかかわった者も含め、兵器の持つ意味について最初に警告を発したのは科学者たちであった。一九四五年七月一六日、ニューメキシコの砂漠における最初の原子爆弾の凄まじい爆発に、原爆開発の指導的人物だったロバート・オッペンハイマーまでが半ば宗教的な反応を示した。彼はヒンドゥー教の聖典『バガヴァッド・ギーター』の文言を引用している。

もし天空に一〇〇〇の太陽の輝きが
同時に発生したとしたら、
それはこの偉大なお方の輝きに等しいかもしれない……
わたしは世界を滅亡させる強大なるカーラ（時間）である〔上村勝彦訳、岩波文庫、カーラは死、運命も意味する〕

広島への原爆投下を聞くや否や、アインシュタインが最初に発した言葉は、もっと散文的だった。「おお、ひどい《ヴェー》[11]！」

二カ月後、アインシュタインはJ・W・フルブライト上院議員やオーエン・J・ロバーツ最高裁判事ら錚々たる人士とともに、ニューヨーク・タイムズ紙への書簡の共同署名者に加わった。「最初の原爆は、広島の町以上のものを破壊した。われわれが継承した、時代遅れとなった政治理念も吹き飛ばしたのである」と彼らは書いた[12]。この政治理念には国家主権も含まれている。サンフランシスコで合意された国連憲章はほんの始まりに過ぎないのだ、と彼らは宣言した。「もし、次の核戦争を回避したいと願うなら、われわれは世界の連邦政体、世界規模で機能する法秩序を目指さなければならない」。

ジョン・フォスター・ダレスは、核エネルギーの国連管理を支持していたが、後にソ連が独自核の爆発実験に成功すると、速やかに考えを変えた。アインシュタインは一九四五年一一月のアトランティック・マンスリー誌のインタビューで、「核爆弾の秘密は世界政府に付託すべきであり、米国は直ちに、それを世界政府に委ねる用意を表明すべきだ」との考えを語った。

もっと簡潔に道徳的理由を主張したのはおそらく、あの年配のキリスト教社会主義者、クレメント・アトリー英首相で、アインシュタインのインタビューがアトランティック・マンスリーに掲載されたその月に、カナダ国会両院に対して行った演説においてであった。広島を強く念頭に置いて、一部フランス語を交えながら、アトリーは科学と道徳は調和しなければならないと提唱した。英タイムズ紙によると、彼は、「学者が研究に傾ける熱意に匹敵する道徳的な熱意がなければ、数世紀かけて築き上げた文明は崩壊する」と思うと述べた。(13)

一九四五年に始まっていた現実世界の再構築の仕方が、旧レジスタンス闘士や平和の戦士、衝撃を受けた科学者、「一つの世界」を信じるキリスト者らの高邁な理想に何がしかを負っていたとしてもうなずけることだったが、彼らが望んでいたほどではなかっただろう。戦後に(そして実際には、すでに戦時中に)国際諸機関を形作ったのは、宗教もしくは道徳的な理想よりも、むしろ政治であった。政治的解決というのは決して理想的なものではないため、新秩序も不完全にならざるを得なかった。

サンフランシスコで作成されることになる国連憲章の起源は、チャーチルとルーズヴェルトが一九四一年八月、ニューファンドランド島沖のプラセンシア湾で行った会談にあった。英国は「バトル・オブ・ブリテン」〔ドイツ空軍に対する英国の本土防衛航空戦〕を、辛うじてながら生き延びたところ。ドイツは六月二二日にソ連へ侵攻したばかりであり、日本の真珠湾攻撃(一九四一年一二月七日〔ハワイ時間〕)が目前に迫っていた。ルーズヴェルトは、ヨーロッパの戦争で米国がもっと積極的な役割を果たすことを受け入れる方向へ有権者を徐々に誘導しようと、躍起だった。そこで、二人の指導者は「大西洋憲章」を起草すべく、それぞれの軍艦――ルーズヴェルトは重巡洋艦オーガスタ、チャーチルは戦艦プリンス・オブ・ウェールズ――で到着した。

奇妙なことに、この憲章に将来の世界機構への言及を盛り込むことに意欲的だったのは、チャーチルの方である。ルーズヴェルトは国際連盟の失敗に幻滅し、国際問題に巻き込まれることへの国内の反発をひどく気にしており、チャーチルの提案を削除した。ルーズヴェルトは、英国の帝国主義にも乗り気でなかった。もっともトインビーと同様、米英両国が今後数年は共同で世界の警察官の役割を果たさなければならないと考えてはいたのだが。ルーズヴェルトはファシズムと戦う理由として、この年の一月に世界に向けて初めて発表した「基本的な人間の四つの自由」を引き合いに出した。ノーマン・ロックウェルの情緒に訴えるイラストによって形象化された「言論の自由」、「信教の自由」、「欠乏からの自由」、「恐怖からの自由」だ。

実は、大西洋憲章はせいぜいこれらの高級な原則を詳細にした程度の内容となった。だが、一つの条項がたしかに、重要かつ長期にわたる影響力を持つことになった。それは、優れて米国人の仕事だった。憲章は、「自治が、それを強制的に剝奪された人びとに回復される」との希望を表明していただけではない。さらに踏み込み、「自らの政府の形態を選ぶ、すべての人びとの権利」が尊重される、ともしていた(14)。

この大いなる望みのニュースは、植民地帝国からの解放を求めて戦っていた人びとの間を瞬く間に駆け巡った。ベトナムのホー・チ・ミンやインドネシアのスカルノら民族主義指導者は、政治的独立――そして米国の支援――を求める中で、大西洋憲章の言葉をくり返し引用した。五月八日に、平等を要求してフランス人植民者に射殺されたセティフのアルジェリア人デモ隊は「大西洋憲章、万歳!」と書かれた横断幕を掲げていた。

大西洋憲章が起草された当時、「市民的不服従」を貫いて獄中にあったジャワハルラール・ネルーは、米英両国の声明に偽善を感じ取った。彼は憲章を、おためごかしの言葉の塊だとして、はねつけた。だが、翌年の「インドを立ち去れ《クイット・インディア》」運動では、ネルーは憲章の民族自決の呼び掛けをまねた。彼はまた、そうした権利を保障する「世界連邦」の創設も呼び掛けた。

チャーチルは議会に対し、「自治」の権利がかかわるのはナチ占領下の諸国民だけである、とさっそく請け合わなければならなかった。植民地はまったく別問題。つまるところ、一九四二年に申し上げたとおり、わたしは「大英帝国の解体を看取るために国王の主席閣僚になったのではないのであります」と。ルーズヴェルトはこの種の大騒ぎに付き合っている暇はなく、ネルーに共感を覚えていたが、戦争が続いている間はチャーチルを必要以上に追い詰めたくはなかった。チャーチルはチャーチルで、帝国の問題で米国に「口うるさい教師づら」をされるのが不快だった。米国自身が、特にフィリピンでは手を汚していないわけではないのだから。これはまったくその通りだったが、チャーチルは米国がすでに戦前、フィリピン人に独立を約束していたことには触れないようにしていた。このプロセスは、日本の侵略で中断されていたのだ。

大西洋憲章から「国際連合《ユナイテッド・ネーションズ》」〔ユナイテッド・ネーションズは「国連」創設前は連合国（二六カ国）を指した〕までは、ほんの一歩だった。もっとも、まだグローバルな安全保障に向けた世界機構ではなく、枢軸国に対抗する連合ではあるが。中国とソ連を含む二六カ国が一九四二年一月、それに署名した。それまで、国際機構に関して留保していたにもかかわらず、この連合を命名したのはルーズヴェルトだった。真珠湾攻撃のわずか数週間後、チャーチルが暗号名「アルカディア」とされる会談のため、上機嫌でホワイトハウスを訪問中のことだ。ルーズヴェルトはこの新しい世界的な連合を何と呼ぶべきか、考え続けていた。すると、ある日の朝食前、インスピレーションが湧いた。彼は、チャーチルが使っているバスルームに飛び込むと、まだずぶぬれの英首相に向かって叫んだ。「国際連合だ！」チャーチルは、それはいいと言った。

官僚と政策立案者、外交官、そして連合国指導者が戦争の期間を通して取り組んだ主要な問題は、戦時の連合をいかにして安定的な戦後の国際平和秩序に変えるかであった。いかにして世界恐慌の再来を回避するか。いかにして未来のヒトラーが再度の世界大戦を始めるのを阻むか。そして、こうした国際的な事業を「共産主義者」の腹黒い行動とすぐに決めつける米国の保守層を刺激することなく、いかにしてこれを実現するか。新しい世界機構は、どのような姿になろうとも（チャーチルは依然「英語諸国民」という、スターリンは「平和愛好」諸国民という、ルーズヴェルトは調和の取れた大国連合という観点で考えていた）、現実的な影響力を備える必要があった。旧国際連盟に欠けていたものは、まさにそれだったからである。新たな「国連」は、必要なら武力によって、平和を強制する能力が必要だ。そうした権威を有効に打ち立てるためには主要国の協調が必要であり、そこでチャーチルとルーズヴェルトとスターリンによってモスクワ、テヘラン、ヤルタと相次ぐ会談が開かれて、戦後秩序が、時には封筒の裏面を使って議論された。彼らの行動は、あたかも世界がポーランド人やギリシア人、その他諸国民を歩《ポーン》のように振り回す巨大なチェス盤であるかのような観を呈したのである。

一方、米国では戦争で廃墟となった国々の人道援助や食料不足に対応するため、新たな国際諸組織が創設された。連合国救済復興機関（ＵＮＲＲＡ）は一九四三年に設立されたが、チャーチルは最初、この機関をまじめに受け止めようとしなかった。またしてもバスルームで、彼があたかもミュージックホールの出し物のように「アンラ（ＵＮＲＲＡ）、アンラ、アンラ！」と歌っているのが聞かれた。ＵＮＲＲＡは戦後、共産主義に有和的だとして、米国では否応なく共和党の非難の的になった。それには、いくつかの理由があった。西ヨーロッパ諸国は自国の問題は自力で始末できるとみなされていたため、支援の大半は東ヨーロッパ諸国とソ連に流れ込んだ。それらの国では、利得が政治的忠臣に渡る傾向があった。UNRRAは往々にして、特に設立当初の段階では混乱を極めた事業だったが、それでも、この事業なしではもっと多くの人びとがひどい条件下で死んでいたことだろう。

スターリンの赤軍がウクライナの氷原で消耗しきったドイツ軍を追撃し、西側連合国がノルマンディー海岸に上陸拠点を確保し終えたころには、大国は将来の「国連」の姿について大まかな構想をまとめていた。国連は総会と、大国が自ら支配する安全保障理事会を備える。軍事物資貸与などドイツを破るための経済協力が、経済ナショナリズムの行き過ぎや有害な投機を封じ込める国際ルールを備えた国際通貨システムの基礎になる。さらに、国際司法裁判所も創設する。

その通貨システムは一九四四年、米ニューハンプシャー州のリゾートホテル、ブレトン・ウッズで創設された。正式には連合国通貨金融会議と称された会合が、ブレトン・ウッズで開かれた理由は二つある。米議会の銀行通貨委員会に籍を置くニューハンプシャー州選出の上院議員が、通貨規制に反対する共和党員で、これを懐柔する必要があったことと、ホテルがユダヤ人客を受け入れたからである。当時、地方にあるこの種の施設は、必ずしもこうではなかったのだ。中でも、米財務長官ヘンリー・モーゲンソーが門前払いを食わされることなど、あってはならなかった。

一九四四年一一月、ルーズヴェルトは合衆国大統領四期目に当選した。彼がそのころには戦後の国際連合に全力を傾注していることは、選挙運動中の発言を聞いても明らかだった。彼の考えでは、世界は地球規模のニューディール計画を必要としており、国連は世界平和を確かなものにするだけの権限を持つ必要があった。当時、彼はこう述べている。「私の単純な頭でも、これははっきりしている。もしこの世界機構に少しでも現実性を持たせようとするなら、われわれの米国代表団は、国民自身によって、また議会議員を通じた憲法上の措置によって、行動する権限を前もって付与される必要があるということだ[15]」。ルーズヴェルトと彼の理想を「共産主義」と結びつける声は沈静化していなかったが、大方の米国民は、今や彼に同意しているようだった。

ルーズヴェルト四選の直前、国連に関するもう一つの会議が、米首都ワシントンのジョージタウンにある豪華な邸宅ダンバートン・オークスでひそかに開かれた。戦時中の連合国の政策は米英、ソ連の「三大国」が取り決めてきた。今回は四番目の「大国」である中国も会合に招かれた。これら「四大国」は共同して、戦後世界で警察官の役割を果たすことが期待されていた。もっとも、中国がその役割を果たす能力については、信頼度に限りがあった。チャーチルもスターリンも、蔣介石政権にあまり敬意を抱いていなかったが、米国は総統の顔を立てることに大変乗り気だった。(後にサンフランシスコで、同じく、顔を立てることが差し迫って必要になったフランスを加え、四大国は五大国になる。)

しかしながら、ダンバートン・オークスの会合では国連の正確な姿をめぐり、なお不一致点があった。どの国に加盟資格があるか？　国連の使命を安全保障に限定すべきか（ソ連の立場）、経済・社会問題も含めるべきか？――これは米国が望み（そして獲得した）。国際空軍は必要か？　国連軍を提供するのは誰か？　国際連盟のように、全加盟国に国連の活動に関する拒否権を認めるべきか、それとも大国だけにすべきか？　厳密には、何を拒否権の対象とすべきか――行動に限るのか、それとも調査や討議のテーマもか？　妥協が成立し、難しい問題（拒否権）は未解決のまま残った。加盟資格は原則として、すべての「平和愛好国」に開かれることになった。米国人の感情面に訴える言い回しだが、対ソ批判者を日ごろ平和の敵であると非難していたスターリンには、もっと特別なことを意味していた。例えば、一九四〇年に赤軍に盾突いたフィンランドは、平和の敵なのだ。

こうして、サンフランシスコ会議の舞台が整い、一九四五年四月二七日、平和を愛する世界が団結して、連合国（ＵＮ）[16]は戦時の連合から、ルーズヴェルト好みの表現で言えば「民主的な世界機構」に再編されることになる。

悲しいかな、すでに重篤な病を抱え、ヤルタの会談で致命的に消耗していた――ロシア皇帝のかつての壮大な離宮で開かれたにもかかわらず、環境は快適ではなかった（特に南京虫に悩まされた）――米大統領は、四月一二日に死去した。しかし、実際には新大統領ハリー・S・トルーマンは、前任者以上に、民主的な世界秩序への期待を高めた。国連憲章に署名する少し前の六月、カンザスシティ大学から名誉学位を授与される際、トルーマンはヤンキーの楽天主義をほとばしらせて宣言する。「諸国家が一つの世界共和国の中で仲良くするのは、ちょうどわれわれが合衆国という共和国の中で仲良くしているのと同じように、たやすいことでしょう[17]」。

太平洋の微風に五〇カ国の国旗がはためく中、五〇〇〇人の各国代表団員がサンフランシスコに到着し、何十万人もの観客がオペラハウスで行われる会議の開幕式典を見ようと街頭に詰め掛けた。全世界――もちろんドイツと日本、およびその同盟国を除く――がそこにあった。いや、実際は全世界ではなかった。いくつか例外があった。それに、おそらく、そこにいるべきではない国があった。アルゼンチンは、戦争の最後まで軍事政権がファシスト陣営にはっきりと同情的だったが、米国とソ連の駆け引きのために招待された。後者がソ連内の共和国であるウクライナとベラルーシを正規加盟国にするよう求めたため、米国はラテンアメリカ諸国の支持を必要として、アルゼンチンの加盟を主張したのである。

その一方で、第二次大戦勃発の地であるポーランドは招待されていなかった。同国の正統政府をめぐる合意がなかったからだ。ソ連がルブリン委員会の名で知られるポーランド臨時政府を後押しする一方、ポーランド亡命政府はロンドンからその正当性を主張し続けていた。こうした状態が続く限り、ソ連が要求するようにルブリン委員会をサンフランシスコに招くのは問題外だった。スターリンはヤルタで、チャーチルとルーズヴェルトにポーランドでの自由選挙を約束していて、ポーランドの戦時地下活動指導者一六人がロシア側との打ち解けた意見交換に招かれもした。以来、これらポーランド人指導者たちの消息が途絶えたことは不吉だった。E・B・ホワイトがニューヨーカー誌に書いたところでは「サンフランシスコ市の上空を、ポーランド問題が薄汚れた鳥のように舞っていた(18)」。

それでも、何とかやっていくだけの楽観的な雰囲気はあった。アラブの代表団は、特に異国情緒にあふれた魅力をふりまき、地元の人びとの目を釘付けにした。ヤンク誌によると、「米国の有名人追っ掛けは、押し合いへし合いしながらアエラブ人を間近で眺め、誰もがこう言うのだった。『族チョーだって、ふーん。これはたまげた』」。

そしてアラブ人も、同じような困惑を交えて答えている。シリアのファリド・ゼンディーンという人物が、ヤンク誌に印象を語った。「米国人は、私の目には、全員がガムをかむ眼鏡国民のように見える。おそらく、建物があまりにも高くて、上を見たり下を見たりで、目を酷使しているから、眼鏡をかける必要があるのだろうね(19)」。

他の人びとはもっと辛辣な目でこの光景を観察していた。将来、英労働党指導者となるマイケル・フットは、デイリー・ヘラルド紙のコラムニストとして現地にいた。良きヨーロッパ社会主義者として、彼は「米国の現在の地位の危険性」を懸念していた。米国はただただ裕福すぎ、戦争では無傷でありすぎ、あまりに強力すぎる。「米国の経済的有望さが」と彼は分析する。「会議そのものを矮小化してしまいそうに思われる」。おまけに、当地の映画館で上映されるナチの強制収容所に関するニュース映画は、「マフィキング（ボーア戦争でマフィケングの包囲が解かれた時、英国民が見せたような大喜び）をかき立てないのだ(20)」と彼は言う。

その春に米国の映画館にかかっていた他の映画は、太平洋戦争の最後の数ヵ月で、だれ気味の戦意を高揚させる狙いが間違いなくあり、ジョン・ウェイン主演の『バターンを奪回せよ』、エロール・フリン主演の『目標はビルマ！』があった。だが、MGMの『ラッシーの息子』、ドロシー・ラムールが出演した『ベニーの勲章』、アボットとコステロのコンビによる『ヒア・カム・ザ・コエズ』〔女学生がやってくる〕など、もっと陽気な娯楽映画も上映されていた。

各代表団員が自費で支払いをすることになっている宿泊施設は、たしかにヤルタより豪華だった。チャーチルの外交顧問として、ヤルタを含め戦時のほとんどの会議に参加したグラッドウィン・ジェブは、サンフランシスコの経験について、「仰天するほどのもてなしの爆発」と形容している。[21] 米国務長官エドワード・R・ステッティニアス・ジュニアが議長を務める四大国（間もなく五大国になる）会合は、フェアモント・ホテルの最上階ペントハウスにある円形の図書室で開かれた。タイム誌によると、そこは「青色天井と緑の布張りの二人掛けいす二脚が備わっていた[22]」。より低位の代表団員らは、下の階で仕事をした。

一般原則に関する合意は、四大国間では素早くまとまった。だが、四大国と残りの国々との間には、大国優位の狙いと民主的な世界機構をめぐる緊張があった。大言壮語のオーストラリア外相、ハーバート・エヴァット博士を筆頭に小国群は安全保障理事会における大国の拒否権が面白くなかったが、譲歩するしかなかった。ソ連外相ヴャチェスラフ・モロトフが最も露骨に大国の立場を取った。彼はソ連が国連で討議したくない、いかなる問題でも拒否できる権利を執拗に要求し続けた。この姿勢は会議を破綻の寸前まで追い込んだが、しまいには米外交団がモスクワに派遣され、スターリンはモロトフに譲歩を指示した。

モロトフが米英の同役、温厚な英外相アンソニー・イーデンと米国務長官エドワード・ステッティニアス——ブライアン・アーカートは「俳優のような美形と不自然なほど白い歯をした男」と評している[23]――を招いて、豪華な晩さん会を開いたときは、少なくとも三大国の間は万事順調に見えた。ロシアがこの種の宴会を催すときの常で、膨大な量の食事と飲み物が消費された。三人が互いに乾杯を交わす様子が写真に撮られ、地味なモロトフ――自分の執務室で長時間座っていることからソ連共産党内では「鋼鉄の尻」として知られる人物――でさえ、何とか快活な雰囲気を醸し出していた。夜が更けていった。紳士たちは明らかに酔いが回りはじめていた。

その時、尋常でないことが起きた。気の置けない雰囲気がなお残る中で、モロトフが尊敬すべき仕事仲間に、ポーランドの地下活動指導者一六人がどうなったのか、ついに打ち明けることができると表明したのだ。彼らはソ連赤軍に対する「破壊活動」で逮捕されたのだ、と。これは死刑に相当する犯罪である。イーデンは初め衝撃を受け、次いで怒り狂い、詳細な説明を要求した。モロトフはイーデンの険しい口調に気圧されて、むっつりと黙り込み、弁解を始めた。陽気な雰囲気は瞬時に霧消した。またしても会議は危機に陥った。

しかしながら、この嵐も収まった。希望的観測が現実を寄せ付けなかった。ネーション誌は米国のリベラル派に対し、ひとたび「真に自由な選挙」がポーランドで実施されれば、「ロシアの道徳的立場」が強化され、「不信感はごく小さくなる」だろう、と伝えた[24]。自由選挙に関する曖昧な約束は、西側連合国がヤルタで懸命につかんだイチジクの葉なのであり、誰もまだ、それを投げ捨てたいと思っていなかった。最も劣悪な条件下であらゆる危険を冒してドイツに抵抗した一六人の勇敢なポーランド人が、すでにソ連秘密警察の拷問を受け、「ナチ協力者」として訴追されたことを知っているのはソ連側だけだった。判決は、サンフランシスコ会議がまだ続行中の六月二一日だった。二人を除く全員が後に、ソ連の刑務所で殺害された。

一六人のポーランド人がモスクワで拷問にあっている間にも、大国は国連憲章前文に含める人権に関する宣言を議論していた。(後の一九四八年に、世界人権宣言となる)。人権は、信仰や文化、あるいは政治的境界によって規定される一つの共同体だけでなく、人類の利益にならなければならないという思想――キリスト教の普遍主義と啓蒙思想のこの高邁な果実を、ステファン・エセルら多くの人びとは戦後秩序への最大の貢献とみなした。普遍的人権は、ニュルンベルク裁判で採用された「人道に対する罪」に関する法につながり、それが次に、一九四四年にポーランドの法律家ラファエル・レムキンが、「民族、人種、宗教、または国民の集団の一部または全体に対する計画的、組織的破壊」と定義した集団抹殺《ジェノサイド》の概念につながった。

いやしくも誰かが、人権を強制するとか、できるとか提案したわけではない。全く逆だった。英外交顧問としてサンフランシスコ会議に参加した歴史家、C・K・ウェブスターは「われわれの政策は、宣言には反対しないにせよ『人権の保障』を避けることである」と述べた(25)。そして、前文の宣言が期日通りに出来上がった。起草したのは、ボーア戦争の英雄で、国際連合と並んで国際連盟の創設にも参加した南アフリカの政治家ヤン・スマッツ将軍だった。六月に大国がサンフランシスコで決定した文言にはこうあった。「われわれ国際連合の諸国民は……基本的人権と人間の尊厳及び価値並びに男女及び大小諸国の同権に関する信念を再確認することを決意し……」。

マイケル・フットはデイリー・ヘラルド紙のコラムで、ソ連の道徳的指導力を特に称賛した。彼は、戦前にネヴィル・チェンバレンの英政府は、ナチの残虐行為に関するニュースをもみ消していたと指摘した。しかし当時、もちろん「犠牲者は自由主義者や社会主義者、平和主義者、ユダヤ人だけであった」。今日では、と彼は傲慢気味に述べる。「こうした部類の人びとは、自らの権利がスマッツ将軍によって起草された基本的自由憲章の前文に盛り込まれるという有利な立場に立つことになろう。この憲章は南アフリカの黒人にも適用されるだろう。違うだろうか?」この点に関するフットの疑念は、根拠がなくはなかった。だが彼もまた、ポーランド問題のむかつく悪臭には、喜んで目をつぶった。事実、彼はソ連が「他のどの国よりも、従属諸国民の政治的権利」について、「はるかに論理的かつ明快な見解」を表明しているとして、称賛したのである。

サンフランシスコ会議が六月末に決着する前に、さらにもう一つの危機があった。今回の出来事はレヴァント地域で、五月二九日、フランス軍部隊がダマスカスの街頭でシリア軍と交戦し、旧都ばかりか、アレッポやハマ、ホムスも爆撃していた。シリアがフランス軍指揮下にあるシリア人特殊部隊をシリア国軍に移管するよう要求すると、フランス側は本国に援軍を求めていた。

次の日、外交巧者のシリア大統領シュクリー・クワトリは、トルーマン米大統領に書簡を送り、ホー・チ・ミンやスカルノと同じ思いを表明した。もっとも、挙げた成果ははるかに大きかった。当地ではフランス人が、ドイツと戦うために米国から借り入れた資金で購入した兵器でシリア人を殺害しているのです、と彼はもっとも至極な怒りを込めて書いた。合衆国は既に一九四四年にシリアを独立国として承認していた。ならば「今、大西洋憲章や四つの自由はどこへ行ったのでしょう？　私たちはサンフランシスコ会議を、どう考えればいいのでしょう？」(26)

米国がシリア側に付くのに、それほど励ましを必要としなかった。ヨーロッパの帝国主義は、ワシントンでは不評であり、中でもフランスの帝国主義はそうだった。当時、米国人にとってかなり未知の領域であったインドシナとは異なり、シリアとレバノンは以前から、中国にも授けられた類いの父親の如き温情主義で見られていた。それはベイルートのアメリカン大学とエルサレムでのキリスト教布教活動、門戸開放の経済政策に見られる、伝道者的熱意と商業利益の混交物である。当時の米国の政策立案者の間で、はやりの言葉は「道徳的統率力」だった。ジョン・フォスター・ダレスに当てはまりそうなように、道徳的感情が真摯であったのは疑いないが、統率するという野心もまたあったのだ。

英国軍が一九四一年にレヴァントを占領した際、連合諸国はすでに戦後のシリア独立を認めていたため、今やクワトリの嘆願を無視することはまずできなかった。そこで、チャーチルはシリア派遣英軍のバーナード・パジェット将軍に、フランス軍を兵舎へ撤収させるよう命じた。フランス軍は抵抗するだけの兵員数を欠いていたため、これは困難な任務ではなかった。左派系のマンチェスター・ガーディアン紙がこの出来事を愛国心に高揚しながら伝えている。同紙の記者が「水兵たちと共にダマスカスへ入城すると……驚いたダマスカス市民の群衆が手を叩いた……。トラックや戦車、ブレン機関銃を据えた車両が長い列を作り、フランス軍部隊が英軍の装甲車両に付き添われて市外へ誘導されると、ダマスカス市民らは非難のやじの声を上げた(27)……」。

アングロサクソンの憎むべき陰謀とみて、ドゴール将軍は怒り狂った。「われわれは現時点で、貴国〔英国を指す〕に対して戦端を開くつもりはない。だが、貴国はフランスを侮辱し、西側連合を裏切った。これは、忘れることができない(28)」。

表面上、シリア危機はサンフランシスコで形成されつつある新世界秩序の完璧な試金石だった。いやしくも、大西洋憲章の文言と国際連合の精神に従う正当な論拠があるとすれば、これがそうだった。フランスは、一九四一年の約束にもかかわらず、植民地支配の復活を目指していた。英国が、フランスに分をわきまえさせたのは実に正しかった。ガーディアン紙報道の誇り高い調子は、それゆえなのだ。

もちろん、事はそう単純ではなかった。中東の他地域でもそうしてきたように、英国は異なる人びとに異なる約束をするダブルゲームを演じていたのだ。一九一六年、オスマン帝国の終末が視野にはいると、英仏両国はサイクス・ピコ協定により、レヴァント地域をそれぞれの利益圏に分割した。フランスはシリアとレバノンを管理し、英国はトランスヨルダン〔ヨルダンの旧称〕とイラクを引き受けるというものだ。一九四一年、フランスがドイツに敗れて一年後、英軍はダマスカスに進駐。シリアの独立支援を約束する一方で、フランスの特権的立場も認めた。明らかに両立は不可能な目標だった。実は、英国が本当に欲していたのは、自らレヴァントの主役になることだった。そこで、英国はシリア人がフランス人を挑発するのを喜んで眺めた。フランスの暴力的な報復は、フランス人をこの地域から完全に追い出すために必要な格好の口実になった。そして実際、これが一九四五年初夏に起きつつあることだった。

シリア危機には何か異様に古めかしい、一九世紀後半の帝国同士の確執を思い起こさせるものがある。サンフランシスコではまだはっきりしていなかったが、いずれにせよ、英国もフランスも中東での優越的地位を失うことになる。間もなく、米国とソ連が支配者となるのだ。戦時中に英国が立てた計画の一つが、さほど遠くない将来を垣間見させていた。ロンドンでは、米英両国が国連の後ろ盾で各地に軍事基地を設け、共同で戦後世界の秩序を保つことになるとの期待があった。米国がアジア、英国が中東という役割分担だ。米国はすでに、米国の軍事施設に選定した地域――いわゆる戦略的信託統治地域――には、当該国の主権は及ばないという立場を鮮明にしていた。戦後初期の数カ月にはもう、より非正規な帝国の姿がぼんやりと浮かび上がりつつあった。英国が気付いていなかったのは、この新しい世界では英国の役割がいかに小さなものになる宿命にあるかということであった。

独立を要求していたのはシリアだけではなかった。実際、これはサンフランシスコ会議の論点の一つだった。そしてマイケル・フットが、ソ連は厳密には理性的ではない自己理由のために、西側連合諸国よりもそうした願望を支援している、と指摘したのは間違いではなかった。だが、国連総会はやがて反植民地主義をあおる重要な討論の場になるのだが、一九四五年時点では、非植民地化はまだ議題になっていなかった。植民地大国が最大限譲歩するつもりがあるのは、「非自治地域」住民の「福祉」に気を配るという、国連憲章に盛り込まれた約束であった。自治は、「各地域及びその人民の特殊事情並びに人民の進歩の異なるさまざまな段階に応じて」促進されるとされた。インドのパンジャブ州の元知事（ウィリアム・マルコム・）ヘイリー男爵は、タイムズ紙の読者に対し、「われわれ自身の政策にすでに内在していないものは、ここには何もない」と請け合うことができた。それに、もっと重要なのは、「国際連合が、当該の植民地大国による国連憲章の諸原則の適用に干渉しなければならないといった意図がないのは明らか」[29]。英仏など植民地大国に義務付けられているのは、領有し続ける「地域」の状況に関し、定期的に国連事務総長に報告することだけなのだ、と。

場所によっては世界政府に向けた期待が高まっていたことを考えれば、サンフランシスコ会議の最終結果は失望を招く宿命にあった。世界政府が機能するには、各国政府がその主権を放棄しなければならない。大国の中では、実業界の大物で政治家の宋子文が代表を務めた中国だけが、「もし必要ならば、われわれの主権の一部を譲る」ことに言及した[30]。中国は、大国の拒否権を放棄する用意さえ示していた。だが、中国における蔣介石の主権そのものが既に揺らいでいるようであり、中国がこの問題で示した度量の大きさは、あまり効果がなかった。

E・B・ホワイトはニューヨーカー誌の記事で、この会議の大きなパラドックスをはっきりと指摘していた。彼は「当初の国際主義の興奮は、ナショナリズムから離れるのではなく、むしろそちらへ傾斜していくように見える」と書いた[31]。各国の国旗や制服、軍歌、秘密会合、外交の駆け引きのうちに「世界共同体の否定」が見える。あらゆる立派な国際主義的レトリックの裏に、「主権、主権、主権というエンジンの着実な拍動」が聞こえる、と。

もう一人、サンフランシスコ会議を観察していたのが、米海軍から最近退役したばかりのジョン・F・ケネディだった。彼は、「法の共同順守を伴う世界機関が解決策になる」という「世界連邦主義者」に同意した。だが、戦争が「究極の悪」だとする共通感情が各国政府を動かすほど強くない限り、ここからは何も生まれないことに気付いていた。彼の考えでは、そうしたことは起こりそうもなかった。[32]

二つの原爆投下でさえ、そうした共通感情を引き起こすには至らなかった。長崎が壊滅して一週間後、英外相アーネスト・ベヴィンはグラッドウィン・ジェブと国連執行委員会のロンドン来訪を歓迎する昼食会で演説した。これは、非常に強力な委員会である。ソ連からはアンドレイ・グロムイコ〔ソ連外交官。一九五七～八五年、外相〕が参加しており、カナダからはレスター・ピアソン〔カナダ外交官。一九六三～六八年、首相。一九五七年、ノーベル平和賞〕が、米国からはステッティニアスが入っていた。ステッティニアスは、長身でキビキビとしたアルジャー・ヒスを伴っていた。後に、ソ連のスパイとして訴追される人物だ。英国代表は、国際主義の偉大な信奉者であるフィリップ・ノエル＝ベーカーだった。また、ノエル＝ベーカーの随員として歴史家のC・K・ウェブスターも出席し、カメラのフラッシュに抗議してテニス用のひさし帽をかぶっていた。ベヴィンは、このすばらしい委員会が間もなく、サンフランシスコで始まった仕事を仕上げるだろうと述べた。日本に投下された恐ろしい新兵器が、世界機構が機能することをそれだけ一層不可欠にしている。しかしながら、とベヴィンは続けた。「世界政府という考え」は「注意深く育んでいく」必要がある。国家には歴史と集団的記憶、伝統というものがある。これらはすべて、ちょうど私アーネスト・ベヴィンが労働者階級の出自を何とか克服したように、いつかは克服されるかもしれない。サンフランシスコ会議の「基本原理」は正しい。しかしながら、「適切な雰囲気」を醸成するには時間がかかる。それまでは、「国家間、特に善かれあしかれ絶大な影響力を持つ大国間の協力が、われわれの採用できる唯一の現実的な方法なのであります」[33]。

ベヴィンは正しかった。だが、意図せずに、彼は世界政府という理想の大きな欠陥を明らかにしていた。世界政府は大国間の連合の機能にかかっている。その連合が維持されれば、一種の地球規模の独裁体制――ナポレオン没落後にメッテルニヒが主導した神聖同盟の反復――の恐れが生じる。連合が維持できなければ、生まれたばかりの世界機構は弱体であり、ことによると一層壊滅的な戦争の影がちらつく。

結局、大国は結束に失敗した。冷戦が正確にはいつ始まったかを指摘するのは難しい。ルーズヴェルトがチャーチルを不必要なほどいじめてまで、懸命にスターリンを味方にとどめようとしても、深刻な亀裂は既にヤルタ会談で生じていた。ジョン・フォスター・ダレスはまだ、それを冷戦とは呼んでいないが、彼は一九四五年九月末にロンドンで、その始まりを目撃したと主張する。

五大国――米国、英国、ソ連、フランス、中国――の外相がさまざまな平和条約、特にイタリア、フィンランド、バルカン諸国との条約を討議するため参集していた。本質的な問題では、何ら不一致は生じなかった。実際、米国は大国連合の協調のために、ソ連が押しつけたポーランド暫定政府を、その性格の細部にはこだわらずに既に承認し、さらにハンガリーについても同様にする用意があった。この会議に関する報告書で、米国務長官ジェイムズ・F・バーンズは、米政府が「中央・東ヨーロッパに、ソ連に対し友好的な政府を持ちたいというソ連の希望を共有するものである」と書いている[34]。

だが、モロトフにはもう一つ意図があった。共産主義は五大国のうちソ連を除き、二カ国で主要な政治勢力になっていた。依然として共産党が強力なフランスと、国共内戦が勃発寸前の中国だ。もしモロトフが、中国国民党とフランスに屈辱を与え、かつ、それに米国を巻き込むことができれば、共産主義の理念は大幅に強化されることになる。彼の戦術は、フランスと中国に条約協議からの離脱を要求することだった。両国は関係国の降伏条件の署名国ではないというのが理由だ。狙いはフランスに嫌がらせをし、中国を侮辱し、英国を混乱させることだった。ジョン・フォスター・ダレスは回想録で、モロトフの冷徹な外交手腕を称賛するほかなかった。「一九四五年のロンドン会合で、モロトフ氏は絶頂期にあった」と。(35)

元レジスタンス闘士で、将来は臨時政府議長になるフランス外相ジョルジュ・ビドーは、絶えず疎外され、挑発され、恥をかかされた。モロトフの策略の一つは、ビドーには知らせないまま、米英両国外相に会合の延期を申し入れることだった。すると、フランス外相は誰もいない会議場に現れることになる。ビドーが憤激で足を踏みならしながらパリへ帰れば、しめたものだ。中国外相は、まるで会議場にはいないかのように、あっさり無視された。そして、かんしゃく持ちのベヴィンが苛立って怒りを爆発させると、相手は平身低頭の謝罪に出て、ついソ連側の考えに歩み寄りかねない結果になるのだった。

こうした戦術が期待通りの結果を生まないと、ソ連側は脅迫に出た。ベヴィンとバーンズに対して、ソ連はフランスと中国が協議から撤退しない限り、もはや協力できないと迫った。バーンズはこれ以上同盟国への侮辱に手を貸すのを拒否し、会議は中止になった。ダレスにとっては、ここが決定的瞬間だった。この時点が「一つの時代、テヘラン・ヤルタ・ポツダムの時代の終焉だった。それは、ソ連の共産主義者たちが、われわれの『友人』を装うのをやめる画期となった。われわれに対する彼らの敵意が、世界中で公然と示される時代が始まった」。(36)

冷戦の古強者は確かに、この点で誤っていなかった。そして、戦後の世界秩序に亀裂が現れていることに気付いたのは彼一人ではなかった。ハンソン・W・ボールドウィンはニューヨーク・タイムズ紙の軍事担当編集委員で、彼はダレスと違ってリベラル派だった。一〇月二六日付同紙のコラムで、原子爆弾の発明は世界、特に二大国がつらい選択に直面していることを意味すると論じた。選択肢の一つは、国連の強化である。この場合、大国は不可避的に国家主権を大幅に放棄する必要があり、安全保障理事会における拒否権は廃止されることになる。ロシアは米国の原子力施設を査察する権利を持ち、逆もまた同様である、と。

これは、ボールドウィン自身が支持する解決策だった。道徳的な立場からではなく、自己防衛のためである。ダレスはいつものように、もっと道徳的な考えをしていた。国連は常に弱体なままだろう、と彼は書いた。なぜなら、世界的な「道徳的判断に関するコンセンサス」が存在しないからだ。[37] 彼にとって、冷戦は政治と同時に道徳の闘争、善と悪の戦争だった。

ハンソン・ボールドウィンはしかし、無邪気だったわけではない。彼は、ソ連が、ついでに言えば米国も、彼の提言する解決策に同意するとは期待していなかった。それは、彼の言葉では「互いに相手を疑いの目で見る二つのブロックに分かれた世界。長期にわたり安定するかもしれないが、最終的には大戦争に向かう世界」を意味するというのであった。

物事はかくのとおりになった。秋が冬になるころには、一九四五年春の高揚した期待感はもうしぼみつつあった。世界の民主化はおろか、世界政府は実現しないだろう。四カ国か五カ国が世界の警察官を務めることもないだろう。安全保障理事会に代表を送るヨーロッパの二カ国に残っていた力は、間もなく両帝国の流血を伴う崩壊により、さらに弱まることになる。米ソ両国は、公然たる敵意へと漂流しつつあった。そして日本による占領で深手を負った国、中国は国内が二つのブロックに分裂していた。腐敗し混沌状態に陥った国民党は、満州南部の主要都市に踏みとどまり、共産党は地方と北部の大部分を支配していた。

一九四五年の秋と冬、米国各紙はなお、中国の戦時首都・重慶での前向きな情勢展開について報じていた。そこでは、共産党と国民党の交渉が一種の影絵芝居として続いていた。「妥協」とか「停戦」とか「民主主義」とか、双方とも内戦の「開始」には消極的だといった憶測があった。一〇月一四日付ニューヨーク・タイムズ・マガジンに載った記事は、蔣介石総統の指導に対する全幅の信頼を表明している。今読むと、非常に興味深い内容だ。

蔣介石は、その民主的なイデオロギーにも関わらず、スターリンを除く世界のどの指導者よりも強大な権力を手にしており、肩書はスターリンよりも多い。中国元首、軍司令官、国民党党首に加えて、彼は少なくとも四三に及ぶ他の組織のトップを務めている……。総統は中国そのものなのだ。彼の言葉は法律であり、他の国家指導者なら部下に任せる多くのことに、決定権を握っている。

それも、彼には何ら役立たなかった。ちょうど四年後、総統は福建省の沖合に浮かぶ小島を支配するだけになってしまう。かつては美麗島《フォルモサ》として知られた島、現在の台湾である。

こうして「零年」は感謝の念と不安の入り交じった雰囲気のうちに、ついに終わった。人びとは一種の平和が達成されたことをありがたく感じつつも、ほとんどの地域で、輝かしい未来についての幻想をなくし、次第に分裂していく世界にますます懸念を募らせていた。何百万人もの人びとが、なお凍え、空腹を抱えており、来るべき新年をうわべだけでも喜び祝う余裕はなかった。その上、暗いニュースが相次いだ。占領下のドイツでは、食料暴動が起きそうだった。パレスチナはテロ行為で混沌としていた。朝鮮人たちは半植民地的な地位に激しい抗議の声を挙げていた。インドネシアでは「米国製装備を十分に供与された」英兵とオランダの海兵隊が、現地人の反乱を鎮圧しようとして戦闘が続いていた[38]。

だが、一九四五年大みそかの世界中の新聞を読んで感じるのは、大方の人が自分たちのその日の生活に汲々として、世界のニュースにもはや関心を払っている暇はなかったということである。世界戦争が続いている間は、どの地域も関心の対象になる。平和が到来すると、人は内向きになるものだ。

そこで、英国人は天気とスポーツを話題にした。マンチェスター・ガーディアン紙によると、「戦時中に取られた天気予報の掲載禁止措置のおかげで、われわれは昨晩イングランド北西部地方に垂れ込めた霧の性質を評価する腕がなまってしまった」。だが、「ダービーシャー州・ランカシャー州グライダークラブが、戦争勃発で取りやめていた活動を国内で最初に再開するクラブになろうとしている」のは、喜ばしい知らせだった。

フランス人の話題は食事だ。ちょうど一年前、アルデンヌ地方の雪の中で熾烈な戦闘を戦っていた米国のGIたちが今や、フランス・アルプスでスキー三昧の休暇に招かれていた。「料理は」とルモンド紙がシャモニー発で書いている。「フランス人シェフが準備し、全員が大喜びだ。フランス文明のこの側面が、いかに評価されているかを目の当たりにするのは驚きである」。同紙はまた、「一二月のワイン四分の一リットル」は、J3とM、C、Vの配給券〔いずれも年齢別に分かれた配給券の種類〕で入手できると喜んで報知している。

バイロイトのフランキッシェ・プレッセ紙は、ドイツ国民――それは「地下室や掩蔽壕にひしめき合い、目は熱を帯び心震わせて、勝利どころか戦争の終結というただの一つの望みを抱く打ちひしがれ、疲労困憊した群衆」――がこうむった恐ろしい苦難の思い出を伝え、もっと陰鬱な調子を醸している。他にも、ニュースがあった。二人のドイツ人男性が、ニュルンベルク裁判の戦犯を処刑する有志として名乗り出た。マールブルクのエーリヒ・リヒターは、何の見返りがなくても連中の首をはねられるのがうれしいと語った。ライプツィヒの戦争難民収容所にいるヨーゼフ・シュミットは、死刑囚を絞首刑か斬首刑に処する用意はあるが「それぞれの首ごとに代償をもらう」と話した。文化的な癒やしは軽視されていなかった。何年も中止になっていたバイロイト交響楽団のコンサートが再開され、「ドイツ・ロマン主義と新ロマン主義の影響からフランス音楽を体系的に解き放ったフランス人作曲家」クロード・ドビュッシーの作品が演奏されることになった。しかも、ワーグナー崇拝の聖地バイロイトで、なのだ！

東京では、ジャパン・タイムズ紙が社説で宣言した。「鐘を突いて旧年を送り、鐘を突いて新年を迎えよう！　日本は、今終わった年を何の未練もなく送る。それは、苦悩と苦痛、幻滅と混乱と屈辱と懲罰の年だった。こんなつらい記憶に満ちた年を、心から安堵して忘却の淵に追いやることができるのである」。同紙はまた「米軍の侵攻に備え食料危機を回避するために、蚕やバッタ、桑の葉などで作った粉末や、その他一〇種類の代用食料を使用する日本政府の計画は……今も開発中」だと暴露した。それから、ニシザワ・エイイチという記者は、歌舞伎に登場するほとんどの英雄たちは残念ながら封建的だが、数少ない例外もあると説明している。例えば一七世紀の名主で、貧しい農民に課される年貢の軽減を不謹慎にも将軍に直訴し、磔《はりつけ》の刑になった佐倉惣五郎は「民主的理念の殉死者だった」と。

ニューヨーク・タイムズ紙のトーンは、少しばかり陽気だ。「ニューヨークのどんちゃん騒ぎ指標は昨日の暴風警報を吹き飛ばし、市が今夜一九四〇年の大みそか以来最大の熱狂に向かっていることを示した」。記事以上に、新しい世界と古い世界の、ほとんど想像を絶する隔たりを見せつけているのは広告だ。「これは、違う。あなたの口の中でとろける、クリームのように滑らかなピーナッツ・

バター。もっと分厚く塗ってよ、ママ、『ピーターパン』だよ！」

こうして大みそかの世界の気分を垣間見て、何か探り出せることがあるとすれば、それは幸運にも終戦直後の最悪の悲惨から頭を上げることができた人びとの日常生活に、一種の正常さの感覚がじわじわと戻り始めていたということである。これは、いまだドイツで、そして日本の戦争捕虜収容所、あるいはどこであれ不潔な拘留施設で難民化した人びとにはかなわないぜいたくだった。

壊滅した国を再建する仕事と向き合い、彼らにはこれ以上祝宴の時間も、喪に服する時間さえもなかった。やるべき仕事があった。これは、もっと退屈で、もっと秩序立ち、戦争と解放のあの大変動に比べれば刺激に乏しい、もっと冷めた現状認識を生み出した。いくつかの場所ではもちろん、植民地の宗主国や内戦における国内の敵との新しい戦争が続くことになり、新しい独裁制が押しつけられた。だが、その他数百万人の人びとにとっては、すでに一生涯忘れられない十二分な興奮があったのだ。それは、ある人は忘れてしまいたく、たぶん少しばかり幸運だった人はちょっぴり郷愁の気分――あれほど面白いことは二度となかろう――を込めて振り返ることになる数年間のドラマであった。

「零年」自体は、これに先立つ破壊の歳月と、朝鮮、ベトナム、インド・パキスタン、イスラエル、カンボジア、ルワンダ、イラク、アフガニスタン等々でまだ待ち構えていた新たなドラマのために、世界の集団的記憶の中でいささか影が薄くなってきてはいる。だが、「零年」以後に成年に達した者にとって、戦争の廃墟からかくも多くのものが創造されたこの年は、おそらく最も重要な年である。西ヨーロッパ、さらには日本で育ったわたしたちは、わたしたちの両親が築いたものを当たり前のものと安易に受け取りかねない。福祉国家も、ただ成長し続けるように見える経済も、国際法も、一見難攻不落の米国覇権に守られた「自由世界」も。

もちろん、これが永続することはないだろう。何物も永続することはないのだ。だが、だからと言って一九四五年を生きた男女に、彼らの辛苦と希望と大志に、敬意を払わない理由はない。たとえその多くが、あらゆる物が最後にはそうなるように、灰燼に帰してしまうにしても、である。

エピローグ

戦争は本当に、一九四五年に終わったのだろうか？　対立がついに終結に至った年として、一九八九年を挙げる人びとがいる。というのは、ポーランドやハンガリー、チェコスロヴァキア、東ドイツ、さらに他の中央・東ヨーロッパ諸国はその時初めて共産党支配から解放されたからだ。スターリンが一九四五年に押しつけたヨーロッパの分断は、第二次大戦の最も生々しい傷の一つだった。不正の後に、不正が続いた。議会制民主主義国だったチェコスロヴァキアは一九三八年、まずヒトラーに切り取られた。それは、英首相ネヴィル・チェンバレンが、「われわれの知らない遠い国の人びとのいさかいだ」と述べたように、英仏の黙認によるものだった。一九三九年に、英国はドイツと戦争を始める。建前上はポーランドの領土保全を回復するという決して果たされない約束のためだった。

だが、一九八九年にはソ連帝国の瓦解に伴い、ヨーロッパの背骨に走る長く深い切り傷がついに癒えるかもしれないとの希望が芽生えた。いや、それ以上だった。六月に中国で、独裁の終結を求める市民らが自国の軍隊に殺害される事件が起きはしたが、世界がついに一体となるとの希望が、この奇跡の年に短期間だが再びちらついた。そして、唯一の大国が後に残った。新世界秩序が、さらには歴史の終わりさえもが語られた。ベルリンの壁がついに崩壊した。

わたしとわたしの姉妹は父親とともに、ベルリンの壁で一九八九年一二月三一日の希望に満ちた除夜を祝うことにした。父は一九四五年に街の破壊を見て以来、それまでに一度だけベルリンを再訪したことがあった。身内のある不幸のために暗い気分で、わたしたちは一九七二年のクリスマスと新年をベルリンで過ごしたのだ。それは、意気消沈する経験だった。街は暗く、凍てついていた。東西間の境界を越えるのは、長くうんざりする作業で、検問所の警備兵が怒鳴り声を上げながら、私たちの車の下部に鏡を差し入れ、禁制品や人間を運んでいないかチェックした。

一九七二年には、東ベルリンはまだ、多くが父の記憶のままだった。がらがらのスターリン様式の大通りが見せる人工的な壮大さとは裏腹に、街は暗く、戦争の廃墟がまだ目についた。父は新車のシトロエンを、かつてナチの戦争遂行ために労働に駆り出された古い工場のゲートの前に止めると、ある種ゾクゾクするような満足感を覚えた。それは巨大で人を威圧するような赤レンガの建物、一種のヴィルヘルム様式の工業要塞だった。近くには父がいた収容所があって、彼はそこで寒気とノミ・シラミ、雪、そして連合軍の爆撃に対しても無防備な安普請の木造バラックに住まされていた。何もかもがまだ、そこにあった。まるで過去がそのまま、文字通り凍り付いているかのようだった。監視所も、囚人が公衆浴場や公衆便所として使っていた爆弾跡のクレーターも。

一九八九年には、収容所はなくなっており、ベタつくカレーソースの湯気の中でソーセージを売る、うらぶれたスタンドが建つ駐車場になっていたと思う。

わたしたちがブランデンブルク門を歩いて通り抜けた時には、日が照っていた。四〇年近く、考えられなかったことだ。そんなことをしようとすれば、誰であれ射殺されたことだろう。わたしたちが、ベルリンのど真ん中を短時間ぶらつくという、たったそれだけの自由を味わい、東西のドイツ人やポーランド人、米国人、日本人、フランス人、その他世界各地からの人びとに交ったとき、父の顔にさっと興奮が兆したことをわたしは覚えている。制服姿の男たちもまだいたが、口出しする力はなく、傍観するだけ。市民を銃撃しなくてもよくなり、ほっとして笑みを浮かべる者もいた。今この時だけは、世界は万事順調のようだった。

一二月三一日の夜は寒かったが、凍えるほどではなかった。ブランデンブルク門に近づいて行くと、遠くの方から群衆の歓声が聞こえたが、父は心なしか足取りが重かった。彼は群衆、特にドイツ人の群衆が苦手だった。大音響も好きではなかった。それはあまりに多くの記憶をよみがえらせるのである。若者がほとんどの数万人の人びとが、壁の上と周辺に集まり、歌を歌い、叫び、ドイツ人がゼクトと呼ぶ甘口発泡ワインのコルク栓を抜いていた。いたるところに、ゼクトの香りが立ちこめている。人びとは、そのべたべたする泡をお互いにかけ合っていた。

「われわれが国民だ！《ヴィア・ジント・ダス・フォルク》」と叫ぶ人びとがいた。「われわれは一つの国民だ」と叫ぶ人びとも。だが、その夜の空気には民族主義的なものや、威嚇するようなものは何もなかった。それは国家を超えた群衆、ロックバンドのない一種の政治的ウッドストックであり、自由と一体感、そして過去の苦い経験――有刺鉄線も収容所も殺戮も――を繰り返すことのない、より良き世界への希望を祝っていた。若いというのは素晴らしい。もしベートーヴェンの頌歌の「すべての人びとがきょうだいとなる《アレ・メンシェン・ヴェルデン・ブリューダー》」に意味があるとすれば、ベルリンのこの類いまれな大みそかにそれはあった。

午前零時を一五分ほど回ったころ、突然わたしたちは群衆の中で父親の姿を見失ってしまったことに気付いた。群衆はますます膨れ上がり密度を増して、身動きすら取れなかった。あちこち父を捜し回った。花火が弾け、打ち上げ花火が夜空を照らした。騒音は耳をつんざくほどだ。わたしたちの周りの笑っている顔は花火の光に照らされ、今や少々ヒステリックに見えた。この大群衆の中では、父を見つけ出しようがなかった。彼を見失って、わたしたちの祝賀への欲求は、しぼんでしまった。わたしたちは不安に駆られて、ホテルに戻った。

数時間後、わたしたちがしばらくうつらうつらした後で、ドアが開き、そこに顔に包帯を巻いた父が立っていた。真夜中を回ったころ、父がかつて英軍の爆弾や「スターリンのオルガン」、ドイツ軍狙撃兵の銃撃から身をかわさなければならなかったまさにその同じ場所で、ベルリンの群衆が鳴り物入りで新年の到来を祝っていたそのとき、どういうわけか爆竹が彼の方に飛んできて、眉間に見事命中したのであった。

訳者あとがき

本書はアジア研究者として国際的に定評のあるオランダ人著述家、イアン・ブルマ（Ian BURUMA）の最新作 *"YEAR ZERO A HISTORY OF 1945"*（Atlantic Books, The Penguin Press, 2013）の全訳である。現在は米国在住でバード大学教授を務める著者は、邦訳だけでも『戦争の記憶 日本人とドイツ人』（ＴＢＳブリタニカ、一九九四年）、『近代日本の誕生』（ランダムハウス講談社、二〇〇六年）など二十世紀日本に関する多数の著書があるほか、日米両国で新聞・雑誌への寄稿も数多く手掛けている。

タイトルが示すとおり、本書は第二次世界大戦が終結し、同時に今日まで続く新たな時代の起点となった一九四五年の世界を、敗戦国と戦勝国、さらにはさまざまな形態の外国支配から解放された国々・民族の姿を通して、グローバルに描いた歴史ノンフィクションである。記述は、目に見える諸事件の無機質な羅列ではなく、そこに生きた人びとの恨みや復讐心、恥辱、嫉妬、絶望、野心といった人間心理まで描き出していて説得力があり、文芸作品としての魅力に富んでいる。米国ではニューヨーク・タイムズ紙が、二〇一三年の「注目すべき書籍」の一つに選んでいる。

当然ながら、本書の中では敗戦国日本がドイツと並んで比較的大きな比重を占めている。日本の敗戦後の国民心理と社会状況を包括的に記述した著書としては、本書でもしばしば引用されているジョン・ダワーの『敗北を抱きしめて』（岩波書店、邦訳二〇〇一年）がある。本書は、日本とドイツにとどまらず北東アジアとヨーロッパ各地、東南アジア、中東まで広角度で時代相をとらえており、『敗北を…』の世界版として読むことができるだろう。世界史の中で日本の位置を見定めるには、うってつけの書籍である。

本書を貫くキーワードは、冒頭に引かれたW・ベンヤミンのエピグラフが暗示する「廃墟」である。人が営々として築き上げたものが、同じ人間の行為によって灰燼に帰してしまう。歴史とは「零年」の繰り返しなのか。そんな哀惜に似た意識が著者にはあるようだ。だとすれば、第二次世界大戦の廃墟から立ち上がった世界の営為とは何だったのか、いま一度考えてみる価値は十分にある。著者は戦後世界を特徴づけるものとして、ヨーロッパ型福祉国家及び平和の制度的保証としての地域統合と、アジアでは日本の憲法九条に表現される平和主義、そして限界を抱えながらも今日まで存続する国際連合などを挙げている。いずれも、絶望の淵から立ち上がった人びとの希求であって、戦後間もなく生まれ、その恩恵を受けてきた著者と同世代のわたしたちの多くは、この感覚を共有している。独仏の和解を柱とする統合ヨーロッパは、時に動揺しながらも、それをバネにしつつ深化を遂げてきた。少なくとも統合ヨーロッパ域内での戦争を克服したことは、たしかに特筆すべき歴史的出来事だろう。国連も問題を抱えながらも、たしかな根を張っている。短命に終わった国際連盟に比べれば、七〇年の歴史ははるかに長く、重い。

では、世界が知る日本の〈平和主義〉はどうなのか？　それが今、わたしたちに問われている問題であることは間違いない。

ヨーロッパ統合の事業と並ぶ不戦の覚悟を込めた平和主義は、敗戦後の荒涼たる日本人の心象には実にしっくりなじんだ。粗暴な軍国主義の破綻は、「八紘一宇」「忠君愛国」といったイデオロギーが隠蔽していた人間の真実をあらわにした。戦前の軍国日本とは、男は天皇のため、国のために潔く死地に赴くこと、女は「軍国の母」「軍人の妻」として、夫や息子の死を名誉と受けとめることに馴らされた狂信的社会――「死のための社会化」（鶴見和子）――であった。しかし、敗戦はこうした虚構を木端微塵に粉砕してしまった。特攻隊の勇士がヤミ屋に、夫を失った軍人の妻がさっさと愛人をつくる図は、人間のありのままの姿をさらけだした。沖縄では多数の民間人が軍によって死を強制され、満州では潰走する軍によって民間人が置き去りにされた。軍隊は国民の生命・財産を守りはしないことがばれてしまった。狡猾な高級軍人や官僚は隠匿物資で私腹を肥やした。敗戦直後、おそらく米軍に対する早計な誤解から、政府肝いりで米兵向け慰安施設づくりが行われた。それは、日本軍の従軍慰安施設の鏡像であったろう。戦後の世相を冷ややかに眺めて、この堕落こそ真実の姿なのだ、国家のイデオロギーに再びだまされないために、しっかり目を開けて見ておけと坂口安吾は叫んだ。一九四五年は日本人にとって覚醒の時だった。だから、戦争放棄の平和主義は、空白になった戦後日本人の心情にしっくりとなじんだのだ。

だが、平和主義の外皮の下で、やがて徐々に別の現実が進行していく。冷戦が始まると、戦犯を含む多くの旧指導層が、保守化した米国に寄り添うことで復権し、戦後の保守政治の底流をつくった。当初は米軍を「解放軍」として歓迎した左派の間では、右旋回した米国への不信が芽生えた。平和主義はこの対米不信と不可分になった。歴史のめぐり合わせとはいえ、ここに戦後日本の不幸があった。この構造は今も変わっていない。本来は右派の立場にこそ内包されるべきナショナリズムは、冷戦を一つの契機に、反米(反安保・反基地)の形で左派に受け継がれ、右派は、権力維持の保障として、ナショナリズムを封印しつつ米国に寄り添うというねじれ構造が出来上がったのである。

本書の共訳者である軍司泰史氏とわたしは、かつてドイツとフランスを中心にヨーロッパに駐在し、そこから世界を眺めていたのだが、独仏の存在感は言うに及ばず、日本と比べれば経済的には格段に規模の小さいフィンランド、オランダ、オーストリアなどヨーロッパ諸国の、国際舞台における輪郭の明瞭さにしばしば驚かされたものだ。ヨーロッパにおける東西冷戦の終結につながる二〇年以上に及ぶ東西対話は、ヘルシンキから始まった。日本と同じ敗戦国として出発した(西)ドイツは、冷戦下で独自の東西外交を展開していた。本書も指摘しているとおり、ドイツはまちがいなく日本とならんで親米的だったが、対米従属的ではなかった。オランダ、オーストリアなどには国際機関が軒を連ねている。それに比べれば、日本は外交上の侏儒のように思えた。なぜなのか。

「集団的自衛権」を容認するいわゆる解釈改憲を根拠づける理由として、人的貢献ができなかった湾岸戦争時のトラウマが外交当局にはある、という言説がある。半分は作り話、半分はある意味で事実だろう。日本の外交的限界が、集団的自衛権を否認した憲法九条にあるというのはフィクションにすぎない。日本は、ヨーロッパ統合のように平和の思想を実体化してはこなかったのだから。逆である。米国に対する抜きがたい追従姿勢のために、外交資産としての平和主義の巨大なポテンシャルを生かす器量がなかったのだ。平和主義を外交的制約としてあげつらうのは責任転嫁にすぎない。ただし、米国の期待に十分応えられなかったことがトラウマだというのなら、その限りでは事実だろう。統合ヨーロッパの中のドイツと違って、隣人をつくってこなかった日本にとっての「集団」とは、日米二国間関係でしかない。国際貢献とは何よりも対米貢献を意味しているのだから。

歴史の破局と再生に直面した人間集団の心理にまで光をあてた本書は、近年顕在化してきた日本の政治潮流の淵源を考える上でも参考になるだろう。戦前の強烈な国家主義が内包していたナショナリズムは、無残な敗戦と対米従属という絶対条件下での、元戦犯を含む旧勢力の復権によって抑圧されざるを得なかった。だとするなら、集団的自衛権をめぐる解釈改憲による日米軍事関係の一体化は、ナショナルな感情を一段と抑圧する方向に働く。潜在化したナショナリズムはどこかにはけ口を求めるほかない。

憲法九条の骨抜きに対する抵抗が、反米感情かもしくは米国への懐疑を帯びるのはごく自然なことであろう。逆に、日米軍事関係の強化・一体化を丸のみするならば、鬱屈したナショナリズムは、保守の内側においては、どこか別のところに表出回路を求めることになる。対米従属を強めつつ「日本を取り戻す」と語る明らかな自己矛盾は、虎の威を借る狐に似て、近隣諸国に対しことのほか居丈高な姿勢を取ることで、心理的には解消された気分になれるのだろう。一方、社会の少数派に向けられる街頭の露骨な排外主義は、本書が指摘するように、他民族に加えた行為に向き合うことを拒む「より広範な否認感情」(八八ページ)の一環という出自を持っている。この点で、現在の政治潮流と町場のヘイトスピーチはたしかに共鳴し合っている。こうしたすさんだ政治風景が、国際社会において国の品位を高めることになるのかどうか、わたしたちはとくと考えてみなければならない。

司馬遼太郎ら多くの歴史観察者が指摘していることだが、どうも、マスメディアも含めて日本人は、世界の鏡に映して自己を眺める能力に欠ける夜郎自大なところがあるらしい。アジアを知悉する米国在住ヨーロッパ人の手になる本書は、世界の中での戦後日本の原点をあらためて客観的にとらえ直す上で絶好の読み物である。とりわけ、戦争の記憶とは縁遠くなった若い人たちに是非一読を勧めたいと思う。

なお、本文中で引用されている文献のうち、邦訳のあるものは巻末の原注に示し、引用個所の訳文は原則としてそれに従っている。また、若い読者のために文中の人物などに、原文にない注釈を多く付けた。一定の年齢以上の読者にはわずらわしく感じられるかもしれないが、ご容赦願いたいと思う。

戦後七〇年の節目にあたるこの時期に、含蓄に富む本書の翻訳紹介を任せていただいた白水社の藤波健氏、翻訳上の助言をしてくれた友人の在日オランダ人ジャーナリスト、ダニエル・ルーシンク氏、文献探索で助けていただいた大妻女子大学図書館関係者の方々に末筆ながら心からお礼申し上げげます。

三浦元博

二〇一四年秋

白水社の本

ベルリン終戦日記
——ある女性の記録

アントニー・ビーヴァー序文
H・M・エンツェンスベルガー後記
山本浩司訳

陥落前後、不詳の女性が周囲の惨状を赤裸々につづった稀有な記録。生と死、空襲と飢餓、略奪と陵辱、身を護るため赤軍の「愛人」となった女性に安穏は訪れるのか？　胸を打つ一級資料！

パリ解放 1944-49

アントニー・ビーヴァー／アーテミス・クーパー著
北代美和子訳

ドゴール将軍と共産党など、国内レジスタンスの間で繰り広げられた権力闘争を軸に、混乱期から復興へと向かう戦後パリの姿を生き生きと描いた第一級のドキュメンタリー。

アウシュヴィッツ後の反ユダヤ主義
——ポーランドにおける虐殺事件を糾明する

ヤン・T・グロス著
染谷　徹訳

戦後ポーランドのキェルツェで起きた、最悪の「ポグロム」（ユダヤ人迫害）の真相とは？　最新研究と戦慄すべき筆致により、「反ユダヤ主義」の核心に迫る、震撼の書。森達也氏推薦。

戦後ドイツのユダヤ人
［シリーズ《ドイツ現代史》III］

武井彩佳著

ホロコーストを生き延びたユダヤ人の中にはドイツにとどまる者もいた。本書は、かれらの動きを、米国やイスラエルなどとの関係、反ユダヤ主義などにも触れながら多面的に描き出す。

ユダヤ人財産はだれのものか
——ホロコーストからパレスチナ問題へ

武井彩佳著

ナチ・ドイツの時代に「アーリア化」の名の下で収奪されたユダヤ人財産は戦後、だれに、どのように返還されたのか。パレスチナ問題や日本の戦後補償を考えるうえでも示唆に富む。

訳者略歴

三浦元博（みうら・もとひろ）
一九五〇年、滋賀県生まれ。
東京外国語大学卒業後、共同通信社を経て、現在、大妻女子大学社会情報学部教授。
主要著書：『ワルシャワ・インサイドスケッチ』（筑摩書房）、『東欧革命』（岩波新書、共著）、『バルカン危機の構図』（恒文社、共著）
主要訳書：ナゴースキー『新しい東欧』（共同通信社、共訳）、セベスチェン『東欧革命1989』（白水社、共訳）、レムニック『レーニンの墓　上下』、サーヴィス『情報戦のロシア革命』、ドブズ『ヤルタからヒロシマへ』（以上、白水社）
その他、雑誌評論など多数。

軍司泰史（ぐんじ・やすし）
一九六一年、茨城県水戸市生まれ。
早稲田大学卒業。
共同通信社テヘラン、パリ支局長歴任。
主要著書：『シラクのフランス』（岩波新書）他。

廃墟の零年1945

二〇一五年一月二〇日　印刷
二〇一五年二月五日　発行

著者　イアン・ブルマ
訳者 ©　三浦元博
　　　　軍司泰史
装丁者　日下充典
発行者　及川直志
印刷所　株式会社理想社
発行所　株式会社白水社

東京都千代田区神田小川町三の二四
電話　営業部〇三（三二九一）七八一一
　　　編集部〇三（三二九一）七八二一
振替　〇〇一九〇・五・三三二二八
郵便番号　一〇一・〇〇五二
http://www.hakusuisha.co.jp
乱丁・落丁本は、送料小社負担にてお取り替えいたします。

株式会社 松岳社

ISBN978-4-560-08411-3
Printed in Japan

主要人名索引

ア行

アイゼンハワー，ドワイト　25-26, 54, 88, 212, 263-264, 351, 359
アイヒマン，アドルフ　239, 265
アインシュタイン，アルベルト　360-361
アーカート，ブライアン　23-24, 30, 40, 42, 353-355, 369
アキノ，コラソン（コリー）　223
アキノ，ベニグノ　220-221, 223
アキノ，ベニグノ，三世　223
アチソン，ディーン　341
アデナウアー，コンラート　324-325, 338, 341
アトリー，クレメント　195, 281-282, 288-292, 302, 312, 314, 332, 361
アドルノ，テオドール　333
アナン，ノエル　286
アニエレヴィッチ，モルデハイ　188
アブス，ヘルマン・ヨーゼフ　212-214, 217
鮎川義介　300-301
アーレント，ハンナ　265
アンドレアス=フリードリヒ，ルート　201, 207-208, 210, 274, 326, 328, 330, 334
石井四郎　244-246
李承晩《イスンマン》　308-311
イーデン，アンソニー　175-176, 197, 369-370
井深大　89
ウィルソン，エドマンド　71-74, 124, 126-129, 131, 167, 285-286
ウィルソン，ハロルド　312
ウィロビー，チャールズ　206, 245
ウエスト，レベッカ　270
ウォーバーグ，シグマンド　213
ウォルハイム，リチャード　42
ヴォルフ，フリードリヒ　327
ヴォルフ，マルクス　327
エセル，ステファン　292, 355, 371
エレンブルク，イリヤ　95
岡村寧次　227
小津安二郎　164
オッペンハイマー，ロバート　360
お町　229-230

カ行

カイテル，ヴィルヘルム　26
何応欽　227
加藤悦郎　349
カミュ，アルベール　357
ガンディー，マハトマ　356
岸信介　219, 300-301, 303, 311, 348
北野政次　245-246
城戸進一郎　140
キーナン，ジョセフ　216-217
金日成《キムイルソン》　223, 309, 311
キーン，ドナルド　76, 218, 226, 309-311
グラス，ギュンター　321-322, 330

グルー, ブノワット　35-36, 38, 52, 56, 65
グルー, ジョセフ　341
クルップ, アルフリート　212-214
クレイ, ルーシャス　81, 207, 217
グロムイコ, アンドレイ　376
クーン・ベラ　238, 240
ケインズ, ジョン・メイナード　311-312, 333
ケストラー, アーサー　293
ケソン, マヌエル　219-220
ゲーテ　279, 319, 321, 325, 327
ケーディス, チャールズ　206, 344
ケナン, ジョージ　261, 273
ケネディ, ジョン・F　376
ゲーリング, ヘルマン　268-269
ケルテース, イムレ　155-156
コヴネル, アバ　117-120
近衛文麿　46
コノリー, シリル　287, 294, 333
ゴムウカ, ヴワジスワフ　186

サ行

坂口安吾　84, 86, 163
サルトル, ジャン・ポール　334-335
ジェブ, グラッドウィン　354, 369, 376
志賀直哉　165
重光葵　345
シコルスキ, ヴワジスワフ　108
ジスカールデスタン, ヴァレリー　234
ジッド, アンドレ　334
幣原喜重郎　345
シャハト, ヒャルマル　268, 291
ジューコフ, ゲオルギー　26, 30, 95
シュニッツラー, ゲオルク・フォン　214
シュペーア, アルベルト　299, 348
シューマン, ロベール　338-339
蔣介石　77, 82, 122, 146, 223-228, 366, 375, 380
ショーンフェルド, ソロモン　76, 188
スカルノ　132, 136-137, 141-142, 221, 362, 372
スターリン, ヨシフ　11, 15, 25-26, 29, 51, 108, 115, 122, 126, 154, 171, 173, 175, 179-181, 199, 227, 232, 238, 244, 281, 313, 354, 364-367, 369, 377, 380, 385-386, 388
スティムソン, ヘンリー　81
ステッティニアス, エドワード・R　369, 376
スハルト　142
スピネッリ, アルティエロ　357
スペンダー, スティーヴン　72-73, 75, 262, 323-325
スマッツ, ヤン　371
宋子文　375

タ行

高見順　57, 59-60, 350
田中角栄　121
タルク, ルイス　220, 222
ダルトン, ヒュー　312, 314
ダレス, ジョン・フォスター　359-360, 372, 377-379
チェンバレン, ネヴィル　295, 371, 385
チトー, ヨシップ・ブロズ　122-123, 169-172, 174-176
チャーチル, ウィンストン　15, 17, 25-27, 108, 123, 128, 130-131, 175, 179-181, 244, 262-263, 273, 281, 283-287,

289-290, 292, 294-296, 312, 314, 356, 361-364, 366, 368-369, 373, 377
曺晩植《チョマンシク》　304-305, 308, 310
ツックマイヤー, カール　52, 75, 87, 209
ツァンゲン, ヴィルヘルム　212
ツネイシ, ウォーレン　307
デーニッツ, カール　25
デーブリーン, アルフレート　89, 184, 320, 337
デュラス, マルグリット　161-162, 292
トインビー, アーノルド　354, 356, 362
東條英機　246, 262
ドゴール, シャルル　27-28, 64, 146-147, 159-161, 199-200, 230-234, 242, 256-257, 291-293, 295-296, 313, 336-337, 339, 373
ドベリー, ウィリアム・セオドア　47, 218
トリアッティ, パルミーロ　313
トルーマン, ハリー・S　26, 179, 194-195, 340, 342, 367, 372
トレーズ, モーリス　64, 232

ナ行

永井荷風　56-57
ニコルソン, ナイジェル　169-170
ニコルソン, ハロルド　283-284, 295, 312
ネルー, ジャワハルラール　363
ノイマン, フランツ　207
野坂昭如　52, 57, 69
野坂参三　302

ハ行

ハイエク, フリードリヒ　290
パヴェリッチ, アンテ　121, 174
バオ・ダイ　142
朴正熙《パクチョンヒ》　311
パーシヴァル, アーサー　53, 246
バック, ジュリアン・セバスチャン　59-60, 331
ハッタ, モハマッド　136, 141
パットン, ジョージ　54, 88, 166, 187, 212, 279, 353
パパンドレウ, ゲオルギオス　242
パポン, モーリス　234
バーリー, ロバート　318-321, 327
ハル, コーデル　261-262, 273
バルフォア, ジェイムズ　194-195
バーンズ, ジェイムズ　377-378
バンデーラ, ステパーン　199
ピアソン, レスター　376
ビドー, ジョルジュ　378
裕仁天皇　204, 206, 235, 346, 349
ヒトラー, アドルフ　8, 11, 15, 21, 87, 93, 107, 110, 113, 115, 122, 127, 137, 144, 146, 154, 171, 173, 181, 186, 188, 194, 200-201, 205, 208, 211, 213, 215, 239, 254-256, 262, 273, 291, 322, 324, 330-331, 333, 359, 364, 385
ヒムラー, ハインリヒ　212, 255, 262, 267
フーヴァー, ハーバート　341
溥儀　299-300
藤原作弥　85
フット, マイケル　368, 371, 374

フランク，アンネ　40, 70
フランク，ハンス　268
フランコ，フランシスコ　206, 282
フリック，フリードリヒ　212, 214
フルブライト，J・W　360
ブレヒト，ベルトルト　325-326
ヘイモント，アーヴィング　87, 189-191, 193-194
ベヴィン，アーネスト　376-378
ヘス，ルドルフ　268
ペタン，フィリップ　123, 144, 160, 200, 230, 232-233, 254, 256-258, 335
ベネシュ，エドヴァルド　113, 115, 185
ベル，ハインリヒ　86
ベングリオン，ダヴィド　192-195
ホイス，テオドール　209
ホイットニー，コートニー　206
ボーヴォワール，シモーヌ・ド　29, 35, 334-335
ホー・チ・ミン　142-143, 148-149, 362, 372
ホッジ，ジョン・R　306-309
ホーネッカー，エーリッヒ　64-65
ホルティ・ミクローシュ　238-239
ボロフスキ，タデウシュ　90, 92
ホワイト，E・B　356, 368, 375
本間雅晴　219, 247

マ行

マウントバッテン卿，ルイス　132, 137
マクミラン，ハロルド　123-124, 127-129, 131, 174, 284
マッカーサー，ダグラス　47-48, 54, 81, 204-206, 216-219, 221-223, 245, 247-252, 302, 341-342, 345, 349
マーライ・シャーンドル　74, 238
マラパルテ，クルツィオ　62-63, 174
マルクーゼ，ヘルベルト　207
マルコス，フェルディナンド　223
ミッテラン，フランソワ　161
ミヒェル，エルンスト　269-271, 279
ミュッセルト，アントン　252-256, 258-261
ムッソリーニ，ベニート　123-125, 262, 313, 357
メタクサス，イオアニス　127-128, 130-131
毛沢東　17, 121, 222, 224-225
モーゲンソー，ヘンリー　80-81, 317, 320, 365
本島等　220, 235
モネ，ジャン　293, 295-297, 339
モールディン，ウィリアム　166-168
モロトフ，ヴャチェスラフ　294, 369-370, 377-378
モントゴメリー，バーナード（モンティ）23-25, 68, 353

ヤ行

山下奉文　53, 246-253
ユンガー，エルンスト　111, 183, 272
呂運弘《ヨウノン》　307
呂運亨《ヨウニョン》　304-308

ラ行

ラヴァル，ピエール　232, 252-261, 266
ラウレル，ホセ・P　220-223
ラーコシ・マーチャーシュ　238
ラティモア，オーウェン　302
リッベントロップ，ヨアヒム・フォン

268, 294
ルーズヴェルト，フランクリン・D　80, 179, 317, 335-336, 341, 361-366, 368, 377
ルノー，ルイ　233
レマルク，エーリッヒ・マリア　334
レーンドルフ，ハンス・グラーフ・フォン　93-94, 98, 181-182
ロッシ，エルネスト　357
ローゼンサフト，ヨセフ（ヨッセレ）　71, 190, 266
ロッセリーニ，ロベルト　52, 280
ロハス，マヌエル　220, 222

原注

第1章◆歓喜

（1）Ben Shephard, *The Long Road Home: The Aftermath of the Second World War*（New York: Alfred A. Knopf, 2010）, 69 に引用あり.

（2）Martin Gilbert, *The Day the War Ended: May 8, 1945: Victory in Europe*（New York: Henry Holt, 1994）, 128.

（3）Brian Urquhart, *A Life in Peace and War*（New York: Harper & Row, 1987）, 82.

（4）この話に詳しいのは David Stafford, *Endgame, 1945: The Missing Final Chapter of World War II*（New York: Little, Brown, 2007）.

（5）Gilbert, *The Day the War Ended* に引用されたジューコフの回想録より.

（6）Simone de Beauvoir, *Force of Circumstance*（New York: G. P. Putnam's Sons, 1963）, 30.（ボーヴォワール『或る戦後』上下巻，朝吹登水子他訳，紀伊国屋書店，1965年）

（7）Gilbert, *The Day the War Ended*, 322.

（8）Ibid., 319.

（9）Urquhart, *A Life in Peace and War*, 85.

（10）David Kaufman and Michiel Horn, *De Canadezen in Nederland, 1944-1945*（Laren, The Netherlands: Luitingh, 1981）, 119.

（11）Michael Horn, "More Than Cigarettes, Sex and Chocolate: The Canadian Army in the Netherlands, 1944-1945," in *Journal of Canadian Studies/Revue d'études canadiennes* 16（Fall/Winter 1981）, 156-73.

（12）Horn, "More Than Cigarettes, Sex and Chocolate," 166 に引用あり.

（13）Ibid., 169.

（14）John Willoughby, "The Sexual Behavior of American GIs During the Early Years of the Occupation of Germany," *Journal of Military History* 62, no, 1（January 1998）, 166-67 に引用あり.

（15）Benoîte Groult and Flora Groult, *Journal à quatre mains*（Paris: Editions Denoël, 1962）.

（16）See Patrick Buisson, *1940-1945: Années érotiques*（Paris: Albin Michel, 2009）.

（17）Rudi van Dantzig, *Voor een verloren soldaat*（Amsterdam: Arbeiderspers, 1986）.

（18）Buisson, *1940-1945*, 324.

(19) Urquhart, *A Life in Peace and War*, 81.

(20) Ben Shephard, *After Daybreak: The Liberation of Bergen-Belsen, 1945* (New York: Schocken Books, 2005).

(21) Ibid., 99.

(22) Ibid., 133.

(23) Richard Wollheim, "A Bed out of Leaves," *London Review of Books*, December 4, 2003, 3-7.

(24) Shephard, *After Daybreak*, 138.

(25) Atina Grossmann, *Jews, Germans, and Allies: Close Encounters in Occupied Germany* (Princeton, NJ: Princeton University Press, 2007), 188.

(26) Shephard, *The Long Road Home*, 299.

(27) Ibid., 70.

(28) Norman Lewis, Naples *'44: An Intelligence Officer in the Italian Labyrinth* (New York: Eland, 2011), 52.

(29) John Dower, *Embracing Defeat: Japan in the Wake of World War II* (New York: W. W. Norton, 1999), 126.（ジョン・ダワー『敗北を抱きしめて』三浦陽一他訳，岩波書店，2001 年）

(30) Letter to Donald Keene, in Otis Cary, ed , *From a Ruined Empire: Letters — Japan, China, Korea, 1945-46* (Tokyo and New York: Kodansha, 1984), 102. ドナルド・キーン宛て書簡，オーテス・ケーリ編『アジアの荒地から：アメリカ学徒兵の手記』（要書房，1952 年）

(31) Theodore Cohen, *Remaking Japan: The American Occupation as New Deal*, Herbert Passin, ed. (New York: Free Press, 1987), 123.

(32) Letter to Donald Keene, 96.

(33) William L. Worden, "The G.I. Is Civilizing the Jap," *Saturday Evening Post*, December 15, 1945, 18-22.

(34) パンパン文化の詳細については，ジョン・ダワー『敗北を抱きしめて』に詳しい．

(35) Dower, *Embracing Defeat*, 134.

(36) John LaCerda, *The Conqueror Comes to Tea: Japan Under MacArthur* (New Brunswick, N.J: Rutgers University Press, 1946), 51.

(37) Ibid., 54.

(38) Dower, *Embracing Defeat*, 579.

(39) Giles MacDonogh, *After the Reich: The Brutal History of the Allied Occupation* (New York: Basic Books, 2007), 79.

(40) Klaus-Dietmar Henke, *Die Amerikanische Besetzung Deutschlands* (Munich: R. Oldenbourg Verlag, 1995), 201.

(41) Dagmar Herzog, *Sex After Fascism: Memory and Morality, in Twentieth-Century Germany* (Princeton, NJ: Princeton University Press, 2005), 69.

(42) Willoughby, "Sexual Behavior of American GIs," 167.

(43) Groult, *Journal à quatre mains*, 397.

(44) MacDonogh, *After the Reich*, 236.

(45) Nosaka Akiyuki, *Amerika Hijiki [American Hijiki]* (Tokyo: Shinchōsha, 2003).(野坂昭如『アメリカひじき・火垂るの墓』新潮文庫, 2003年)

(46) MacDonogh, *After the Reich*, 369.

(47) タイムズ(ロンドン)1945年7月9日付.

(48) Willoughby, "Sexual Behavior of American GIs," 158.

(49) ニューヨーク・タイムズ 1945年6月13日付.

(50) Anonymous, *A Woman in Berlin: Eight Weeks in the Conquered City: A Diary* (New York: Metropolitan Books, 2005).(匿名著者『ベルリン終戦日記』山本浩司訳, 白水社, 2008年)

(51) Nagai Kafu, *Danchotei Nichijo* II (Tokyo: Iwanami Pocket Books, 1987), 285.(永井荷風『断腸亭日乗』岩波文庫, 1987年)

(52) Ibid., 278.

(53) Donald Keene, *So Lovely a Country Will Never Perish: Wartime Diaries of Japanese Writers* (New York: Columbia University Press, 2010), 149.(ドナルド・キーン『日本人の戦争　作家の日記を読む』角地幸男訳, 文芸春秋, 2009年)

(54) LaCerda, *The Conqueror Comes to Tea*, 23-24.

(55) Henke, *Die Amerikanische Besetzung Deutschlands*, 199.

(56) Ibid.

(57) Richard Bessel, *Germany 1945: From War to Peace* (New York: HarperCollins, 2009), 204.

(58) Elizabeth Heineman, *What Difference Does a Husband Make?* (Berkeley, CA: University of California Press, 2003), 100.

(59) Willoughby, "Sexual Behavior of American GIs," 169に引用あり.

(60) Keene, *So Lovely a Country*, 171.

(61) Willoughby, "Sexual Behavior of American GIs," 160.

(62) Curzio Malaparte, *The Skin*, David Moore, tr. (New York: *New York Review of Books*, 2013), 39. First published 1952.

(63) Herman de Liagre Böhl in *De Gids*, periodical, May 1985, 250に引用あり.

(64) Ibid., 251.

(65) Buisson, *1940-1945: Années érotiques*, 411.

第2章◆飢餓

(1) J. L. van der Pauw, *Rotterdam in de tweede wereldoorlog* (Rotterdam: Boom, 2006), 679.

(2) ニューヨーク・タイムズ 1945年5月12日付.

(3) Shephard, *After Daybreak*, 109.

(4) Edmund Wilson, *Europe Without Baedeker: Sketches Among the Ruins of Italy, Greece, and England* (London: Secker and Warburg, 1948), 125.

(5) Ibid., 120.

(6) Antony Beevor and Artemis Cooper, *Paris After the Liberation: 1944-1949*, revised edition (New York: Penguin Books, 2004), 103. First published 1994. (アントニー・ビーヴァー『パリ解放 1944-49』北代美和子訳, 白水社, 2012年)

(7) Stephen Spender, *European Witness* (New York: Reynal and Hitchcock, 1946), 107.

(8) Ibid., 106.

(9) Wilson, *Europe Without Baedeker*, 136.

(10) Ibid., 146.

(11) Ibid., 147.

(12) Sándor Márai, *Memoir of Hungary 1944-1948* (Budapest: Corvina in association with Central European University Press, 1996), 193-94.

(13) Carl Zuckmayer, *Deutschlandbericht für das Kriegsministerium der Vereinigten Staaten Von Amerika* (Göttingen: Wallstein, 2004), 142.

(14) Spender, *European Witness*, 15.

(15) ニューヨーク・ヘラルド・トリビューン 1945年12月31日付.

(16) Cary, ed., *From a Ruined Empire*, 54.

(17) Dower, *Embracing Defeat*, 103.

(18) Ibid., 63.

(19) MacDonogh, *After the Reich*, 315.

(20) Ronald Spector, *In the Ruins of Empire: The Japanese Surrender and the Battle for Postwar Asia* (New York: Random House, 2007), 56.

(21) Bessel, *Germany 1945*, 334に引用あり.

(22) ニューヨーク・タイムズ 1945年10月27日付.

(23) Julian Sebastian Bach Jr., *America's Germany: An Account of the Occupation* (New York: Random House, 1946), 26.

(24) Shephard, *The Long Road Home*, 129に引用された1945年10月5日付デイリー・ミラー.

(25) Shephard, *The Long Road Home*, 156に引用あり.

(26) 統合参謀本部指令1380/15, paragraph 296 (Cohen, *Remaking Japan*, 143に引用)

(27) MacDonogh, *After the Reich*, 479.

(28) 議会への声明(Cohen, *Remaking Japan*, 145に引用)

(29) Norman M. Naimark, *The Russians in Germany: A History of the Soviet Zone of Occupation, 1945-1949* (Cambridge, MA: Harvard University Press, 1995), 181に引用あり.

(30) Cohen, *Remaking Japan*, 144.

(31) Ibid., 142.

(32) Herman de Liagre Böhl, *De Gids*, 246.

(33) Willi A. Boelcke, *Der Schwarzmarkt, 1945-1948* (Braunschweig: Westermann, 1986), 76.

(34) Sakaguchi Ango, *Darakuron*, new paperback version (Tokyo: Chikuma Shobo, 2008), 228. First published in 1946.(坂口安吾『堕落論』, 発表は「新潮」1946年4月1日)

(35) Dower, *Embracing Defeat*, 139.

(36) Fujiwara Sakuya, *Manshu, Shokokumin no Senki* (Tokyo: Shinchōsha, 1984), 82.(藤原作弥『満州, 少国民の戦記』新潮社, 1984年)

(37) Bessel, *Germany 1945*, 337に引用あり.

(38) *Zuckmayer, Deutschlandbericht*, 111.

(39) Irving Heymont, *Among the Survivors of the Holocaust: The Landsberg DP Camp Letters of Major Irving Heymont, United States Army* (Cincinnati: The American Jewish Archives, 1982), 63.

(40) Carlo D'Este, *Patton: A Genius for War* (New York: HarperCollins, 1996), 755.

(41) See Shephard, *The Long Way Home*, 235.

(42) ヤンク1945年8月10日付.

(43) Stafford, *Endgame, 1945*, 507に引用あり.

(44) Alfred Döblin, *Schicksalsreise: Bericht u. Bekenntnis: Flucht u. Exil 1940-1948* (Munich: Piper Verlag, 1986), 276.

第3章◆報復

(1) Norman M. Naimark, *Fires of Hatred: Ethnic Cleansing in Twentieth-Century Europe* (Cambridge, MA: Harvard University Press, 2001), 118.

(2) Tadeusz Borowski, *This Way for the Cas, Ladies and Gentlemen* (New York: Viking, 1967).

(3) Gilbert, *The Day the War Ended*, 38.

(4) Shephard, *After Daybreak*, 113.

(5) Ruth Andreas-Friedrich, *Battleground Berlin: Diaries, 1945-1948* (New York: Paragon House, 1990), 99.(ルート・アンドレアス=フリードリヒ『舞台・ベルリン　あるドイツ日記 1945/48』飯吉光夫訳, 朝日新聞社, 1986年)

(6) Hans Graf von Lehndorff, *Ostpreussisches Tagebuch* [East Prussian Diary Records of a Physician from the Years 1945-1947] (Munich: DTV, 1967), 67.

(7) Ibid., 74.

(8) Naimark, *The Russians in Germany*, 72.

(9) Bessel, *Germany 1945*, 155.

(10) Okada Kazuhiro, *Manshu Annei Hanten* (Tokyo: Kojinsha, 2002), 103.(岡田和裕『満州安寧飯店:昭和二十年八月十五日日本の敗戦』光人社NF文庫, 2002年)

(11) Ibid., 128.

(12) Naimark, *The Russians in Germany*, 108.

(13) Anonymous, *A Woman in Berlin: Eight Weeks in the Conquered City: A Diary* (New York: Metropolitan Books, 2005), 86.

(14) Naimark, *The Russians in Germany*, 79.

(15) Buisson, *1940-1945: Années érotiques*, 387に引用あり.

(16) Ibid., 251-52.

(17) Jan Gross, *Fear: Anti-Semitism in Poland after Auschwitz* (New York: Random House, 2006), 82.(ヤン・T・グロス『アウシュヴィッツ後の反ユダヤ主義:ポーランドにおける虐殺事件を糾明する』染谷徹訳, 白水社, 2008年)

(18) Anna Bikont, *My z Jedawabnego [We from Jedwabne]* (Warsaw: Prószyński i S-ka, 2004). Translated excerpt by Lukasz Sommer.

(19) Testimony of Halina Wind Preston, July 26, 1977: www.yadvashem.org/yv/en/righteous/stories/related/preston_testimony.asp.

(20) Tony Judt, *Postwar: A History of Europe Since 1945* (New York: Penguin Press, 2005), 38.(トニー・ジャット『ヨーロッパ戦後史』森本醇訳, みすず書房, 2008年)

(21) Gross, *Fear*, 40.

(22) Naimark, *Fires of Hatred*, 122.

(23) Shephard, *The Long Road Home*, 122.

(24) Christian von Krockow, *Hour of the Women* (New York: HarperCollins, 1991), 96.

(25) Christian von Krockow, *Die Reise nach Pommern: Bericht aus einem verschwiegenen Land* (Munich: Deutscher Taschenbuch-Verlag, 1985), 215.

(26) Herbert Hupka, ed., *Letzte Tage in Schlesien* (Munich: Langen Müller, 1985), 138.

(27) Ibid., 81.

(28) Ernst Jünger, *Jahre der Okkupation* (Stuttgart: Ernst Klett, 1958), 213-14.

(29) Krockow, *Hour of the Women*, 110.

(30) MacDonogh, *After the Reich*, 128.

(31) Margarete Schell, *Ein Tagebuch aus Prag, 1945-46* (Bonn: Bundesministerium für Vertriebenen, 1957), 12.

(32) Ibid., 48.

(33) Ibid., 99.

(34) Ibid., 41.

(35) MacDonogh, *After the Reich*, 406.

(36) Dina Porat, *The Fall of the Sparrow: The Life and Times of Abba Kovner* (Stanford, CA: Stanford University Press, 2009), 214.

(37) Ibid., 212.

(38) Ibid., 215.

(39) Abba Kovner, *My Little Sister and Selected Poems, 1965-1985* (Oberlin, Ohio: Oberlin College Press, 1986).

(40) Judt, *Postwar*, 33.

(41) Harold Macmillan, *The Blast of War, 1939-1945* (New York: Harper & Row, 1967), 576.

(42) Wilson, *Europe Without Baedeker*, 147.

(43) Figures quoted in Roy P. Domenico, *Italian Fascists on Trial, 1943-1948* (Chapel Hill, NC: University of North Carolina Press, 1991), 149.

(44) Wilson, *Europe Without Baedeker*, 157.

(45) Macmillan, *The Blast of War*, 193.

(46) Ibid., 501.

(47) Allan Scarfe and Wendy Scarfe, eds., *All That Grief: Migrant Recollections of Greek Resistance to Fascism, 1941-1949* (Sydney, Australia: Hale and Iremonger, 1994), 95.

(48) Macmillan, *The Blast of War*, 499.

(49) Mark Mazower, ed., *After the War Was Over: Reconstructing the Family, Nation, and*

State in Greece, 1943-1960 (Princeton, NJ: Princeton University Press, 2000), 27.

(50) Macmillan. *The Blast of War*, 547.

(51) タイムズ(ロンドン)1945 年 7 月 13 日付.

(52) Macmillan, *The Blast of War*, 515.

(53) Wilson, *Europe Without Baedeker*, 197.

(54) Spector, *In the Ruins of Empire*, 90.

(55) Cheah Boon Kheng, "Sino-Malay Conflicts in Malaya, 1945-1946: Communist Vendetta and Islamic Resistance," *Journal for Southeast Asian Studies* 12 (March 1981), 108-117.

(56) Gideon Francois Jacobs, *Prelude to the Monsoon* (Capetown, South Africa: Purnell & Sons, 1965), 124.

(57) Spector, *In the Ruins of Empire*, 174.

(58) Benedict Anderson, *Java in a Time of Revolution: Occupation and Resistance, 1944-1946* (Jakarta: Equinox Publishing, 2005).

(59) L. de Jong, *Het koninkrijk der Nederlanden in de tweede wereldoorlog*, 11c, Staatsuitgeverij, 1986.

(60) Theodore Friend, *Indonesian Destinies* (Cambridge, MA: Harvard University Press, 2003), 27.

(61) Jan A. Krancher, ed., *The Defining Years of the Dutch East Indies, 1942-1949: Survivors' Accounts of Japanese Invasion and Enslavement of Europeans and the Revolution That Created Free Indonesia* (Jefferson, NC: MacFarland, 1996), 193.

(62) Spector, *In the Ruins of Empire*, 179.

(63) De Jong, *Het koninkrijk der Nederlaliden*, 582.

(64) Anderson, *Java in a Time of Revolution*, 166.

(65) Spector, *In the Ruins of Empire*, 108.

(66) Jean-Louis Planche, *Sétif 1945: Histoire d'un massacre annoncé* (Paris: Perrin, 2006), 139.

(67) Martin Evans, *Algeria: France's Undeclared War* (New York: Oxford University Press, 2012).

(68) Françoise Martin, *Heures tragiques au Tonkin: 9 mars 1945-18 mars 1946* (Paris: Editions Berger-Levrault, 1947), 133.

(69) David G. Marr, *Vietnam 1945: The Quest for Power* (Berkeley: University of California Press, 1995), 333.

(70) Martin, *Heures tragiques au Tonkin*, 179.

(71) Ibid., 129.

(72) Spector, *In the Ruins of Empire*, 126.

第4章◆帰郷

(1) 詳細な分析は Timothy Snyder's magisterial book *Bloodlands: Europe Between Hitler and Stalin* (New York: Basic Books, 2010) を見よ.

(2) Imre Kertész, *Fateless* (Evanston, IL: Northwestern University Press, 1992). (ケルテース・イムレ『運命ではなく』岩崎悦子訳, 国書刊行会, 2003 年)

(3) Dienke Hondius, *Holocaust Survivors and Dutch Anti-Semitism* (Westport, CT: Praeger, 2003, 103 に引用あり)

(4) Ibid., 101.

(5) Roger Ikor, *Ô soldats de quarante! ... en mémoire* (Paris: Albin Michel, 1986), 95.

(6) Marguerite Duras, *The War* (New York: Pantheon Books, 1986), 15. (マルグリット・デュラス『苦悩』田中倫郎訳, 河出書房新社, 1985 年)

(7) Ibid., 14.

(8) Ibid., 53.

(9) Ango, *Darakuron*, 227.

(10) Dower, *Embracing Defeat*, 58.

(11) *Koe*, vol. 1 (Tokyo: Asahi Shimbunsha, 1984), 103. No author, this is a collection of letters sent to the newspaper. (朝日文庫『声』第 1 巻, 朝日新聞社, 1984 年)

(12) Ibid., 104.

(13) Bill Mauldin, *Back Home* (New York: William Sloane, 1947), 18.

(14) Ibid., 45.

(15) Ibid., 54.

(16) Nicholai Tolstoy, *The Minister and the Massacres* (London: Century Hutchinson, 1986), 31.

(17) Gregor Dallas, *1945: The War That Never Ended* (New Haven, Conn.: Yale, 2005), 519 に引用あり.

(18) Tolstoy, *The Minister and the Massacres*, 13.

(19) Ibid.

(20) Nicholas Bethell, *The Last Secret: The Delivery to Stalin of over Two Million Russians by Britain and the United States* (New York: Basic Books, 1974), 86.

(21) Ibid., 87.

(22) Borivoje M. Karapandić, *The Bloodiest Yugoslav Spring: Tito's Katyns and Gulags* (New York: Carlton Press, 1980), 73.

(23) Macmillan, *The Blast of War*, 436.

(24) Shephard, *The Long Road Home*, 80.
(25) Bethell, *The Last Secret*, 18, 19.
(26) Ibid., 133.
(27) Ibid., 138.
(28) Ibid., 142.
(29) Ibid., 140.
(30) Dallas, *1945*, 560.
(31) ヤンク 1945 年 8 月 24 日付.
(32) Dallas, *1945*, 549.
(33) Naimark, *Fires of Hatred*, 109.
(34) Ibid., 110.
(35) Lehndorff, *Ostpreussisches Tagebuch*, 169.
(36) Hupka, *Letzte Tage in Schlesien*, 265.
(37) Jünger, *Jahre der Okkupation*, 195.
(38) 歴史家フリッツ・スターンと著者のやりとり.
(39) Bessel, *Germany 1945*, 223. に引用あり.
(40) Hupka, *Letzte Tage in Schlesien*, 64.
(41) ヤンク 1945 年 9 月 21 日付, 16.
(42) Naimark, *Fires of Hatred*, 112.
(43) Ibid., 115.
(44) Antony Polonsky and Boleslaw Drukier, *The Beginnings of Communist Rule in Poland* (London and Boston: Routledge and Kegan Paul, 1980), 425.
(45) Grossmann, *Jews, Germans, and Allies*, 199.
(46) Quoted by Grossmann, 148.
(47) Ibid., 147.
(48) *New York Herald Tribune*, December 31, 1945.
(49) Heymont, *Among the Survivors*, 21.
(50) Grossmann, *Jews, Germans, and Allies*, 181.
(51) Hagit Lavsky, *New Beginnings: Holocaust Survivors in Bergen-Belsen and the British Zone in Germany, 1945-1950* (Detroit: Wayne State University Press, 2002), 64 に引用あり.
(52) ローゼンザフト自身はイスラエルに移住しなかった. 彼は一部のイスラエル人に「われわれが火葬場で焼かれつつあったとき, 諸君はホーラを踊っていたのだ」と言ったらしい (Shephard, *The Long Road Home*, 367 に引用あり).
(53) Heymont, *Among the Survivors*, 47-48.

(54) Shabtai Teveth, *Ben-Gurion: The Burning Ground, 1886-1948* (Boston: Houghton Mifflin, 1987), 853 に引用あり.

(55) Avishai Margalit, "The Uses of the Holocaust," *New York Review of Books*, February 14, 1994.

(56) Tom Segev, *The Seventh Million*: The Israelis and the Holocaust (New York: Hill and Wang, 1993), 99-100. (トム・セゲフ『七番目の百万人：イスラエル人とホロコースト』脇浜義明訳, ミネルヴァ書房, 2013 年)

(57) Teveth, *Ben-Gurion*, 871.

(58) Ibid., 870.

(59) Heymont, *Among the Survivors*, 66.

(60) Teveth, *Ben-Gurion*, 873.

(61) 難民に関する政府間委員会の米国代表アール・G・ハリスンにちなむいわゆる『ハリスン報告』.

(62) 1945 年 8 月 31 日付書簡.

(63) PRO FO 1049/81/177, *Life Reborn*, conference proceedings, edited by Menachem Rosensaft (Washington, D.C., 2001), 110 に引用あり.

(64) Bethell, *The Last Secret*, 8.

第5章◆毒を抜く

(1) Andreas-Friedrich, *Battleground Berlin*, 27.

(2) Luc Huyse and Steven Dhondt, *La répression des collaborations, 1942-1952: Un passé toujours présent* (Brussels: CRISP, 1991), 147.

(3) Sodei Rinjiro, ed., *Dear General MacArthur: Letters from the Japanese During the American Occupation* (New York: Rowman & Littlefield, 2001), 70. (袖井林二郎『拝啓マッカーサー元帥様：占領下の日本人の手紙』, 岩波現代文庫, 2002 年)

(4) Ibid., 87.

(5) Ibid., 78.

(6) 国務陸軍海軍三省調整委員会の指令, Hans H. Baerwald, *The Purge of Japanese Leaders Under the Occupation* (Berkeley: University of California Press, 1959), 7 に引用あり.

(7) Faubion Bowers in "How Japan Won the War," *The New York Times Magazine*, August 30, 1970 に引用あり.

(8) Cohen, *Remaking Japan*, 85.

(9) ピーター・ヘイズの新たな前書き付きの Franz Neumann, *Behemoth: The Structure and Practice of National Socialism, 1933-44* (Chicago: Ivan R. Dee, 2009; published

in association with the United States Holocaust Memorial Museum）を見よ．初版は1942年.

（10）Andreas-Friedrich, *Battleground Berlin*, 100.

（11）Ibid., 101.

（12）James F. Tent, *Mission on the Rhine: Reeducation and Denazification in American-Occupied Germany*（Chicago: University of Chicago Press, 1982）55.

（13）Zuckmayer, *Deutschlandbericht*, 137.

（14）Timothy R. Vogt, *Denazification in Soviet-Occupied Germany: Brandenburg, 1945-1948*（Cambridge, MA: Harvard University Press, 2000）, 34.

（15）Ibid., 38.

（16）Tom Bower, *The Pledge Betrayed: America and Britain and the Denazification of Postwar Germany*（Garden City, NY: Doubleday, 1982）, 148.

（17）Ibid., 8.

（18）Henke, *Die Amerikanische Besetzung Deutschlands*, 487.

（19）Cohen, *Remaking Japan*, 161.

（20）Jerome Bernard Cohen, *Japan's Economy in War and Reconstruction*（Minneapolis: University of Minnesota, 1949）, 432.（J・B・コーヘン『戦時戦後の日本経済』上下巻, 大内兵衛訳, 岩波書店, 1950-51年）

（21）Cohen, *Remaking Japan*, 154.

（22）Rinjiro, *Dear General MacArthur*, 176.

（23）Ibid., 177.

（24）LaCerda, *The Conqueror Comes to Tea*, 25.

（25）Cohen, *Remaking Japan*, 45.

（26）Dower, *Embracing Defeat*, 530.

（27）Cary, ed., *From a Ruined Empire*, 107.

（28）Chalmers Johnson, *MITI and the Japanese Miracle: The Growth of Industrial Policy, 1925-1975*（Stanford, CA: Stanford University Press, 1982）, 42

（29）Teodoro Agoncillo, *The Fateful Years: Japan's Adventure in the Philippines, 1941-1945*（Quezon City, The Philippines: R. P. Garcia, 1965）, 672.

（30）Stanley Karnow, *In Our Image: America's Empire in the Philippines*（New York: Random House, 1989）, 327.

（31）Ibid., 328.

（32）Jay Taylor, *The Generalissimo: Chiang Kai-shek and the Struggle for Modern China*（Cambridge, MA: Harvard University Press, 2009）, 323.

（33）Keene's letter to T. de Bary in Cary, ed., *From a Ruined Empire*, 128.

(34) Spector, *In the Ruins of Empire*, 41.

(35) Odd Arne Westad, *Cold War and Revolution: Soviet-American Rivalry and the Origins of the Chinese Civil War, 1944-1946* (New York: Columbia University Press, 1993), 90.

(36) 安寧飯店に関する書籍は，第 3 章の岡田和裕『満州安寧飯店：昭和二十年八月十五日日本の敗戦』(光人社 NF 文庫，2002 年) 及び第 2 章の藤原作弥『満州，少国民の戦記』(新潮社，1984 年) の 2 冊がある.

(37) Peter Novick, *The Resistance Versus Vichy: The Purge of Collaborators in Liberated France* (New York: Columbia University Press, 1968), 40.

(38) Ibid., 77-78.

(39) Beevor and Cooper, Paris After the Liberation, 104 に引用あり.

第6章◆法の支配

(1) Fujiwara, *Manshu, Shokokumin no Senki*, 175.

(2) Márai, *Memoir of Hungary*, 188.

(3) István Deák, Jan Tomasz Gross, Tony Judt, eds , *The Politics of Retribution in Europe: World War II and Its Aftermath* (Princeton, NJ: Princeton University Press, 2000), 235.

(4) Ibid.

(5) Ibid., 237.

(6) Ibid , 235.

(7) Ibid , 134.

(8) Ibid. 135.

(9) Mazower, ed., *After the War Was Over*, 31.

(10) Lee Sarafis, "The Policing of Deskati, 1942-1946," in Mazower, ed., *After the War Was Over*, 215.

(11) Scarfe and Scarfe, *All That Grief*, 165-66.

(12) Translation by E. D. A. Morshead.

(13) John W. Powell, "Japan's Germ Warfare: The US Cover-up of a War Crime," *Bulletin of Concerned Asian Scholars* 12 (October/December 1980), 9 に引用あり.

(14) Lawrence Taylor, *A Trial of Generals: Homma, Yamashita. MacArthur* (South Bend, IN: Icarus Press, 1981), 125. (ローレンス・テイラー『将軍の裁判：マッカーサーの復讐』武内孝夫ら訳，立風書房，1982 年)

(15) ヤンク 1945 年 11 月 30 日付 "Tiger's Trial"

(16) Taylor, *A Trial of Generals*, 137.

(17) A. Frank Reel, *The Case of General Yamashita* (Chicago: University of Chicago Press, 1949), 34. (フランク・リール『山下裁判』下島連訳，日本教文社，1952 年)

(18) Richard L. Lael, *The Yamashita Precedent: War Crimes and Command Responsibility* (Wilmington, DE: Scholarly Resources, 1982), 111.
(19) Lael, *The Yamashita Precedent*, 118.
(20) J. Kenneth Brody, *The Trial of Pierre Laval Defining Treason, Collaboration and Patriotism in World War II France* (New Brunswick, NJ: Transaction, 2010), 136 に引用あり.
(21) タイム 1932 年 1 月 4 日付.
(22) Geoffrey Warner, *Pierre Laval and the Eclipse of France* (New York: Macmillan, 1969), 301.
(23) ミュッセルトの金銭上の犯罪的無節操に関する詳細は Tessel Pollmann, *Mussert en Co.: de NSB-leider en zijn vertrouwelingen* (Amsterdam: Boom, 2012) を見よ.
(24) タイム 1945 年 10 月 15 日付.
(25) Jean-Paul Cointet, *Pierre Laval* (Paris: Fayard, 1993), 517.
(26) Jacques Charpentier, *Au service de la liberté* (Paris: Fayard, 1949), 268.
(27) Hubert Cole, *Laval* (London: Heinemann, 1963), 284.
(28) Cointet, *Pierre Laval*, 527.
(29) Jan Meyers, *Mussert* (Amsterdam: De Arbeiderspers, 1984), 277.
(30) Ibid., 275.
(31) Cointet, *Pierre Laval*, 537.
(32) Novick, *The Resistance Versus Vichy*, 177 に引用あり.
(33) George Kennan, *Memoirs 1925-1950* (Boston: Atlantic Monthly Press, 1967), 260.（ジョージ・F・ケナン『ジョージ・F・ケナン回顧録（上）1925-1950：対ソ外交に生きて』読売新聞社, 1973 年）
(34) Dower, *Embracing Defeat*, 445.
(35) Telford Taylor, *The Anatomy of the Nuremberg Triales: A Personal Memoir* (New York: Alfred A. Knopf, 1992), 29.
(36) Spender, *European Witness*, 221.
(37) ヤンク 1945 年 5 月 18 日付.
(38) Website of the Dwight D. Eisenhower Memorial Commission.
(39) タイムズ（ロンドン）1945 年 4 月 20 日付.
(40) デーリー・ミラー（ロンドン）1945 年 4 月 20 日付.
(41) タイムズ（ロンドン）1945 年 4 月 28 日付.
(42) Shephard, *After Daybreak*, 166.
(43) タイムズ（ロンドン）1945 年 9 月 24 日付.

(44) Ibid., November 9, 1945.
(45) Shephard, *After Daybreak*, 171-72.
(46) タイムズ(ロンドン)1945年11月8日付.
(47) Ernst Michel, DANA report, Januaray 9, 1945.
(48) Rebecca West, ニューヨーカー 1946年10月26日.
(49) Telford Taylor, *Anatomy of the Nuremberg Trials*, 25.
(50) Ibid., 26.
(51) Ernst Michel, DANA, February 15, 1946.
(52) Jünger, *Jahre der Okkupation*, 176.
(53) Andreas-Friedrich, *Battleground Berlin*, 63-64.
(54) Telford Taylor, *Anatomy of the Nuremberg Trials*, 167-68.

第7章◆明るく確信に満ちた朝

(1) Hermann Langbein, *Against All Hope: Resistance in the Nazi Concentration Camps, 1938-1945* (New York: Paragon House, 1994), 502を見よ.
(2) マンチェスター・ガーディアン 1945年7月27日付.
(3) デーリー・テレグラフ(ロンドン)2003年7月11日付.
(4) マンチェスター・ガーディアン 1945年7月27日付.
(5) Ibid.
(6) Harold Nicolson, *The Harold Nicolson Diaries, 1907-1964*, Nigel Nicolson, ed. (London: Weidenfeld & Nicolson, 2004), 321.
(7) Harold Macmillan, *Tides of Fortune, 1945-1955* (New York: Harper & Row, 1969), 32.
(8) Ibid., 33.
(9) Nicolson, *Diaries*, 318.
(10) Wilson, *Europe Without Baedeker*, 135.
(11) Ibid., 186.
(12) Noel Annan, *Changing Enemies: The Defeat and Regeneration of Germany* (New York: W. W. Norton, 1996), 183.
(13) Paul Addison, *Now the War Is Over: A Social History of Britain, 1945-51* (London: Jonathan Cape and the British Broadcasting Corporation, 1985), 14.
(14) Ibid., 13.
(15) シリル・コナリー, ホライズン 1945年6月号, *Ideas and Places* (London: Weidenfeld & Nicolson, 1953), 27. に再録.
(16) マンチェスター・ガーディアン 1945年6月5日付.

(17) 同紙 1945 年 6 月 26 日付.
(18) Roy Jenkins, *Mr. Attlee: An Interim Biography* (London: Heinemann, 1948), 255.
(19) Stéphane Hessel, *Indignez vous!* (Montpellier, France: Indigène Editions), 10.(ステファン・エセル『怒れ!憤れ!』村井章子訳, 日経BP, 2011 年)
(20) Duras, *The War*, 33.
(21) Arthur Koestler, *The Yogi and the Commissar* (New York: Macmillan, 1945), 82.(アーサー・ケストラー『行者と人民委員』大野木哲郎訳, 国際文化研究所, 1957 年)
(22) Addison, *Now the War Is Over*, 18.
(23) Annan, *Changing Enemies*, 183.
(24) Winston Churchill, "Speech to the Academic Youth," Zurich, September 9, 1946.
(25) Nicolson, *Diaries*, 333.
(26) Jean Monnet, *Mémoires* (Paris: Fayard, 1976), 283.(ジャン・モネ『ジャン・モネ:回想録』近藤健彦訳, 日本関税協会, 2008 年)
(27) Tessel Pollmann, *Van Waterstaat tot Wederopbouw: het leven van dr.ir. J.A. Ringers* (1885-1965) (Amsterdam: Boom, 2006) を見よ.
(28) Dower, *Embracing Defeat*, 537.
(29) Ibid.
(30) Ibid., 538.
(31) Owen Lattimore, *Solution in Asia* (Boston: Little, Brown, 1945), 189.(オーウェン・ラティモア『アジアの解決』青木猛訳, 青山学院大学法学会, 1970 年)
(32) Cohen, *Remaking Japan*, 42.
(33) Morita Yoshio, *Chosen Shusen no kiroku: beiso ryōgun no shinchtū to Nihonjin no hikiage* (Tokyo: Gannando Shoten, 1964), 77.(森田芳夫『朝鮮終戦の記録——米ソ両軍の進駐と日本人の引揚』, 巌南堂書店, 1964 年)
(34) Bruce Cumings, *The Origins of the Korean War: Liberation and the Emergence of Separate Regimes, 1945-1947* (Princeton, NJ: Princeton University Press, 1981), 88.(ブルース・カミングス『朝鮮戦争の起源1』鄭敬謨他訳, 明石書店, 2012 年)
(35) ヤンク 1945 年 11 月 2 日付.
(36) Cary, ed., *From a Ruined Empire*, 32.
(37) ヤンク 1945 年 11 月 2 日付.
(38) Cumings, *Origins of the Korean War*, 392.
(39) Spector, *In the Ruins of Empire*, 163.
(40) Ibid., 160.
(41) Ibid., 148.
(42) Cary, ed., *From a Ruined Empire*, 197.

(43) Robert Skidelsky, *John Maynard Keynes, 1883-1946: Economist, Philosopher, Statesman* (New York: Penguin Books, 2005), 779.
(44) Nicolson, *Diaries*, 325.
(45) Judt, *Postwar*, 88.

第8章◆蛮人を文明化する

(1) Dower, *Embracing Defeat*, 215-17.
(2) Annan, *Changing Enemies*, 160.
(3) Ibid., 162.
(4) Döblin と Feuchtwanger は Tent, *Mission on the Rhine*, 23 に引用あり.
(5) Tent, *Mission on the Rhine*, 39 に引用あり.
(6) Nicholas Pronay and Keith Wilson, eds., *The Political Re-education of Germany and Her Allies after World War II* (London: Croom Helm, 1985), 198.
(7) Günter Grass, *Beim Haüten der Zwiebel* (Göttingen: Steidl, 2006), 220-21.(ギュンター・グラス『玉ねぎの皮をむきながら』依岡隆児訳, 集英社, 2008 年)
(8) John Gimbel, *A German Community Under American Occupation: Marburg, 1945-52* (Stanford, CA: Stanford University Press, 1961), 168.
(9) Pronay and Wilson, eds., *The Political Re-education of Germany*, 173.
(10) ヤンク 1945 年 7 月 20 日付.
(11) Ibid.
(12) Spender, *European Witness*, 229.
(13) ヤンク 1945 年 7 月 20 日付.
(14) Spender, *European Witness*, 44.
(15) Ibid., 46.
(16) Ibid., 158.
(17) Andreas-Friedrich, *Battleground Berlin*, 82.
(18) Naimark, *The Russians in Germany*, 399.
(19) Ibid., 402.
(20) Andreas-Friedrich, *Battleground Berlin*, 66.
(21) Bach, *America's Germany*, 228.
(22) Ibid.
(23) Andreas-Friedrich, *Battleground Berlin*, 92.
(24) Bach, *America's Germany*, 218.
(25) タイムズ(ロンドン)1945 年 7 月 11 日付.
(26) Dower, *Embracing Defeat*, 190.

(27) De Beauvoir, *Force of Circumstance*, 17.

(28) Ibid., 33.

(29) Corinne Defrance, *La politique culturelle de la France sur la rive gauche du Rhin, 1945-1955* (Strasbourg: Presses Universitaires de Strasbourg, 1994), 126.

(30) Döblin, *Schicksalsreise*, 273.

(31) Monnet, *Mémoires*, 339 に引用あり.

(32) Barton J. Bernstein, ed., *The Atomic Bomb: The Critical Issues* (Boston: Little, Brown, 1976), 113.

(33) Dower, *Embracing Defeat*, 218.

(34) Ibid., 77.

(35) Edward T. Imparato, *General MacArthur: Speeches and Reports, 1908-1964* (Paducah, KY: Turner, 2000), 146.

(36) Bowers, "How Japan Won the War."

(37) Ibid.

(38) 毎日新聞 , Dower, *Embracing Defeat*, 549 に引用あり.

(39) Rinjiro, *Dear General MacArthur*, 33.

(40) Dower, *Embracing Defeat*, 77.

(41) Bowers in "How Japan Won the War." に引用あり.

(42) マッカーサー記念図書・文書館後援のセミナー集 "The Occupation of Japan," (1975 年 11 月) 129 に引用あり.

(43) LaCerda, *The Conqueror Comes to Tea*, 165-66. このエピソードは LaCerda, *An American looks at Japan*（ジョン・ラサーダ『日本を観る』村上啓夫訳，鎌倉書房，1946 年）にも記述がある.

(44) *Koe*, 115.

(45) Dower, *Embracing Defeat*, 67.

(46) Keene, *So Lovely a Country*, 118.

第9章◆一つの世界

(1) Urquhart, *A Life in Peace and War*, 85.

(2) Ibid., 93.

(3) Stéphane Hessel, *Danse avec le siècle* (Paris: Editions du Seuil, 1997), 99.

(4) Mark Mazower, *Governing the World: The History of an Idea* (New York: Penguin Press, 2012), 208.

(5) Ibid., 194.

(6) E. B. White, *The Wild Flag: Editorials from* The New Yorker *on Federal World*

Government and Other Matters (Boston: Houghton Mifflin, 1946), 72.

(7) Ibid., 82.

(8) Menno Spiering and Michael Wintle, eds., *European Identity and the Second World War* (New York: Palgrave Macmillan, 2011), 126.

(9) John Foster Dulles, *War or Peace*, with a special preface for this edition (New York: Macmillan, 1957), 38. 初版は1950年.(ジョン・フォスター・ダレス『戦争か平和か』藤崎万里訳, 河出書房, 1950年)

(10) Neal Rosendorf, "John Foster Dulles' Nuclear Schizophrenia," in John Lewis Gaddis et al., eds., *Cold War Statesmen Confront the Bomb: Nuclear Diplomacy Since 1945* (New York: Oxford University Press, 1999), 64-69.

(11) Joseph Preston Baratta, *The Politics of World Federation: United Nations, UN Reform, Atomic Control* (Westport, CT: Praeger, 2004), 127.

(12) ニューヨーク・タイムズ 1945年10月10日付.

(13) タイムズ(ロンドン)1945年11月20日付.

(14) Townsend Hoopes and Douglas Brinkley, *FDR and the Creation of the U.N.* (New Haven, CT: Yale University Press, 2000), 41.

(15) Dan Plesch, *America, Hitler, and the UN: How the Allies Won World War II and Forged a Peace* (London: I. B. Tauris, 2011), 170.

(16) ルーズヴェルトの言葉は Mazower, *Governing the World*, 209 に引用あり.

(17) "Remarks Upon Receiving an Honorary Degree from the University of Kansas City," June 28, 1945, trumanlibrary.org/publicpapers/viewpapers.php?pid=75.

(18) White, *The Wild Flag*, 82.

(19) ヤンク 1945年6月15日付.

(20) デーリー・ヘラルド 1945年5月.

(21) グラッドウィン・ジェブ氏の孫 Inigo Thomas 氏とのやりとり.

(22) タイム 1945年5月14日付.

(23) Urquhart, *A Life in Peace and War*, 94.

(24) ネーション 1945年6月30日付.

(25) Mark Mazower, "The Strange Triumph of Human Rights, 1933-1950," *The Historical Journal* 47, no. 2 (June 2004), 392.

(26) William Roger Louis, *The British Empire in the Middle East, 1945-1951: Arab Nationalism, the United States, and Postwar Imperialism* (New York: Oxford University Press, 1984), 163.

(27) マンチェスター・ガーディアン 1945年6月4日付.

(28) Louis, *British Empire in the Middle East*, 148.

(29) タイムズ（ロンドン）1945年10月6日付.

(30) White, *The Wild Flag*, 80.

(31) Ibid., 81.

(32) Arthur M. Schlesinger Jr., *A Thousand Days: John F. Kennedy in the White House* (Boston: Houghton Mifflin, 1965), 88-89.

(33) タイムズ（ロンドン）1945年8月17日付.

(34) Report by Secretary Byrnes, http://avalon.law.yale.edu/20th_century/decade18.asp.

(35) Dulles, *War or Peace*, 27.

(36) Ibid., 30.

(37) Ibid., 40.

(38) ニューヨーク・タイムズ1945年12月31日付(1) Dower, *Embracing Defeat*, 215-17.

図版クレジット

p. 1 Courtesy of the author.

p. 2 上:Bundesarchiv, Bild 183-E0406-0022-018. 下:Image bank WW2-Resistance Museum Amsterdam. VMA 113642.

p. 3 上:© IWM (EA 65799). 下:Associated Press/Charles Gorry.

p. 4 上左:Image bank WW2-IOD. NIOD 187641. 上右:Image bank WW2-NIOD. NIOD 95246. 下:Associated Press/British Official Photo.

p. 5 Nationaal Archief/Spaarnestad Photo/Wiel van der Randen.

p. 6 上:© IWM (5467). 下:© IWM (69972).

p. 7 © IWM (6674).

p. 8 上:Bundesarchiv, Bild 183-M1205-331. 下:Bundesarchiv, Bild 183-S74035.

p. 9 上:With permission from the National Archives and Records Administration. 下:Associated Press.

p. 10 Associated Press.

p. 11 上:Associated Press/Peter J. Carroll. 下:© Bettmann/Corbis.

p. 12 上:© Bettmann/Corbis. 下:AFP/Getty Images.

p. 13 上:Nationaal Archief/Spaarnestad Photo/Photographer unknown. 下:Image bank WW2-Resistance Museum South Holland. VMZH 131931.

p. 14 © IWM (CF 926).

p. 15 上:Image bank WW2-NIOD. NIOD 61576. 下:© IWM (HU 55965).

p. 16 Associated Press.